Historiquement correct

JEAN SÉVILLIA

HISTORIQUEMENT CORRECT

Pour en finir avec le passé unique

ÉDITIONS FRANCE LOISIRS

Édition du Club France Loisirs,
avec l'autorisation des Éditions Perrin.

Éditions France Loisirs,
123, boulevard de Grenelle, Paris.
www.franceloisirs.com

ISBN : 2-7441-6767-3

À la mémoire
de François-Xavier Guillaume.

À la mémoire
de mon père.

À la mémoire
d'Arnould de Liedekerke.

« Il ne faut pas permettre à l'homme
de se mépriser tout entier. »

BOSSUET.

Avant-propos

« L'esprit du siècle. C'est une des rares maladies sur laquelle les antibiotiques n'agissent pas. »

Jean ANOUILH.

La police embarque un groupe d'immigrés clandestins réfugiés dans une église : des manifestants honnissent une rafle digne de Vichy. Un candidat imprévu se qualifie au second tour de l'élection présidentielle : clamant « non au fascisme », la rue organise la Résistance. Des islamistes fomentent un attentat : le spectre des guerres de Religion est dans l'air. L'armée française intervient dans un pays africain : le colonialisme est cloué au pilori. Le pape défend une position non conforme à la mentalité contemporaine : on évoque le viol des consciences par l'Inquisition...

La liste pourrait s'allonger à l'infini. « Le débat public, remarque Alain Besançon, fait constamment référence à l'histoire. Les hommes de presse, de télévision, les polémistes, les gardiens sévères de la bienséance intellectuelle, et, en tout cas, les policiers de la pensée, cadrent leurs propos par rapport à des représentations du passé qui sont fausses. Que les vrais historiens savent fausses.

Le débat public en France navigue en se repérant sur des blocs historiques massivement ignorés ou falsifiés [1]. »

L'historien part des faits : démêlant les causes des conséquences, sa démarche est chronologique. Le politiquement correct, quand il puise ses images dans l'histoire, n'a que faire de cette méthode. Au gré de ses slogans, il joue des époques et des lieux, ressuscitant un phénomène disparu ou projetant dans les siècles antérieurs une réalité contemporaine. Jugeant le passé au nom du présent, l'historiquement correct traque le racisme et l'intolérance au Moyen Âge, le sexisme et le capitalisme sous l'Ancien Régime, le fascisme au XIXe siècle. Que ces concepts ne signifient rien hors de leur contexte importe peu : médiatiquement, l'anachronisme est payant. Ce n'est pas le monde de la science, mais de la conscience ; ce n'est pas le règne de la rigueur, mais de la clameur ; ce n'est pas la victoire de la critique, mais de la dialectique.

C'est aussi, c'est surtout le triomphe du manichéisme. Alors que l'historien doit mesurer le poids subtil des nuances et des circonstances, et faire appel aux domaines annexes à son savoir (géographie, sociologie, économie, démographie, religion, culture), le politiquement correct gomme la complexité de l'histoire. Il réduit tout à l'affrontement binaire du Bien et du Mal, mais un Bien et un Mal réinterprétés selon la morale d'aujourd'hui. Dès lors, l'histoire constitue un champ d'exorcisme permanent : plus les forces obscures du passé sont anathématisées, plus il faut se justifier de n'entretenir avec elles

1. *Peut-on encore débattre en France ?*, Plon-*Le Figaro*, 2001.

aucune solidarité. Des personnages, des sociétés et des périodes entières sont ainsi diabolisés. Toutefois, ils ne forment qu'un leurre. Ce ne sont pas eux qui sont visés : par procuration, c'est nous.

Politiquement correct, historiquement correct. Pensée unique, passé unique. Comment s'immuniser ? Ce n'est pas sur l'Éducation nationale qu'il faut compter. Naguère, l'école républicaine avait bâti un roman qui faisait tourner toute l'histoire de France autour de la révolution de 1789, mais ses professeurs possédaient au moins le mérite de faire apprendre des dates et des noms par cœur. Cette école a légué quelques mythes vivaces, mais elle est morte. Lui a succédé — c'était après guerre — une école marxiste. La lutte des classes, les structures et les superstructures ont chassé les héros et les batailles. Puis la faillite du communisme a fait péricliter la foi marxiste, laquelle a néanmoins laissé de nombreuses traces à l'école.

De nos jours, au sein de l'institution scolaire, les sciences humaines tiennent le haut du pavé, conjuguées à la morale humanitaire. Cette grille de lecture aide d'autant moins à comprendre le passé que la chronologie n'est toujours pas rentrée en grâce. À l'approche du bac, il est demandé aux lycéens de philosopher sur l'histoire comme s'ils présentaient le concours de l'agrégation — les connaissances en moins. Voir cette circulaire ministérielle : « Couronnant les études de second cycle, le programme des classes terminales s'inspire, comme ceux des années précédentes, de la même volonté d'organiser les connaissances autour d'axes problématiques ne retenant que les faits significatifs des grandes évolutions, à l'exclusion de toute approche événementielle[1]. » Derrière ce sabir, décryptons les intentions. Exclure l'« approche événementielle » (quel prodige qu'une histoire sans événements !) permet d'écarter ce qui perturbe la légende officielle ; quant aux « axes problématiques », cet intitulé intello-chic autorise les enseignants à délivrer des leçons conformes à leurs opinions. Selon un sondage CSA, 72 % des professeurs ont voté pour un candidat de gauche au premier tour de l'élection présidentielle de 2002. C'était leur droit le plus strict, mais les citoyens ont aussi le droit de supposer que cette orientation massive du corps professoral n'est pas sans incidence sur le contenu des cours.

À l'heure actuelle, la plupart de ceux qui refusent l'embrigadement par la pensée unique parviennent au même constat. Je peux témoigner que les deux tiers de l'abondant courrier que j'ai reçu à la suite de mon essai sur le terrorisme intellectuel[2] incriminaient la manière dont les manuels scolaires et les médias instrumentalisent l'histoire.

Mais ce constat est dressé par les historiens eux-mêmes. Chaque jour, des spécialistes qui ont consacré de nombreuses années à étudier tel ou tel sujet subissent l'épreuve de découvrir, au hasard d'un article de journal,

1. « Programme d'histoire du cycle terminal de la voie générale », *B.O.* du 30 août 2001.

2. Jean Sévillia, *Le Terrorisme intellectuel de 1945 à nos jours*, Perrin, 2000.

d'une émission de radio ou de télévision, des contrevérités flagrantes, témoignant d'une inculture proportionnelle à l'autorité avec laquelle elles sont assénées.

Les historiens œuvrant à la vérité en faisant fi de l'air du temps sont pourtant légion. Mais tout le monde n'a pas l'occasion de les lire ou d'avoir connaissance de leurs travaux, *a fortiori* si ceux-ci contredisent les clichés dominants. D'où cet ouvrage. Son ambition est d'offrir une synthèse des recherches les plus récentes sur les thèmes formant la matière des préjugés, des idées reçues et des lieux communs dans le domaine historique. Ce panorama montre un étonnant décalage entre l'histoire réelle et sa version médiatique et scolaire.

L'exhaustivité étant impossible, j'ai dû procéder à des choix. Dans ces pages, Napoléon n'apparaît presque pas (mais le politiquement correct ne s'intéresse qu'incidemment à lui), non plus que certains thèmes essentiels comme la comparaison entre le communisme et le nazisme, le tiers-mondisme ou Mai 68 (sujets que j'ai abordés dans *Le Terrorisme intellectuel*). Certains chapitres traitant d'époques antérieures à la formation de la nation et d'autres franchissant les frontières, cet ouvrage ne s'intéresse pas exclusivement à l'histoire de France. Il ne prétend pas non plus fournir une histoire totale des périodes étudiées : cette série de tableaux représente un libre voyage à travers les principales déformations de l'histoire opérées, aujourd'hui, à titre idéologique ou politique.

Établir une bibliographie complète en fin de volume aurait abouti à aligner des centaines de titres. J'y ai donc renoncé. Pour ceux qui veulent aller plus loin, les ouvrages cités en note fournissent d'amples pistes de lecture.

Ce livre prend parti. Mais il a tenté d'éviter les écueils du parti pris. Si l'historiquement correct est profondément lié aux idéologies de gauche dans leurs strates successives, je crois n'avoir pas épargné certaines légendes ayant cours à droite. Pour être moins souvent enseignées à l'école, elles n'en sont pas moins historiquement... incorrectes.

J. S.

1

La féodalité

> « Le Moyen Âge n'était pas obscurantiste.
> Quand je vois l'impact des sectes sur nos contemporains,
> je me demande où est l'obscurantisme. »
>
> Jacques LE GOFF.

Automne 2001. Répliquant aux attentats commis le 11 septembre aux États-Unis, une armée occidentale envahit l'Afghanistan. Plusieurs semaines durant, journaux et télévisions multiplient les reportages sur les fanatiques qui, en 1996, ont pris le pouvoir à Kaboul. Pour décrire leur mentalité, les médias assènent une comparaison : « C'est digne du Moyen Âge. » Aujourd'hui, veut-on stigmatiser les mœurs des talibans ou l'obscurantisme des mollahs iraniens, le monde médiéval est évoqué. Une caste cruelle qui asservit un peuple hébété par la peur, un univers de barbarie, c'est donc cela le Moyen Âge ?

Permanence des clichés. Et contradictions de l'époque. En Europe, les touristes qui visitent un château fort frissonnent dans la salle de torture qu'on ne manque jamais de leur présenter. Mais, Dieu merci, « on n'est plus au Moyen Âge ». Les mêmes se pressent au pied des pyramides, prennent d'assaut l'Acropole et gravissent les marches du Colisée. Que les civilisations égyptienne, grecque ou romaine aient reposé sur l'esclavage, personne n'y pense, ou à peine. Le serf médiéval, lui, continue de personnifier le passé le plus abominable : le nôtre.

Le Moyen Âge redécouvert

En 1977, Régine Pernoud faisait paraître un volume de cent cinquante pages au titre provocant : *Pour en finir avec le Moyen Âge*. L'historienne y dénonçait tous les partis pris concernant l'époque médiévale. Parmi cent anecdotes, le livre donnait à goûter une conversation téléphonique avec une documentaliste qui avait appelé l'auteur. « Je cherche des photos ; oui, des diapositives qui donnent une idée générale du Moyen Âge : tueries, massacres, scènes de violence, famines, épidémies [1]... » L'ouvrage de Pernoud n'eut pas l'heur de plaire à la critique : spécialiste de Jeanne d'Arc, l'auteur était savante mais pas marxiste.

Pour en finir avec le Moyen Âge constitue pour deux raisons un livre témoin. Parce qu'il a préludé à la redécouverte des temps médiévaux, et parce que ceux-là même qui critiquaient Pernoud ont en partie rallié le point de vue qu'elle défendait.

En dépit des formules rituelles (« on se croirait au Moyen Âge »), depuis les années 1970, l'état d'esprit a changé. Il s'est modifié chez les historiens. À l'instar d'un

1. Régine Pernoud, *Pour en finir avec le Moyen Âge*, Seuil, 1977.

Georges Duby (*Le Dimanche de Bouvines*, 1973) ou d'un Emmanuel Le Roy Ladurie (*Montaillou, village occitan*, 1975), les ténors de la nouvelle histoire — elle était nouvelle dans les années 1980 — ont renoncé à n'étudier que les structures économiques et sociales, méthode qu'ils avaient apprise à l'école des Annales. Redécouvrant l'importance de la chronologie, ils ont réévalué le rôle des événements politiques et celui des grands hommes.

En 1964, Jacques Le Goff est marxiste. L'ouvrage qu'il publie cette année-là, *Civilisation de l'Occident médiéval*, servira de manuel à plusieurs générations d'étudiants. Citons quelques sous-titres du chapitre « Société chrétienne (Xe-XIIIe siècle) » : « La lutte des classes en milieu rural », « La femme dans la lutte des classes », « L'Église et la royauté dans la lutte des classes ». Une trentaine d'années plus tard, au terme d'une carrière qui l'a vu succéder à Fernand Braudel à la tête de la VIe section de l'École pratique des hautes études, Le Goff fait paraître, en 1996, une biographie de Saint Louis. L'historien avoue que ce roi lui inspirait jadis une « hostilité fondamentale » qu'il met sur le compte de ses « sentiments d'homme du XXe siècle » : « Je me suis senti d'abord très loin de lui par la distance du temps et le statut social. Puis je l'ai senti de plus en plus proche. Et ce que j'ai de plus en plus ressenti, c'est l'attraction, la fascination du personnage. Et j'ai conçu pour lui un mélange d'admiration et d'amitié[1]. »

Le grand public aussi a ouvert les yeux. Cela a commencé par l'engouement pour les vieilles pierres.

---

1. Jacques Le Goff, *Saint Louis*, Gallimard, 1996.

Dans ce domaine, la télévision a fait œuvre utile : des émissions comme *Chefs-d'Œuvre en péril* ou *La France défigurée* ont naguère répandu l'idée que la France possède l'un des plus riches patrimoines du monde. Le cloître de Saint-Guilhem-le-Désert ou celui de Saint-Michel-de-Cuxa se trouvent à New York : aujourd'hui, on ne les laisserait pas partir. La moindre cité nantie de remparts, d'un palais, d'une bastide ou d'une belle église organise son festival d'été ou sa fête médiévale. Le talent ou les moyens ne sont pas forcément au rendez-vous, mais le Moyen Âge fournit le décor. Au Mont-Saint-Michel, sous les voûtes de Chartres ou de Reims, dans les abbayes romanes du Midi, les foules s'émerveillent. En marche vers Compostelle, les nouveaux pèlerins empruntent les anciennes routes de Saint-Jacques. En 1994, les chants grégoriens du monastère bénédictin de Silos, en Espagne, s'arrachent chez les disquaires. Du côté des livres, biographies et dictionnaires d'histoire médiévale rencontrent des succès de librairie. Les romans aussi : 1 650 000 exemplaires pour *La Chambre des dames*, le best-seller de Jeanne Bourin ; 11 millions de lecteurs à travers le monde pour *Le Nom de la rose* d'Umberto Eco, adapté ensuite à l'écran. En 1993, *Les Visiteurs* font rire avec les tribulations du seigneur de Montmirail égaré, ainsi que son valet, dans l'univers du XXe siècle. En 2001 et 2002, *Le Seigneur des anneaux*, film tiré du roman de Tolkien qui présente un Moyen Âge mythologique, réalise sept millions d'entrées en France.

Moyen Âge des chercheurs ou Moyen Âge des fantaisistes, il y en a pour tous les goûts : les siècles médiévaux peuplent à nouveau notre imaginaire. En 1964 se tenait à

Paris une rencontre du Cercle catholique des intellectuels français sur le thème : « Le Moyen Âge était-il civilisé ? » « Sans la moindre pointe d'humour », commente Régine Pernoud. Que de chemin parcouru.

Mais qu'est-ce que le Moyen Âge ? Le mot « moyen », dérivé du latin *medius*, désigne ce qui se situe « au milieu ». Moyen Âge, l'expression suppose que cette période constitue un intermédiaire. Un intermède de mille années ? En Occident, la civilisation serait passée directement de l'Antiquité à la Renaissance, subissant une éclipse d'un millénaire ? Qui peut le croire ? En vérité, le concept de Moyen Âge est trompeur. Sous une dénomination dépréciative, il englobe une matière diverse à l'infini.

Quelles limites chronologiques lui fixer ? Régine Pernoud distingue quatre périodes. Le haut Moyen Âge, époque franque qui s'étend de la chute de l'Empire romain à l'avènement des Carolingiens — soit l'équivalent du temps qui sépare Henri IV de la guerre de 1914 ; la période de l'Empire carolingien, qui dure deux cents ans ; l'âge féodal, du milieu du xe siècle à la fin du xiiie siècle — durée égale à celle qui s'étend de Jeanne d'Arc à la Révolution ; et le Moyen Âge proprement dit, les xive et xve siècles, transition entre la féodalité et la monarchie des Valois. Jacques Heers, autre démystificateur du Moyen Âge, ne contredit pas Pernoud. Il observe néanmoins que ces repères peuvent être discutés [1]. En Occident, l'Empire romain s'effondre au ve siècle, mais

1. Jacques Heers, *Le Moyen Âge, une imposture*, Perrin, 1992.

l'empire continue à Byzance : où et quand s'arrête la romanité ? Louis XI, mort en 1483, incarne une conception moderne de l'État : est-il un souverain médiéval ? Giotto peint les fresques d'Assise avant 1300 : est-il un artiste du Moyen Âge ou de la Renaissance ? Jacques Le Goff, lui, retient trois périodes : l'Antiquité tardive (prolongée jusqu'au Xe siècle), le Moyen Âge central (de l'an 1000 à la Grande Peste de 1348), et le Moyen Âge tardif (de la guerre de Cent Ans à la Réforme protestante) [1].

Moyen Âge : l'expression recouvre un mythe. Elle s'est néanmoins imposée. Par commodité de langage, on l'emploiera. Encore faut-il mesurer à quel point les centaines d'années qui séparent les événements les uns des autres rendent vaine toute tentative de traiter la société médiévale ou l'homme médiéval comme des réalités précises.

Si la transmission de la culture antique n'avait été assurée par le Moyen Âge, comment la Renaissance aurait-elle pu se produire ? La prise de Constantinople par les Turcs, en 1453, a certes provoqué le rapatriement en Europe de précieuses bibliothèques. Cependant, l'Occident n'a pas attendu cette date pour connaître les textes anciens. Dès la période carolingienne, certains clercs maîtrisent non seulement le latin, mais aussi le grec, l'hébreu et l'arabe. Aristote est découvert par le truchement de Constantinople et de ses commentateurs arabes, Avicenne et Averroès, dont les œuvres sont traduites en latin. Ce sont les canons esthétiques romains qui inspirent l'art roman d'Italie, de France et d'Espagne.

---

1. Jacques Le Goff, *Dictionnaire raisonné de l'Occident médiéval*, Fayard, 1999.

Barbare, le Moyen Âge qui a construit Sainte-Foy-de-Conques, Cluny et le Thoronet ? Barbares, les tympans romans de Moissac ou d'Autun ? Barbares, les cathédrales gothiques d'Amiens ou de Beauvais ? Barbare, l'Ange au sourire de Notre-Dame de Reims ? Barbares, les vitraux de Chartres, ceux de la Sainte-Chapelle ? Barbares, les enluminures, les reliquaires, les ostensoirs et les vases liturgiques, pièces d'art sacré qui émeuvent aujourd'hui les incrédules ? Barbares, le plain-chant grégorien, la polyphonie de Guillaume de Machaut ou de Josquin des Prés ? Barbares, ces moines qui, concevant la gamme, le rythme et l'harmonie, posent les bases de la musique occidentale ? Barbares, ces clercs qui, au XIIIe siècle, fondent les grandes universités européennes ? Barbares, ces astronomes et ces médecins qui, en dépit d'une technique limitée, approfondissent l'apport des Grecs et des Arabes, préparant l'essor scientifique du monde moderne ?

En littérature, à travers les genres hérités de l'Antiquité ou à travers ceux qu'il a inventés, comme le roman, le Moyen Âge exprime la palette entière des sentiments humains. *La Cantilène de sainte Eulalie* et *Lancelot*, *Tristan et Iseult* et *Le Roman de la Rose*, les vers de Christine de Pisan, ceux de Charles d'Orléans et de François Villon, sont-ce des œuvres de sauvages ? Au XIIe siècle culmine l'art troubadour, venu du Midi mais acclimaté à la cour de France. Et la lyrique courtoise porte un regard nouveau sur la femme, fondé sur le respect, la tendresse, l'admiration. Où sont les signes de l'obscurantisme ?

Georges Duby, dans *Le Mâle Moyen Âge* [1], a contesté

---

1. Georges Duby, *Le Mâle Moyen Âge*, Flammarion, 1987.

le jugement positif porté par Régine Pernoud sur « la femme au temps des cathédrales [1] ». Un autre grand médiéviste, Jean Favier, considère que « dans l'ensemble, le Moyen Âge protège la femme, tenue pour fragile et exposée [2] ». Évidemment, si l'on raisonne à partir du concept de « parité », il est certain que la femme, au Moyen Âge, ne jouit pas de la même autonomie que l'homme. Encore doit-on considérer les droits essentiels dont elle bénéficie. Dans les assemblées urbaines ou les communes rurales, les femmes, lorsqu'elles sont chefs de famille, possèdent le droit de vote. Chez les paysans, les artisans ou les commerçants, il n'est pas rare que la femme dirige l'exploitation, l'atelier ou la boutique. À la fin du XIIIe siècle, à Paris, on trouve des femmes médecins, maîtresses d'école, apothicaires, teinturières ou relieuses.

Régine Pernoud souligne que, contrairement à ce qui se passe en Extrême-Orient ou dans les pays musulmans, les progrès du libre choix du conjoint accompagnent la diffusion du christianisme. Entre le Ve et le Xe siècle, l'Église se bat pour limiter les cas d'annulation de mariage et interdire la répudiation — coutume romaine et coutume germanique —, ce qui améliore considérablement la condition féminine.

En 1990, Laurent Fabius, alors président de l'Assemblée nationale, reprend devant l'hémicycle du Palais-Bourbon un vieux mensonge historique : « Les docteurs

---

1. Régine Pernoud, *La Femme au temps des cathédrales*, Stock, 1980.

2. Jean Favier, *Dictionnaire de la France médiévale*, Fayard, 1993.

de l'Église ont discuté pendant des siècles pour savoir si les femmes avaient une âme. » Lancé au XVIIe siècle, ce bobard fait partie depuis du répertoire anticlérical. Quelle est son origine ? Dans son *Histoire des Francs*, Grégoire de Tours, né en 539, raconte un incident survenu cinquante ans avant sa naissance. Au synode de Mâcon, en 486, un prélat aurait soutenu « qu'on ne devait pas comprendre les femmes sous le nom d'hommes », utilisant le mot *homo* (être humain) avec le sens restrictif du latin *vir* (individu de sexe mâle). Grégoire de Tours rapporte que, s'appuyant sur l'Écriture, « les arguments des évêques firent revenir » l'intervenant de cette interprétation erronée, ce qui fit « cesser la discussion ». En fait de controverse qui aurait duré des siècles, c'est tout. Si l'Église avait douté de la pleine nature humaine de la femme (un corps et une âme, selon la théologie), comment aurait-elle pu vénérer la mère du Christ, déclarer saintes tant de martyres de l'aube chrétienne (Agnès, Cécile, Agathe, Blandine, Geneviève...), et distribuer baptême et communion à des créatures sans âme ?

D'Héloïse à Hildegarde de Bingen, on ne compte pas les hautes figures féminines de la chrétienté médiévale. Au XIIe siècle, la première abbesse de Fontevraud, Pétronille de Chemillé, nommée à vingt-deux ans, commande un monastère double, regroupant une communauté d'hommes et une communauté de femmes. Les moines ne se sont jamais plaints d'être dirigés par une femme. Et les reines ? Couronnées comme le roi, elles exercent le pouvoir en son absence. Aliénor d'Aquitaine ou Blanche de Castille, quelques-unes de ces femmes dominent leur époque.

L'ordre féodal : un état transitoire

La richesse du patrimoine culturel médiéval est telle que nul ne peut décemment plus disqualifier cette période en la traitant de barbare. Néanmoins, les préjugés perdurent. « Musées, châteaux et abbayes ressuscitent le temps béni du Moyen Âge », ironise *Le Monde* : « Cette fascination pour l'époque médiévale peut s'expliquer par la vision idyllique d'une Europe alors soudée, formée de communautés solidaires vivant selon des règles saines et naturelles. Le Moyen Âge revisité ne serait ainsi qu'un écran où se projettent les frustrations contemporaines, sans souci de la réalité historique [1]. »

Les clichés autrefois véhiculés par les manuels scolaires sont loin d'être dissipés. Forteresses sinistres, cachots humides, seigneurs pleins de morgue, peuple courbant l'échine : l'imagerie du XIXe siècle a la vie dure. Tout tourne autour d'un adjectif diabolisé : féodal. C'est que la féodalité est si éloignée des modes d'organisation sociale contemporains qu'elle paraît aujourd'hui incompréhensible. Dès avant 1789, la littérature réformatrice vilipendait les « droits féodaux ». Ce thème a nourri les cahiers de doléances, et culminé lors de la nuit du 4 Août où les députés fustigeaient « les déplorables vestiges de la barbarie féodale ». Au XIXe siècle, les historiens libéraux — Augustin Thierry, Jules Michelet, Henri Martin — reprenaient le même refrain, relayés par les instituteurs de la IIIe République. C'est sur cette base, peu ou prou, que le grand public raisonne encore.

---

1. *Le Monde*, 2 juin 2001.

Il existe une abondante légende des droits féodaux, sottisier ne reposant sur aucune preuve et aucune source scientifique, comme le rappelle Jacques Heers[1]. Fable courante, l'exemple du serf obligé de battre l'étang, la nuit, pour faire taire les grenouilles afin que son maître puisse dormir. Il y a pire. Ainsi ces seigneurs qui auraient forcé leurs vassaux à passer leur nuit de noces au sommet d'un arbre et d'y consommer leur mariage. Ainsi le droit de ravage, qui aurait permis au seigneur de calmer ses nerfs en laissant ses chevaux ravager le champ du paysan. Ainsi encore le droit de prélassement, autorisant le seigneur, de retour de la chasse, à faire éventrer deux serfs afin de se réchauffer les pieds dans leurs entrailles ! Ne pas sourire : de prétendus historiens ont naguère rapporté de telles sornettes. Sans doute n'en est-on plus là. Bien des gens, cependant, pensent de bonne foi que le célèbre droit de cuissage a sévi. Alain Boureau montre qu'il s'agit d'un mythe forgé à partir d'une interprétation déformée de la taxe que devaient payer les serfs en se mariant. Sa conclusion est formelle : « Le droit de cuissage n'a jamais existé dans la France médiévale[2]. »

Féodalité, de nos jours, suggère le triomphe des intérêts particuliers sur la mission d'intérêt général impartie à l'État : on parle de féodalités administratives ou syndicales. Enfants du jacobinisme, nous peinons à concevoir une société qui ne soit pas réglée selon un modèle uniforme. Or la société médiévale est tout sauf uniforme. Ce

1. Jacques Heers, *op. cit.*
2. Alain Boureau, *Le Droit de cuissage*, Albin Michel, 1995.

qui ne signifie pas qu'elle est anarchique : la féodalité, instituée empiriquement au milieu de conditions historiques marquées par l'effacement de la puissance publique, représente bel et bien un ordre social. Après l'effondrement de l'Empire romain, au Ve siècle, et après la vague des grandes invasions des Ve et VIe siècles, des pouvoirs locaux s'affirment. Maintenant une cohésion politique minimale, ils exercent l'autorité, battent monnaie, rendent la justice. Chefs de bandes ou maîtres de domaines, des hommes expérimentés s'imposent sur un territoire donné. Sur leurs *fiefs* (mot dérivé du germanique ou du celtique *feodum*, qui désigne le droit d'usage d'une terre), ces anciens (en latin *seniores*) deviennent des *seigneurs*. Au IXe siècle, quand Charlemagne restaure la puissance impériale, il est contraint de reconnaître cet état de fait. Née des circonstances, la féodalité atteint son apogée entre la fin du Xe siècle et le XVe siècle.

La féodalité se fonde sur la vassalité. Ce principe définit une relation d'homme à homme. En échange de sa protection, le vassal rend hommage à plus puissant que lui : son suzerain. Le système vassalique se met en place entre 750 et 900. Sous Pépin le Bref, Charlemagne ou Louis le Pieux, les compagnons du roi (en latin *comites*, d'où le mot comte) deviennent ses vassaux. Contrepartie du service qu'ils rendent sur le plan militaire, ce lien de dépendance personnelle assure leur sécurité. Ne pouvant révoquer ses vassaux, le roi les dote de terres (de fiefs) dont la propriété devient héréditaire.

Démenti à la lecture marxiste du Moyen Âge, la société féodale et l'économie féodale ne se confondent pas : le système féodal n'a rien à voir avec l'exploitation du sol.

D'ailleurs, toutes les terres ne sont pas des fiefs. Dans le cas du domaine rural appelé seigneurie, le seigneur ne désigne pas celui à qui le vassal est lié mais le maître du domaine. Le langage contemporain tend à classer dans la même catégorie vassaux, paysans et serfs. Or les nobles sont eux-mêmes des vassaux. Et si beaucoup de paysans sont des serfs, d'autres, locataires de leurs terres, sont tenanciers libres, et d'autres encore propriétaires. Hors du domaine royal, patrimoine du monarque, la terre, au Moyen Âge, peut donc être possédée par des nobles, par des communautés monastiques, par des citadins (habitant les villes et les bourgs, ils sont, au sens propre, des « bourgeois ») ou par des paysans.

Autre cliché, le chevalier médiéval qui ne rêve que plaies et bosses. Lorsque Philippe VI appelle ses vassaux à combattre les Anglais, il se heurte à des refus délibérés. « La guerre, écrit Jacques Heers, a plutôt ruiné la noblesse de France, lui infligeant pertes en hommes et en argent, l'obligeant à aliéner ses biens, à s'endetter[1]. » Au demeurant, dès la haute époque, maints efforts sont déployés pour limiter les conflits. Initiatives de l'Église, la paix de Dieu interdit d'attenter aux populations civiles et la trêve de Dieu prohibe les combats le dimanche ou lors de certaines périodes liturgiques (avent, carême, fêtes de Pâques). Bien plus tard, lors de la guerre de Cent Ans, la guerre chevaleresque cède la place à la guerre nationale, mais toujours avec des effectifs limités : les plus meurtrières des batailles médiévales, Bouvines, Crécy ou Azincourt, mettent aux prises seulement quelques

1. Jacques Heers, *op. cit.*

centaines d'hommes. Il est paradoxal que le XXe siècle, dont les guerres ont provoqué des hécatombes, pense au Moyen Âge comme à une époque violente.

Vers l'an 1000, la moitié du territoire de l'Europe a été défrichée. Des forêts ont été abattues, des marais asséchés — travaux gigantesques devant lesquels les Romains eux-mêmes avaient reculé. Ce chantier est l'œuvre des paysans. Auraient-ils travaillé sous la contrainte, comme des esclaves ? Non. Ils l'ont fait parce qu'ils y trouvaient leur compte, parce que les conditions financières et le statut social qui s'y attachaient justifiaient ce labeur.

Cliché, le paysan collé à sa glèbe. Le Moyen Âge est le théâtre de grandes migrations : pour explorer des terres lointaines, des villages entiers se déplacent. Cliché, le paysan misérable. Certes, quand un accident climatique ruine la récolte, la famine menace. Il en sera ainsi bien au-delà du Moyen Âge, donc bien après la fin de la féodalité, tant qu'on n'aura pas maîtrisé les techniques de fertilisation des sols et de stockage des grains. Des paysans pauvres, il y en a toujours au XXIe siècle ! Dès le Moyen Âge, certains s'enrichissent soit en se mariant, soit en héritant, soit en travaillant beaucoup. On voit des laboureurs plus fortunés que les petits nobles ruinés par la guerre. L'alleu, terre appartenant à un paysan, se rencontre en Languedoc, en Provence, dans le Mâconnais, en Bourbonnais, dans le Forez, en Artois, en Flandre. Locataires de leur exploitation, les tenanciers ne peuvent en être expulsés. Ils possèdent le droit de la transmettre à leurs héritiers, ce qui institue *de facto* des tenures héréditaires.

Les corvées, auxquelles les manuels de jadis faisaient une réputation effrayante, se bornent à un ou deux jours de travail par an, six au maximum. Ces services, dus au seigneur par les tenanciers et dépendants, libres et non libres, consistent à entretenir les ponts et les routes, ou à curer les fossés — tâches relevant aujourd'hui des communes. Avant la lettre, c'est une forme de contribution locale. Au XIIe siècle, toutefois, les communautés villageoises rachètent les corvées, car il s'avère plus rentable de les faire effectuer par des ouvriers rémunérés que de réquisitionner des paysans peu motivés.

Le paysan paie la taille. Certains « à merci », ce qui signifie que cet impôt direct est fixé par le seigneur (l'impôt royal apparaît relativement tard, à la fin du XIVe siècle). Dans la pratique, la taille est négociée sous forme d'un abonnement communautaire qui fixe la part de chacun. « La ponction fiscale, remarque Jacques Heers, est de tout gouvernement : les taxes médiévales ne sont pas plus nombreuses ni plus élevées que dans l'Antiquité ou les temps modernes[1]. » Cliché, donc, le paysan « taillable et corvéable à merci ».

Et le servage ? Un serf n'est certes pas un homme libre. Il n'est pas non plus un esclave. Le droit romain reconnaissait le droit de vie et de mort sur l'esclave : rien de tel n'existe au Moyen Âge. L'étymologie des deux mots a beau être commune (*servus*), l'esclave est une chose tandis que le serf est un homme, mais un homme dont le statut social est grevé d'incapacités. Si le serf est

1. Jacques Heers, *op. cit.*

tenu de rester sur le domaine et de le cultiver, s'il peut être vendu avec les terres, il ne peut en être expulsé et reçoit sa part de moisson. Il est libre de se marier (contrairement à l'esclave antique) et de transmettre sa terre et ses biens à ses enfants. Le servage personnel, transmissible à ses descendants, se distingue du servage réel, qui tient à la terre que l'on exploite : prenant l'exploitation d'une tenure servile, des hommes libres peuvent volontairement devenir des serfs. Cliché encore, le seigneur qui pressure le serf en lui confisquant tout, jusqu'aux grains à semer : quel intérêt aurait un propriétaire agricole à tarir sa propre source de revenu ?

Au fil du temps, les incapacités frappant les serfs se transforment en taxes. Puis le servage recule. L'essor urbain pousse certains à renoncer à la terre, ce qui les affranchit de fait : « L'air de la ville rend libre », dit l'adage. Un paysan libre obtenant de meilleurs résultats et risquant moins de partir vers une autre seigneurie ou vers la cité, les seigneurs sont de plus en plus nombreux à lever la contrainte servile. Le manque d'hommes conduit aussi le seigneur ayant besoin d'exploitants à leur accorder de meilleures conditions. L'affranchissement s'achète individuellement, ce qui prouve que les serfs peuvent gagner l'argent nécessaire à ce rachat, ou collectivement : il est alors négocié par la communauté villageoise. Encouragé par l'Église, le mouvement d'émancipation s'accélère dès le IXe siècle. Le moine Suger, ami et conseiller de Louis VI puis de Louis VII, est fils de serf. Le roi donne l'exemple : il affranchit les serfs de son domaine. À la mort de Saint Louis, le servage a pratiquement disparu en France.

La France, œuvre de l'État capétien

Lors de la journée d'appel à la préparation de la Défense — reliquat du service militaire —, un film est projeté aux jeunes gens pour leur résumer l'histoire de France. Il commence en 1789. Curieuse amnésie : qu'on le veuille ou non, que cela plaise ou non, la France est née entre le XIe et le XIVe siècle. Ce prodigieux événement n'était pas écrit d'avance.

La féodalité, on l'a dit, se fonde sur la relation d'homme à homme, de vassal à suzerain. Le suzerain des suzerains, c'est le roi. À l'époque du haut Moyen Âge, selon l'expression de Pernoud, le roi est « seigneur parmi d'autres seigneurs ». Il administre son propre fief, exerce la justice et défend ses vassaux. Mais il n'est pas un souverain : édicter des lois n'est pas en son pouvoir, pas plus que de lever l'impôt ou de posséder une armée. L'État subit une éclipse. Or, à la fin de la période féodale, il a réapparu. Et c'est autour de la puissance publique, sur le territoire de ce qui deviendra la France, que se forgera peu à peu la nation.

En 987, Hugues Capet est élu roi. Quand il accède au trône, sa légitimité est fragile. « Qui t'a fait comte ? », demande-t-il à Adalbert de Périgord, qui refuse de lui obéir. « Qui t'a fait roi ? », réplique le grand féodal. Mais il y aura un miracle capétien : savoir durer. En deux siècles, imposant l'hérédité comme mode de désignation du pouvoir, la dynastie institue un État dont la légitimité n'est plus contestée. Peu à peu, la puissance publique se reforme. À Provins, en 1320, les magistrats organisent un scrutin pour délibérer sur la nécessité de confier l'administration locale aux agents royaux : 156 votants sur 2 701 (dont 350 femmes) souhaitent « rester sous le gouvernement des maires et échevins » contre 2 545 qui « désirent n'être plus gouvernés que par le roi seul ». Aux XIIIe et XIVe siècles, Paris devient capitale. Aux XIVe et XVe siècles, le parlement de Paris acquiert le rôle de cour d'appel judiciaire. L'impôt royal, créé à la fin du XIVe siècle, joue un rôle unificateur. Charles VII, à partir de 1422, est le premier roi à disposer de troupes permanentes. Louis XI, qui accède au trône en 1461, met en place une administration centrale. Au fur et à mesure qu'ils étendent leurs domaines, ce que reconstituent les Capétiens, c'est l'État. Au terme de cette reconstruction, le roi n'est plus un suzerain : il est un souverain.

Au même moment, que font les autres dynasties ? Bien que leur pouvoir soit assis en Angleterre, les Plantagenêts tentent de fonder un État franco-anglais. Les Hohenstaufen, lignée allemande, possèdent la Sicile, briguent la souveraineté sur l'Italie et rêvent de monarchie universelle. Les Capétiens, eux, agissent avec ténacité mais en poursuivant un objectif plus modeste. Tels des paysans, ils agrandissent leur champ.

Les Capétiens se font sacrer à Reims, selon un cérémonial qui traversera les siècles. Mais le sacre ne crée pas le roi : il le confirme. Le souverain s'appuie sur l'Église dont il protège les prérogatives. Au temporel, il ne se soumet cependant à aucun pouvoir : ni à celui de l'empereur ni à celui du pape. Lors du conflit entre la papauté et les Hohenstaufen (la lutte du Sacerdoce et de l'Empire), le pape Innocent III, en 1198, réclame la tutelle sur la fonction impériale, en vertu de la théorie des deux glaives qui fait de l'empereur le délégué du souverain pontife. Les Capétiens, eux, refusent cette doctrine : ils sont maîtres chez eux. Tout comme Philippe Auguste, Philippe le Bel repousse toute intrusion de la papauté dans les affaires françaises. Lorsque Boniface VIII, en 1296, interdit au roi de lever des impôts sur les gens d'Église, le Capétien réplique en défendant toute sortie d'argent vers Rome. En 1302, après la proclamation de la bulle *Unam Sanctam* qui revendique la suzeraineté du pape sur tous les monarques, le roi, voulant affirmer son indépendance face à la papauté, obtient le soutien des états généraux. Excommunié en 1303, Philippe le Bel envoie un émissaire, Guillaume de Nogaret, qui brutalise le pape à Anagni. Le monarque capétien ne tient pas son pouvoir du pape. Ses légistes ont élaboré cette maxime qui fonde sa légitimité : « Le roi de France est empereur en son royaume, sa volonté a force de loi. »

À Bouvines, en 1214, les milices communales épaulent Philippe Auguste contre l'empereur Otton IV. Certains datent de cette victoire la naissance du sentiment national. L'idée est belle, mais historiquement hasardée. Néanmoins, ce que les Capétiens rassemblent lentement mais sûrement, c'est bien une communauté politique. Ce n'est pas un sentiment prédéterminé qui a créé cette collectivité : c'est au contraire l'habitude de vivre ensemble qui a forgé la conscience nationale. Gestation longue, dont on saisit les bribes au fil du temps. Au XIe siècle, la *Chanson de Roland* évoque « France la douce ». Prêchant la première croisade, Urbain II lance un appel aux « Français aimés et élus de Dieu ». Français : le terme se répand aux Xe et XIe siècles. Suger, au début du XIIe siècle, écrit qu'il « n'est juste ni naturel que l'Angleterre soit soumise aux Français ni la France aux Anglais ». Philippe Auguste affirme qu'il doit protéger l'« intégralité du royaume ». À la fin du XIIIe siècle, face aux prétentions de l'empereur Adolphe de Nassau qui réclame Valenciennes, Philippe le Bel répond par une exclamation : « Trop allemand ! » À ses barons, le roi donne cette directive : « Tous sont obligés de combattre pour la défense du sol natal et c'est un office qui est attribué à chacun de vous. »

Colette Beaune a consacré un livre savant au cheminement du sentiment français, montrant comment l'alchimie s'est opérée avant que le mot nation ne prenne son sens moderne [1]. Aux XIIe et XIIIe siècles, des symboles s'affirment : la couronne royale, l'oriflamme, la sainte ampoule du sacre, le pouvoir du roi guérisseur des écrouelles, la loi salique, les lys (devenus l'emblème héraldique des Capétiens sous Louis VII et Philippe Auguste) et l'abbaye de Saint-Denis, nécropole royale. Au XIVe siècle, quand le roi d'Angleterre dispute la France aux Valois, ces derniers mettent en œuvre une « propagande nationale ». Clercs et légistes recourent au mythe, attribuant aux Francs des origines troyennes. Saint Martin, saint Rémi ou saint Denis, les saints fondateurs du royaume, sont invoqués, tandis que les grandes figures royales sont exaltées : Clovis, dont le baptême a fait entrer la France dans le plan de Dieu, Charlemagne,

1. Colette Beaune, *Naissance de la nation France*, Gallimard, 1985.

Philippe Auguste, Saint Louis, Philippe le Bel. Au XIVe siècle, d'après Colette Beaune, « chrétien et Français sont quasiment synonymes. L'histoire de la nation chrétienne est une autre histoire sainte. Elle se confond avec celle de la dynastie. Tous, dans le royaume, partagent d'ailleurs la même foi et prient pour le même roi ».

À l'époque où la guerre entre Capétiens et Plantagenêts touche à son terme, les chroniqueurs soulignent la nécessité de chasser l'Anglais hors du royaume. À partir des années 1440, d'irréfutables preuves du sentiment national existent. Sans doute se manifestent-elles à un degré inégal en fonction du lieu, du moment et du milieu social. En Normandie occupée, ce sentiment est affirmé : administrateurs et capitaines anglais se heurtent à une véritable résistance dont les défenseurs du Mont-Saint-Michel constituent l'emblème. Au début de la guerre de Cent Ans, en 1337, certains nobles de Normandie ont refusé l'appel du roi à rassembler leurs vassaux pour défendre la province ; alors que le conflit se termine, en 1450, Charles VII effectue une entrée triomphale à Rouen. Vingt ans plus tôt, à Reims, le « roi de Bourges » a été sacré à l'issue de la chevauchée victorieuse d'une bergère en armes. En 1430, Jeanne d'Arc a dit à ses juges : « Je ne sais qu'une chose de l'avenir, c'est que les Anglais seront renvoyés de France. » Non seulement l'avenir lui a donné raison, mais il a fait d'elle un symbole national.

Le Moyen Âge, c'est le moment où s'esquisse une aventure française qui dure depuis mille ans. L'ignorer, et caricaturer l'époque médiévale en règne de l'obscurantisme, c'est mutiler sa propre histoire.

2

Les croisades

« La folie des croisades
est ce qui a le plus honoré
la raison humaine. »

Léon Bloy.

Orléans, septembre 2001. Un colloque international se tient à l'initiative du groupe de recherche Gerson, une émanation du CNRS. Thème de la rencontre : « Le Moyen Âge a-t-il été chrétien ? » D'après les organisateurs, « les sources médiévales donneraient une vision du Moyen Âge plus religieuse que la réalité ». Nous serions donc « prisonniers d'un effet d'optique, largement dû au monopole intellectuel qu'exercèrent les élites religieuses ».

On souhaite bonne chance aux historiens partis à la recherche d'un Moyen Âge non religieux : il n'existe pas. L'époque médiévale croyait en Dieu, ce ne sont pas seulement les archives qui en témoignent, ce sont les humbles oratoires ou les massives cathédrales, ce sont les milliers de villages qui portent le nom d'un saint patron. Et ce sont les croisades.

Lors de la décomposition politique qui suit la fin de l'Empire romain, quand les invasions déferlent, les évêques se dressent pour défendre la cité. Entre le Ve et le VIIIe siècle, priant, prêchant et bâtissant, les moines évangélisent l'Europe occidentale : Irlande, pays de Galles, Écosse, Bretagne, Angleterre, Germanie. Vers 496 (la date est incertaine), le baptême de Clovis, premier chef germain converti, marque un tournant. Le roi franc est chrétien comme le seront l'empereur carolingien et les souverains de France, de Grande-Bretagne, d'Espagne ou d'Italie [1]. Avant que les frontières nationales ne se dessinent, l'Europe est chrétienne : cette foi lui confère une communauté de civilisation. Au Moyen Âge, le temporel et le spirituel sont liés. Même lorsque la nation se forme, même lorsque les Capétiens préservent leur indépendance vis-à-vis du pape, l'idée moderne de laïcité est inconcevable.

Lucien Febvre, en étudiant Rabelais, a montré que l'athéisme était impossible aux hommes de la Renaissance [2]. C'est plus vrai encore à la période précédente. Or cette foi médiévale, qui n'est pas la foi du charbonnier puisqu'elle est aussi celle de saint Thomas d'Aquin, cette foi médiévale, depuis les Lumières, est objet de mépris. Rousseau, Voltaire, Victor Hugo ou Michelet ont raillé

---

1. Ces noms de pays, employés par commodité, ne doivent pas faire oublier que, même à la fin des croisades, les nations occidentales ne sont pas encore constituées. Les États orientaux évoqués plus loin n'ont pas non plus les frontières d'aujourd'hui.

2. Lucien Febvre, *Le Problème de l'incroyance au XVIe siècle*, Albin Michel, 1988.

son obscurantisme. Au Moyen Âge, la dévotion populaire manifeste à coup sûr des naïvetés. Des reliques à l'authenticité douteuse sont vénérées ; des églises différentes prétendent abriter la dépouille du même saint. Les esprits qui en rient aujourd'hui (et qui admiraient naguère un pays où le tombeau de Lénine était offert à la piété des fidèles) omettent cependant de mentionner que ces abus furent combattus par le pape, les évêques, les abbés, le clergé.

Afin d'illustrer l'ahurissement de la population médiévale, l'exemple de la grande peur de l'an mil est souvent cité. L'inconvénient, c'est qu'aucun document n'atteste une telle panique collective. Jean Favier rapporte que, vers 960, un prêtre parisien annonçait la fin du monde pour l'an 1000 ; en 985, l'abbé de Fleury réfuta ces inquiétudes en rappelant que nul ne savait « ni le jour ni l'heure » ; en 1048, le clerc Raoul le Glabre racontera l'inquiétude de ses contemporains à propos d'une pluviosité exceptionnelle [1]. Les terreurs de l'an mil ? Encore un mythe. En 1999, un grand couturier a bien prédit la fin du monde pour l'an 2000. Obscurantiste, le XXe siècle ?

Les structures psychologiques de l'univers médiéval ne sont pas les nôtres. Le Moyen Âge adore Dieu et craint le diable. Faire son salut sur terre pour échapper à la damnation représente un enjeu plus décisif que la vie elle-même. Tout être vit dans ce rapport au ciel et à l'enfer. La Vierge et les saints intercèdent pour les hommes.

1. Jean Favier, *Dictionnaire de la France médiévale*, Fayard, 1993.

L'Église, qui transmet la parole divine, est la gardienne du dogme. Personne — sauf les hérétiques — n'envisage de contester les articles du credo. Les autres religions sont erronées, nul n'a de doute à ce sujet. Le Renan anticlérical, dans ses *Souvenirs d'enfance et de jeunesse*, déplore tant d'assurance : « Un poids colossal de stupidité a écrasé l'esprit humain. L'effroyable aventure du Moyen Âge, cette interruption de mille ans dans l'histoire de la civilisation, vient moins des barbares que de l'esprit dogmatique chez les masses. »

Dogmatisme ? Oui, le Moyen Âge est dogmatique : le mot dogme (du grec *dogma*, qui signifie croyance) n'a rien de péjoratif. La liberté de conscience est une notion qui n'est pas seulement inconnue : elle est inintelligible. Puisque la vérité ne se divise pas, la liberté religieuse est au même degré incompréhensible. Et toute l'Europe occidentale partage cette certitude. Si l'on n'a pas ces éléments en tête, on ne peut pas comprendre la croisade.

Une riposte à l'expansion militaire de l'islam

Il n'y a pas si longtemps, dans les manuels d'histoire, les croisades bénéficiaient d'une image favorable. Version catholique, c'était l'épopée de la sauvegarde des Lieux saints. Version républicaine (et coloniale), cette expédition avait fait rayonner la culture française au-delà des mers. Aujourd'hui, le discours est inverse. Chez les chrétiens, le sujet frôle la repentance. Et chez les humanistes, les croisades sont considérées comme une agression perpétrée par des Occidentaux violents et cupides à l'encontre d'un islam tolérant et raffiné. À une légende dorée, on substitue une légende noire.

Soulignons d'abord un point de vocabulaire, qui n'est pas anodin. Le mot croisade est postérieur aux premières croisades : il date du tout début du XIIIe siècle. Les croisés, eux, parlaient de pèlerinage, de passage, de voyage outre-mer. C'est que l'objectif premier de la croisade est religieux : il s'agit de mettre ses pas dans les pas du Christ. Dès sa conversion, au IVe siècle, l'empereur Constantin fait mettre au jour les lieux où Jésus a vécu. Aller en Terre sainte valant rémission des péchés, Bethléem, Nazareth et Jérusalem deviennent des buts de pèlerinage.

Partis à la conquête du monde pour répandre la foi de Mahomet, les Arabes prennent Jérusalem en 638. Les chrétiens de Palestine sont tolérés. Cependant, ils sont réduits à la condition de *dhimmi* : moyennant le port de signes distinctifs et le paiement d'un impôt spécial, la *djizya*, ils sont autorisés à pratiquer leur culte. Mais il leur est interdit de construire de nouvelles églises, ce qui, à terme, les condamne. Les pèlerinages européens peuvent continuer, à condition d'acquitter un tribut, notamment pour accéder au Saint-Sépulcre. En 800, les califes abbassides, dont la capitale est Bagdad, concèdent même à Charlemagne la tutelle morale sur les Lieux saints. Aux IXe et Xe siècles, les pèlerins se font plus nombreux.

Au début du XIe siècle, la situation se tend. Les chrétiens qui servent dans l'administration du califat sont forcés de se convertir à l'islam. En 1009, le calife El-Hakim ouvre la persécution et fait détruire le Saint-Sépulcre. En 1065, un groupe de pèlerins allemands est attaqué par des Bédouins. Bientôt de nouveaux envahisseurs se répandent sur la Palestine : les Turcs. En 1078, les Seldjoukides s'emparent de Jérusalem. À partir de cette date, les pèlerinages deviennent extrêmement périlleux, puis ils s'interrompent.

Effectuer un pèlerinage, pour un chrétien du Moyen Âge, est un acte courant. À quelques lieues de chez soi, dans un sanctuaire où quelque relique est vénérée ; plus loin, quand il faut s'astreindre à une pénitence particulière ; très loin, pour une intention exceptionnelle. Alors, ne plus avoir la faculté d'aller se recueillir sur le tombeau du Christ, ce n'est pas supportable. La croisade répond en premier lieu à une exigence pratique et morale : délivrer les Lieux saints.

Au VIIe siècle, les musulmans ont occupé la Palestine et la Syrie ; au VIIIe siècle, ils ont anéanti la chrétienté d'Afrique du Nord puis envahi l'Espagne et le Portugal ; au IXe siècle, ils ont conquis la Sicile. Constantinople fait toujours face au péril turc. En dépit du schisme de 1054, malgré les différends théologiques, les ponts n'ont jamais été rompus entre Rome et Byzance. En 1073, l'empereur Michel VII appelle au secours le pape Grégoire VII, appel réitéré, en 1095, par Alexis Ier Comnène à l'adresse d'Urbain II. La croisade, c'est une riposte à l'expansion militaire de l'islam, une réplique à l'implantation des Arabes et des Turcs en des régions dont les villes, berceau du christianisme au temps de saint Paul, ont été le siège des premiers évêchés. Des régions où les fidèles du Christ sont désormais persécutés.

En Espagne, la Reconquête a commencé vers 1030. Tolède est repris aux Maures en 1085, mais, dès l'année suivante, les Almoravides, venus du Maroc, lancent une nouvelle offensive. À l'appel d'Urbain II, des chevaliers français prêtent main forte aux armées d'Aragon, de Castille et de Portugal. En 1095, nombre de participants provençaux ou languedociens de la première croisade auront combattu en Espagne. En Sicile, les Normands ont débarqué en 1040, et chasseront les Arabes au bout de trente ans d'affrontement.

En Occident, le XIe siècle constitue un moment clé. Les invasions ont été contenues, de nouveaux peuples se convertissent (ainsi les Hongrois), la conquête de l'Angleterre (1066) rapproche l'île du continent. Les naissances se multiplient, les villes s'étendent. L'Église est poussée par l'élan de la réforme grégorienne et l'Europe se couvre de monastères (40 000 fondations entre le IXe et le XIIe siècle). Sur le plan économique, la monnaie circule, le commerce reprend et la richesse s'accroît. L'Occident se sent fort : c'est dans ces moments que les peuples sont hardis.

La première croisade : un élan de foi

Le pape Urbain II poursuit l'entreprise de réforme ecclésiastique lancée par son prédécesseur, Grégoire VII. Dans ce but, en 1095, il effectue une tournée de prédication en France. Au cours d'un concile régional, à Clermont, le souverain pontife prêche devant les évêques et les abbés. Le 27 novembre 1095, il lance un appel à la chrétienté. En Terre sainte, explique le pape, « les Turcs s'étendent continuellement. Beaucoup de chrétiens sont tombés sous leurs coups, beaucoup ont été réduits en esclavage. Ces Turcs détruisent les églises ; ils saccagent le royaume de Dieu ». Urbain II exhorte alors à « se rendre au secours des chrétiens » et à « repousser ce peuple néfaste ». À ceux qui affronteront l'aventure, le pape promet une indulgence plénière et la sécurité de leurs biens, placés sous la protection de l'Église. À Limoges, Angers, Tours, Poitiers, Saintes, Bordeaux, Toulouse et Carcassonne, il renouvelle cette promesse.

Le pape s'est adressé aux nobles et aux chevaliers, gens de guerre capables d'entreprendre l'expédition. Mais à la ville et à la campagne, les prédicateurs ont répercuté l'appel d'Urbain II. Et c'est le peuple qui l'entend d'abord. Avec ferveur, au début de 1096, il se met en marche. On cite le cas de villages entiers qui prennent la route de l'Orient. Cette croisade populaire, composée de petites gens venus de Normandie, de Picardie, de Lorraine, d'Auvergne, du Languedoc ou de Provence, est conduite par des chefs improvisés, Pierre l'Ermite et Gautier sans Avoir. Ceux du Nord suivent le Danube, les autres passent par les Alpes et la plaine du Pô. Tous se retrouvent en Macédoine. Le 1er août 1096, ils sont à Constantinople. Depuis le Ve siècle, la ville est surnommée la Nouvelle Rome. Entourée de murailles grandioses, cette capitale cosmopolite est la plus belle cité du monde. Ses habitants, quand ils voient surgir la troupe de pauvres hères partis de l'autre extrémité du continent, se demandent si ces frères chrétiens sont des amis ou des envahisseurs. Anne Comnène, la fille de l'empereur Alexis Ier, a été le témoin oculaire de la scène : « C'était l'Occident tout entier, tout ce qu'il y avait de nations barbares habitant le pays situé entre l'autre rive de l'Adriatique et les Colonnes d'Hercule, c'était tout cela qui émigrait en masse, cheminait par familles entières et marchait sur l'Asie en traversant l'Europe d'un bout à l'autre. » Maintenue hors la ville, la colonne franchit le Bosphore. Mais dès le 10 août, cette troupe mal armée et mal organisée se fait massacrer par les Turcs. Les survivants ne reprendront leur marche qu'à la suite de l'autre croisade, celle des barons.

En Europe, quatre armées se sont formées. Comment ont-elles été recrutées ? Nul ne le sait exactement. L'expédition de 1096 procède d'une initiative pontificale. La situation de la papauté, au XIe siècle, est instable. En Allemagne et en Italie du Nord, la querelle des Investitures oppose l'Église à l'Empire au sujet de la nomination des évêques et des abbés : de nombreux évêchés se réclament de l'antipape Clément III, nommé par l'empereur Henri IV. La croisade n'a donc pas été prêchée en Italie, pas plus qu'en Allemagne. En France, Urbain II est en conflit avec le roi : un des objets du concile de Clermont était aussi de proclamer l'excommunication de Philippe Ier, celui-ci ayant répudié sa femme pour prendre une autre épouse. Les barons de la première croisade sont donc originaires des pays d'obédience pontificale.

Flamands, Lorrains et Allemands, le 15 août 1096, ont suivi Godefroi de Bouillon sur la route de Hongrie. Les Provençaux (on baptise ainsi les seigneurs de tous les pays d'oc), entraînés par Raimond de Saint-Gilles, comte de Toulouse, ont préféré l'Italie du Nord et l'Illyrie ; Adhémar de Monteil, le légat pontifical, les accompagne. Normands et Français, regroupés derrière Robert Courteheuse, duc de Normandie, et son beau-frère, Étienne de Blois, sont descendus dans le sud de l'Italie ; en bateau ils ont traversé l'Adriatique pour rejoindre l'Albanie. Quant aux Normands de Sicile, guidés par Bohémond de Tarente et son neveu Tancrède, eux aussi ont débarqué en Albanie.

En tout 30 000 hommes, réunis à Constantinople en mai 1097. Ils ne parlent pas la même langue, mais, les Français étant nombreux, tous sont appelés les Francs. Pénétrant en Asie, ils s'emparent de Nicée puis d'Antioche. En raison de la résistance de leurs adversaires et des rivalités entre les chefs, les croisés progressent lentement. En juin 1099, ils mettent le siège devant Jérusalem. L'année précédente, les Égyptiens ont arraché la ville aux Turcs. Ce sont donc eux qui vont subir le choc. Le 13 juillet, un premier assaut échoue. Deux jours plus tard, le 15 juillet 1099, la cité tombe aux mains des chrétiens. C'est la ruée. Les chroniqueurs évoquent un flot de sang montant « jusqu'aux jarrets des chevaux ». La formule est hyperbolique : il ne faut pas l'interpréter littéralement, comme ces manuels scolaires qui donnent un nombre de victimes supérieur à la population de Jérusalem.

Néanmoins, la tuerie est avérée. La légende noire y voit la preuve de la sauvagerie des croisés. Les Francs se sont cependant conduits comme tous les soldats de l'époque, et notamment leurs ennemis. Le 10 août 1096, 12 000 « pauvres gens » de la croisade populaire ont été achevés par les Turcs. Le 4 juin 1098, devant Antioche, les Turcs et les Arabes ont passé au fil de l'épée, jusqu'au dernier combattant, la garnison chrétienne de la forteresse du Pont de Fer. Peu après, ils en ont fait autant avec les musulmans d'une petite cité qui avait traité avec les croisés. Le 26 août 1098, quand ils se sont emparés de Jérusalem, les Égyptiens ont liquidé les Turcs qui défendaient la ville. Les indignations de la légende noire seraient-elles sélectives ?

On tue donc. On pille aussi. Là encore, les croisés ne font que se conformer aux usages du temps. Réflexe humain, ils estiment avoir droit à une gratification pour récompenser leur exploit. Il faut imaginer ce que pouvait représenter, au XIe siècle, un voyage à pied ou à cheval, depuis l'Auvergne ou la Lorraine jusqu'à la Palestine ! Des milliers de kilomètres à parcourir sur un itinéraire incertain, à travers des contrées hostiles, en affrontant la faim et la soif, pour se diriger vers un pays dont les croisés ne savaient rien. Pour les gens du peuple, c'était l'aventure absolue. Pour les seigneurs, le risque était le même, mais il était coûteux : ils avaient à entretenir de leurs propres deniers leurs compagnies et les pauvres qui les escortaient. Contrairement à l'idée reçue, beaucoup se sont ruinés dans la croisade, ayant dû emprunter ou vendre des biens fonciers pour s'équiper. En Occident, de larges étendues étaient encore en friche. Or ces terres étaient plus accessibles que le lointain Orient. Selon Jacques Heers, « l'appât du gain et les spéculations marchandes ne furent certainement pas à l'origine de la croisade [1] ».

Ce n'est donc pas la soif de biens matériels qui a poussé les premiers croisés : c'est la dévotion. Une telle

---

1. Jacques Heers, « Le sens des croisades », *La Nef*, juin 1995.

entreprise supposait la rupture totale avec ses habitudes, le renoncement à son univers familier. « Dieu le veut », s'exclamaient-ils. Ce cri est un acte de foi. « La croisade, affirme Jean Richard, fut l'occasion pour d'innombrables chrétiens de vivre leur foi non dans la facilité, mais à l'épreuve des souffrances et de la mort [1]. » Les premiers croisés étaient des pénitents dont la motivation initiale était d'ordre spirituel. Le temporel, c'est ce qui viendra après.

Les huit croisades : le bon grain et l'ivraie

Après la prise de Jérusalem, un royaume latin est institué. Avec le titre d'« avoué du Saint-Sépulcre », Godefroi de Bouillon en prend la tête. À sa mort, en 1100, son frère Baudouin le remplace. D'autres États chrétiens sont créés : la principauté d'Antioche, le comté d'Édesse, le comté de Tripoli. Or leur fondation ne figurait pas dans les plans primitifs du pape. Toutes les croisades postérieures à celle de 1096 n'auront jamais que pour but de renforcer ou de secourir les États latins implantés en Orient. « L'acte de foi, commente Jacques Heers, qui fut le ressort principal des croisades dès 1095, à savoir le désir d'assurer la sécurité du pèlerinage au Saint-Sépulcre, fut toujours à l'origine des engagements. Mais, peu à peu, se sont imposées également d'autres préoccupations, d'autres ambitions qui entraînaient des démarches plus complexes et même des déviations [2]. »

1. Jean Richard, *L'Esprit de la croisade*, Cerf, 1969.
2. Jacques Heers, *La Première Croisade*, Perrin, 1995.

Après l'élan mystique, une autre logique s'enclenche : elle est politique, elle est militaire. Voilà pourquoi le terme générique de croisades est trompeur. Il recouvre des événements étalés sur près de deux siècles (de 1095 à 1270) et déterminés chacun par des circonstances où les intérêts terrestres pèsent de tout leur poids : tant pis pour la légende dorée de la chrétienté en marche.

Dès la prise de Jérusalem, chevaliers ou pauvres, les pèlerins retournent massivement en Europe. Jamais les établissements latins ne seront des colonies de peuplement : les Francs qui restent sur place sont isolés. Pour pallier le manque d'effectifs, et protéger les principautés chrétiennes et les pèlerinages venus d'Occident, des ordres de moines-soldats sont fondés : les Hospitaliers en 1113, les Templiers en 1118. Après une période de répit où les États latins, prospères, commercent avec Venise, Gênes ou Pise, les musulmans de Syrie reprennent Édesse en 1144. Prêchée par saint Bernard de Clairvaux, la deuxième croisade est menée, en 1147, par l'empereur Conrad III et le roi Louis VII ; leur mésentente provoque l'échec de l'opération. En 1187, le sultan Saladin, qui a conquis la Syrie, l'Égypte, l'Irak et l'Asie Mineure, reprend Jérusalem et une grande partie des territoires francs. D'où une troisième croisade (1189-1192) conduite par l'empereur Frédéric Barberousse, le roi de France Philippe Auguste et le roi d'Angleterre Richard Cœur de Lion, unis provisoirement en Orient mais rivaux en Europe. Ne parvenant pas à reconquérir Jérusalem, l'expédition obtient toutefois la reprise des pèlerinages.

En 1202, le pape Innocent III lance une quatrième croisade. C'est l'Égypte, devenue le centre de la puissance musulmane, qui est visée cette fois. La flotte vénitienne transporte les troupes. Les volontaires n'étant pas assez nombreux pour que la somme convenue soit réunie, les Vénitiens se paient en pillant Zara, ville chrétienne de Croatie qui refuse d'ouvrir ses portes. En avril 1204, le scénario se renouvelle à Constantinople, facilité par les rivalités internes au sein de la dynastie byzantine. La capitale de l'empire d'Orient, assiégée par les Vénitiens, est prise d'assaut et pillée trois jours durant. Innocent III se trouve contraint de dénoncer ses propres troupes : « Vous avez dévié et fait dévier l'armée chrétienne de la bonne route dans la mauvaise. » Le sac de Constantinople, resté comme une déchirure dans la mémoire orthodoxe, rendra irrémédiable le schisme de 1054 entre la chrétienté latine et la chrétienté d'Orient.

Il y aura encore quatre croisades. La cinquième (1217-1221), prêchée de nouveau par Innocent III et continuée par son successeur, Honorius III, n'aboutit qu'à la conquête de Damiette. La sixième (1228-1229), dirigée par l'empereur Frédéric II de Hohenstaufen, aboutit à la restitution de Bethléem, Nazareth et Jérusalem. Mais en 1244, la Ville sainte est reprise par les musulmans. La septième croisade (1248-1254) vise de nouveau l'Égypte. Saint Louis, dont l'armée a été ravagée par la peste, est fait prisonnier et n'obtient sa liberté qu'au prix d'une rançon et de la restitution de Damiette. En 1270, la huitième croisade, menée en Tunisie, s'achève en désastre : Saint Louis y trouve la mort. En 1291, la perte de Saint-Jean-d'Acre signe la fin des établissements chrétiens au Levant.

Une intolérance partagée

Entre l'Orient et l'Occident, les croisades ont donné lieu à une formidable confrontation. Celle-ci ne s'est pas seulement traduite en termes militaires. Les deux siècles de présence franque comprennent aussi des périodes de paix et de coexistence entre chrétiens et musulmans. De nos jours, en raison du multiculturalisme dominant, cette rencontre de deux civilisations fait l'objet d'un mythe. L'Orient, à l'époque, était plus avancé que l'Occident dans quelques domaines, comme l'astronomie ou les mathématiques ; les croisés y ont découvert l'orange et le citron. Cela justifie-t-il de dépeindre des Européens toujours grossiers et brutaux face à des Orientaux toujours délicats et pacifiques ?

Il est exact que des influences mutuelles se sont produites. Les Francs établis ou nés en Orient après la croisade sont appelés les Poulains. Ces hommes développent une culture particulière, née de l'éloignement de la mère patrie et de la cohabitation avec l'islam. L'un deux, Foucher de Chartres, mort à Jérusalem en 1127, a rédigé une histoire de la première croisade dans laquelle il évoque ses semblables : « Nous qui étions occidentaux, nous sommes devenus orientaux. Nous avons oublié les lieux de notre origine ; plusieurs d'entre nous les ignorent ou même n'en ont jamais entendu parler. » Dans le royaume de Jérusalem, les musulmans paient un impôt aux Francs. Leur culte est toléré. En 1183, Ibn Djubayr, un musulman d'Espagne, traverse les États chrétiens pour se rendre en pèlerinage à La Mecque. Il a laissé un récit de voyage : « Les chrétiens font payer aux musulmans, sur leur territoire, une taxe qui est appliquée en toute bonne foi. Les marchands chrétiens, à leur tour, paient en territoire musulman sur leurs marchandises ; l'entente est entre eux parfaite et l'équité est observée en toute circonstance. »

Mais les trêves ne seront jamais durables. L'existence des royaumes francs a été courte (moins d'un siècle, sauf pour la principauté d'Antioche) et ils se sont vite réduits à une mince bande côtière. En s'en tenant aux grandes lignes de leur histoire, force est de constater que ces États, le dos à la mer, ont été constamment sur la défensive. Si le monde musulman n'avait pas été si divisé — en proie, lui aussi, à des luttes nationales, tribales et religieuses — l'aventure des États latins d'Orient aurait été encore plus brève. Dès qu'un territoire était reconquis par les musulmans, les chrétiens endossaient à nouveau leur statut de *dhimmi*, assez comparable au statut des musulmans dans les principautés chrétiennes, encore que ceux-ci ne s'étaient jamais vu interdire de construire des mosquées. Nulle part, en Orient, on ne voit de tolérance au sens où le mot s'emploie de nos jours. « On ne croit plus aujourd'hui, assure Laurent Theis, qu'en dépit de certains récits édifiants, un véritable échange culturel entre chrétiens et musulmans se soit produit au XIIe siècle au Proche-Orient [1] ».

Bien sûr, les croisades n'ont pas constitué un affrontement de bloc à bloc. Les chrétiens comme les musulmans ont été divisés : des combats ont opposé des

1. *Le Point*, 16 août 2002.

chrétiens à d'autres chrétiens, des musulmans à d'autres musulmans. On a même vu des tribus musulmanes s'allier aux croisés et certains chrétiens orientaux préférer le service de princes musulmans. Il reste que les croisades forment, on l'a dit, une réplique à l'essor de l'islam. Or l'expansion musulmane ne s'est jamais effectuée dans la douceur.

Saladin est présenté maintenant comme un souverain libéral. Il est vrai que cet homme intelligent fut un adversaire chevaleresque : Dante, dans *La Divine Comédie*, lui rend hommage. Et relativement tolérant, puisqu'il arrêta le bras des fanatiques qui voulaient raser le Saint-Sépulcre. Cela dit, il pratiqua sans scrupule le djihad. D'aucuns voudraient réduire ce mot à son sens arabe (effort suprême, tension vers un but) en gommant son sens commun de « guerre sainte ». « Le djihad, prétend Cécile Morrisson, ne débouche pas comme la croisade sur le choix entre la conversion ou la mort offert aux musulmans vaincus lors des premières croisades, ni sur l'intolérance de droit, sinon de fait, des États croisés à l'égard des musulmans [1]. » Contrebalançons cette vision idyllique par le récit de la prise de Jérusalem rédigé par Imad ad-Din, secrétaire de Saladin : « On marchait pour passer la bride à Jérusalem devenue rebelle ; pour y faire taire le bruit des cloches chrétiennes et retentir l'appel islamique à la prière, pour que les mains de la foi en chassent celles des Infidèles, pour la purifier des salissures de leur race, des ordures de cette humanité inférieure, pour réduire leur esprit au silence en rendant

1. Cécile Morrisson, *Les Croisades*, PUF, « Que sais-je ? », 2001.

muets leurs clochers. » Capturé, le roi de Jérusalem, Guy de Lusignan, est traité avec égards. Mais Renaud de Châtillon, les Hospitaliers et les Templiers sont massacrés, de même que les troupes turques alliées aux Francs. Quant aux captifs chrétiens incapables de payer une rançon, ils sont réduits en esclavage. À moins de choisir une autre alternative : la conversion à l'islam ou la mort. Tolérant, Saladin ?

Chez certains historiens, la mode orientaliste sévit également à propos de Constantinople — le sac de 1204 revenant comme une antienne destinée à aiguiser la mauvaise conscience occidentale. « Bien que séparés par la religion, les Byzantins se sentent plus proches des musulmans que des Occidentaux », soutient Georges Tate[1]. En fait, c'est l'inverse. Rémi Brague a montré que les Byzantins ont été fascinés, sur le plan religieux, par l'islam, en raison de sa conception théocratique du pouvoir[2]. En revanche, sur le plan militaire, depuis la prise de la Syrie par les Arabes, en 636, Byzance n'a fait que résister aux musulmans. Au XIIe siècle, d'ailleurs, ces derniers ne regardent pas la croisade comme un événement nouveau, mais comme le prolongement des guerres avec Byzance, désignant les premiers croisés sous le nom de « Rûm », c'est-à-dire Byzantins.

En 1453, Constantinople tombe aux mains des Turcs. Mehmed II affecte la basilique Sainte-Sophie au culte

1. Georges Tate, *L'Orient des croisades*, Gallimard, « Découvertes », 1991.

2. Rémi Brague, *Europe, la voie romaine*, Gallimard, « Folio », 1999.

musulman : l'édifice restera une mosquée, même s'il sera un jour transformé en musée. En 1526, la victoire de Mohács donne la Hongrie à Soliman le Magnifique. En 1529, les Ottomans assiègent Vienne. En 1571, la bataille navale de Lépante marque un coup d'arrêt à leur offensive, stoppée à nouveau en 1683, lors du second siège de Vienne. Pendant quatre siècles, l'Europe centrale et balkanique vit sous la menace turque. Le rappeler, ce n'est pas exprimer un fantasme de croisé mais énoncer un fait. « Vers 1090, écrit René Grousset, l'islam turc, ayant presque entièrement chassé les Byzantins de l'Asie, s'apprêtait à passer en Europe. Dix ans plus tard, non seulement Constantinople sera dégagée, non seulement la moitié de l'Asie Mineure sera rendue à l'hellénisme, mais la Syrie et la Palestine seront devenues colonies franques. La catastrophe de 1453, qui était à la veille de survenir dès 1090, sera reculée de trois siècles et demi[1]. » Le bilan des croisades, c'est aussi ce répit accordé aux chrétiens d'Orient.

En 1983, le romancier libanais Amin Maalouf accuse les croisades d'avoir provoqué une irrémédiable fissure entre deux mondes : « Il est clair que l'Orient arabe voit toujours dans l'Occident un ennemi naturel. Contre lui, tout acte hostile, qu'il soit politique, militaire ou pétrolier, n'est que revanche légitime. Et l'on ne peut douter que la cassure entre ces deux mondes date des croisades, ressenties par les Arabes, aujourd'hui encore, comme un viol[2]. » Un viol, les croisades ? Ce n'est pas servir la paix

1. René Grousset, *L'Épopée des croisades*, Perrin, 1995.
2. Amin Maalouf, *Les Croisades vues par les Arabes*, Lattès, 1983.

du monde que de brandir cette expression. Car il sera toujours possible de répliquer que ce sont les musulmans qui, en envahissant des terres chrétiennes, ont violé les premiers.

Ce n'est pas non plus servir la paix civile que de dire cela. Un « dossier pédagogique » édité par la Bibliothèque nationale de France propose cet exercice aux classes de seconde : « À travers l'ensemble de ces documents, montrer en quoi le djihad représente une réponse des musulmans aux violences des croisades et un devoir religieux[1]. » Alors que les sociétés européennes sont confrontées à la situation inédite de la présence d'une forte minorité musulmane au sein de leur population, il est dangereux d'enseigner ainsi le passé, en ouvrant à l'islam les droits et le crédit dus aux victimes. C'est aussi pratiquer l'amnésie historique. Au Moyen Âge, dans sa quasi-totalité, le peuple de France était chrétien. Est-ce une faute ?

1. www.classes.bnf.fr

3

Les cathares et l'Inquisition médiévale

« Quelle époque peut mieux que la nôtre
comprendre l'Inquisition médiévale,
à condition que nous transposions le délit d'opinion
du domaine religieux au domaine politique ? »

Régine PERNOUD.

Le conseil municipal de Lavaur, dans le Tarn, a adopté, le 11 janvier 2002, une résolution interdisant dans la commune toute référence à Simon de Montfort. À l'origine de cette curieuse initiative, quelques protestations émises à l'annonce d'un projet de résidence immobilière portant le nom de Simon de Montfort. L'arrêté du maire stipule que les dénominations « Montfort », « de Montfort » et « Simon de Montfort » seront dorénavant prohibées « pour baptiser les voies, lotissements publics ou privés, résidences et autres établissements recevant du public ». Motif : « Le sieur Simon de Montfort a perpétré sur la population de Lavaur un massacre dont le souvenir est profondément ancré dans la mémoire collective de la cité. » Lors de la croisade contre les albigeois, en 1211, Simon de Montfort avait conduit le siège de la ville. À l'issue, quatre-vingts chevaliers cathares auraient été tués, et plusieurs dizaines d'hérétiques brûlés vifs.

Lancée au XIXe siècle, la légende cathare fait depuis la fortune des libraires. Toute une littérature ésotérique et spiritualiste s'y rattache, et l'on ne compte pas les publications pseudo-savantes détaillant la religion des fidèles de Montségur.

Aujourd'hui, deux veines idéologiques irriguent le vieux mythe cathare. En premier lieu, dans un contexte général de remise en cause du cadre national, d'aucuns s'ingénient à susciter l'antagonisme entre la France septentrionale et la France du Sud. Dès lors, la croisade contre les albigeois devient un crime commis par les barbares du Nord contre la civilisation méridionale. L'industrie touristique exploite ce filon : entre la Garonne et la frontière espagnole, les visiteurs sont invités à découvrir un « pays cathare » présenté comme un paradis perdu. Une seconde veine idéologique s'affirme avec plus de vigueur. Elle consiste tout uniment à réhabiliter les croyances cathares. La religion, dans notre société sécularisée, relève de la conscience individuelle : celui qui croit, puisqu'il est sincère, est dans son droit, *a fortiori* s'il croit contre la foi traditionnelle. Hérésie médiévale, le catharisme devient *ipso facto* sympathique.

Les cathares ? Des purs, des simples, parés de toutes les vertus. Animés par le seul amour, ils ne faisaient que braver l'injustice des puissants. Témoin de ce discours, un numéro « Spécial cathares » récemment publié par un magazine régional. « Le catharisme, y lit-on, n'était rien d'autre qu'une Église catholique débarrassée de ses rites, de ses peurs et de l'aspect pesant et contraignant de sa hiérarchie, une Église plus égalitaire. Bref, ils inventèrent une utopie beaucoup plus dangereuse pour l'ordre en place que toutes les idéologies. » À ces braves gens, qu'a-t-on opposé ? « Les flammes de la purification. » La pratique du bûcher étant « banale et justifiée par l'Église, cette guerre de religion ne pouvait se terminer que par "la solution finale" [1] ». La solution finale ? En clair, le catholicisme médiéval aurait préfiguré le nazisme : bel exemple d'amalgame tel que l'historiquement correct peut en fabriquer...

Les cathares : une secte dangereuse

D'où viennent les cathares ? Le terme, tiré du grec *katharos* (« pur »), a été utilisé d'abord pour désigner une secte de Rhénanie. Ses idées étaient assez comparables à celles exprimées, en Lombardie ou dans le midi de la France, par d'autres groupes hérétiques. Des hérésies, il y en a eu depuis l'origine du christianisme, touchant notamment la définition de la divinité. Pour l'Église romaine, Dieu est un en trois personnes (le Père, le Fils et le Saint-Esprit) ; pour l'arianisme (condamné au IVe siècle), le Christ n'est pas de la même nature que le Père ; le schisme avec l'Église d'Orient, au XIe siècle, provient entre autres d'un désaccord théologique à propos de l'interprétation du rapport entre Dieu et son Fils. Ces débats peuvent paraître abstraits, ils n'en ont pas moins agité avec passion des hommes pour qui la foi en Dieu

1. *Pyrénées Magazine*, été 2001.

primait. Aux XIe et XIIe siècles, des courants hérétiques parcourent l'Europe. Ainsi le bogomilisme, une doctrine manichéenne née en Bulgarie. Dans le nord de la France, certains cercles revendiquent une pureté évangélique qui aurait été trahie par l'Église. Vers 1170, Pierre Valdès, un marchand de Lyon, abandonne sa famille et ses biens pour prêcher la pénitence et la pauvreté. Refusant les sacrements et la hiérarchie ecclésiastique, sa doctrine est condamnée par son évêque puis par le pape. Ses fidèles (les Vaudois), excommuniés, se maintiendront clandestinement en Provence, dans le Languedoc, dans le Dauphiné, en Italie.

À la fin du XIe siècle, un mouvement de contestation de l'Église se développe dans l'actuel sud-ouest de la France. C'est ici qu'apparaissent ceux que nous appelons les cathares. Ce terme, ils ne l'emploient pas. Entre eux, ils se désignent comme les Bons Chrétiens, les Vrais Chrétiens, les Amis de Dieu ou les Bons Hommes. Leur pensée repose sur un dualisme absolu. S'inspire-t-elle du bogomilisme, est-elle une spécificité locale ? Faute de sources, les spécialistes en discutent encore. Le catharisme oppose deux principes éternels. Le bon, qui a enfanté les esprits, les âmes, le Bien. Et le mauvais, qui est à l'origine de la matière, du corps, du Mal. Ce n'est pas Dieu qui a créé l'univers, c'est Satan. Toute réalité terrestre est marquée du signe du Mal.

Les cathares, issus d'une société dont la culture est chrétienne, recourent à des notions issues des Évangiles, mais ils les réinterprètent. À leurs yeux, Jésus est un ange dont la vie terrestre n'a été qu'une illusion. Le Christ n'a donc pas souffert pendant sa passion, il n'est pas mort et n'a pas eu à ressusciter. La Vierge Marie, de même, était un pur esprit aux apparences humaines. En s'évadant de la terre, royaume du Mal, l'âme se dépouille de son enveloppe impure pour rejoindre le royaume de l'esprit.

La religion cathare distingue deux sortes de fidèles. D'abord les croyants, qui conservent leurs habitudes extérieures. Puis les parfaits qui, passés par le rite de l'imposition des mains, le *consolamentum* (et pouvant dès lors le conférer), forment le noyau de cette contre-Église. Ayant rompu avec leur famille, les parfaits vivent en communauté. Leur morale étant établie sur la séparation de l'âme et du corps, ils observent la plus stricte continence. Se nourrissant le moins possible, ils suivent un régime végétarien, refusant tout produit animal (viande, lait, fromage, œufs). Cette épreuve du renoncement (*endura*), certains la poussent à l'extrême : selon certaines sources, des cas de mort par inanition sont attestés. En vertu de la même logique, les parfaits pratiquent l'abstinence sexuelle. La chair étant impure et la procréation criminelle (mettre un enfant au monde, c'est précipiter une nouvelle âme dans le royaume du Mal), ils se vouent à la chasteté. En conséquence, celui qui a reçu le *consolamentum* est voué au célibat ou doit quitter son conjoint. Certains parfaits, cependant, admettent les relations charnelles ; condamnant seulement l'institution du mariage, ils en viennent à prôner la liberté sexuelle.

Plus qu'une hérésie, le catharisme constitue une remise en cause intégrale du christianisme. Récusant l'Église, la famille, la propriété et le serment d'homme à homme, les cathares nient les fondements de l'ordre féodal. Observant des rites initiatiques, obéissant à une hiérarchie secrète, ils présentent toutes les apparences d'une secte. Une secte qui contrevient ouvertement à la morale commune de l'époque.

Et cette secte se développe. À partir de 1160, le catharisme s'organise. Il ne possède pas de clergé, mais, à Toulouse, Albi et Carcassonne, certains parfaits remarqués pour leur zèle prennent la tête de « diocèses ». En 1167, un concile cathare se tient à Saint-Félix-de-Lauragais, sous l'autorité d'un évêque hérétique venu de Constantinople. La noblesse locale est touchée. En 1205, la comtesse de Foix quitte son mari et devient parfaite. Dans le Mirepoix, trente-cinq vassaux du comte de Foix se convertissent au catharisme. Les artisans sont gagnés à leur tour : la corporation des tisserands du Languedoc se fait cathare. À Béziers, en 1209, 10 % de la population est touchée par l'hérésie.

L'hérésie : mal social, mal religieux

Hérésie : aujourd'hui où les journaux mettent ce mot entre guillemets, le concept fait sourire. Pas au Moyen Âge. La société médiévale est communautaire : elle connaît la personne — chaque être humain créé à l'image de Dieu —, mais pas l'individu. Dans un monde où le temporel et le spirituel sont intimement liés, à une époque où la liberté de conscience est inconcevable, l'hérésie constitue une rupture du lien social. « Un accident spirituel, plus grave qu'un accident physique », explique

Régine Pernoud[1]. Une hérésie, étymologiquement, c'est une opinion particulière (en grec *hairesis*). Si cette opinion est déclarée erronée, l'Église non seulement n'a pas de scrupule à la condamner, mais considère de sa mission de la combattre.

L'excommunication n'est pas prise à la légère. Fulminée par l'évêque ou le pape, cette sanction entraîne la privation des sacrements — l'absolution, la communion. Or être privé des sacrements, c'est être mis au ban de la collectivité. Celui qui meurt excommunié est enterré sans prières, hors du cimetière paroissial. Quand un prince ou un suzerain est excommunié, ses vassaux sont déliés de la fidélité à son égard : c'est toute l'organisation féodale qui se délite. C'est pour cela que l'évêque a le devoir de traquer l'hérésie et de la bannir, c'est-à-dire, au sens littéral, de l'exterminer (*ex-terminis*, « hors des frontières »).

Exterminer : le grand mot. De nos jours, il est compris dans son sens physique, et l'association d'idées s'opère avec le bûcher. Dans le cas des cathares, l'image de Montségur s'impose, répétée par le cinéma, la télévision, les magazines, les guides touristiques. Pour combattre les cathares, on les aurait massacrés. Ce raccourci est doublement trompeur : il passe sous silence le fait que d'autres moyens que la force ont d'abord été employés ; il rejette par ailleurs la violence d'un seul côté, alors que les albigeois n'étaient pas de doux innocents.

« La foi doit être persuadée, non imposée », affirme Bernard de Clairvaux. « Mieux vaut absoudre les cou-

1. Régine Pernoud, *Pour en finir avec le Moyen Âge*, Seuil, 1977.

pables, ajoute le pape Alexandre III, que de s'attaquer par une excessive sévérité à la vie d'innocents. L'indulgence sied mieux aux gens d'Église que la dureté. » Pour éteindre l'hérésie, l'Église privilégie la persuasion. Contre les cathares, le combat est d'abord théologique. Entre 1119 et 1215, sept conciles analysent et condamnent les thèses manichéistes. Dans le Midi toulousain, un vaste effort missionnaire est lancé, confié d'abord aux évêques et au clergé local. Il s'avère cependant que certains prélats, possédant des liens familiaux avec les seigneurs acquis au catharisme, montrent peu d'empressement à réfuter les thèses des parfaits. Quant au bas clergé, pour avoir la paix, il ferme les yeux.

La papauté fait alors appel à des personnalités venues du Nord. Saint Bernard, le réformateur de l'ordre de Cîteaux, effectue une tournée de prédication dans le Midi. Ces efforts ne portant aucun fruit, le catharisme continue de se répandre. À telle enseigne que le mouvement, issu d'une contestation religieuse, atteint la dimension d'un trouble social. La première autorité laïque à lancer un avertissement aux hérétiques, en 1177, est le comte Raimond V de Toulouse, qui enjoint les cathares de renoncer à leurs pratiques.

Innocent III accède au pontificat en 1198. Pendant dix ans, afin de ne pas laisser l'affaire au pouvoir temporel, il va s'employer à réduire l'hérésie. En 1200, le pape organise une mission qu'il confie à Pierre et à Raoul de Castelnau. Ces deux frères sont cisterciens à l'abbaye de Fontfroide, près de Narbonne. De village en village, les moines haranguent les fidèles, instruisent, visitent les familles. Ne craignant pas le contact direct avec leurs adversaires, les prédicateurs soutiennent des controverses publiques avec les parfaits. À Carcassonne, en 1204, un débat contradictoire réunit Pierre de Castelnau et Bernard de Simorre, un évêque cathare. Cette même année, du renfort arrive en la personne de l'abbé de Cîteaux, Arnaud Amaury, qui est nommé légat pontifical. Sa mission est, par la prédication, de reconquérir ceux qu'on commence à appeler les albigeois, parce qu'ils sont nombreux autour d'Albi.

En 1205, revenant de Rome, Diego, l'évêque d'Osma, ville d'Espagne, traverse le Languedoc. Il est accompagné du sous-prieur de son chapitre, Dominique de Guzman. Constatant les faibles résultats des Cisterciens, les deux hommes décident de se consacrer à la lutte contre l'hérésie. Rompant avec le luxe ecclésiastique, ils choisissent de mener une vie dépouillée. Parcourant la campagne pieds nus, sans équipage et sans argent, Diego et Dominique sillonnent les routes, multipliant les conférences contradictoires. À Montréal, près de Carcassonne, ils obtiennent cent cinquante retours à l'Église en 1206. Cette même année, à Fanjeaux, Dominique fonde un monastère de femmes avec des hérétiques converties. En 1214, les moines mendiants qui le suivent installent une maison mère à Toulouse. Cet ordre des Frères prêcheurs reçoit sa constitution en 1216 : les Dominicains sont nés. Mais pendant ce temps, découragés, les Cisterciens ont abandonné la tâche. Et ce qui constituait une entreprise spirituelle, menée selon des moyens pacifiques, va se trouver débordé par des circonstances toutes temporelles.

La croisade contre les albigeois : tout sauf un conflit Nord-Sud

Raimond V, comte de Toulouse, est mort en 1194. Son successeur, Raimond VI, se montre conciliant avec les cathares. Point de vue intéressé : il espère s'emparer des biens de l'Église. Excommunié une première fois, il est absous, en 1198, sur la promesse de poursuivre l'hérésie. Comme il n'entreprend rien, il est excommunié une seconde fois. Se soumettant à nouveau, il obtient la levée de l'excommunication. Néanmoins, il continue de tolérer le prosélytisme des parfaits. En 1207, Innocent III pousse alors le roi Philippe Auguste, suzerain du comte de Toulouse, à intervenir en vue de rétablir l'orthodoxie. Le Capétien montre peu d'enthousiasme. D'une part, il a d'autres priorités, étant en guerre contre l'Angleterre, d'autre part, il redoute l'ingérence du Saint-Siège dans les affaires du royaume.

En 1208, un drame met le feu aux poudres : Pierre de Castelnau, chargé par le pape de combattre les cathares, est assassiné. Qui a commandité le crime ? Les soupçons se portent sur le comte de Toulouse. Après l'attentat, Innocent III déclare Raimond VI anathème. Et, constatant l'impuissance des méthodes pacifiques à juguler le catharisme, le pape prêche la croisade contre les hérétiques.

L'intervention militaire commence en 1209. Sans le concours du roi de France : refusant de mêler la couronne à l'affaire, Philippe Auguste interdit à son fils, le futur Louis VIII, de prendre part à l'expédition. La croisade contre les albigeois, contrairement à l'opinion reçue, ne doit rien, initialement, à l'impérialisme capétien.

C'est Simon de Montfort, un seigneur d'Île-de-France, qui prend la tête de l'opération. Son armée, en dépit d'une autre idée préconçue, ne compte pas que des gens du Nord : nombre de chevaliers languedociens y prennent place. La guerre, à travers plusieurs phases, va durer vingt ans. Les barons prennent d'abord Béziers et Carcassonne, puis écrasent Raimond VI à la bataille de Muret (1213). En 1218, assiégeant Toulouse, Simon de Montfort est tué. Son fils Amaury prend la relève ; en 1224, il est battu par le nouveau comte de Toulouse, Raimond VII. En 1226, une nouvelle expédition est menée par le roi Louis VIII, qui a succédé à son père, mais s'interrompt en raison de la mort prématurée du monarque. Reprise en 1227, l'offensive militaire aboutit à la signature d'un traité à Meaux et à sa ratification à Paris en 1229. Reconnaissant sa défaite, Raimond VII cède le bas-Languedoc à la couronne de France (il conserve le Toulousain, l'Agenais et le Rouergue). La croisade contre les albigeois est terminée. Le problème cathare, lui, n'est pas résolu.

Les hostilités reprennent dix ans plus tard. Vassal de Raimond VII, le vicomte Raymond Trencavel se révolte, mais il est vaincu par les troupes royales en 1240. Le comte de Toulouse, qui a proclamé un édit contre les hérétiques en 1233, rencontre Louis IX en 1241. Le roi lui fait promettre de détruire Montségur. Depuis dix ans, ce village fortifié forme le sanctuaire spirituel et militaire du catharisme. S'exécutant, Raimond VII met le siège devant Montségur. Sans résultat. En 1242, deux inquisiteurs sont assassinés à Avignon et, près de Toulouse, à l'instigation du comte de Toulouse, de nouveau dressé contre le roi. Alors, en 1244, c'est l'armée royale qui prend possession de Montségur. Refusant d'abjurer, 225 parfaits (chiffre incertain) montent sur un bûcher géant, puis le *castrum* cathare est détruit. Les ruines qui se dressent sur l'actuel site de Montségur, comme tous les châteaux dits cathares, sont en réalité celles d'une forteresse royale bâtie après que le Languedoc a été rattaché à la France.

Aux yeux de certains, le bûcher de Montségur symbolise la cruauté absolue des adversaires des cathares, catholiques ou gens du Nord. C'est négliger le fait que la prise du sanctuaire constitue un acte de guerre, accompli par des soldats. C'est oublier que la croisade contre les albigeois, conflit politico-religieux, est intervenue après l'échec de la résorption pacifique du catharisme. C'est omettre que l'hérésie, à l'époque, constitue un crime social. Et c'est taire enfin que l'effort missionnaire, au même moment, ne s'est jamais interrompu.

Une phrase célèbre revient dans le procès à charge contre les tenants de l'orthodoxie : « Tuez-les tous, Dieu reconnaîtra les siens. » Attribuée au légat Arnaud Amaury, qui l'aurait prononcée en 1209, lors du sac de Béziers, elle est apocryphe. La formule ne figure dans aucune source contemporaine mais seulement dans *Le Livre des miracles*, écrit plus de cinquante ans après les faits par Césaire de Heisterbach, un moine allemand dont Régine Pernoud précise qu'il est « un auteur peu soucieux d'authenticité ».

Quant à la violence, c'est mentir que de l'attribuer à

un seul camp. Les croisés massacrent les habitants de Béziers en 1209, mais le comte de Toulouse en fait autant à Pujols en 1213. Par ailleurs, si les cathares étaient nombreux, ils restaient minoritaires. Emmanuel Le Roy Ladurie, dans son célèbre livre sur le bourg de Montaillou, a montré qu'afin de s'imposer, ces Bons Hommes ne reculaient pas devant la terreur : « Pierre Clergue faisait couper la langue d'une ex-camarade. Les Junac, eux, étranglent de leurs blanches mains, ou peu s'en faut, le père de Bernard Marty, suspect de trahison possible à leur égard. » En réalité, le catholicisme était profondément implanté bien avant la croisade contre les Albigeois. « Les envahisseurs, constate Le Roy Ladurie, ont rencontré sur place la formidable complicité de la plus grosse partie de la population[1]. » Spécialiste des cathares, Michel Roquebert convient que l'Église médiévale n'aurait pas pu combattre ceux-ci avec d'autres moyens que ceux qu'elle a progressivement mis en œuvre, de la persuasion à l'emploi de la force par le bras séculier[2]. Conclusion du même historien : « La croisade victorieuse n'a pas été un génocide ; économiquement et socialement, elle n'a pas mis le pays à genoux[3]. »

Vers 1300, le catharisme ne sera plus qu'un phénomène résiduel. Mais ce résultat sera moins dû à la croisade des barons qu'à l'œuvre silencieuse des moines dominicains. C'est ici qu'entre en scène une des institutions les plus controversées de l'histoire : l'Inquisition.

---

1. Emmanuel Le Roy Ladurie, *Montaillou, village occitan*, Gallimard, 1975.

2. Michel Roquebert, *Histoire des cathares*, Perrin, 1999.

3. *Pyrénées Magazine*, été 2001.

L'Inquisition : une justice approuvée par l'opinion

Rappelons la chronologie. Le catharisme, doté d'une organisation vers 1160, atteint son apogée autour de 1200 ; la croisade contre les albigeois débute en 1209 ; Montségur tombe en 1244. Dès 1213, Innocent III a affirmé la nécessité de traquer l'hérésie non sur la base de rumeurs ou de préjugés, mais en procédant à une enquête : en latin, *inquisitio*. En 1215, le concile de Latran confie cette tâche aux évêques. En 1229 (en pleine croisade contre les albigeois), le concile de Toulouse précise le droit d'inquisition : nul ne doit être condamné pour hérésie par la justice civile sans un jugement ecclésiastique préalable. Pour l'Église, le but premier reste la conversion des égarés. En 1231, Grégoire IX publie la constitution *Excommunicamus*, acte fondateur de l'Inquisition. Le rôle des évêques est maintenu, mais la lutte contre l'hérésie est officiellement déléguée à ceux qui en ont l'expérience : les ordres mendiants. Essentiellement les Dominicains (leur fondateur, Dominique de Guzman, est mort depuis dix ans) et les Franciscains. Ce n'est pas seulement le Midi qui est concerné : dès 1240, l'Inquisition se répand dans toute l'Europe, sauf l'Angleterre.

L'iconographie utilisée dans tous les manuels d'histoire amplifie la légende noire de l'Inquisition, lancée par les encyclopédistes au XVIIIe siècle. Les tableaux de Jean-Paul Laurens — peintre qui eut son heure de gloire aux beaux jours de la IIIe République — ne montrent que cachots ténébreux et victimes pantelantes affaissées aux pieds de moines sadiques. En 2001, une revue présente le « Livre noir de l'Inquisition », accompagné de ce sous-titre : « Chasse aux sorcières et aux cathares. Portrait d'un fanatique : Torquemada. La torture et l'aveu. » Sur les dix-sept illustrations du dossier, sept représentent un bûcher ou une scène de torture. Par un étrange raccourci, l'ensemble se clôt sur une allusion à l'action de l'armée française pendant la guerre d'Algérie [1].

Parce qu'elle est totalement antinomique, du moins en matière religieuse, avec l'esprit contemporain, non seulement l'Inquisition est aujourd'hui inintelligible, mais elle prête de plus le flanc à tous les amalgames. En réalité, le même mot recouvre des réalités extrêmement diverses, dont la durée s'étale sur six siècles. Il n'y eut pas une Inquisition mais trois, l'Inquisition médiévale, l'Inquisition espagnole et l'Inquisition romaine. Du strict point de vue historique, les confondre n'a pas de sens.

Juridiction indépendante, parallèle à la justice civile, l'Inquisition médiévale est une institution d'Église. Ses agents ne dépendent que du pape : les évêques doivent seulement leur faciliter la tâche. La procédure qu'ils ont à appliquer n'a pas été définie par la constitution *Excommunicamus*. C'est empiriquement, et avec de grandes disparités selon les régions, que des règles se sont fixées. Désignés parmi les prêtres expérimentés, les inquisiteurs doivent avoir une solide formation théologique et posséder les dispositions psychologiques adéquates. Il existe de nombreux cas d'inquisiteurs qui ont été punis ou

1. *L'Histoire*, novembre 2001.

révoqués parce qu'ils ont failli à leur responsabilité. L'exemple le plus célèbre est celui de Robert Le Bougre, qui officie dans le nord de la France : en 1233, ce dominicain prononce des sentences si sévères qu'elles amènent trois évêques à protester auprès du pape. Suspendu, le fautif retrouve ses pouvoirs six ans plus tard, mais recommence à appliquer une méthode particulièrement brutale ; en 1241, il est démis de ses fonctions et condamné à la prison perpétuelle.

La mission de l'inquisiteur est ponctuelle. Arrivé dans une localité qui lui a été désignée, il commence par une prédication générale, exposant la doctrine de l'Église avant d'énumérer les propositions hérétiques. L'inquisiteur publie ensuite deux édits. Le premier, l'édit de foi, oblige les fidèles, sous peine d'excommunication, à dénoncer les hérétiques et leurs complices. C'est la rupture matérielle avec les lois de l'Église qui est coupable : si l'erreur ne s'exprime pas extérieurement, il n'y a pas matière à procès. Le second, l'édit de grâce, accorde un délai de quinze à trente jours aux hérétiques pour se rétracter afin d'être pardonnés. Ce délai expiré, l'hérétique présumé est justiciable du tribunal inquisitorial.

C'est ici que la réalité historique bouscule les clichés. L'image de l'Inquisition est si négative que tout un chacun s'imagine qu'elle constitue le règne de l'arbitraire. C'est exactement l'inverse : l'Inquisition est une justice méthodique, formaliste et paperassière, souvent beaucoup plus tempérée que la justice civile. Détenu en prison préventive ou restant libre, l'accusé a le droit de produire des témoins à décharge, de récuser ses juges et même, en cas d'appel, de récuser l'inquisiteur lui-même. Au cours de son procès, il bénéficie d'un défenseur. Le premier interrogatoire a lieu en présence de prud'hommes, jury local constitué de clercs et de laïcs dont l'avis est entendu avant la sentence. Afin d'éviter des représailles, le nom des dénonciateurs est tenu secret, mais l'inquisiteur doit les communiquer aux assesseurs du procès qui ont à contrôler la véracité des accusations. Les accusés ont le droit de fournir préalablement le nom de ceux qui auraient un motif de leur nuire, ce qui est une manière de récuser leur déposition. En cas de faux témoignage, la sanction prévue équivaut à la peine encourue par l'accusé. Certains inquisiteurs préfèrent révéler l'identité des accusateurs, et procéder à une confrontation contradictoire.

Si l'accusé maintient ses dénégations, il subit un interrogatoire complet dont le but est de recueillir ses aveux. En 1235, le concile régional de Narbonne demande que la condamnation soit portée exclusivement après un aveu formel, ou au vu de preuves irréfutables. Mieux vaut, estime l'assemblée, relâcher un coupable que condamner un innocent. Pour obtenir cet aveu, la contrainte peut être utilisée : soit par la prolongation de l'emprisonnement (*carcer durus*), soit par la privation de nourriture, soit enfin par la torture. Longtemps l'Église y a été hostile. En 886, le pape Nicolas Ier déclarait que ce moyen « n'était admis ni par les lois humaines ni par les lois divines, car l'aveu doit être spontané ». Au XIIe siècle, le décret de Gratien, une compilation de droit canonique, reprend cette condamnation. Mais au XIIIe siècle, le développement du droit romain provoque le rétablissement de la torture dans la justice civile. En 1252, Innocent IV autorise de même son usage par les tribunaux ecclésiastiques, à des conditions précises : la victime ne doit risquer ni la mutilation ni la mort ; l'évêque du lieu doit avoir donné son accord ; et les aveux exprimés doivent être renouvelés librement pour être valables.

À l'issue de la procédure, et après consultation du jury, la sentence est prononcée au cours d'une assemblée publique appelée *sermo generalis*. Cette cérémonie solennelle réunit l'évêque, le clergé, les autorités civiles, les parents et amis du condamné. Après célébration de la messe, un sermon est prononcé. Les acquittés sont libérés, puis on annonce les peines infligées aux coupables.

En histoire, le péché majeur est l'anachronisme. Si l'on juge l'Inquisition d'après les critères intellectuels et moraux qui ont cours au XXIe siècle, et spécialement d'après la liberté d'opinion, il est évident que ce système est révoltant. Mais au Moyen Âge, *il n'a révolté personne*. Il ne faut pas oublier le point de départ de l'affaire : la réprobation suscitée par les hérétiques, l'indignation inspirée par leurs pratiques et leur révolte contre l'Église. Si surprenant que cela soit, les hommes du XIIIe siècle ont vécu l'Inquisition comme une délivrance. La foi médiévale n'est pas une croyance individuelle : la société forme une communauté organique où tout se pense en termes collectifs. Renier la foi, la trahir ou l'altérer constituent donc des fautes ou des crimes dont le coupable doit répondre devant la société. Conforme à l'interdépendance du temporel et du spirituel qui caractérise l'époque, l'Inquisition représente, explique Régine

Pernoud, « la réaction de défense d'une société à qui la foi paraît aussi importante que de nos jours la santé physique [1] ». Aux yeux des fidèles, l'Église exerce légitimement son pouvoir de juridiction sur les âmes. Pour le comprendre, osons une analogie : au Moyen Âge, l'adhésion remportée par la répression de l'hérésie peut être comparée au consensus politique et moral qui, de nos jours, condamne le nazisme.

Au demeurant, du point de vue de la méthode judiciaire, l'Inquisition a représenté un progrès. Là où l'hérésie déclenchait des réactions incontrôlées — émeutes populaires ou justice expéditive —, l'institution ecclésiastique a introduit une procédure fondée sur l'enquête, sur le contrôle de la véracité des faits, sur la recherche de preuves et d'aveux, en s'appuyant sur des juges qui résistent aux passions de l'opinion. C'est à l'Inquisition qu'on doit l'institution du jury grâce auquel la sentence relève de la mise en délibéré et non de l'arbitraire du juge.

La torture ? Toutes les justices de l'époque y recourent. Mais le manuel d'inquisition de Nicolas Eymerich la réserve aux cas extrêmes et met en doute son utilité : « La question est trompeuse et inefficace. » Henri-Charles Lea, un historien américain du XIXe siècle, très hostile à l'Inquisition, livre cette observation : « Il est digne de remarquer que dans les fragments de procédure inquisitoriale qui nous sont parvenus, les allusions à la torture sont rares [2]. »

---

1. Régine Pernoud, *op. cit.*

2. Henri-Charles Lea, *Histoire de l'Inquisition au Moyen Âge*, Paris, 1899-1900. Cité par Jean Dumont, *L'Église au risque de l'Histoire*, Criterion, 1981.

Le bûcher ? Emmanuel Le Roy Ladurie note que l'Inquisition en use fort peu. Là encore, le mythe ne résiste pas à l'examen. En premier lieu, les aveux spontanés ou les condamnations légères exposent à des peines purement religieuses : réciter des prières, assister à certains offices, jeûner, effectuer des dons aux églises, se rendre en pèlerinage dans un sanctuaire voisin ou, dans les cas graves, à Rome, à Saint-Jacques-de-Compostelle ou à Jérusalem. Il peut être imposé de porter un signe distinctif sur les vêtements (une croix), humiliation souvent remplacée, dès le XIIIe siècle, par une amende. Peine plus grave, la prison (l'*emmurement*). Le mot est à l'origine d'une légende : jamais les inquisiteurs n'ont fait emmurer vivant qui que ce soit ; un emmuré, c'est un prisonnier. Il existe le mur étroit (la prison proprement dite) et le mur large (statut comparable à notre mise en résidence surveillée). En cas de deuil familial, de maladie, pendant les périodes de fêtes religieuses, les prisonniers obtiennent des permissions qu'ils passent chez eux. « Le pouvoir d'atténuer les sentences était fréquemment exercé », souligne Jean Guiraud [1].

Les condamnations capitales sont rares. Les victimes, dans ce cas, sont livrées au bras séculier — la justice laïque — qui pratique le bûcher. Ce supplice entraîne la mort par asphyxie. Mort atroce, mais la mort par pendaison ou décapitation, qui s'est pratiquée en Europe jusqu'au XXe siècle, ou la mort par injection qui se pratique aux États-Unis sont-elles plus douces ?

La recherche moderne ne cesse de réviser le nombre

1. Jean Guiraud, *L'Inquisition médiévale*, Tallandier, 1978.

de victimes à la baisse. À Albi, ville de 8 000 habitants, de 1286 à 1329, sur une population cathare estimée à 250 croyants, 58 personnes seulement subissent des peines afflictives. De 1308 à 1323, l'inquisiteur Bernard Gui prononce 930 sentences : 139 sont des acquittements ; près de 286 imposent des pénitences religieuses (impositions de croix, pèlerinages ou service militaire en Terre sainte) ; 307 sentences condamnent à la prison ; 156 sentences se partagent entre des peines diverses (emprisonnements théoriques ou remises théoriques contre des défunts, exhumations, expositions au pilori, exil, destructions de maisons). Quant aux condamnations à mort, leur nombre s'élève à 42, soit une moyenne de trois par an sur quinze ans, à une période où l'Inquisition est particulièrement active. « L'Inquisition languedocienne, précise Michel Roquebert, brûlera infiniment moins de gens en un siècle que Simon de Montfort et ses croisés entre juillet 1210 et mai 1211 [1]. »

Au sens où l'entend le XXIe siècle, l'Inquisition est intolérante. Mais au Moyen Âge, ce qui n'est pas toléré, c'est l'hérésie ou l'apostasie de la foi catholique : les fidèles des autres religions ne sont pas justiciables de l'Inquisition. En 1190, Clément III a déclaré prendre les Juifs sous sa protection, défendant à tout chrétien de baptiser un juif contre son gré, de gêner les célébrations judaïques ou d'attenter au respect dû aux cimetières juifs ; ceux qui violeraient ces prescriptions, précisait le pape, tomberaient sous le coup de l'excommunication. En 1244,

1. Michel Roquebert, *op. cit.*

treize ans après la création de l'Inquisition, Grégoire IX insère cet acte pontifical dans le livre V de ses Décrétales, ce qui lui redonne force de loi.

La situation des juifs à l'époque médiévale a varié dans l'espace et le temps. Le sujet ne peut donc être abordé avec des vues simplificatrices, ou en projetant dans le passé des phénomènes contemporains. Le cas des juifs convertis au christianisme, revenus au judaïsme et poursuivis comme renégats choque la conscience moderne. S'il concerne essentiellement l'Inquisition espagnole, il y eut de rares cas dans la France médiévale, mais il s'agit d'un problème religieux et non d'une question raciale. Historiens du judaïsme, Esther Benbassa et Jean-Christophe Attias le constatent : « On peut certes parler d'antijudaïsme. Certainement pas d'antisémitisme. L'antijudaïsme ne vise pas à éliminer les Juifs comme race. Même la conversion théologique des Juifs espérée par les chrétiens n'est pas une conversion forcée [1]. »

En 1170, à Saint-Gilles, un Juif est administrateur du comte de Toulouse ; en 1173, un autre l'est du vicomte de Carcassonne. Au moment où l'Inquisition poursuit l'hérésie, des Juifs sont établis à Toulouse, Carcassonne, Narbonne, Agde, Béziers, Montpellier, Lunel et Beaucaire. Entretenant écoles rabbiniques et synagogues, ces communautés possèdent des biens qui sont placés sous la garantie légale de la société civile et de l'Église. À une époque où les seuls prêteurs d'argent sont juifs ou lombards, la politique des Capétiens dans ce domaine

1. Esther Benbassa et Jean-Christophe Attias, *Les Juifs ont-ils un avenir ?*, Lattès, 2001.

— les phases de détente alternant avec les moments où les usuriers sont expulsés du royaume — a une cause sociale : pour éviter que les endettés ne se livrent à des actes de violence sur les prêteurs à gages, le roi décrète un moratoire des dettes et procède à l'expulsion des usuriers (qui d'ailleurs reviennent peu après). En 1268, Louis IX expulse du royaume les Lombards et les Juifs. Ce qui est visé, insiste Jacques Le Goff, « c'est l'usure, non le marchand, ni l'étranger, ni même le Juif. Il n'y a rien de racial dans l'attitude et les idées de Saint Louis [1] ».

Après l'extinction de l'hérésie, l'Inquisition, en France, perd sa raison d'être. À la fin du XIIIe siècle, la fusion du temporel et du sacré, caractéristique de la société féodale, est en recul. Au fur et à mesure de l'affirmation de la puissance publique par la monarchie, l'État reprend en main l'ensemble du système judiciaire. On le voit à propos du conflit qui oppose Philippe le Bel à l'ordre du Temple. En 1310, si le procès des Templiers se déroule selon la forme d'un procès d'Inquisition, c'est le roi qui a pris l'initiative de l'accusation, et pour des raisons politiques. De 1378 à 1417, l'autorité de la papauté est ruinée par le Grand Schisme d'Occident, qui voit un pape en Avignon, un autre à Rome et un troisième à Pise. L'Inquisition médiévale tardive n'est plus indépendante : les inquisiteurs sont des instruments au service d'autres institutions, comme les officialités ou l'Université. Cela se vérifie, en 1430, lors du procès de Jeanne d'Arc. Aux

1. Jacques Le Goff, *Saint Louis*, Gallimard, 1996.

XIVe et XVe siècles, les tribunaux ecclésiastiques ordinaires reprennent leurs prérogatives, et les tribunaux royaux montent en puissance. En France, la fin de l'Inquisition concorde avec la reconstitution de l'État. En Espagne, ce sera l'inverse.

4

L'Espagne des Rois Catholiques

Cosas de España,
« Ce sont des choses d'Espagne. »

Dicton.

1492, dans l'histoire espagnole, est une date charnière. Le 2 janvier, la chute de Grenade met fin au dernier État musulman de la péninsule. Le 31 mars est signé le décret expulsant les Juifs du royaume. Le 3 août, à la tête de trois caravelles, Christophe Colomb appareille vers l'ouest. Unité politique, unité religieuse, expansion occidentale : c'est le basculement des lignes de force de la civilisation ibérique. En 1992, lors du cinquième centenaire de la découverte de l'Amérique, l'année 1492 a été mise en procès. En reliant les événements par un même fil : l'intolérance catholique à l'égard des autres cultures. « En 1492, déclare Jacques Attali, l'Europe s'est fermée à l'est et tournée vers l'ouest en essayant d'expulser d'elle tout ce qui n'est pas chrétien [1]. »

1492 pose donc trois questions. Ferdinand et Isabelle,

1. *Le Monde*, 12 mai 1992.

les Rois Catholiques, étaient-ils racistes ? La Reconquista a-t-elle marqué la fin de la tolérance qui aurait régné dans l'Espagne musulmane ? La colonisation espagnole en Amérique a-t-elle préludé à la mise en esclavage du tiers-monde ?

L'Inquisition d'Espagne, une histoire... espagnole

On le représente sous les traits d'un homme long, au visage anguleux. Sous son habit religieux, il abrite une âme venimeuse. Dans la pièce que Victor Hugo lui a consacrée, il incarne la cruauté, le fanatisme, la haine des déviants : Torquemada symbolise une Inquisition honnie. Or le pape Grégoire IX a fondé l'Inquisition en 1231. Torquemada est devenu Grand Inquisiteur d'Espagne en 1483 : deux siècles et demi plus tard, soit l'espace dans le temps qui nous sépare, Français du XXIe siècle, de Louis XV. Quoi qu'on en pense, la lutte contre les cathares dans le Languedoc et l'action de Torquemada n'appartiennent pas à la même sphère. En Espagne, l'Inquisition s'explique par un contexte qui lui est propre, et qui ne peut être mis en comparaison. « Elle est l'exposant d'une société, écrit Bartolomé Bennassar. Les dogmes et la morale qu'elle défendait étaient revendiqués dans d'autres pays d'Occident chrétien où il n'y eut pas d'Inquisition [1]. » Torquemada n'est donc pas le fruit du catholicisme : il est le produit d'une histoire nationale.

En 1478, Isabelle de Castille et Ferdinand d'Aragon

1. Bartolomé Bennassar, *L'Inquisition espagnole*, Hachette, 2001.

demandent au pape les pouvoirs pour mettre en place une juridiction spéciale. Placée sous la tutelle de l'État, sa fonction serait de combattre l'hérésie, mais spécialement le mouvement des crypto-judaïsants, ces Juifs convertis qui, maintenant clandestinement des pratiques judaïques, sont considérés comme relaps. Le 1er novembre 1478, par la bulle *Exigit sincerae devotionis*, Sixte IV concède ce droit. L'Inquisition d'Espagne est née.

Isabelle est reine de Castille depuis 1474. Ferdinand, son mari, deviendra roi d'Aragon en 1479. La Castille et l'Aragon conservent leurs institutions, leur monnaie et leur langue (le castillan l'emportera), et leurs couronnes resteront distinctes jusqu'au XVIIIe siècle. L'union personnelle d'Isabelle et Ferdinand a cependant enclenché la formation de l'Espagne. Aux Rois Catholiques — titre qui leur sera conféré par le pape Alexandre VI —, le pays devra le renforcement de l'État, la paix intérieure, la mise au pas de la noblesse, un nouvel équilibre social. Une œuvre décisive, sans laquelle la suite de l'histoire espagnole n'aurait pu s'écrire.

Isabelle se signalait en outre par une piété intense. En 1958, son procès de béatification a été ouvert. Il a été suspendu par le Vatican en 1991, pour apaiser la polémique entourant l'acte d'expulsion des Juifs d'Espagne, signé par la reine en 1492. En 2002, la conférence épiscopale espagnole a toutefois décidé de reprendre les démarches auprès du Saint-Siège en vue de la réouverture du dossier.

Paradoxe : l'Inquisition espagnole s'est instituée dans un royaume catholique, la Castille, qui possédait une tradition de coexistence religieuse. Roi de Castille et de Léon, Alphonse VII (1126-1157) se faisait appeler « empereur des trois religions ». En 1139, lors de son entrée à Tolède, des cérémonies festives unirent chrétiens, juifs et musulmans. En 1147, quand il reconquit la forteresse de Calatrava, au sud de Tolède, Alphonse VII en confia la défense aux Templiers et le gouvernement à Rabi Juda, un juif. Dans la cathédrale de Séville, l'épitaphe du tombeau de Ferdinand III (1217-1252), roi canonisé, fut rédigée en latin, en castillan, en arabe et en hébreu. Les *mudéjares*, les musulmans qui vivaient en territoire chrétien, étaient libres de leur religion. Il en était de même pour les juifs : « Dans l'Espagne chrétienne, souligne Joseph Pérez, ils sont plus que tolérés ; ils ont une existence légale et reconnue [1]. »

Élite au sein de la Diaspora, les Juifs sont nombreux dans la péninsule Ibérique. Persécutés par les Wisigoths, au VIIe siècle, ils ne voient pas d'un mauvais œil l'invasion musulmane de 711. S'ils sont soumis, comme les chrétiens, au statut de *dhimmi*, payant un impôt spécial et astreints au port de signes distinctifs, leur culte est autorisé. Certains deviennent conseillers de princes musulmans. À l'époque du califat, la communauté juive de Cordoue manifeste une grande vitalité intellectuelle. La cohabitation, néanmoins, n'est pas sans ombres : en 1066, à Grenade, le petit peuple musulman, exaspéré par la richesse des Juifs, se livre à un massacre.

Tout bascule au XIe siècle, avec le débarquement en

---

1. Joseph Pérez, *Isabelle et Ferdinand, Rois Catholiques d'Espagne*, Fayard, 1988.

deux vagues de sectes berbères : les Almoravides en 1086, les Almohades en 1172. La conversion à l'islam ou la mort, tel est le choix laissé aux Juifs. Ils sont alors nombreux à se réfugier vers les royaumes chrétiens, Castille et Aragon. En raison de leurs compétences financières, les souverains les y encouragent. Aux XIe, XIIe et XIIIe siècles, les communautés prospèrent, leurs droits étant consignés dans des chartes (*fueros*). Les Juifs bénéficient de la même autorité juridique que les chrétiens, pouvant notamment devenir propriétaires fonciers. Ils paient un impôt spécial, mais possèdent leurs tribunaux, leurs rabbins, leurs lieux de culte, leurs écoles. Le roi de Castille désigne un grand rabbin qui est son interlocuteur pour toute la communauté.

Combien sont-ils ? Selon les sources, les chiffres varient entre 100 000 au XIIIe siècle et 200 000 au XIVe siècle. Une minorité visible : économiquement puissante et très organisée, elle est concentrée dans certaines régions. Paysans, artisans, commerçants ou médecins, les Juifs sont aussi négociants ou prêteurs sur gages. Dans l'administration royale, ils sont gestionnaires des finances ou collecteurs d'impôts. Ces dernières fonctions leur valent toutefois une impopularité qui croît au fil du temps.

Si les souverains protègent les Juifs, l'antijudaïsme religieux se développe. Dans les milieux populaires, il se nourrit de fausses accusations de meurtres rituels ou de profanations d'hosties. Cette intransigeance, toutefois, n'est pas l'apanage des chrétiens, comme le relève Fernand Braudel : « Un historien aussi sympathique aux

Juifs que le grand Lucio de Azevedo peut soutenir que l'intolérance juive, au seuil du XVIe siècle, a été "plus grande certainement que celle des chrétiens", ce qui est sans doute trop dire. Mais enfin cette intolérance est évidente[1]. » Esther Benbassa et Jean-Christophe Attias mentionnent de même une « littérature de défense du judaïsme contre le christianisme, une littérature fortement antichrétienne[2] ». Complexe Espagne : au moment où l'antijudaïsme progresse, le maître de l'ordre de Santiago fait traduire en castillan un traité de sagesse rabbinique, et le maître de l'ordre de Calatrava charge un savant juif de traduire l'Ancien Testament.

Les ordres mendiants entreprennent des campagnes de conversion. À Barcelone, en 1263, une controverse publique oppose des rabbins et le supérieur des franciscains. L'entreprise, pour l'heure, est pacifique. Mais en 1293, les Cortès de Castille prennent des mesures restrictives contre les privilèges des communautés juives. C'est encore le roi qui exerce son rôle de protecteur : en 1351, Pierre Ier de Castille confirme la législation qui garantit les droits des Juifs. En 1391, cependant, une vague d'émeutes secoue Séville, Cordoue, Tolède, Madrid, Burgos, Barcelone et Valence. Chaque fois, les Juifs servent de boucs émissaires. « Plus que la propagande religieuse, plus que la haine raciale, remarque Joseph Pérez, ce sont les difficultés économiques qui

---

1. Fernand Braudel, *La Méditerranée et le monde méditerranéen à l'époque de Philippe II*, Armand Colin, 1990.

2. Esther Benbassa et Jean-Christophe Attias, *Les Juifs ont-ils un avenir ?*, Lattès, 2001.

expliquent la violence populaire détournée contre les Juifs[1]. »

Au cours des vingt années qui suivent les événements sanglants de 1391, de nombreux Juifs se convertissent. Peut-être la moitié. Afin de les distinguer des « vieux-chrétiens », on les appelle les *conversos*. Le rabbin Salomon Halevi, en 1391, se fait baptiser avec sa famille ; quelques années plus tard, sous le nom de Pablo de Santa Maria, il est évêque de Burgos. En 1414, lors de la Dispute de Tortosa, treize rabbins sur quatorze ayant participé à cette controverse théologique se convertissent librement au christianisme, suivis par des milliers de leurs coreligionnaires. Il est vrai que dans le même temps, des mesures discriminatoires — obligation de vivre dans des quartiers séparés, port de vêtements distinctifs, interdictions professionnelles — poussent à la conversion.

À partir de 1420, la situation se détend. Sous la direction d'Abraham Benveniste, grand rabbin nommé par le roi, les Juifs obtiennent la levée des interdictions qui les frappent. En trente ans, ils regagnent le terrain perdu. Quant aux « nouveaux chrétiens », les *conversos*, ils entament une spectaculaire ascension sociale. Dans les villes où ils habitent, personnages d'influence, ils occupent la finance, le recouvrement des impôts, la médecine, les charges municipales. Peu à peu, des familles de *conversos* s'intègrent dans l'Église, la noblesse, les ordres de chevalerie. D'origine juive par sa mère, le roi Ferdinand le Catholique aura des ministres d'origine juive, sera

1. Joseph Pérez, *op. cit.*

entouré par des évêques ou des prêtres d'origine juive, et servi par des notables d'origine juive.

Les masses populaires, cependant, ne désarment pas. Aux *conversos*, elles reprochent d'être puissants, arrogants, d'accaparer les meilleures places. À Tolède et à Ciudad Real, en 1449, des statuts de « pureté du sang » sont proclamés : ils réservent les emplois publics aux vieux-chrétiens. Léon Poliakov, historien de l'antisémitisme, souligne que l'idée vient de l'opinion publique et non des Rois Catholiques ou de l'Église[1]. Des théologiens espagnols puis le pape Nicolas V interviennent pour en condamner le principe : tous les baptisés faisant partie de la même Église, expliquent-ils, la distinction entre vieux-chrétiens et Juifs convertis est illégitime. À Tolède, en 1467, à Cordoue et à Jaén, en 1473, à Ségovie, en 1474, de nouvelles émeutes éclatent. Emmenée par des démagogues, la foule s'en prend indistinctement aux juifs et aux *conversos*.

Le pouvoir royal et l'aristocratie ne parvenant pas à empêcher ces désordres, la cohésion sociale est menacée. Non sans motif, les vieux-chrétiens soupçonnent certains *conversos* de crypto-judaïsme : d'aucuns, en effet, se conforment publiquement à leurs obligations catholiques, tout en observant, en privé, les rites judaïques. Mais les Juifs méprisent les convertis, et les nouveaux chrétiens sincères en veulent aux Juifs. Qui s'est converti sincèrement et qui l'a fait pour éviter la persécution ? C'est le secret des âmes. Et que deviennent ces distinctions

1. Léon Poliakov, *Histoire de l'antisémitisme*, Seuil, 1991.

à la deuxième et à la troisième génération ? La double observance, pour ceux qui la vivent, constitue un drame intime. Pour la religion médiévale, qui voue les relaps aux pires châtiments, c'est un crime social. Au cœur de cette aporie se noue la terrible logique de l'Inquisition d'Espagne.

Les inquisiteurs : des juges équitables

Dès son accession au trône, en 1474, la reine Isabelle est l'objet de sollicitations visant à instituer un tribunal spécial qui enquêterait sur les convertis, punirait les judaïsants et absoudrait les autres. Cette nécessité est défendue avec force par des *conversos*, tel Pablo de Santa Maria, désireux que la sincérité de leur conversion ne soit plus sujette à caution, non plus que leur place dans la société. Ferdinand d'Aragon est réticent, Isabelle aussi. Le réalisme leur rappelle que les Juifs forment d'excellents collaborateurs de la monarchie. S'ils finissent par céder, c'est pour mettre un terme à l'agitation et rétablir la paix civile.

Fondée en 1478, l'Inquisition ne concerne pas les Juifs, pas plus que les musulmans, puisqu'elle ne vise qu'à contrôler l'orthodoxie de foi et de mœurs des baptisés. L'institution ne se met en place que deux ans après la publication de la bulle papale. Dans l'intervalle, par voie de lettres pastorales, de catéchismes spéciaux et de visites à domicile, l'Église a entrepris un effort pour mieux instruire les nouveaux chrétiens.

En 1480, l'institution commence à fonctionner. Mais

les premiers procès sont si nombreux qu'au vu des rapports qui lui sont adressés, le pape fait machine arrière : il annule la bulle de 1478. Devant l'insistance des Rois Catholiques, il revient sur sa décision en 1483, en posant ses conditions. Nommés par l'État et ne dépendant que de lui, les inquisiteurs devront rendre compte aux évêques ; l'accusation ne pourra jamais être anonyme ; les condamnés, enfin, bénéficieront du droit d'appel à Rome. Le Grand Inquisiteur est nommé avec l'approbation du Saint-Siège, mais c'est le souverain qui le désigne. L'Inquisition d'Espagne est un rouage de l'État. Même s'ils sont des religieux, ses magistrats sont des fonctionnaires, nommés par le roi et rémunérés par le Trésor royal.

Inquisiteur : le mot est chargé d'opprobre. Pourtant, les historiens les moins indulgents s'accordent à mettre en évidence la valeur de ceux qui ont endossé ce rôle. Selon Bartolomé Bennassar, les juges inquisitoriaux sont des « hommes d'une qualité intellectuelle remarquable », et l'Inquisition fut une justice « plus exacte, plus scrupuleuse. (...) Une justice qui pratique un examen attentif des témoignages, qui en effectue le recoupement minutieux, qui accepte sans lésiner les récusations par les accusés des témoins suspects, une justice qui torture fort peu et qui respecte les normes légales (...). Une justice soucieuse d'éduquer, d'expliquer à l'accusé pourquoi il a erré, qui réprimande et qui conseille, dont les condamnations définitives ne frappent que les récidivistes [1] ».

Nommé inquisiteur général de Castille, Léon et

1. Bartolomé Bennassar, *op. cit.*

Aragon en 1483, Tomás de Torquemada, un dominicain, a été confesseur des Rois Catholiques. Il est né dans une grande famille de *conversos* : son oncle, le cardinal Juan de Torquemada, a été l'avocat de l'intégration des Juifs convertis dans la société castillane. C'est un homme de foi, intègre, désintéressé. L'argent qu'il récolte, il l'affecte à l'entretien des couvents. Lui-même, s'habillant pauvrement, vit en ascète.

Le code de procédure qu'il met au point s'inspire de l'Inquisition languedocienne. Là où il est à l'œuvre, l'inquisiteur publie un édit de foi puis un édit de grâce, appelant au repentir et à la dénonciation des coupables. L'accusé a connaissance des charges pesant contre lui ; bénéficiant d'un avocat, il peut récuser les témoins et produire des témoins à décharge. L'interrogatoire a lieu de manière régulière. L'emploi de la question nécessite une sentence spéciale, signée de l'inquisiteur et de l'évêque, l'opération devant se dérouler en présence d'un médecin. Face à ce sujet, une fois encore, il ne faut pas réagir avec la mentalité du XXIe siècle : à l'époque, personne ne conteste le principe de la torture, que toutes les justices civiles, en Europe, considèrent comme un moyen d'enquête normal. L'Inquisition espagnole en use d'ailleurs avec parcimonie. Avant 1500, sur trois cents procès devant le tribunal inquisitorial de Tolède, on relève cinq ou six cas de torture ; de 1480 à 1530, sur deux mille procédures à Valence, douze cas de recours à la question sont attestés.

Ceux qui se reconnaissent coupables obtiennent des peines mineures : amendes, saisies, ou plus souvent pénitences religieuses. Le grand-père de sainte Thérèse d'Avila, converti judaïsant, est condamné à se rendre en procession, pendant sept vendredis, dans les églises de Tolède, revêtu du *sanbenito*, une chasuble jaune marquée d'une croix. Les peines plus graves entraînent la prison. Les tribunaux inquisitoriaux ne disposant pas partout d'une cellule, les condamnés sont assignés à résidence dans leur propre maison, ce qui est systématiquement le cas des pauvres et des malades. En prison, d'après les instructions de Torquemada, les détenus ont la faculté de continuer à exercer leur profession. Ils sortent le samedi pour participer à une procession pénitentielle, le dimanche pour aller à la messe. Les peines de prison les plus longues n'excèdent jamais trois ans d'incarcération.

Les cas les plus graves, cependant, valent l'envoi aux galères, ou la condamnation à mort. Cette dernière est exécutée à l'issue de l'autodafé. Contrairement au sens français du mot (en espagnol *auto de fe*, « arrêt de foi »), ce n'est pas un bûcher. Se déroulant une fois par an, l'autodafé est une grande fête religieuse et populaire, qui comprend veillée de prière, messe, prêche, profession de foi de l'assistance, publication des peines prononcées, expression de repentir des condamnés. C'est à son issue que les récalcitrants sont remis au bras séculier, qui les envoie au bûcher.

Un accusé peut être poursuivi par contumace, et c'est son effigie qui est brûlée ; un défunt peut également être condamné, et l'on procède alors, coutume à laquelle l'Église mettra fin un jour, à l'exhumation du corps. Incompréhensibles pour notre univers mental, ces pratiques traduisent l'état d'esprit dans lequel s'exerce cette justice : le coupable, mort ou vif, doit expier en public parce que l'hérésie constitue une faute à l'égard de la collectivité.

Fernand Braudel estime que le nombre de victimes de l'Inquisition a été « relativement limité ». Depuis le XIXe siècle, des chiffres ont couru, provenant d'ouvrages qui se sont recopiés les uns les autres sans vérification des sources. Tous remontent à l'*Histoire critique de l'Inquisition d'Espagne* publiée, en 1817, par Juan Antonio Llorente, un libéral espagnol entré au service de Joseph Bonaparte et contraint à l'exil à Paris. D'après lui, en trois siècles et demi d'existence, l'Inquisition aurait prononcé 341 021 condamnations, dont 39 671 remises au bras séculier. « Les chercheurs, souligne Béatrice Leroy, admettent aujourd'hui qu'il est impossible de parvenir à un calcul exact du nombre des victimes, et tiennent pour fort exagérés les chiffres de Llorente [1]. »

Tout chiffre global étant dénué de validité scientifique, il faut se contenter d'indications partielles. L'historien danois Gustav Henningsen a étudié 50 000 procédures inquisitoriales datées de 1560 à 1700 : « Environ 1 % seulement des accusés ont dû être exécutés », écrit-il. Se penchant sur l'activité du tribunal de Badajoz de 1493 à 1599, la *Revue des études juives* a recensé une vingtaine de condamnés à mort, sur une période de cent six ans [2]. Pierre Chaunu, quant à lui, considère que les chiffres de Llorente doivent être divisés au moins par deux : « Les 10 à 12 000 exécutions capitales en trois siècles doivent

---

1. Béatrice Leroy, *L'Espagne des Torquemada*, Maisonneuve, 1995.
2. Cités par Jean Dumont, *L'Église au risque de l'histoire*, Criterion, 1981.

être rapprochées des 50 000 sorcières brûlées en trois ou quatre décennies dans le reste de l'Europe au début du XVIIe siècle. Cette comparaison prouve que la répression inquisitoriale a été relativement économe en vies humaines [1]. »

Les Rois Catholiques ne sont pas antisémites

Fernand Braudel constate que l'Inquisition incarnait « le désir profond d'une multitude ». Mais, précise-t-il, « parler, à propos de l'Espagne du XVIe siècle, de "pays totalitaire", voire de racisme, n'est pas raisonnable. Je me refuse à considérer l'Espagne comme coupable du meurtre d'Israël [2] ». Joseph Pérez confirme ce jugement : « Qu'on parle d'intolérance, soit, mais pas de génocide, terme qui implique au sens propre la volonté de faire disparaître tout un peuple. Telle n'était évidemment pas l'intention des Rois Catholiques [3]. »

Le XVe siècle, en Espagne, correspond à une poussée d'antisémitisme populaire, dans toute la complexité de ses composantes sociale ou religieuse. Néanmoins, avec ce sujet plus qu'un autre, l'anachronisme doit être évité. Jusqu'en 1520, les tribunaux inquisitoriaux s'intéressent à peu près exclusivement aux convertis judaïsants. Mais le racisme du XXe siècle, avec sa tragique folie extermina-

1. Pierre Chaunu, *Église, Culture et Société*, SEDES, 1981.
2. Fernand Braudel, *op. cit.*
3. « Isabelle la Catholique sera-t-elle béatifiée ? », *Histoire du christianisme Magazine*, mai 2002.

trice, n'a rien à voir ici. Le roi Ferdinand, tout comme Torquemada, possèdent des ascendants juifs. Au moment où l'Inquisition est instituée, les Juifs fidèles à leur foi n'ont rien à craindre : non baptisés, ils ne peuvent être taxés d'hérésie. À maintes reprises, la reine Isabelle assure les Juifs de sa protection — assurance renouvelée en 1490, douze ans après la fondation de l'Inquisition. En 1487, les Juifs de Castille, s'adressant à leurs coreligionnaires de Rome, se félicitent de vivre « sous des rois si justes ». D'après Jean Dumont, Isabelle (morte en 1504) envisageait, à la fin de sa vie, de supprimer l'Inquisition [1]. A-t-elle disparu trop tôt ?

Si les Rois Catholiques étaient morts en 1491, le monde juif d'aujourd'hui ne porterait pas le même regard sur eux. En 1492, les Juifs d'Espagne sont contraints à l'expulsion, au terme d'un décret royal signé le 31 mars. La date est capitale, car elle éclaire les circonstances psychologiques de l'affaire. Trois mois auparavant, le 2 janvier, le royaume musulman de Grenade est tombé aux mains des chrétiens. L'expulsion des Juifs — si choquante qu'elle soit à nos yeux — ne procède pas d'une logique raciale : c'est un acte visant à parachever l'unité religieuse de l'Espagne.

Apparu tardivement chez les Rois Catholiques, le projet s'est imposé comme une conséquence de la lutte contre le crypto-judaïsme. Du fait des relations de parenté ou de voisinage, une grande porosité existait entre juifs et *conversos*. De nombreux cas de prosélytisme

1. Jean Dumont, *Isabelle la Catholique*, Criterion, 1992.

juif étaient avérés envers les nouveaux chrétiens. Si bien que la présence des fidèles de la loi mosaïque apparut comme une entrave à l'œuvre de conversion entreprise depuis un siècle. Le décret de 1492 n'est pas un simple avis d'expulsion : il demande aux Juifs de se convertir ou de quitter le royaume. Ceux qui refusent le baptême ont quatre mois pour partir, après avoir vendu leurs biens.

Il semble que les Rois Catholiques aient cru sincèrement que la majorité des Juifs allait se convertir. C'était méconnaître le mystère du peuple d'Israël. Sur les 200 000 Juifs de Castille et d'Aragon, 50 000 choisirent le baptême, les autres fuirent le pays. Beaucoup gagnèrent le Portugal (d'où ils revinrent assez vite), d'autres la France du Sud-Ouest, les Flandres, l'Angleterre ou l'Italie, d'autres encore l'Afrique du Nord ou l'Empire ottoman.

Léon Poliakov évoque un « maximum d'intensité religieuse », survenu après la prise de Grenade, qui a rendu difficile la cohabitation entre chrétiens et non-chrétiens. C'est bel et bien le facteur religieux, et non racial, qui se trouve à l'origine de l'expulsion des Juifs. Mais un facteur religieux interprété à travers la spécificité espagnole, nation de population multiraciale. « Il y avait à coup sûr des antisémites en Espagne, et dans tous les milieux, note Joseph Pérez, mais les Rois ne l'étaient pas. Ce qu'ils avaient en vue, ce n'était pas l'élimination des Juifs, mais leur assimilation et l'extirpation du judaïsme. Ils espéraient que, placés devant un choix douloureux, la plupart des Juifs se convertiraient et resteraient en Espagne. Des antisémites n'auraient pas fait ce calcul[1]. »

Les Rois Catholiques, en fait, ont agi comme tous les princes européens de l'époque, en vertu du principe « Une foi, une loi, un roi », principe qui se généralisera au milieu du XVIe siècle, les sujets étant tenus de pratiquer la religion de leurs souverains. Mais la catholicité espagnole, jusqu'à l'époque baroque, sera fécondée par des personnalités d'origine juive, tels Thérèse d'Avila, Louis de Grenade, Las Casas, François de Vitoria, Louis de Léon, Jean d'Avila ou Diego Lainez, le successeur d'Ignace de Loyola.

Après les judaïsants, l'Inquisition d'Espagne s'occupera des musulmans convertis (les morisques) et des luthériens. Toujours avec le même objectif : veiller, de la part de l'État, à l'orthodoxie de dogme et de mœurs des baptisés. Un tel dessein serait insupportable à notre époque où la laïcité, la liberté de pensée et la tolérance philosophique et religieuse sont considérées comme des exigences imprescriptibles. Mais au XVe siècle, ces notions n'existent pas.

Il reste que l'Inquisition (qui subsistera jusqu'à l'occupation napoléonienne) a existé sous cette forme en Espagne et non ailleurs. Maintenant que, dégageant les faits de la légende, les travaux d'historiens se multiplient sur cette institution si contestée, ses ambivalences sont mieux connues. On décrit l'effet de fermeture qu'elle a

---

1. Joseph Pérez, *Brève Histoire de l'Inquisition en Espagne*, Fayard, 2002.

imposé, et la diminution de la mobilité sociale produite par le concept de « pureté du sang ». Cependant, le génie hispanique du Siècle d'or, symbolisé par Cervantès, Calderón, le Greco, Vélasquez ou Murillo, s'est épanoui dans une société où régnait l'Inquisition : celle-ci n'a donc pas étouffé toute vie de l'esprit.

Deux ultimes remarques, pour achever de bousculer les idées trop simples.

En 1492, les Juifs d'Espagne qui se sont réfugiés à Rome, à Naples, à Venise ou dans les États du pape, autour d'Avignon, se sont librement installés dans des villes où opérait l'Inquisition pontificale, qui les a respectés.

Pendant la Seconde Guerre mondiale, des dizaines de milliers de Juifs fuyant les persécutions nazies ont trouvé refuge en Espagne. Dans toute l'Europe, Madrid a reconnu la qualité d'Espagnols aux séfarades descendant des expulsés de 1492. En 1967, le décret d'expulsion des Juifs signé par les Rois Catholiques a été officiellement abrogé par le gouvernement du général Franco.

Al-Andalus : le mythe de la tolérance musulmane

Le 2 janvier 1492, assiégé par les armées castillanes, le roi Boabdil capitule devant Ferdinand le Catholique. Son royaume, constitué en 1232, lors de la dislocation de l'empire des Almohades, avait contrôlé Cordoue, Séville et Jaén, villes que les chrétiens avaient peu à peu reprises. Depuis 1270, Grenade était la dernière place musulmane d'Espagne.

L'Andalousie, de nos jours, est un haut lieu touristique. Dans les guides de voyage et les brochures que distribuent les hôtels, ce n'est cependant pas la gloire de l'Espagne catholique que l'on chante, ce n'est pas l'épopée des chevaliers de Santiago ou de Calatrava, c'est la complainte du roi Boabdil. À Cordoue, on ne visite pas la cathédrale mais la mosquée : c'est pourtant le même édifice, qui se trouve consacré au culte chrétien. Le royaume de Grenade — al-Andalus — symbolise une Espagne musulmane raffinée, dynamique et tolérante, que l'on oppose à des États chrétiens fauteurs de croisade, d'inquisition et d'obscurantisme.

Si la mosquée de Cordoue est si célèbre, c'est qu'elle constitue en effet une merveille architecturale. À Grenade, qui ne serait séduit par les palais nasrides ou par les jardins de l'Alhambra ? La civilisation hispano-musulmane a été brillante : les Arabes, en Espagne, ont acquis la maîtrise de l'eau ; leur production artisanale, depuis le cuir jusqu'à la soie, était remarquable ; ce sont eux qui ont ressuscité la médecine d'Hippocrate que l'Occident avait oubliée.

Néanmoins, dépeindre l'Espagne musulmane comme un modèle de coexistence pacifique entre religions relève de la fable. « La légende, observe Manuela Martin, a imprégné le discours politique et est devenue un argument rhétorique commode pour affirmer le caractère bienfaisant de l'ouverture aux autres cultures. Mais le mythe fonctionne précisément parce que, aujourd'hui, on en a besoin [1]. » Dans le contexte actuel d'une Europe

1. Manuela Martin, *Al-Andalus et les Andalousiens*, Édisud, 2000.

qui compte une forte minorité musulmane, il paraît rassurant de présenter l'islam comme nécessairement pacifique. Mais que dit l'histoire ?

S'il y a eu *reconquête* chrétienne, c'est qu'il y a eu préalablement *conquête* musulmane. La *Reconquista* forme une entreprise longue (sept siècles), marquée dans les deux camps par une alternance d'avancées et de reculs. C'est une histoire compliquée, où les motifs territoriaux et politiques ont compté autant que les facteurs religieux. Sur la durée, tout comme en Orient au moment des croisades, on a vu des guerres entre chrétiens, des guerres entre musulmans, des musulmans alliés à des chrétiens et réciproquement. Étudier en détail la *Reconquista* exige le sens de la chronologie et le recours à la nuance. À s'en tenir aux grandes lignes, ce n'en est pas moins un affrontement entre l'islam et la chrétienté qui s'est déroulé.

Du VIIIe au XIe siècle — première période —, l'islam se trouve en position offensive. En 711, les musulmans débarquent d'Afrique du Nord. Les Wisigoths battus, la péninsule est occupée dans sa totalité. Les envahisseurs franchissent les Pyrénées mais sont arrêtés, en 732, à Poitiers. Refluant vers le sud, ils se fixent en Espagne.

Du XIe au XIIe siècle — deuxième période —, chrétiens et musulmans sont en position d'équilibre. En 1031, le califat de Cordoue est morcelé en quinze royaumes rivaux. Au nord, les royaumes chrétiens s'organisent : Portugal, Léon, Castille, Navarre, Aragon, Catalogne. Les Castillans poussent jusqu'au Tage et Alphonse VI reprend Tolède en 1085. Des chevaliers français et bourguignons participent à la bataille, et Lisbonne est libéré par une flotte flamande : une croisade sur la terre d'Europe. En 1086 surgit une nouvelle vague d'envahisseurs. Venus du Maroc et de la Mauritanie, les Almoravides se bâtissent un empire et contrôlent la moitié de la péninsule. En 1172, au moment où le pouvoir almoravide se désagrège, de nouveaux conquérants, les Almohades, débarquent du Maroc. En 1198, ils écrasent les chrétiens à Alarcos.

Du XIIIe au XVe siècle — troisième période —, les chrétiens ont l'initiative. En 1212, la bataille de Las Navas de Tolosa marque un tournant : les souverains de Portugal, Navarre, Castille et Aragon remportent une victoire commune qui porte un coup définitif aux Almohades. En 1229, Jacques Ier d'Aragon reprend les Baléares. Les villes du Sud tombent aux mains des chrétiens une à une : Cordoue en 1236, Valence en 1238, Séville en 1248, Cadix en 1270. Ne reste que Grenade, qui tiendra deux siècles. Le 2 janvier 1492, la reconquête est terminée.

Au Xe siècle, le califat de Cordoue couvre les trois quarts de l'actuelle Espagne : ses cinq millions d'habitants sont en majorité musulmans. Vers l'an 900, l'Andalousie est aux trois quarts chrétienne ; vers l'an 1000, un quart seulement de ses habitants sont chrétiens. Combien se comptent les Arabes de la première invasion ? Selon les sources, le chiffre oscille entre 25 000 et 50 000 combattants. Faute d'invasion massive, c'est donc que la population chrétienne est conduite à adhérer à l'islam. Ces conversions sont-elles obtenues par la persuasion ou par la contrainte ?

Certaines s'effectuent librement : là encore, c'est le secret des âmes. Mais la violence est aussi employée. Spécialement par les Almoravides et les Almohades, qui persécutent chrétiens et juifs. En 1086, la population chrétienne de Ronda prend le maquis et résiste pendant onze ans. En 1102, les chrétiens de Valence fuient massivement vers la Castille, tout comme, en 1146, ceux de Séville. Les Almoravides déportent en Afrique du Nord des villages entiers de chrétiens récalcitrants. Le théologien juif Maimonide doit feindre la foi musulmane avant de pouvoir s'exiler. La coercition exercée par l'administration musulmane joue son rôle : pour échapper à la capitation et à l'impôt foncier dus par les Infidèles, beaucoup choisissent la conversion.

D'où ce constat : dans le royaume de Grenade, comme dans toute l'Espagne musulmane, le pluralisme religieux existe, mais il existe sur une base inégalitaire. Le non-musulman est soumis, dans tous les domaines de la vie sociale, à de nombreuses discriminations. Les chrétiens — les mozarabes — ont le statut de *dhimmi*, ce qui signifie qu'ils sont protégés. Protection en réalité précaire. S'ils ne s'acquittent pas des taxes auxquelles ils sont astreints, ils risquent l'esclavage ou la mort. Les chrétiens sont obligés de porter des vêtements distinctifs. Posséder des armes ou monter à cheval leur est interdit. À tout musulman qui l'exige, ils doivent l'hospitalité gratuite. Sur la voie publique, ils ont à céder le pas aux musulmans. Lorsqu'ils construisent une maison, celle-ci doit être moins haute. Leur culte est autorisé, mais ils ne peuvent ni bâtir une nouvelle église, ni sonner les cloches, ni effectuer de processions, ni exposer une croix ou du vin. Tout prosélytisme est réprimé. Le musulman qui se convertit en secret au christianisme encourt la peine de mort.

« La situation qui est faite aux chrétiens mozarabes, conclut Philippe Conrad, a pour but d'affaiblir leur communauté et d'encourager les conversions [1]. » Avec les non-musulmans, il n'y a donc pas tolérance, mais coexistence. Une coexistence qui n'a rien d'irénique : la clémence d'al-Andalus est un mythe.

Au fil de la Reconquête, des musulmans sont restés en territoire chrétien. Ces *mudéjares* sont 30 000 en Aragon, 50 000 dans le royaume de Valence (qui dépend de la couronne d'Aragon), 25 000 en Castille. En 1492, la chute de Grenade porte à 200 000 le nombre de Maures placés sous la juridiction de la reine Isabelle et du roi Ferdinand. Une population pauvre, qui exerce des petits métiers d'artisans ou d'ouvriers agricoles. Les *mudéjares* demeurent des sujets libres et peuvent pratiquer leur religion. Rapidement, cependant, la même logique prévaut que celle qui a prévalu contre les Juifs. Toujours dans le but de réaliser l'unité spirituelle de l'Espagne, avec l'appui de l'Église, les Rois Catholiques mènent une politique de conversion. Dès 1492, deux membres de la famille de Boabdil se sont convertis au catholicisme. Titrés infants de Grenade, assimilés à la haute noblesse

---

1. Philippe Conrad, *Histoire de la Reconquista*, PUF, « Que sais-je ? », 1999.

espagnole, ils sont d'ardents soutiens de la Couronne. Une fois encore, le racisme — au sens où nous l'entendons — est absent de l'affaire. L'évêque de Grenade apprend l'arabe et le fait enseigner à son clergé. Il édite des catéchismes en arabe et en castillan. Les résultats sont toutefois mesurés.

En 1500 et 1501, les musulmans déclenchent des émeutes qui sont sévèrement réprimées. Le calme revenu, ils sont incités sans ménagement à choisir la conversion ou l'exil. En 1526, la religion islamique est définitivement interdite. Charles Quint, qui a succédé à son grand-père, Ferdinand le Catholique, en 1516, donne cependant ordre à l'Inquisition de ne pas intervenir tant que l'instruction chrétienne des musulmans convertis — on les appelle les Morisques — n'est pas achevée. Une bulle pontificale confirme ce moratoire de quarante ans. Dans les faits, les Morisques maintiennent clandestinement des pratiques islamiques. En 1566, au terme du moratoire, Philippe II, fils de Charles Quint, reprend la politique de son père. Les Morisques se révoltent : de 1568 à 1570, c'est la deuxième guerre de Grenade. Une guerre particulièrement cruelle, où les rebelles, détruisant les églises, s'en prennent systématiquement aux prêtres et aux nonnes. Les musulmans finissent par être vaincus. Mais ils restent en contact avec les Barbaresques turcs, qui constituent un danger permanent pour les navires espagnols. Alors, inquiet pour la cohésion de son royaume, Philippe III, le fils de Philippe II, décide l'expulsion des Morisques. De 1609 à 1614, ils sont 300 000 à quitter l'Espagne par la mer, débarquant en Afrique du Nord ou dans l'Empire ottoman.

« Il faut renoncer à une idée reçue, constate Joseph Pérez, celle d'une Espagne dans laquelle les trois religions du Livre — chrétiens, musulmans et juifs — auraient vécu en bonne intelligence pendant les premiers siècles de la domination musulmane, puis dans l'Espagne chrétienne des XIIe et XIIIe siècles [1]. » Tout comme elle avait échoué avec les juifs, la politique d'assimilation par la conversion massive a échoué avec les musulmans. On ne peut forcer les esprits : nul n'abdique sa culture et sa foi sous la contrainte. C'est une grande leçon. Toutefois, en faire le procès à la seule Espagne chrétienne, c'est mentir par omission. À cette époque, aucun pays musulman ne tolère les chrétiens sur son territoire. Il en est encore ainsi, au XXIe siècle, dans un grand nombre d'États musulmans.

La légende noire de l'Amérique espagnole

Le 12 octobre 1492, au terme de neuf semaines de navigation, Christophe Colomb aperçoit la terre. Parti pour les Indes à travers l'Atlantique, il bute sur un continent inconnu. En réalité, c'est l'archipel des Bahamas qui s'offre à sa vue. Quant au continent (sur lequel les Vikings ont mis le pied cinq siècles plus tôt), il sera baptisé du prénom de son successeur, Amerigo Vespucci.

---

1. Joseph Pérez, *op. cit.*

Mais en découvrant l'Amérique, Colomb accomplit un acte majeur de l'histoire.

En 1992, l'Espagne commémore le cinq centième anniversaire de ce fabuleux événement. Mais un malaise se fait jour. Plutôt que le navigateur, certains préfèrent exalter les civilisations indigènes que les Espagnols auraient anéanties. « Christophe Colomb, proclament-ils, les Indiens ne te disent pas merci. » C'est l'époque où le politiquement correct, venu des universités américaines, stigmatise le viol commis, au XVIe siècle, par les explorateurs européens. Tourné pour plaire au public des États-Unis, *Christophe Colomb*, le film de Ridley Scott, représente un Colomb (Gérard Depardieu) hanté par le péché de l'homme blanc, face à des Indiens qui préfigurent le bon sauvage cher au XVIIIe siècle.

La légende noire de l'Amérique espagnole n'est pas nouvelle. Elle a été forgée, au XVIIe siècle, par Théodore de Bry. Entre 1590 et 1623, ce protestant flamand a publié une collection de récits de voyages aux Indes dont le but était d'exposer les mille et une turpitudes auxquelles les papistes s'étaient adonnés aux colonies. Les philosophes des Lumières puis les anticléricaux du XIXe siècle ont repris ces accusations. Elles reviennent aujourd'hui dans une autre perspective : il s'agit de vanter l'égalité des cultures et de culpabiliser les anciennes nations colonisatrices.

Dans les guides de voyage consacrés au Pérou ou au Mexique, il est désormais convenu de s'extasier sur les Aztèques et les Incas, face auxquels, sans respect pour leur mode de vie, les conquistadors n'auraient montré que cupidité et brutalité. Les journaux apportent le même écho. « Les conquérants, lit-on dans un quotidien, ont argué du caractère sanguinaire de la religion aztèque pour exterminer une civilisation jugée “satanique”, mais il n’y eut pas le moindre effort pour essayer de comprendre la signification de certaines pratiques [1]. » Un hebdomadaire compare l’Empire inca « aux États européens de l’époque ou aux grandes civilisations de l’Antiquité », tout en admettant qu’on n’y connaissait « ni l’écriture, ni la roue, ni le cheval, ni le bœuf » (une légende-photo précise que l’animal de trait des Incas, c’était... la femme) ; c’est seulement en incidente que les lecteurs apprennent que chez les Incas, des filles « étaient offertes aux fonctionnaires méritants et que d’autres, ne présentant pas le moindre défaut physique, étaient réservées pour les sacrifices humains [2] ».

Curieux. Les mêmes qui dénoncent sans relâche les méthodes de l’Inquisition espagnole se montrent d’une inépuisable indulgence envers les coutumes de l’Amérique précolombienne, pourtant mille fois plus cruelles. Encore une indignation sélective ? Ou serait-ce une forme de mépris, ces civilisations étant trop arriérées pour qu’on puisse leur appliquer les mêmes critères moraux qu’à nous ?

À l’automne 1492, Colomb atteint donc les Bahamas, puis Cuba et Saint-Domingue. Au cours de son deuxième voyage (1493-1496), il explore la Guadeloupe, Porto Rico et la Jamaïque. Sa troisième expédition (1498-

1. *La Croix*, 12 octobre 1992.
2. *Le Point*, 13 juillet 2001.

1500) le mène à la Grenade et dans le delta de l'Orénoque, avec une incursion sur le territoire de la Colombie. Il est le premier Européen à entrer en contact avec les Indiens d'Amérique. Un monde qui n'a pas d'unité : à l'exception du Mexique et des hauts plateaux des Andes, ces centaines de tribus, qui vivent au stade du néolithique, parlent autant de langues.

L'épopée des conquistadors commence vingt ans plus tard.

Cortés a participé à la conquête de Cuba. Il débarque au Mexique le 19 février 1519. À la tête de 600 hommes, il remporte une victoire sur le royaume de Tlaxcala, dont il se fait un allié. Le 8 novembre 1519, il s'empare de la capitale de l'Empire aztèque (sur l'actuel site de Mexico) et met sous tutelle l'empereur Moctezuma, qui voit en lui le descendant d'un dieu. Au printemps 1520, alors que Cortés a regagné la côte, les Indiens se révoltent. Dans la confusion, Moctezuma est tué par un capitaine espagnol. Le 30 juin, de retour dans la capitale, Cortés ordonne la retraite. Après avoir reconstitué ses troupes, il écrase l'armée aztèque le 7 juillet 1520. Un an plus tard, le 13 août 1521, il reprend la capitale de l'empire. La ville est rasée. Gardé captif comme gage de soumission des indigènes, le dernier empereur est tué en 1525.

En 1513, Pizarre est de l'expédition qui, traversant l'isthme de Panama, découvre l'océan Pacifique. Vers 1522, ayant entendu parler de l'Empire inca, il monte une expédition vers le Pérou. Après deux voyages d'exploration, il rentre en Espagne et revient, en 1529, muni du soutien de Charles Quint. En janvier 1531, avec 183 soldats et 27 chevaux, il quitte Panama. Une tempête le contraignant à jeter l'ancre, il poursuit son itinéraire par voie terrestre. Rejoint par des renforts (130 hommes), il laisse derrière lui une partie de sa troupe. Puis, avec 67 cavaliers et 100 fantassins, il met plus de deux mois pour franchir les cinq cents kilomètres qui le séparent de la ville où réside Atahualpa, le souverain inca. Le 16 novembre 1532, par un coup d'audace extraordinaire, à un contre deux cents, Pizarre s'empare de l'Inca suprême. Ce dernier sera exécuté le 29 août 1533. Il a fallu huit ans pour parvenir jusqu'à l'Empire inca, mais celui-ci s'est écroulé en moins d'une année.

Savant explorateur, Christophe Colomb est plutôt désintéressé. Hardis capitaines, les conquistadors n'ont rien d'enfants de chœur : Cortés vit comme un satrape et Pizarre, qui est illettré, témoigne d'une rapacité rare. Il reste que le pieux Colomb (Pie IX a envisagé de le béatifier) et les rudes Cortés et Pizarre se sont trouvés confrontés à la même réalité : les mœurs des Indiens, qui pratiquaient l'anthropophagie et les sacrifices humains.

Dans les Caraïbes, les tribus cannibales, en perpétuel état de guerre, effectuaient des razzias pour enlever et manger leurs congénères. L'Empire aztèque, une théocratie, vouait un culte au soleil dont la colère devait être apaisée par l'immolation de victimes, choisies de préférence chez l'ennemi. Les conquistadors ont tous dit leur effarement après qu'ils eurent pénétré dans les temples indiens : il s'agissait de charniers envahis par la puanteur et les mouches, où les prêtres mettaient à mort des vierges, des enfants et des prisonniers, arrachant leur cœur pour barbouiller de sang les idoles, puis précipitant les cadavres en bas de l'édifice afin qu'ils soient dépecés et dévorés. « Chaque jour, raconte Bernal Diaz del Castillo, les Indiens sacrifiaient devant nous trois, quatre, cinq hommes dont le sang couvrait les murs. Ils coupaient bras, jambes, cuisses et les mangeaient, comme chez nous, la viande de boucherie[1]. » Les temples aztèques que gravissent aujourd'hui les touristes étaient, avant la conquête espagnole, le théâtre d'abominables cruautés. Chez les Incas, le phénomène était analogue.

Si Cortés ou Pizarre, avec si peu d'hommes, ont pu soumettre ces puissants empires, ce n'était pas dû à leur seul art militaire. Au Mexique, ce qui a assuré la conquête, c'était le soutien des Indiens révoltés contre la domination aztèque : les Tlaxcaltèques ont fourni 6 000 soldats à Cortés. Pizarre, de même, a profité de la guerre civile entre deux chefs incas, Atahualpa et Huascar, chacun ayant sollicité à son profit l'aide des Espagnols. Regarder la civilisation précolombienne comme un univers paradisiaque, souillé par les Européens, relève de la fantasmagorie. Pour les Indiens réduits en esclavage par leurs semblables, la conquête a représenté une libération.

Est-ce à dire qu'aucun débordement, aucune faute, aucune attitude inexcusable ne peuvent être imputés aux colonisateurs ? Ce serait ignorer la faiblesse humaine. D'autant que de fabuleuses richesses ont été en jeu, dès lors que les ressources en métaux précieux ont été découvertes. Bien sûr, parmi les conquistadors se trouvaient aussi des soudards guidés par le seul appât du gain. Mais ne voir que ceux-ci, c'est tronquer la réalité.

---

1. Bernal Diaz del Castillo, *Histoire véridique de la conquête de la Nouvelle-Espagne*, La Découverte, 1987.

Paradoxalement, un Espagnol a largement contribué à la légende noire du Nouveau Monde. En 1541, Bartolomé de Las Casas adresse à Charles Quint une *Brevissime relation de la destruction des Indes*, dans laquelle il dénonce l'esclavage et les massacres dont les autochtones auraient été victimes, réduits à « la servitude la plus dure, la plus horrible et la plus implacable qu'on ait jamais imposée à des hommes et à des bêtes ». Fils d'un compagnon de Christophe Colomb, arrivé à Cuba en 1502 pour aider à la conversion des indigènes, ordonné en 1513 puis entré chez les Dominicains en 1522, Las Casas a fait de la défense des Indiens une affaire personnelle. Dans son traité *De l'unique moyen d'annoncer la foi à tout le genre humain*, il développe l'idée qu'il faut convertir par la douceur et la suggestion, et non par la coercition. Publiée à la fin de sa vie, son *Histoire générale des Indes* contient cependant des naïvetés, des outrances polémiques et des chiffres erronés. Ce passionné idéalise les indigènes (contrairement à beaucoup de religieux, il ne parle pourtant pas leurs langues) et noircit au contraire les conquérants.

Certains, aujourd'hui, font de ce moine du XVIe siècle un précurseur des droits de l'homme. Dominicain, Las Casas appartenait pourtant à l'ordre chargé de l'Inquisition, dont il partageait la doctrine. Les mêmes qui voient en lui le premier porte-parole du tiers-monde passent sous silence le fait que, pour protéger les Indiens, il conseilla d'implanter aux colonies des travailleurs amenés d'Afrique, bénissant l'esclavage des Noirs.

Mais, si excessives que soient les critiques de Las Casas, elles remplissent un rôle salutaire : elles alertent

Charles Quint sur le sort des Indiens. Déjà, quand Christophe Colomb avait capturé des indigènes et les avait envoyés comme esclaves en Espagne (usage ordinaire dans le monde méditerranéen avant 1492), Isabelle de Castille les avait fait libérer, donnant ses instructions. Les Indiens devaient être traités « comme des personnes libres et non comme des esclaves ». Instruction renouvelée, en 1504, dans le testament de la reine : « Je recommande et j'ordonne de n'admettre ni de permettre que les indigènes des îles et terre ferme subissent le moindre tort dans leurs personnes et dans leurs biens, mais au contraire de mander qu'ils soient traités avec justice et humanité. » D'autres mesures avaient suivi pour empêcher le pillage des terres, dont les autochtones restaient les propriétaires. Des commanderies (*encomiendas*) avaient été instituées. Concédés aux conquistadors, ces titres personnels et révocables de seigneurie leur garantissaient un revenu, sous réserve qu'ils veillent à la protection des indigènes et à leur initiation au christianisme. Ce système laissait cependant une large part à l'arbitraire des colons. C'est pourquoi, en 1542, après avoir pris connaissance des avertissements de Las Casas, Charles Quint édicte de nouvelles lois qui limitent les *encomiendas* et prohibent l'esclavage. Sur place, les ordres royaux ne sont pas forcément suivis. Néanmoins, un droit est défini : c'est un progrès.

En 1550, voulant être sûr de la légitimité de l'action espagnole en Amérique, Charles Quint charge quinze juges ecclésiastiques d'examiner la façon dont la conquête et l'évangélisation doivent être menées. Réunis à Valladolid, les magistrats confèrent pendant plusieurs mois. Les deux principaux contradicteurs de ce célèbre débat sont Las Casas et Gines de Sepulveda, le chapelain de l'empereur. Dans *La Controverse de Valladolid* — œuvre qui aura été, en 1992, un téléfilm et un roman, puis une pièce de théâtre —, Jean-Claude Carrière montre de ridicules théologiens examinant des Indiens apeurés, s'interrogeant pour savoir si ces sauvages méritent d'être convertis ou s'il vaut mieux les réduire en esclavage. Las Casas est sublimé, tandis que son adversaire est caricaturé. En filigrane, une interrogation : les Indiens sont-ils des hommes comme les autres [1] ? Le livre de Carrière, inscrit au programme des lycées et collèges, passe maintenant pour une référence bibliographique.

Il faut lire l'ouvrage d'un spécialiste de l'ancien monde hispanique, Jean Dumont, pour disposer d'une autre vision de la controverse de Valladolid [2]. Las Casas, défenseur de ce qu'on appelle aujourd'hui le droit à la différence, et résigné à toutes les pratiques des Indiens, souhaite que seuls quelques religieux restent dans le Nouveau Monde. Sepulveda, qui est un humaniste et un lettré, lui répond que, si l'on veut assurer la sécurité des nouveaux chrétiens, il faut d'abord pacifier le pays. Au nom d'un concept qui ressemble au moderne droit d'ingérence, le chapelain de l'empereur défend la nécessité d'une intervention, notamment pour mettre fin aux sacrifices humains chez les Indiens. La controverse de Valladolid constitue peut-être un débat actuel, mais pas au sens de l'historiquement correct.

1. Jean-Claude Carrière, *La Controverse de Valladolid*, Belfond, 1992.
2. Jean Dumont, *La Vraie Controverse de Valladolid*, Criterion, 1995.

S'il est vrai que les Européens, en rencontrant les Indiens, ont éprouvé un choc intellectuel, le verdict de l'Église n'a pas attendu la controverse de Valladolid. Un an après la découverte de l'Amérique, en 1493, le pape Alexandre VI, lançant la mission dans le Nouveau Monde par la bulle *Piis Fidelium*, affirmait l'unité du genre humain. En 1537, par la bulle *Sublimis Deus*, Paul III confirmait ce principe : « Les Indiens sont des hommes véritables, capables de recevoir la foi chrétienne par l'exemple d'une vie vertueuse. Ils ne doivent être privés ni de leur liberté, ni de la jouissance de leurs biens. »

L'évangélisation a suivi la conquête. Au Mexique, les Franciscains apprennent les langues indiennes, composant grammaires, dictionnaires et catéchismes dans les idiomes indigènes (nahuatl, zapotèque, tarasque, otomi). En 1552, à Lima, le premier concile d'Amérique interdit la destruction des temples et des idoles. « Nous ordonnons, proclament les évêques, que personne ne baptise d'Indien de plus de huit ans sans s'assurer qu'il y vienne volontairement ; ni ne baptise d'enfant indien avant l'âge de raison contre la volonté de ses parents. » Henry Hawks, un protestant anglais, trafique pendant cinq années dans le Nouveau Monde. En 1572, de retour à Londres, il publie une relation de son voyage : « Les Indiens révèrent beaucoup les religieux, écrit-il, parce que, grâce à eux et à leur influence, ils se voient libres d'esclavage. » Le franciscain Bernardin de Sahagun, père de l'anthropologie moderne, rédige une *Historia de las Cosas de Nueva España* où il collige toutes les coutumes, croyances et traditions indigènes. Le premier archevêque de Lima, Jérôme de Loaisa, passe les dix dernières années de sa vie dans un réduit de l'hôpital qu'il a bâti pour les Indiens. Au Mexique, l'évêque du Michoacan, Vasco de Quiroga, réalise un programme complet d'organisation communautaire pour les indigènes, avec maternités, infirmerie, hôpital.

Conclusion de Bartolomé Bennassar : « L'Église du Nouveau Monde est loin d'avoir été toujours exemplaire. Cependant, elle a exercé dans l'ensemble un rôle positif et a été à l'avant-garde de la défense des Indiens contre les abus de toutes sortes[1]. » En 2002, en canonisant dans la basilique Notre-Dame-de-Guadalupe, à Mexico, Juan Diego Cuauhtlatoatzin (1474-1548), un Indien témoin d'une apparition de la Vierge, Jean-Paul II a consacré cette symbiose entre la culture indigène et le christianisme.

Une dernière légende : le génocide des Indiens. Selon certaines sources, un demi-siècle après l'arrivée des Européens, 80 % de la population indigène auraient disparu. En réalité, faute de documents fiables, nul ne saurait quantifier avec exactitude la dépopulation survenue parmi les autochtones. Les Européens sont certes responsables, mais involontairement : sur le nouveau continent, ils ont introduit des microbes auxquels l'organisme des indigènes n'était pas préparé à résister. Médecin, directeur de recherches au CNRS et auteur de deux ouvrages sur la civilisation indienne, Nathan Wachtel estime que

1. « L'Évangile débarque au Nouveau Monde », *Histoire du christianisme, Magazine*, février 2000.

« la cause principale de ce désastre, on la connaît : ce sont les épidémies. Les Amérindiens n'étant pas immunisés contre les maladies (grippe, peste, variole) importées par les colonisateurs. Le terme génocide me semble impropre. Des massacres, des violences de toutes sortes ont certes eu lieu, mais on ne saurait imputer aux Européens le projet conscient et raisonné d'une élimination systématique par le fer et par le feu [1] ».

Dans l'Amérique espagnole, la protection légale des Indiens passait par la propriété des terres, qui limitait le peuplement européen. Faut-il dresser le parallèle avec l'Amérique du Nord ? Aux États-Unis, les terres de l'Ouest ont été déclarées propriété fédérale. Il a suffi aux pionniers de les racheter à l'État et d'expulser les populations indigènes. L'administration américaine reconnaît aujourd'hui que 17 millions d'Indiens ont été victimes de la conquête de l'Ouest. Aujourd'hui, les Indiens représentent moins de 1 % de la population des États-Unis ; au Mexique, ce pourcentage est de 29 %, auxquels s'ajoutent 55 % de métis ; au Pérou, la proportion est de 46 % d'Indiens et de 38 % de métis. Conclusion : en Amérique hispanique, il n'y a pas eu de génocide. « Le prétendu massacre des Indiens au XVIe siècle par les Espagnols, conclut Pierre Chaunu, couvre l'objectif massacre de la colonisation en frontière au XIXe siècle par les Américains. L'Amérique non ibérique et l'Europe du Nord se libèrent de leur crime sur l'autre Amérique et l'autre Europe [2]. »

---

1. *L'Histoire*, juillet-août 1991.
2. Cité par Jean Dumont, *L'Église au risque de l'histoire*, *op. cit.*

5

Les guerres de Religion

« Une guerre étrangère est un mal
bien plus doux que la civile. »

Michel DE MONTAIGNE.

« Je croyais qu'un Français, depuis Henri IV,
pouvait rejeter également la Ligue et les huguenots. »

Georges BERNANOS.

18 février 1998. Réunies à Paris, à l'Unesco, un millier de personnes célèbrent le quatrième centenaire de l'édit de Nantes. La séance se tient en présence du président de la République, de trois ministres et des autorités catholiques, juives et musulmanes. Après le discours de Jacques Chirac, les représentants du protestantisme français prennent la parole. Jean Tartier, président (luthérien) de la Fédération protestante, conclut son propos en affirmant que l'édit de Nantes (1598) et sa révocation (1685) avaient fait des protestants « les sentinelles de la liberté de conscience ». Michel Bertrand, président de l'Église réformée de France, salue dans l'édit la préfiguration

d'une laïcité « qui doit nous garder vigilants à l'égard de toutes les vérités qui se donnent comme absolues ». Toute l'année, à travers colloques, journaux, émissions de radio ou de télévision, le même message est martelé : l'acte signé par Henri IV préfigure tous les combats menés pour la tolérance, la liberté religieuse, les droits de l'homme et la laïcité.

À croire Pierre Miquel, les guerres de Religion auraient « laissé des traces profondes dans les mentalités des Français d'aujourd'hui [1] ». Est-ce si sûr ? N'étaient les inquiétudes suscitées par l'islamisme, nos contemporains vivent plutôt dans le « désenchantement du monde », pour reprendre la formule de Marcel Gauchet. En 1996, les polémiques déclenchées par le voyage de Jean-Paul II à Reims, à l'occasion du quinze centième anniversaire du baptême de Clovis, n'ont touché qu'un milieu restreint, même si leurs répercussions médiatiques ont été abondantes. Dans une société sécularisée comme la nôtre, les querelles métaphysiques ne soulèvent pas les foules. Dès lors, mettre en garde contre les « guerres de Religion », alors que le péril n'existe pas, relève du fantasme. Mais ce fantasme n'est pas innocent. Il sert, d'une part, à déconsidérer toute foi reposant sur une doctrine définie par une hiérarchie religieuse et, d'autre part, à perpétuer l'idée que, pendant les guerres de Religion (au sens historique), ce sont les minoritaires — les protestants — qui ont été persécutés par la majorité. Dans les deux cas, c'est le catholicisme qui se trouve sur la sellette.

De nos jours, heureusement, nul ne songe à ranimer

1. Pierre Miquel, *Les Guerres de Religion*, Fayard, 1980.

les hostilités entre chrétiens. L'édit de Nantes, en 1598, a été un grand acte politique, et sa révocation, en 1685, une erreur, on va le dire. Il reste la vérité de l'histoire. Une histoire qui est plus connue aujourd'hui qu'il y a cinquante ans, parce qu'une nouvelle génération de chercheurs s'est penchée sur les guerres de Religion. Or les résultats de leurs travaux pulvérisent la vision irénique qui planait sur le palais de l'Unesco le 18 février 1998, et demeure la vérité officielle dans les manuels scolaires. Les historiens démontrent que les fanatiques et les hommes de bonne volonté, au XVIe siècle, se trouvent dans les deux camps, et que les modernes concepts de tolérance et de laïcité, s'ils sont étrangers aux catholiques, le sont tout autant de leurs adversaires. Une fois de plus, le manichéisme est un mensonge.

De Luther à Calvin, la rupture avec Rome

Le besoin de réformer l'Église se manifeste dès le Moyen Âge. À l'époque, le bas clergé, très pauvre, est souvent ignorant et de mœurs relâchées. Héritage de la féodalité, le haut clergé jouit en revanche d'énormes bénéfices. Ne correspondant plus à des services rendus, ceux-ci scandalisent maints fidèles. À partir du XVIe siècle, quand affluent l'or et l'argent du Nouveau Monde, les tentations terrestres n'épargnent pas l'appareil ecclésiastique. Afin de satisfaire à ses dépenses (cour pontificale, mécénat, construction de Saint-Pierre de Rome), la papauté se livre à la vente des indulgences. Les pontifes de la Renaissance, préoccupés avant tout par les intérêts temporels de leurs États, gouvernent l'Église d'assez loin, confiant les plus hautes dignités aux membres de leur famille. Plusieurs conciles — dont celui de 1512, au Latran — délibèrent sur les mesures à prendre pour corriger la situation, mais les papes ne réagissent que tardivement. Il faudra attendre le concile de Trente, de 1545 à 1563, pour qu'une gigantesque réforme soit mise en chantier (approfondissement du dogme, mise au point du missel et des textes liturgiques, règles de discipline ecclésiastique, création des séminaires pour la formation des prêtres, rédaction du droit canon), œuvre qui donnera son visage à l'Église romaine jusqu'au XXe siècle.

Cette volonté de réforme, un Allemand la poussera jusqu'à la rupture avec Rome. En 1517, contestant les principes de la pénitence, Martin Luther, un moine augustin, affiche ses quatre-vingt-quinze thèses sur les indulgences. Deux ans plus tard, il rejette toute autorité ecclésiastique. Le pape, explique-t-il, c'est « la merde que le diable a chiée dans l'Église ». Excommunié en 1521, mis au ban de l'Empire à la Diète de Worms, il trouve refuge, la même année, à la Wartburg, chez l'électeur de Saxe. C'est là qu'il entame son œuvre religieuse. Luther traduit la Bible en allemand, abolit le culte des saints, transforme la liturgie, supprime le célibat ecclésiastique, sécularise les biens d'Église.

En 1524, quand éclate la guerre des Paysans, une révolte teintée d'illuminisme religieux, Luther prend parti pour les grands seigneurs. Dès lors, de nombreux princes rallient un homme qui défend l'ordre social tout en combattant Rome, car ils espèrent récupérer l'énorme patrimoine foncier ecclésiastique, qui représente un tiers du sol allemand.

Charles Quint, lui, reste fidèle à Rome. Mais en tant qu'empereur, il cherche un moyen d'éviter l'éclatement de ses États. En 1529, à Spire, la Diète d'Empire décide que le luthéranisme sera toléré là où il s'est établi, mais qu'on ne le laissera pas se développer ailleurs. Cinq princes et quatorze villes, acquis aux thèses de Luther, élèvent alors une protestation — introduisant dans l'histoire le terme de « protestant ». En 1530, une tentative de conciliation organisée par Charles Quint échoue, les théologiens catholiques repoussant la profession de foi luthérienne rédigée par Melanchthon. Les princes protestants répliquent en fondant une alliance militaire, la ligue de Smalkade. En 1547, les armées luthériennes sont vaincues à Mühlberg. Mais le mouvement réformé ne fléchit pas : l'empereur doit traiter. En 1555, à Augsbourg, le luthéranisme est reconnu. Les princes sont libres de choisir leur religion, mais les fidèles sont contraints soit d'émigrer, soit d'embrasser la même confession. En vertu du principe *Cujus regio, ejus religio* (« Telle la religion du prince, telle celle du pays »), les deux tiers de l'Allemagne passent au protestantisme.

La Réforme française n'est pas née de la Réformation allemande. En France, dès les années 1500, certains cercles expriment le désir d'un changement religieux, aspirant au retour à une chrétienté originelle érigée en mythe. Réformer l'Église, ce serait retrouver l'élan et la foi des premiers croyants. L'humanisme, courant européen qui cherche à concilier l'étude des sages de l'Antiquité et les leçons de l'Évangile, trouve des échos dans le royaume. Exprimant dix ans avant Luther son rejet du latin liturgique, l'humaniste Jacques Lefèvre d'Étaples, vicaire épiscopal à Meaux, traduit en français les épîtres de saint Paul puis la totalité de la Bible. Son évêque, Guillaume Briçonnet, le protège. Meaux devient ainsi la ville pilote de l'évangélisme, qui annonce la Réforme.

On aurait pu croire la France prédisposée au protestantisme. L'indépendance dont la monarchie avait fait preuve vis-à-vis de la papauté ou les théories prégallicanes, donnant la prééminence aux conciles épiscopaux par rapport au pape, formaient un terreau favorable. Mais en 1516, le concordat de Bologne, signé entre Léon X et François Ier, assure au roi des avantages dans la nomination aux bénéfices et dans le contrôle des finances de l'Église. Contrairement aux princes allemands, les Capétiens n'ont pas intérêt à confisquer les biens ecclésiastiques. Dans leur fidélité romaine, ce facteur financier va se révéler décisif.

À partir de 1520, les doctrines réformatrices se répandent en France. Elles bénéficient de la bienveillance de Marguerite de Navarre, sœur du roi. Les premières mesures répressives, toutefois, sont prises par sa mère, la régente Louise de Savoie (depuis le désastre de Pavie, en 1525, François Ier est prisonnier en Espagne). Libéré, le monarque veut reprendre la lutte contre Charles Quint. À cette fin, il conçoit une alliance de revers avec les princes protestants de l'Empire. Vis-à-vis des réformateurs, le roi est donc enclin à la conciliation.

Mais, comme en Allemagne, les évangélistes s'en prennent à la piété catholique traditionnelle. À Meaux, des prières à la Vierge sont lacérées, des proclamations insultant le pape sont placardées. À Paris, en 1528, une statue de la Vierge est décapitée par un inconnu. L'émotion est immense, et François Ier participe à une cérémonie d'expiation. Recherchant la pureté à tout prix, les réformés s'en prennent également aux traditions populaires dans lesquelles ils voient des motifs de péché. Dans les localités qu'ils contrôlent, les bals, la musique, la comédie, le gâteau des Rois de l'Épiphanie ou les déguisements du carnaval sont interdits. Peu à peu, le mouvement évangélique trouble l'ordre social.

Dans la nuit du 17 au 18 octobre 1534, des affiches sont apposées à Paris et à Amboise, jusque sur la porte de la chambre du roi, dénonçant le dogme de la transsubstantiation (pour les catholiques, le pain et le vin consacrés au cours de la messe se transforment en la substance du corps et du sang du Christ). François Ier ne peut laisser passer cette provocation : il fait publiquement profession de foi catholique. Puis il déclenche la répression. À Paris, une vingtaine de protestants sont exécutés. En 1540, l'édit de Fontainebleau promulgue une législation frappant les hérétiques. Le roi est d'autant plus enclin à la sévérité qu'il a besoin de rassurer les catholiques, choqués par sa politique extérieure : dans le cadre de sa lutte contre Charles Quint, ce n'est pas seulement avec les protestants allemands qu'il s'est allié, mais aussi avec les Turcs.

C'est de Genève que les idées protestantes pénètrent dans le royaume. En 1536, la ville, dont l'évêque a été chassé, est devenue une république. Les magistrats municipaux ont fait appel à un Français converti à la

Réforme, Jean Calvin. Sa théologie insiste sur la corruption de l'homme. Alors que Luther enseigne la justification par la foi, Calvin soutient la thèse de la prédestination absolue et de la grâce divine ; alors que Luther croit en une certaine présence du corps et du sang du Christ dans l'eucharistie, la cène calviniste consacre une présence spirituelle. Ces différences ne sont pas anodines. Elles signifient que la distance est encore plus grande, en France, entre catholiques et calvinistes qu'elle ne l'est, en Allemagne, avec les luthériens.

Devenu le guide politique et religieux de Genève en 1541, Calvin y fait régner une dictature théocratique fondée sur la stricte application des principes réformés. Composé de pasteurs et de laïcs (les « anciens »), un consistoire est notamment chargé de la surveillance de la vie privée des citoyens. Jeux, spectacles, bals, chansons et tavernes sont interdits, toute infraction morale (adultère, violence, impiété) étant considérée comme un crime. De Genève, la Rome protestante, Calvin dirige la Réforme française.

Henri II succède à François Ier en 1547. Pendant les douze années de son règne, il applique envers les réformés la même rigueur que son père. S'ils sont présents partout, les protestants s'implantent particulièrement dans le tiers sud-ouest du royaume. On les désigne du terme de huguenots, altération de l'alémanique *Eidgenossen*, « associés par serment ». Vers 1550, un tiers de la noblesse française est calviniste. À la mort accidentelle d'Henri II, en 1559, la couronne échoit à son fils François II, un adolescent. C'est donc sa mère, Catherine de

Médicis, qui exerce la régence. Les protestants croient y voir un affaiblissement du trône. En mars 1560, à Amboise, ils en profitent pour tenter d'enlever le jeune roi. Le coup échoue. Leur objectif était de soustraire François II à l'influence des Guise, dynastie lorraine sur laquelle s'appuie Catherine de Médicis. Le prestige des Guise est immense. Le duc François a naguère défendu Metz contre Charles Quint et repris Calais aux Anglais. Avec son frère Charles, le cardinal de Lorraine, il prend la tête de ce qui devient le parti catholique. Après la conjuration d'Amboise, les Guise font preuve de sévérité : 1 200 huguenots sont exécutés.

La reine sent le danger. En mai 1560, afin de contrebalancer le poids des Guise, elle nomme chancelier de France le modéré Michel de l'Hospital. À la fin de l'année, François II meurt de maladie. Le nouveau roi, son frère, a dix ans : la régence continue. À l'initiative de Catherine de Médicis et de Michel de l'Hospital, se tient à Poissy, en 1561, un colloque théologique dont le but est d'ébaucher un rapprochement entre catholiques et réformés. La controverse s'ouvre en présence de Charles IX, de la reine mère et du chancelier. Ils sont les seuls, apparemment, à espérer un compromis : le colloque est un échec. La tension se faisant de plus en plus sentir, afin de préserver la paix civile, la régente promulgue un édit, à Saint-Germain, en janvier 1562. Les protestants se voient accorder la liberté de conscience, la liberté de réunion et la liberté de culte en dehors des villes.

La France ruinée par huit guerres de Religion

À Wassy, en Champagne, le 1er mars 1562, un incident sanglant va toutefois mettre le feu aux poudres. Les guerres de Religion commencent. Avec des périodes de répit, elles dureront trente-six ans.

Les manuels évoquent fréquemment le « massacre de Wassy » perpétré par des catholiques contre des protestants. La recherche a ramené le nombre de victimes de cet épisode à une vingtaine de tués. Ce n'est pas rien, mais la suite des événements donnera lieu à d'authentiques massacres, et de la part des deux camps. Surtout, c'est le sens de cette journée qui est travesti. Le 1er mars 1562, la visite de François de Guise est attendue à Wassy où il doit assister à la messe. Dans une grange voisine, cinq cents réformés venus de toute la région sont rassemblés pour chanter les psaumes. Aux termes de l'édit de Saint-Germain, promulgué deux mois plus tôt, cette cérémonie se déroulant à l'intérieur d'une ville est illégale. Voulant constater l'infraction, le duc de Guise, accueilli à coups de pierres, est blessé. C'est alors que son escorte riposte et prend d'assaut la grange où se tiennent les huguenots.

L'affaire de Wassy inaugure ce qui sera la tactique permanente du parti réformé : utiliser ses avantages acquis tout en cherchant à les étendre. Dans cette optique, l'édit de Saint-Germain ne constitue qu'une étape. Agrippa d'Aubigné, poète calviniste, en fera l'aveu : « Élevés de leur droit, ils [les protestants] estimaient tous doutes effacés et, tenant l'édit de janvier au poing, l'étendaient par-delà ses bornes. »

Avant la fin du mois de mars 1562, dans tout le royaume, les huguenots ont pris les armes. La guerre dure un an. Elle se termine, en avril 1563, par la paix d'Amboise. Catherine de Médicis assure l'amnistie totale aux protestants et leur laisse la liberté de conscience et la liberté de culte dans certaines limites territoriales. La deuxième guerre éclate en 1567, quand les réformés tentent d'enlever Charles IX et sa mère à Meaux. Une nouvelle paix est conclue à Longjumeau, en 1568, accordant aux huguenots les mêmes garanties que celles offertes à Amboise, mais reconnaissant La Rochelle comme place protestante. Quelques mois plus tard, la disgrâce de Michel de l'Hospital provoque un troisième soulèvement qui s'achève, en 1570, par le traité de Saint-Germain : les réformés disposent de la liberté de culte dans deux villes par province, et de quatre places de sûreté : La Rochelle, La Charité, Montauban, Cognac.

Charles IX étant majeur, Catherine de Médicis se place en retrait du pouvoir. En 1571, le roi prend deux décisions visant à réconcilier les partis. Il fiance sa sœur, Marguerite de Valois, à Henri de Navarre, meneur du parti huguenot. Et il rappelle l'amiral de Coligny à la Cour, le nommant conseiller : depuis dix ans, ce protestant a participé à toutes les guerres. Effectués en vue d'apaiser les passions, ces gestes vont pourtant attiser le feu qui couve. L'incendie éclate le 24 août 1572, fête de la Saint-Barthélemy.

Quatre siècles après, ce drame reste une énigme. Quel a été le rôle de Charles IX ? Quel a été celui de Catherine de Médicis ? Et celui de l'Espagne ? Où situer la frontière entre le politique et le religieux ? Autant de débats d'interprétation qui divisent les historiens.

En cette année 1572, au Conseil du roi, Coligny prône le rapprochement avec les princes luthériens d'Allemagne et l'alliance avec l'Angleterre ; en avril, un traité défensif a été signé avec la très protestante reine Élisabeth. Au même moment, les provinces calvinistes des Pays-Bas se sont rebellées contre leur souverain, Philippe II d'Espagne. Coligny pousse Charles IX à venir au secours des révoltés, indication assortie d'une menace : « À vouloir éviter une guerre, le roi pourrait avoir à en faire deux. » Claire allusion à une reprise de la guerre civile. Cependant, Charles IX refuse cette stratégie. Depuis la victoire remportée contre les Turcs à Lépante (octobre 1571), l'Espagne constitue une grande puissance, mais le roi entend résister à l'hégémonie de Madrid sans rompre avec Philippe II. « Le réalisme, explique Jean-François Solnon, commandait cette politique de non-alignement dès lors que le royaume était épuisé par dix années de guerre, son Trésor vide, son armée réduite par économie [1]. » En suivant cette ligne de crête, le souverain prend le risque de mécontenter les réformés, qui lui reprochent sa pusillanimité envers l'Espagne catholique, et les catholiques, qui l'accusent de complicité avec les protestants.

Le mariage d'Henri de Navarre et de Marguerite de Valois doit être célébré le 18 août à Paris. Pour les ultras du parti catholique, cette union constitue une provocation. Ils ont déjà été exaspérés par le traité d'alliance avec

1. Jean-François Solnon, *Henri III*, Perrin, 2001.

l'Angleterre et par la tentative de Coligny de constituer une armée privée pour aller combattre en Flandre. Ce même Coligny, en 1563, s'était réjoui publiquement du meurtre de François de Guise, assassiné par un huguenot lors du siège d'Orléans. Or la population parisienne adule les Guise. Cet été 1572 est torride. Dans la capitale, les préparatifs de la noce vont bon train. Le vin coule à flot : les esprits s'échauffent. Pendant que les gentilshommes gascons qui accompagnent le roi de Navarre paradent en ville, les prédicateurs, dans les églises, tonnent contre le « mariage impie ». Le 16 août, maladroitement, Charles IX promulgue un édit fiscal qui taxe les procureurs. En guise de protestation, le Parlement (dominé par les catholiques) refuse d'enregistrer l'édit, et annonce qu'il n'assistera pas aux festivités nuptiales. Le 18, le mariage d'Henri et Marguerite se déroule dans une atmosphère électrique.

Le 22 août, dans une rue de la capitale, Coligny est blessé par un coup d'arquebuse tiré d'une fenêtre. La légende noire de la Saint-Barthélemy a longtemps attribué à Catherine de Médicis la responsabilité de cette tentative de meurtre. Hypothèse invraisemblable. Comme le rappelle Solnon, la reine mère avait fait de la réconciliation des Français la pierre d'angle de sa politique : elle ne possédait aucun intérêt à la ruiner. Le duc d'Anjou, frère du roi et futur Henri III, avait également été, depuis la paix de Saint-Germain, un acteur de la réconciliation. Il venait d'autre part d'être élu roi de Pologne ; or les protestants, à l'époque, étaient nombreux dans le royaume de saint Wenceslas. Lui non plus n'avait rien à gagner à éliminer Coligny. Qui donc a commandité l'attentat ? Que le duc Henri, chef de la maison de Guise depuis 1563, ait voulu venger son père reste possible. Néanmoins, selon Jean-François Solnon, Jean-Louis Bourgeon [1] ou Denis Crouzet [2], la piste la plus plausible est espagnole : Philippe II avait tout à craindre de la volonté de Coligny de venir en aide aux huguenots des Pays-Bas.

Après l'attentat, le roi est désorienté. Il doit à la fois calmer l'émotion du peuple catholique de Paris et rassurer les réformés. Avec sa mère et son frère, il se rend au chevet du blessé. En attendant les résultats de l'enquête, afin de calmer les esprits, le monarque ordonne aux Guise de s'éloigner de Paris. En vain.

Le 23 août, la ville est en effervescence. Rompant les relations diplomatiques, l'ambassadeur d'Espagne quitte la Cour : si les Guise sont mis en cause, sous-entend-il, la guerre éclatera avec la France. Or les armées du duc d'Albe, représentant de Philippe II, campent à Bruxelles. Dans la capitale, la milice bourgeoise, le Parlement et l'Hôtel de Ville sont de cœur avec les Guise. La garde du Louvre, à son tour, se solidarise avec eux. Charles IX se sent cerné. En pleine nuit, afin de préserver sa propre sécurité, il est obligé de faire sortir du palais vingt gentilshommes protestants de l'entourage d'Henri de Navarre. « Où est ma foi et la promesse que je leur ai donnée ? », gémira-t-il plus tard. Dans la rue, les malheureux sont massacrés.

---

1. Jean-Louis Bourgeon, *Charles IX et la Saint-Barthélemy*, Droz, 1995.

2. Denis Crouzet, *La Nuit de la Saint-Barthélemy*, Fayard, 1994.

Le 24 août au matin, un groupe dirigé par le duc de Guise pénètre dans l'hôtel de Coligny, achève le blessé et jette son cadavre au ruisseau. Prenant ces assassinats pour un signal, la foule, ne se contenant plus, traque les protestants. Dans toute la ville, le sang coule. Le massacre de la Saint-Barthélemy reste un mystère. Le roi en a-t-il pris la décision ? A-t-il cédé à la pression ? Pour Solnon, c'est un « dérapage ». Selon Crouzet, l'ordre de tuer un nombre limité de chefs huguenots aurait été délibéré au Conseil du roi. D'après Bourgeon, devant le chantage espagnol et la volonté d'en découdre de la population parisienne, Charles IX aurait consenti à la tuerie afin de prévenir une émeute dont il aurait été la cible, les Guise risquant de s'octroyer la couronne de France ; le roi aurait ensuite couvert le drame afin de ne pas révéler l'impuissance de la monarchie à maîtriser la situation.

Quelle que soit l'hypothèse, il est certain que Charles IX ne contrôle plus les événements. Au cours de ces folles journées (le massacre des huguenots cessera le 29 août à Paris pour reprendre en province), le roi écrit plusieurs lettres défendant de tuer davantage, mais il n'est pas obéi. En croisant différentes sources, on parvient aux chiffres de 2 000 à 3 000 victimes à Paris, et de 8 000 à 10 000 en province (Meaux, Orléans, Saumur, Angers, Bourges, Bordeaux, Toulouse, Lyon). Le 26 août, déclarant devant le Parlement que son peuple avait prévenu un complot fomenté par l'amiral de Coligny, le roi endosse la responsabilité du drame. Deux ans plus tard, sur son lit de mort, Charles IX sera encore torturé de remords.

Les hostilités, dès lors, reprennent dans tout le royaume. Au cours de cette quatrième guerre, les troupes catholiques assiègent vainement La Rochelle. La paix est signée en 1573, l'édit de Boulogne rétablissant la liberté du culte réformé dans les demeures des seigneurs hauts justiciers et retirant les garnisons royales de La Rochelle, Nîmes et Montauban. Les trois guerres suivantes seront courtes. La cinquième, en 1575, éclate quand Henri III, qui vient de succéder à Charles IX, refuse de proclamer l'égalité des deux religions. Le conflit se termine, en 1576, par l'édit de Beaulieu, qui accorde aux protestants la liberté de culte (à l'exception de Paris et des villes closes) et huit places fortes, et institue des chambres de justice mi-partie, mi-catholiques, mi-protestantes. Le traité est si favorable aux huguenots qu'il suscite, par réaction, la naissance de la Ligue, parti catholique dont le stratège est le duc Henri de Guise et l'inspirateur spirituel son frère Louis, cardinal de Lorraine. La sixième guerre, en 1577, se clôt par l'édit de Poitiers qui, renouvelant les clauses de la paix de Beaulieu, dissout la Ligue et la Confédération protestante. La septième guerre, en 1580, se termine par la paix de Fleix qui confirme l'édit de Poitiers mais accorde aux protestants quatorze places de sûreté pour six ans.

Henri III n'a pas d'enfant. En 1584, la mort de son frère, Monsieur, duc d'Anjou, fait de son cousin Henri de Navarre l'héritier du trône. Un protestant roi de France ? Pour les catholiques, c'est impensable. Le duc de Guise, aussitôt, se pose en compétiteur. Sa famille affirme descendre de Charlemagne : pourquoi ne ceindrait-elle pas la couronne ? Bien disposée à ne pas céder, la Ligue se reconstitue. Ce sera l'origine de la huitième et dernière guerre de Religion, qui durera huit ans.

Henri III veut sauver son trône. Afin de ne pas être débordé par les ultras du parti catholique, il croit habile de prendre la tête de la Ligue. En est-il l'allié ou l'otage ? En 1585, après avoir signé un traité, à Nemours, avec le duc de Guise, le roi entre en personne dans la lutte contre les huguenots. Accordant des places de sûreté aux ligueurs, il révoque les édits autorisant le culte réformé. Henri III, toutefois, se montre capable de résister aux pressions de la Ligue. Ne transigeant pas sur les lois de succession dynastiques, il ne cesse de confirmer Henri de Navarre comme son successeur, tout en lui témoignant une sympathie sincère.

L'âme ligueuse, la capitale soupçonne le roi de modération envers les protestants. En mai 1588, Henri III ayant fait cantonner ses compagnies dans la ville, Paris s'insurge. Lors de la journée des Barricades, le monarque est contraint de fuir. Ayant réuni les états généraux à Blois, il s'y heurte à l'opposition virulente des partisans de la Ligue. C'est un tournant : Henri III comprend qu'il n'est plus libre. En décembre 1588, à Blois, il fait assassiner Henri de Guise puis son frère Louis, cardinal de Lorraine. Dicté par la raison d'État, ce double meurtre scandalise la France catholique. Dès lors, celle-ci voue une haine farouche au roi. La Sorbonne ayant délié les Français du devoir d'obéissance au prince, la plupart des grandes villes prêtent contre Henri III le « serment d'union ».

En janvier 1589, alors que Catherine de Médicis vient de disparaître, le duc de Mayenne, frère du duc de Guise, dirige un soulèvement général des provinces catholiques. Le roi n'a d'autre ressource, pour sauver la couronne, que de se rapprocher d'Henri de Navarre. Après avoir conclu une alliance, Henri III et son successeur assiègent Paris. C'est à cette occasion, en août 1589, que Clément, un moine fanatique, poignarde le roi. Avant de mourir, Henri III exige que les seigneurs présents jurent fidélité à Henri de Navarre.

De jure, celui-ci est désormais Henri IV. *De facto*, ce roi est aussitôt abandonné par ses soldats catholiques. Henri IV bat Mayenne à Arques (1589) puis à Ivry (1590). En 1591, il assiège de nouveau Paris où la Ligue a pris le pouvoir. Le conflit s'éternise. Pour sortir de l'impasse, le roi fait enfin savoir qu'il est prêt à se convertir au catholicisme. À Saint-Denis, en 1593, Henri IV abjure définitivement. En 1594, il est sacré à Chartres. Alors seulement, Charles de Lorraine, quatrième duc de Guise, puis le duc de Mayenne et les derniers ligueurs se soumettent. En 1598, la signature de l'édit de Nantes met fin aux guerres de Religion.

Huguenots et ligueurs : les partis contre la France

Pourquoi presque quarante années de lutte armée ? Aucun pays européen touché par la Réforme n'a subi un affrontement intérieur aussi long, aussi meurtrier, aussi destructeur. C'est que les guerres de Religion, en France, représentent un conflit pour le contrôle de l'État. Or cet État, dont la formation est déjà ancienne, a toujours reposé sur le principe unitaire. Charles Quint s'était résolu à la partition territoriale en fonction de la confession de chaque prince, mais l'Empire est formé d'une constellation d'États et de villes libres. La constitution historique du royaume capétien interdit une telle solution. Au-delà de l'antagonisme religieux qui sépare catholiques et protestants, le drame qui s'est joué entre 1562 et 1598 est donc une tragédie politique.

Initialement, la Réforme a touché un milieu populaire. Puis elle a gagné certains princes du sang, des nobles, des bourgeois, des lettrés. Cantonnés dans la minorité dès lors que le roi a choisi Rome, ils apparaissent comme des comploteurs. Les écrivains protestants appelés les monarchomaques — François Hotman, Théodore de Bèze, François de La Noue — théorisent cette contestation de l'autorité royale. La Noue soutient le devoir de s'insurger contre un prince qui trahirait sa propre couronne. Dans son *Franco-Gallia* (1573), Hotman défend l'idée que la souveraineté du monarque n'est légitime qu'autant que sa volonté s'accorde à la volonté générale, représentée par l'assemblée des trois états. Deux siècles avant la Révolution, c'est une théorie de la souveraineté populaire.

Le calvinisme ayant recruté dans la noblesse, et celle-ci fournissant le corps des officiers, le parti huguenot devient un parti militarisé. Un véritable État protestant se forme. Ses limites géographiques sont mouvantes, mais il possède, outre ses armées, son organisation politique. Les assemblées protestantes, organisées sur le modèle des états provinciaux du Languedoc puis, après 1572, sur celui des états généraux, s'affirment comme un contre-pouvoir. De La Rochelle au Languedoc, cet État dans l'État entretient des troupes, lève des impôts, édicte des lois. En 1575, l'assemblée de Nîmes promulgue un règlement provincial de 184 articles. Selon Jacques Auguste de Thou, contemporain des événements, il s'agissait d'une « nouvelle espèce de république, composée de toutes ses parties et séparée du reste de l'État, qui avait ses lois pour la religion, le gouvernement civil, la justice, la discipline militaire, la liberté du commerce, la levée des impôts et l'administration des finances ».

Cet État huguenot négocie avec les puissances passées à la Réforme : Angleterre, principautés allemandes, Pays-Bas. En 1562, après l'affaire de Wassy, Condé et Coligny dépêchent une ambassade auprès de la reine Élisabeth, dont ils obtiennent 100 000 livres et 6 000 soldats. En échange, ils offrent à l'Angleterre Calais plus Le Havre — Le Havre que les Anglais s'empressent d'occuper, et qui sera libéré par l'armée royale en 1563. La Rochelle ne cessera d'entretenir des liens étroits avec Londres. En 1573, le conseil de la place écrit à la reine Élisabeth : « Votre Majesté ne peut ni ne doit tenir ligue avec ceux qui veulent exterminer votre peuple de Guyenne qui, de toute éternité, vous appartient. Qu'il vous plaise de les aider de vos forces et moyens et vos sujets consacreront leurs villes, exposeront leurs vies et leurs biens pour vous reconnaître leur reine et leur princesse naturelle. »

Instituant des zones extraterritoriales au sein du royaume, entretenant des intelligences avec l'étranger, le parti huguenot — fort de près d'un million de fidèles dans un royaume de quinze millions d'habitants — constitue donc un péril pour l'État.

Mais on peut en dire autant des extrémistes de l'autre bord. La première Ligue s'est formée en 1576, en réplique à la paix de Beaulieu, devant les revendications toujours plus élevées des huguenots. Henri III, en y participant pour parer au plus pressé, a cru pouvoir canaliser le mouvement. Mais celui-ci s'est développé selon la logique d'un parti, entrant en conflit avec la monarchie. Dans la poche du duc de Guise assassiné à Blois, on a trouvé une lettre commençant par ces mots : « Pour entretenir la guerre civile en France, il faut 700 000 livres tous les mois. » Les grands seigneurs de la Ligue instituent eux aussi une extraterritorialité de fait. Dans l'Est et le Nord, les Guise n'ont de comptes à rendre à personne. Avec ce retour des féodalités, souligne Jean-Pierre Babelon, c'est « l'ordre monarchique rétabli après la guerre de Cent Ans qui régresse [1] ».

Lors de la constitution de la Ligue, le duc de Guise diffuse un manifeste qui, paradoxalement, rappelle les thèses du protestant Hotman. Il y réclame notamment la convocation d'états généraux et la restitution aux provinces de franchises et de libertés qui leur auraient été confisquées par l'État royal. Lors de l'insurrection ligueuse de 1588, la capitale bouillonne d'idées évoquant un contrat conclu par le peuple souverain avec le roi, exaltant les états généraux, défendant le droit à la révolte, louant le principe de l'élection de la couronne. Bientôt le glissement s'opère : certains ligueurs préparent le renversement d'Henri III et le transfert de la couronne à la maison de Guise.

1. Jean-Pierre Babelon, « Les guerres de Religion et la Ligue », in *Les Révolutions françaises*, Fayard, 1989.

Dans l'esprit des ligueurs, l'impératif religieux est supérieur à la loi de succession dynastique. À plus forte raison quand Henri de Navarre devient l'héritier du roi. Pour éviter de reconnaître un huguenot, la Ligue cherche toutes les combinaisons possibles. Fin 1584, dans leur château de Joinville, les Guise signent avec l'ambassadeur de Philippe II d'Espagne un traité secret — approuvé par le pape Grégoire XIII — excluant à jamais du trône tout prince non catholique et reconnaissant comme héritier le cardinal Charles de Bourbon. Le roi d'Espagne garantit à la Ligue 600 000 écus par an, remboursables le jour où le cardinal de Bourbon sera sacré. Si l'affaire réussit, Guise s'engage à modifier la politique de la France : le roi renoncera à toute alliance avec les Turcs, s'interdira toute expédition maritime contraire au commerce espagnol, aidera à réprimer la révolte des Pays-Bas. Sous prétexte de défendre la foi catholique, la Ligue devient un instrument au service de l'Espagne : un autre parti de l'étranger. « Même en tenant compte des mentalités du temps, commente Jean-François Solnon, comment nommer ce contrat autrement qu'un acte de trahison [1] ? »

Après l'assassinat du duc de Guise, en 1588, la Ligue prononce la déchéance d'Henri III et proclame le cardinal de Bourbon sous le nom de Charles X. En 1589, à la mort du roi (le vrai), le parlement de Paris ratifie cette étrange élection. Mais le vieux cardinal meurt quelques mois plus tard — non sans avoir, tardif remords, reconnu Henri IV. En 1593, Philippe II franchira un pas supplémentaire en réclamant le trône de France pour sa fille

1. Jean-François Solnon, *op. cit.*

Isabelle. Dans un sursaut de dignité, les ligueurs s'opposeront à cette candidature.

Pour chaque camp, huguenots ou ligueurs, le roi, s'il ne se place pas de leur côté, devient le tyran à abattre. Les huguenots regardent vers l'Angleterre et les ligueurs vers l'Espagne. Dans cette guerre civile, il n'est plus question que de coreligionnaires et non de compatriotes. Par rapport à l'essor du sentiment français entamé à la fin de la guerre de Cent Ans, c'est un profond recul.

Exactement inverse est la pensée des Politiques. Catholiques ou quelquefois protestants, ceux-ci refusent le démantèlement de l'État imposé par les huguenots tout comme le fanatisme des ligueurs. Anglaises ou espagnoles, les accointances étrangères des uns ou des autres les indignent. Michel de l'Hospital (mort peu après la Saint-Barthélemy) a été le précurseur de ces esprits mesurés, désireux de rétablir l'unité nationale autour du roi. Aux états généraux d'Orléans, en 1560, il lance cette adjuration : « Gardons tous le nom de chrétiens et supprimons ces noms de luthériens, de huguenots et de papistes, noms de partis et de séditions. » C'est Michel de l'Hospital qui a élaboré le concept de tolérance civile — à distinguer de la tolérance dogmatique — dont le but est d'assurer la paix publique en intégrant légalement les réformés dans le corps politique, distinguant chez eux la qualité de sujet et celle d'hérétique.

Monsieur, frère d'Henri III, Montmorency-Damville ou l'avocat général Étienne Pasquier sont de ces politiques dont les idées trouvent écho dans *La République* (1575) de Jean Bodin, le premier théoricien français de la souveraineté, dans les *Essais* de Montaigne (1580) ou dans *La Satire Ménippée* (1594), pamphlet qui ridiculise la Ligue. Le réflexe politique, ce sera aussi celui du huguenot Sully qui conseille l'abjuration à Henri de Navarre, en le plaçant devant cette alternative : « Ou avoir continuellement le cul sur la selle, le casque en tête, le pistolet au poing, ou bien que, par l'autre voie, qui est de vous accommoder touchant la religion à la volonté du plus grand nombre de vos sujets, vous ne rencontriez pas tant d'ennemis, de peines et de difficultés. »

Après s'être converti, Henri IV déclarera : « Je veux que ceux de la Religion [les réformés] vivent en paix en mon royaume, non pas pour ce qu'ils sont de la Religion, mais d'autant qu'ils ont été fidèles serviteurs à moi et à la couronne de France. Nous sommes tous Français et concitoyens d'une même patrie. » Son œuvre, mettant fin à la dislocation sociale induite par la guerre civile et l'affrontement religieux, consistera à bâtir l'État moderne, dont la fonction collective transcende les intérêts particuliers. Cela supposait d'abord que les armes fussent déposées.

L'édit de Nantes : coexister dans l'intolérance

Le premier article de l'édit signé à Nantes, le 13 avril 1598, est peut-être le plus profond. Car Henri IV instaure la paix intérieure sous les auspices de l'oubli et du pardon. « Que la mémoire de toutes choses passées d'une part et d'autre depuis le commencement du mois de mars 1585 jusqu'à notre avènement à la couronne, et durant les autres troubles précédents, et à l'occasion d'iceux, demeurera éteinte et assoupie comme de chose non advenue. Et ne sera loisible ni permis à nos procureurs généraux ni autres personnes quelconques, publiques ni privées, en quelque temps ni pour quelque occasion que ce soit, en faire mention, procès ou poursuite en aucune cour ou juridiction que ce soit. » Ce principe d'amnistie est un principe civilisateur : il est le seul qui permette de clore une guerre civile.

Mais de l'édit de Nantes, on se fait aujourd'hui une idée fausse. Jacques Bainville rappelle qu'il « ne fut pas un acte gracieux, dû à la volonté du roi, dans la plénitude de sa souveraineté, mais un traité dont les articles furent débattus comme avec des belligérants [1] ». Garantissant dans tout le royaume la liberté de conscience aux réformés, l'édit leur accorde la liberté de culte dans les lieux où le protestantisme était établi avant 1597, ainsi que dans les châteaux des 3 500 seigneurs justiciers et dans deux localités par bailliage. À Bordeaux, Grenoble et Castres, les huguenots seront jugés par des tribunaux composés pour moitié de protestants. Plus de cent villes, lieux de refuge ou places de sûreté (dont La Rochelle, Saumur, Montauban, Montpellier), leur sont concédées.

Néanmoins, le catholicisme reste religion d'État. À Paris et dans les villes où réside la Cour, le culte réformé demeure interdit. Dans son essence, l'édit de Nantes n'est pas différent des autres traités de pacification (Saint-Germain, Amboise, Beaulieu...) conclus au long des années de guerre. Avant 1598, le culte protestant était

---

1. Jacques Bainville, *Histoire de France*, Marabout, 1986.

illégal à Paris, Rouen, Dijon, Toulouse ou Lyon. Après l'édit de Nantes, il le demeure. En sens inverse, après 1598, le culte catholique reste interdit à La Rochelle, Saumur, Montauban ou Montpellier. Dans les régions à dominante réformée, raconte Pierre Miquel, les catholiques « qui voulaient garder la foi de leurs pères ne pouvaient se rendre à l'église : elle était détruite, ou la porte en était barrée par des piquets, sur ordre d'un chef protestant [1] ». Formellement, un quart du territoire français reste sous contrôle huguenot.

Il ne faut donc pas croire que l'édit de Nantes a été accueilli avec des cris de joie. Les parlements de Paris, Rennes, Rouen, Aix et Toulouse — villes ligueuses — refuseront de l'enregistrer, et ne s'y résigneront qu'au bout de dix ans, sous la menace d'Henri IV. Du côté protestant, Agrippa d'Aubigné fulminera contre l'« abominable édit ». Même Étienne Pasquier, modèle des Politiques, traitera l'édit, ironiquement, de « prodige » et qualifiera de « félonie » l'usage qu'en feront les huguenots.

Si l'édit de Nantes a tenu, c'est parce que, remarquable souverain, Henri IV a su l'imposer en ralliant les modérés des deux camps. Et aussi parce que le pays, exsangue, était las, immensément las de la guerre civile. Mais l'édit instaure moins la tolérance entre les deux religions qu'il n'organise la coexistence entre elles, et sur la base d'un partage territorial, ce qui est un accroc à la

1. Pierre Miquel, *op. cit.*

tradition unitaire française. En réalité, cette transaction permet aux mieux de « coexister dans l'intolérance [1] ».

Contrairement au cliché qui a été rabâché en 1998, le mot tolérance n'apparaît nulle part dans l'édit. Au XVIe siècle, le terme est d'ailleurs négatif. Tolérer est un synonyme de supporter ou d'endurer. La tolérance, c'est l'action de subir avec patience un mal que l'on ne peut éviter. Elle ne désigne donc pas un idéal, mais un pis-aller. « Si ce que nous nommons tolérance, souligne Gabriel Audisio, signifie accepter la pensée de l'autre comme aussi vraie que sa propre opinion, voilà qui est parfaitement impossible au XVIe siècle. Dans le domaine religieux, chacun est sûr de détenir la vérité. Connaissant cette dernière, sachant que l'autre est dans l'erreur et joue son destin éternel, il serait criminel de l'abandonner et de renoncer à ce que nous appellerions un droit d'ingérence pour le sauver, y compris par la force [2]. » Dans l'esprit de ses négociateurs, accordant un droit révocable, l'édit de Nantes constitue un compromis politique : à titre provisoire, les représentants d'une autre confession chrétienne sont admis sur le territoire du royaume. Il s'agit, explique Bernard Cottret, de « placer les huguenots sous liberté surveillée, en attendant paisiblement leur disparition [3] ».

De leur côté, les protestants ne jugent pas l'édit autrement que comme une pause forcée au sein d'un combat

---

1. Michel Grandjean et Bernard Roussel, *Coexister dans l'intolérance*, Labor et Fides, 1998.

2. *Le Figaro*, 11 octobre 1985.

3. Bernard Cottret, *1598, l'édit de Nantes*, Perrin, 1997.

à reprendre. L'habitude s'est prise, aujourd'hui, de stigmatiser l'intolérance et le dogmatisme catholiques. Mais c'est oublier que la Réforme condamne tout autant la liberté religieuse. Théodore de Bèze, le successeur de Calvin, déclare en 1570 : « Dirons-nous qu'il faut permettre la liberté de conscience ? Pas le moins du monde, s'il s'agit de la liberté d'adorer Dieu chacun à sa guise. C'est là un dogme diabolique. » Pendant les guerres de Religion, les huguenots ne cherchent pas à se faire admettre en tant que minorité. Cette conception moderne du droit à la différence leur est étrangère. Toute leur stratégie — on le voit à plusieurs reprises quand ils essaient d'enlever le roi — consiste à s'emparer de l'État afin d'y imposer leur religion, la seule vraie à leurs yeux. En 1586, Catherine de Médicis s'adresse au vicomte de Turenne, représentant de la cour protestante de Béarn :

« Le roi ne veut en ses États qu'une religion.

— Nous aussi, réplique Turenne. Mais que ce soit la nôtre. »

Les manuels d'histoire, dans leur majorité, omettent étrangement de rendre compte des violences commises par les huguenots. Quand le baron des Adrets, gentilhomme ordinaire de François Ier passé à la Réforme, lieutenant de Condé dans le Midi, enlève Valence, Lyon, Grenoble, Montélimar, Vienne et Orange, il se signale par sa cruauté. En 1562, lors de la prise du château de Montbrison, défendu par les catholiques, il force les vaincus à se jeter du haut des murailles sur les piques de ses soldats. Même procédé à Mornas de Provence. À Nîmes, le 30 septembre 1566, jour de la Saint-Michel, les catholiques sont massacrés par les protestants. Rassemblés dans la cour de l'évêché, prêtres et religieux sont égorgés, leurs corps précipités dans un puits. La « michelade » a lieu *six ans avant la Saint-Barthélemy*. Certains capitaines huguenots ont terni leur honneur par une série d'atrocités : Colombières, lieutenant de Coligny à Bayeux, qui fait accrocher aux chapeaux de ses hommes les oreilles des moines et des prêtres qu'ils ont assassinés ; le capitaine Mathieu Merle, qui terrorise l'Auvergne et le Gévaudan ; le comte de Montgomery, qui gagne en Guyenne son surnom d'« Attila huguenot ».

Ajoutons d'autres victimes, qui ne sont pas de chair et d'os, mais dont la perte est immense. Pendant les guerres de Religion, les troupes huguenotes pratiquent systématiquement l'iconoclasme. Dans l'*Histoire du vandalisme* de Louis Réau, le chapitre qui esquisse l'inventaire des saccages effectués par les protestants occupe soixante pages imprimées en caractère serré. « Les huguenots, écrit l'historien d'art, se sont acharnés à détruire les pierres de France qui portaient témoignage de la foi de leurs ancêtres [1]. » Cathédrales, églises, chapelles, palais ecclésiastiques, presbytères, objets du culte, statues, fresques, reliques, mobilier : les réformés détruisent, brûlent ou mutilent les « sacrilèges de l'Église romaine ». En 1561, 1562, 1563, 1567 et 1570, les vagues iconoclastes se succèdent. Le visiteur d'aujourd'hui, dans la primatiale Saint-Jean de Lyon, la cathédrale de Vienne ou celle de Toulouse, s'entend expliquer que les mutilations visibles sur ces édifices « datent des

1. Louis Réau, *Histoire du vandalisme*, Robert Laffont, « Bouquins », 1994.

guerres de Religion ». Mais lui précise-t-on de qui elles sont l'œuvre ?

La révocation de l'édit de Nantes, fin de l'exception française

Entre le moment où l'édit de Nantes est promulgué (1598) et celui où il est révoqué (1685), il s'écoule quatre-vingt-sept ans. C'est beaucoup si cet acte était un compromis, c'est peu s'il était une manifestation de tolérance. À la mort d'Henri IV (1610), l'édit est confirmé. Louis XIII étant un enfant, sa mère, Marie de Médicis (seconde épouse d'Henri IV), assure la régence. Aspirant à se rapprocher de l'Espagne, la reine poursuit une politique antiprotestante. Les huguenots se révoltent en 1615, insurrection réprimée par les troupes royales. En 1620, le roi étant majeur, Louis XIII et son armée occupent le Béarn dans le but d'y rétablir la liberté du culte catholique. Les huguenots de La Rochelle créent alors l'Union des provinces réformées de France, suscitant une opposition larvée à la couronne. Afin de rétablir l'ordre et de faire triompher l'autorité de l'État, le monarque part en campagne, s'emparant des places protestantes. En 1622 ne restent que La Rochelle et Montauban.

Le cardinal de Richelieu entre au Conseil du roi en 1624. En 1625, le Languedoc réformé se soulève, et La Rochelle conclut un accord avec les Anglais. Pour Richelieu, ces atteintes répétées à l'unité du royaume ne sont pas tolérables. En 1627, les forces royales mettent le siège devant La Rochelle, qui capitule l'année suivante.

Louis XIII et Richelieu descendent ensuite dans le Languedoc, où ils prennent Privas et Alès. Le 28 juin 1629, l'édit de grâce d'Alès supprime les places de sûreté huguenotes, laissant subsister de l'édit de Nantes toutes les stipulations garantissant la liberté du culte réformé. La foi calviniste est libre, mais c'est la fin de l'État dans l'État constitué par le protestantisme.

Le cardinal meurt en 1642, le roi en 1643. Pendant la minorité de Louis XIV, alors que Mazarin gouverne, la Fronde divise la France, mais les protestants sont loyaux envers le trône. Beaucoup servent dans l'armée et la magistrature. Des mariages mixtes ont lieu. Les réformés disposent de 630 temples et de 736 pasteurs. En 1661, quand commence le règne personnel de Louis XIV, les passions semblent apaisées.

Rien ne doit être idéalisé. L'élite huguenote manifeste souvent une certaine arrogance qui blesse le petit peuple catholique. Là où les protestants sont majoritaires — dans le Languedoc, dans certains cantons de Normandie ou du Poitou —, les prêtres subissent des injures, les processions ou les images saintes sont l'objet de moqueries. Dans le Nîmois, on cite le cas de paroisses catholiques converties de force par leur seigneur haut justicier. À Montauban, en 1656, une protestante abjure à l'article de la mort : sa famille perturbe l'inhumation puis enlève sa dépouille.

Au début de son règne, Louis XIV porte un jugement mesuré sur les huguenots. Le roi, remarque Pierre Gaxotte, « n'avait pas le tempérament d'un persécuteur[1] ». Mais l'Église (évêques, confréries religieuses, ordres réguliers, clergé local) et tout l'appareil d'État (le conseil privé, les ministres, le procureur général, le lieutenant général de police, le lieutenant civil, les intendants, les parlements de Paris et ceux de province, les états provinciaux) poussent à la conversion des fidèles de la RPR (« Religion prétendue réformée »). En outre, l'organisation synodale du calvinisme tranche avec la vision hiérarchique de la France catholique et royale. Regardant souvent vers Amsterdam ou Genève, les protestants sont suspectés de républicanisme. Lors de la guerre de Hollande, certains dissimulent à peine leur sympathie pour Guillaume d'Orange.

En Europe, la France est le seul pays à admettre légalement le dualisme religieux. Or Louis XIV entreprend non seulement de consolider l'État, mais d'achever son unité. La conséquence est inéluctable : « Dès lors que la société, note Jean-Christian Petitfils, avec les progrès de la centralisation, devenait plus homogène, la question de l'unité religieuse devait se poser[2]. »

D'autant que cette période voit l'apogée du catholicisme baroque et classique, fruit de la Contre-Réforme. Selon François Bluche, le XVIIe siècle fut peut-être plus religieux que le XIIIe siècle. Ce renouveau de la foi s'observe par le haut niveau de pratique : 95 % des Français assistent à la messe dominicale, font leurs pâques et respectent les règles de jeûne et d'abstinence pendant le carême. L'abbé de Rancé réforme La Trappe et Louis-

1. Pierre Gaxotte, *La France de Louis XIV*, Hachette, 1968.
2. Jean-Christian Petitfils, *Louis XIV*, Perrin, 1995.

Marie Grignion lance des missions dans l'Ouest. François de Sales, Jeanne de Chantal, Vincent de Paul, Louise de Marillac, Bérulle, Jean Eudes : autant de figures, canonisées par l'Église, qui reflètent l'esprit et l'œuvre de la Réforme catholique. Or celle-ci s'est donné pour tâche de convertir les protestants.

Dans les années 1660, la « réunion » est un espoir qui anime toute l'Europe. Cette politique de persuasion non violente a la préférence de Louis XIV. Bossuet, doyen de Metz, parle au roi d'un projet de réunion auquel il travaille avec le pasteur Ferry. En 1660, le roi crée un conseil spécial chargé de la réunion, comprenant des catholiques — Bossuet, le père Annat, confesseur du roi, le ministre Le Tellier — et des protestants, dont Turenne qui se convertira. Dans le Chablais savoyard, dans le Poitou, des missions de salésiens ou de capucins organisent processions, prêches et controverses publiques qui durent plusieurs jours, et sont fréquemment couronnées de succès. Dans le Languedoc, le calvinisme résiste. À Nîmes, les prédicateurs n'obtiennent pas plus de cent conversions. Mais dans l'Ouest, entre 1660 et 1680, 40 000 protestants se convertissent librement. « À ce rythme, estime François Bluche, la France serait devenue totalement catholique entre 1730 et 1760[1]. »

À partir de 1670, l'édit de Nantes est appliqué de façon pointilleuse. À partir de 1678, de façon restrictive. Louis XIV est alors en conflit avec le pape Innocent XI à propos de la régale, un droit qui lui permet de nommer aux bénéfices ecclésiastiques pour des charges ne

1. François Bluche, *Louis XIV*, Fayard, 1986.

comportant pas de responsabilité spirituelle. Cette affaire, en 1682, sera l'élément détonateur de la crise gallicane dans laquelle le clergé français, contre Rome, prendra le parti du roi. Le monarque a donc besoin de l'appui du clergé. Or celui-ci souhaite l'unité religieuse par l'extinction du protestantisme. Et même si le temps travaille dans ce sens, le roi est impatient.

En 1681, on passe aux conversions forcées. René de Marillac, intendant du Poitou, invente les dragonnades. À cette époque, les casernes sont rares ; quand les troupes se déplacent, elles logent chez l'habitant. Dans sa province, Marillac installe systématiquement les soldats (les dragons) dans les villages protestants, où ils prennent leurs aises au-delà du permis. Le vol et le viol sont interdits, mais ce serait naïveté de croire qu'il n'y en a jamais eu. Afin de faire cesser ces traitements indignes, les huguenots poitevins délèguent deux gentilshommes à la Cour, où Louvois leur accorde une audience. Le ministre est obligé d'en référer au roi, qui lui rappelle son désir d'agir sans violence. L'intendant du Poitou, cependant, envoie des listes de convertis comportant des milliers de noms. Ruvigny, le député des Églises réformées auprès de la Cour, intervient à son tour. Reçu par le roi, il lui expose les méthodes de Marillac et obtient son renvoi. Le nouvel intendant du Poitou, Basville, applique les consignes de modération que Louis XIV lui a données. Mais sur le fond, c'est toujours la même politique : il s'agit de convertir les huguenots de gré ou de force. En 1683, un mouvement d'agitation traverse le Languedoc, le Vivarais, les Cévennes, le Dauphiné. Des protestants prennent les armes. La sédition est réprimée, mais son déclenchement prouve la profondeur du malaise. En 1685, les dragonnades reprennent, mais sans violence physique. Des localités entières abjurent : comment croire à la sincérité de ces conversions ?

Partisans de la révocation de l'édit de Nantes, Louvois et Le Tellier empêchent les députés huguenots de s'approcher de Louis XIV, à qui sont transmises des nouvelles truquées. Le 1er septembre 1685, on lui apprend la conversion de Montauban, le 6, celle de Bordeaux, le 29, celle de Gap, le 2 octobre, Castres, le 5, Montpellier, le 9, Uzès, le 13 octobre, celle de tout le Poitou !

Le 18 octobre 1685, à Fontainebleau, Louis XIV signe l'édit que Le Tellier a préparé. « Puisque la meilleure et la plus grande partie de nos sujets de la religion prétendue réformée a embrassé la catholique, l'exécution de l'édit de Nantes demeure inutile. » Le culte réformé, les temples et les écoles protestantes sont supprimés. Les assemblées étant interdites, les pasteurs doivent se convertir ou quitter le royaume. Aux fidèles il est interdit de fuir, leur droit de propriété étant sauf. « Nos sujets de la religion prétendument réformée, explique l'article 12 de l'édit, pourront demeurer dans le royaume sans abjurer, jusqu'à ce qu'il plaise à Dieu de les éclairer. » L'édit de Fontainebleau n'est pas applicable en Alsace : cette province, qui compte un tiers de luthériens, est française depuis peu, mais son statut coutumier reste régi par le droit d'Empire.

En l'affaire, même si l'entourage du roi a longuement exercé son influence, la responsabilité personnelle de Louis XIV est entière. « Ce fut une des fautes majeures du règne », estime Petitfils. C'est aussi l'opinion de François Bluche, qui rappelle néanmoins que, du point de vue du droit public, la révocation de l'édit de Nantes est parfaitement légale. Protecteur de l'Église, le roi s'est engagé, par le serment du sacre, à combattre les hérétiques. Or, pour la Réforme catholique, il n'est pas douteux que le calvinisme est hérétique. Il ne faut pas oublier non plus que la révocation a été une décision immensément populaire. Selon Petitfils, elle « aurait été ratifiée par référendum ». Toutes les illustrations du temps — La Bruyère, La Fontaine, Racine, Mme de Sévigné ou Bossuet — ont applaudi la résolution du roi.

Légitime dans son principe, au regard des règles de l'époque, la révocation n'en apparaît pas moins comme un acte arbitraire. « Son injustice, écrit Jean de Viguerie, est d'obliger les protestants à rester dans le royaume, tout en les privant de leur culte. Une telle contrainte ne se justifie pas. Le bannissement aurait été compris de l'opinion internationale, et sans doute accepté par les protestants[1]. » Élisabeth Labrousse exprime la même analyse : « Les huguenots auraient jugé la révocation légitime, si elle leur avait donné le *jus emigrandi*[2]. » D'après François Bluche, Louis XIV aurait pu, en théorie, procéder autrement : abolir le culte public en laissant le droit au culte privé, interdire aux protestants l'accès aux charges d'État en leur laissant ouvertes les autres professions, et refuser

1. Jean de Viguerie, « La révocation de l'édit de Nantes », in *Itinéraire d'un historien*, Dominique Martin Morin, 2000.

2. Élisabeth Labrousse, *La Révocation de l'édit de Nantes*, Payot, 1985.

le transfert des capitaux à l'étranger sans interdire l'émigration des personnes. L'historien remarque néanmoins que cette solution, qui aurait gagné à Louis XIV l'indulgence de la postérité, n'aurait pas été acceptée à l'époque. Le monarque « aurait suscité en tout son royaume l'opposition sinon la révolte de dix-neuf millions de catholiques. Évêques, moines, prêtres et fidèles auraient fort mal accepté ce régime mixte. L'émigration aurait diminué, et par voie de conséquence la redoutable force du Refuge. Mais eût-on démantelé le réseau des complicités étrangères, obtenu des huguenots demeurés au pays un meilleur loyalisme [1] ? ».

Jadis évalué à un million, le nombre de protestants qui ont quitté illégalement la France après la révocation a été ramené, par la critique moderne, à 200 000 personnes. Artisans ou ingénieurs, banquiers ou entrepreneurs, ils ont apporté leur talent à l'Allemagne, à l'Angleterre ou à la Hollande. Cette saignée n'a toutefois pas nui à la vitalité du royaume : les pays étrangers y ont plus gagné que la France n'y a perdu. Mais le Refuge (les communautés huguenotes installées à l'étranger) formera désormais un pouvoir moral hostile à la France. En dépit de la persécution, une figure protestante comme le navigateur Abraham Duquesne restera loyale envers le roi. Mais les réformés français, tendant à espérer une déroute française qui leur ramènerait le régime de l'édit de Nantes, ressembleront plus qu'avant au parti de l'étranger.

D'après Élisabeth Labrousse, juste avant la révocation, 400 000 protestants avaient été convertis. Pour transfor-

1. François Bluche, *op. cit.*

mer ces Nouveaux Convertis (c'est le nom qui leur est attribué) en catholiques authentiques, l'Église a engagé un réel effort. Au cours de missions menées par les ordres prêcheurs, livres de piété, catéchismes, éditions en français du Nouveau Testament (les ex-huguenots répugnant au latin) ont été diffusés par milliers. À la veille de la Révolution, le protestantisme aura disparu de régions comme le Béarn ou le Montalbanais. Convertis sincères ou convertis forcés ? Encore le secret des âmes... Mais là où la conversion a été sincère, c'est sans doute le fruit du travail effectué par le clergé. Car, par ailleurs, l'autorité publique a pris des mesures visant à arracher des conversions. Violence inexcusable, des enfants protestants ont été retirés de leur famille pour être confiés à des éducateurs catholiques. Parmi les Nouveaux Convertis, un nombre indéterminé n'a fait que se soumettre à la pression sociale : autant de drames intimes.

« L'état de conscience huguenot, souligne Pierre Gaxotte, l'adhésion personnelle à une croyance librement choisie, la passion de l'Écriture, l'enthousiasme biblique, toute cette force de résistance que contenait l'âme protestante était insoupçonnée[1]. » 30 000 récalcitrants furent ainsi condamnés aux galères. Des femmes refusant d'abjurer furent incarcérées dans la tour de Constance, à Aigues-Mortes. Marie Durand, sœur d'un pasteur, emprisonnée à l'âge de quinze ans, n'en sortit que trente-huit années plus tard. L'imaginaire protestant se nourrit encore de cette mémoire de la persécution. Dans le Languedoc, il en résultera un calvinisme pur et dur, les

1. Pierre Gaxotte, *op. cit.*

fidèles se comparant au peuple d'Israël cherchant refuge dans le désert. De 1702 à 1704, l'ultime insurrection huguenote ensanglantera les Cévennes, les Camisards de Jean Cavalier se battant avec la conviction de revivre les tribulations du peuple élu. Ils n'étaient pourtant pas des saints : s'ils furent victimes d'exactions de la part des troupes royales, ils furent aussi les auteurs de quelques abominables massacres.

L'intolérance des pays protestants

Avec l'Inquisition et le massacre de la Saint-Barthélemy, la révocation de l'édit de Nantes passe pour l'un des principaux crimes commis, en Europe, au nom du catholicisme. Dans un discours prononcé à l'Unesco, le 11 octobre 1985, à l'occasion du tricentenaire de la révocation, François Mitterrand faisait ce commentaire : « On avait eu le tort de proclamer la liberté de conscience sans abolir la religion d'État. » Mais personne, au XVIIe siècle, ne concevait une religion qui ne fût pas une religion d'État. Contrairement à l'idée reçue, pas plus les réformés que les autres. Le cas de Pierre Bayle est à mettre à part. Successivement calviniste, catholique puis de nouveau protestant, ce philosophe français, exilé à Rotterdam, se fit l'apôtre de la tolérance dogmatique, mais ses positions le brouillèrent précisément avec les calvinistes, notamment Pierre Jurieu. Ce dernier, pasteur français fixé lui aussi à Rotterdam, conseiller de Guillaume d'Orange et agent de l'Angleterre, publia contre Louis XIV, après la révocation, des tirades d'une incroyable virulence, où il vouait tous les papistes à la damnation éternelle.

Quel historien dressera un tableau complet du sort jadis réservé, dans les pays protestants, à ceux qui ne partageaient pas la religion officielle ?

En Allemagne, en 1555, la paix d'Augsbourg autorise deux confessions : le catholicisme et le luthéranisme. Ce qui signifie que le calvinisme est partout interdit. En vertu du principe *Cujus regio, ejus religio*, qui contraint à adhérer à la religion du prince, ceux qui ne veulent pas renoncer à leur culte doivent émigrer. En Prusse, il faut attendre 1821 pour que le catholicisme reçoive une existence légale. À cette date, cependant, les catholiques restent exclus de la fonction publique, du corps des officiers et des chaires de l'Université, et n'ont pas le droit de fonder des écoles. Une fois par mois, les soldats catholiques doivent assister au prêche protestant. En 1837 et 1838, deux archevêques qui protestent contre la discrimination dont leurs fidèles sont victimes sont jetés au cachot. En 1878, le Kulturkampf de Bismarck voue à l'exil ou à la prison évêques ou prêtres. Il faudra attendre le XXe siècle pour que les catholiques prussiens ne soient plus considérés comme des citoyens de seconde zone.

En 1536, Christian III, roi de Danemark, oblige tous les habitants de son royaume à se convertir au luthéranisme. Emprisonnant les évêques et les prêtres, il confisque les biens de l'Église. En 1624, la peine de mort est édictée contre tout prêtre catholique pris dans le pays. En 1683, les biens des Danois convertis à la religion romaine sont confisqués, le droit de tester leur est retiré. Ces mesures resteront en vigueur jusqu'en 1849.

La Suède et la Norvège, longtemps réunies sous le sceptre des rois de Danemark, ont pratiqué la même politique. Jusqu'en 1815, tout prêtre catholique pris sur le territoire suédois risque la peine de mort. Jusqu'en 1860, tout Suédois abjurant la religion officielle encourt l'exil et la confiscation des biens. En Norvège, les lois discriminatoires à l'égard des catholiques ne seront abolies qu'en 1891.

À Genève, la législation imposée par Calvin, en 1537, condamne à la peine de mort tout hérétique (c'est-à-dire les catholiques ou les luthériens), au même titre que les fauteurs de blasphème ou d'adultère. Une véritable police des mœurs enquête à domicile, contrôlant la foi et la vie privée des habitants. En 1547, le libertin Gruet est torturé matin et soir, pendant un mois, avant d'être décapité, sa tête restant de longs jours exposée au pilori. En 1553, Michel Servet, un médecin espagnol, est brûlé pour avoir nié le dogme de la Trinité : Calvin assiste à son supplice. Ce même Calvin, en 1554, publie un traité où il justifie la peine de mort imposée aux hérétiques. Jusqu'à la fin du XVIIIe siècle, aucun catholique ne peut habiter sur le territoire de Genève, à moins d'être domestique à gages ou ouvrier pour un temps limité, et nul ne peut y devenir propriétaire. Ce n'est qu'en 1797 qu'est abolie la législation qui y punit de mort la célébration de la messe.

Au milieu du XVIe siècle, les Pays-Bas englobent l'actuel royaume des Pays-Bas, la Belgique, le Luxembourg et le nord de la France. En 1556, ils passent sous domination espagnole. Les sept provinces du nord, où le calvinisme a pénétré, se révoltent et constituent un État distinct, l'Union d'Utrecht (1579), qui devient ensuite la république des Provinces-Unies. En 1581, le stathouder Guillaume d'Orange interdit l'exercice public du culte catholique. En 1610, 20 % des habitants des Provinces-Unies sont calvinistes. En 1700, leur proportion atteint 80 à 90 % de la population : le catholicisme a été éliminé.

En Angleterre, l'anglicanisme devient religion d'État en 1534. Henri VIII impose sa réforme au prix de centaines de victimes pendues ou éventrées — cardinaux, archevêques, évêques, abbés, moines, prêtres et laïcs. Thomas More et John Fischer figurent parmi les martyrs de cette période. À partir de 1558, sous le règne d'Élisabeth Iʳᵉ, les persécutions redoublent contre les catholiques. Les biens des familles qui n'ont pas émigré sont confisqués, les prêtres condamnés à la clandestinité, les fidèles obligés d'assister aux offices anglicans. Des jésuites venus du continent mènent des missions secrètes, avec, là aussi, leur lot de martyrs, comme Edmund Campion, exécuté en 1581. En 1970, Paul VI a canonisé 40 martyrs de la Réforme catholique anglaise et Jean-Paul II en a béatifié 85 autres en 1987. Sous Jacques Iᵉʳ, en 1605, les persécutés organisent la conspiration des poudres, cherchant à faire sauter le Parlement et à tuer le roi. L'échec de l'opération aggrave la persécution. Cromwell, qui proclame la république en 1649, pratique une politique violemment anti-catholique. Sous Charles II, en 1673, le bill du Test exclut les catholiques de la Cour et du Parlement, imposant à tous les titulaires d'offices publics de signer une déclaration contre le dogme de la transsubstantiation. En 1678, faussement accusés d'avoir comploté, les catholiques sont victimes d'une chasse aux sorcières : à Londres, 2 000 fidèles sont emprisonnés. Sous Guillaume III, les catholiques sont interdits de séjour dans la capitale et dans un rayon de dix miles alentour. C'est l'époque où John Locke, réputé pour être un des pères du libéralisme, publie ses célèbres *Lettres sur la tolérance* (1689) : il y prône l'indulgence envers les protestants non anglicans, mais la refuse aux « papistes ». En 1714, l'électeur de Hanovre accède au trône d'Angleterre sous le nom de George Ier. C'est à son propos que le philosophe Leibniz écrivait à l'un de ses correspondants : « Vous savez que tout le droit de notre prince [l'électeur de Hanovre] sur le royaume d'Angleterre est fondé sur la haine et la proscription de la religion romaine dans ce royaume. »

En 1713, au traité d'Utrecht, l'Acadie — province du Canada français — est attribuée aux Anglais. En 1749, ses habitants, qui sont catholiques, refusent de prêter serment d'allégeance au roi d'Angleterre. En 1755, les autorités britanniques décident que tout droit leur est ôté de vivre sur leur terre. 10 000 Acadiens, hommes, femmes et enfants, leurs biens confisqués, sont déportés et traversent l'Amérique jusqu'à la Louisiane. C'est le « grand dérangement », une opération jamais vue depuis l'Antiquité.

C'est seulement en 1778 que les catholiques anglais obtiennent la liberté de culte et le droit d'hériter. Ils doivent attendre 1793 pour bénéficier de la plénitude des droits civils et 1829 pour les droits politiques. Jusqu'en 1850, l'accès aux universités leur est impossible. C'est uniquement en cette même année 1850 que la hiérarchie catholique est rétablie en Grande-Bretagne. Les legs testamentaires pour faire célébrer des messes resteront illégaux, dans le Royaume-Uni, jusqu'en 1919.

Et l'Irlande ? Sous la férule britannique, la population catholique de ce pays pauvre vit sous un régime d'oppression, dépouillée de ses droits civils et de ses propriétés, n'échappant à la famine que par l'émigration. En 1649, sous Cromwell, 40 000 victimes sont tuées ou vendues comme esclaves à Drogheda et à Wexford. En 1687, l'Anglais William Petty propose un plan de déportation de toute la population irlandaise, qui ne sera pas appliqué mais dont on estime qu'il a servi de modèle pour venir à bout des Acadiens. Les catholiques irlandais reçoivent le droit d'accéder aux charges publiques et d'être élu en 1829 seulement. Le droit de propriété ne leur est rendu qu'en 1872.

Pourtant, on lit et on entend dire que l'Angleterre, les Pays-Bas ou les pays scandinaves, parce qu'ils sont de culture protestante, ont été depuis l'origine des foyers de tolérance et de liberté de pensée, contrairement au trop catholique royaume de Louis XIV... La vérité de l'histoire de France est celle-ci, résumée par François Bluche : « Si les protestants l'avaient emporté, ils ne se seraient pas gênés pour convertir les catholiques de force [1]. »

1. *Famille chrétienne*, 9 avril 1998.

6

L'Ancien Régime

« On aurait bien tort de croire que l'Ancien Régime
fut un temps de servilité et de dépendance :
il y régnait plus de liberté que de nos jours. »

Alexis DE TOCQUEVILLE.

Eu égard aux instructions de l'Éducation nationale, la dernière occasion que possède un lycéen d'entendre parler du Grand Siècle, en classe d'histoire, c'est en seconde[1]. Et encore. Car le programme saute de la Renaissance à la période révolutionnaire. Ouvrons un manuel d'un modèle courant. Le livre présente, tel un intermède, une page sur l'« Ancien Régime », puis, introduisant l'imposant chapitre consacré à la Révolution, dix-huit pages sur la « fin de l'Ancien Régime[2] ». Dix-huit pages pour les dix-huit mois d'agonie de la monarchie, contre une page pour couvrir les deux siècles où Henri IV, Louis XIII, Louis XIV, Louis XV et Louis XVI régnèrent sur la France.

1. *Bulletin officiel de l'Éducation nationale*, n° 6, 31 août 2000.
2. *Histoire Seconde*, Hachette, 2001.

Ancien Régime ? Ancien peut-être, mais bien vivant. Les Français font un succès au théâtre de Molière, sont devenus fous de musique baroque, se pressent dans les expositions Boucher ou Watteau, envahissent, lors des Journées du Patrimoine, les hôtels du faubourg Saint-Germain, et se montrent attentifs à la restauration des jardins de Versailles dévastés par la tempête. Mais comment séparer cet héritage du monde qui l'a vu s'épanouir ? Et comment penser que tant de chefs-d'œuvre, trésors d'intelligence et de sensibilité, auraient pu naître dans une société hébétée par la servitude ? Les manuels scolaires continuent pourtant de présenter le XVIIe et le XVIIIe siècle comme l'univers de l'« absolutisme ». Au sommet, le roi et la Cour, le monde des privilégiés ; au bas de l'échelle, l'immense foule du peuple, le monde des malheureux.

Là encore, la recherche remet les clichés à leur place.

La monarchie capétienne, un pouvoir modéré

Le Petit Robert définit l'absolutisme comme un « système de gouvernement où le pouvoir du souverain est absolu, n'est soumis à aucun contrôle ». Le même dictionnaire précise que le terme a été inventé en 1796. « Absolutisme » est donc un concept forgé pendant la Révolution, afin de vilipender les institutions antérieures et de justifier la nécessité de les avoir abattues. Au même titre que l'Ancien Régime (l'expression date de 1790), l'absolutisme constitue non une catégorie scientifique, mais une figure de propagande.

Au XVIIe siècle, absolu n'est nullement péjoratif. Le mot vient de l'adjectif latin *absolutus*, « achevé, parfait », tiré du verbe *absolvere* qui signifie « détacher, délier ». La monarchie absolue, ce n'est pas la monarchie sans limites : c'est la monarchie sans liens. C'est-à-dire un système où la souveraineté politique se concentre dans un homme qui, incarnation de l'État, réunit le pouvoir exécutif et le pouvoir législatif. Représentant de la légitimité, le roi est tout au service de son royaume. « Nous devons considérer le bien de nos sujets bien plus que le nôtre propre, affirme Louis XIV, puisque nous sommes la tête d'un corps dont ils sont les membres. » Cette métaphore vient de la théorie du corps mystique, l'union du Christ et de l'Église, qui se trouve chez saint Paul. Elle avait été énoncée, au XVe siècle, par Jean de Terrevermeille, juriste qui avait défini la fonction royale et les règles de la succession monarchique. Au XVIIe siècle, qui est une époque religieuse, l'idée est toujours vivante. Par la cérémonie du sacre, le roi, souverain « par la grâce de Dieu », est l'oint du seigneur, le thaumaturge qui guérit les écrouelles. Le sacre ne crée pas la légitimité, il la confirme. Mais cette légitimité ne fait de doute pour personne.

Qu'on en soit aujourd'hui offusqué ou surpris n'y change rien : la monarchie absolue, en son temps, n'est pas contestée. Quand on étudie Mémoires, journaux intimes ou lettres privées, aucun ne mentionne un défaut de liberté, un sentiment d'oppression. Telle mesure du roi peut être source de mécontentement, ses ministres peuvent être impopulaires, les grands du royaume peuvent être critiqués, mais jamais la personne du monarque ni le principe de sa fonction ne sont remis en cause, même par ceux qui en ont éprouvé la rigueur. « Le seul et vrai moyen d'éviter en France les guerres civiles, estime Pierre Bayle, calviniste exilé, est la puissance absolue du souverain, soutenue avec vigueur et armée de toutes forces nécessaires à la faire craindre. » Pasquier Quesnel, janséniste, lui aussi en exil, renchérit : « On doit regarder le roi comme le ministre de Dieu, lui être soumis et lui obéir parfaitement. » L'arbitraire supposé de Louis XIV ne gêne donc que les gens qui n'ont pas vécu sous son règne.

Le roi et la reine sont des personnages publics. Pour pénétrer dans leur palais, il suffit de louer une épée à l'entrée. Arthur Young, un Anglais parti découvrir la France de Louis XVI, éprouve une surprise au château de Versailles : « Nous passâmes à travers une foule de peuple et il y en avait plusieurs qui n'étaient pas trop bien habillés [1]. » Tous les dimanches, lors du grand couvert, il est possible d'assister au déjeuner du roi. Sous Louis XV, le clou du spectacle est l'adresse dont fait preuve le monarque en ouvrant son œuf à la coque d'un revers de fourchette. Lors du mariage de Marie-Antoinette avec le Dauphin (futur Louis XVI), la foule entre dans la galerie des Glaces où la famille royale est assemblée, séparée des passants par une simple balustrade. À condition d'être propre, tout le monde est admis à défiler pour dévisager la future reine. Si le roi avait été un autocrate haï de son peuple, il aurait eu cent fois l'occasion de se faire assassiner.

1. Arthur Young, *Voyages en France*, 10/18, 1989.

« Le monarque absolu n'est ni un tyran ni un despote », souligne François Bluche [1]. Son pouvoir obéit à des règles codifiées. Et si les juristes ont pris soin de les définir, c'est précisément parce que le roi n'a pas tous les droits. Les bornes de sa puissance sont d'abord inscrites dans la morale commune. À l'instar du plus humble de ses sujets, le monarque est tenu d'obéir aux commandements de Dieu. Si le roi les violait ostensiblement, le royaume, délié de son devoir d'obéissance, pourrait se révolter. La théorie du droit divin, issue elle aussi de saint Paul (*Omnis potestas a deo*, « tout pouvoir vient de Dieu »), exprime une philosophie de la responsabilité. Elle renvoie à l'inéluctable instant où chacun sera jugé sur la manière dont il s'est acquitté de sa charge terrestre. Être roi de droit divin, en conséquence, ce n'est pas n'avoir de compte à rendre à personne : c'est au contraire gouverner en se préparant à comparaître devant le Juge suprême. Cela peut faire sourire les hommes du XXIe siècle, cela n'a jamais fait rire Louis XIV ni Louis XV.

Sur le plan du droit public, le pouvoir du souverain est encore circonscrit par les lois fondamentales du royaume, que le roi ne peut ni transgresser ni modifier. Ce sont d'abord les règles de succession au trône, empiriquement élaborées au fil des siècles. Héréditaire, la couronne se transmet par ordre de primogéniture mâle ou par collatéralité. La fonction royale ne subissant jamais d'interruption (« Le roi est mort, vive le roi ! », crie le chancelier de France lorsque meurt le souverain), la couronne est indisponible. Enfin, le roi — jurisprudence ava-

1. François Bluche, *L'Ancien Régime*, le Livre de Poche, 1993.

lisée par l'abjuration d'Henri IV — doit être catholique. Un autre principe fondamental est constitué par l'inaliénabilité du territoire. Tout comme les lois de succession, il sous-entend que le souverain est usufruitier et non propriétaire du royaume, la personne du roi s'effaçant derrière sa fonction.

Le roi gouverne, mais pas seul. Six hommes ont rang de ministres : le chancelier, le contrôleur général des Finances et les quatre secrétaires d'État (Guerre, Affaires étrangères, Marine et Maison du roi). Il faut ajouter les hauts fonctionnaires : le surintendant des postes, le directeur général des bâtiments, le directeur général des fortifications, le lieutenant général de police, les intendants des finances, les quarante fermiers généraux. Le Conseil du roi se compose d'environ cent trente personnes, réparties en quatre sections de gouvernement : le Conseil d'en haut pour la politique extérieure, le Conseil des dépêches pour les questions intérieures et, pour les problèmes économiques, le Conseil des finances et le Conseil de commerce. Saint-Simon détestait Louis XIV. Dans ses *Mémoires*, il note pourtant qu'en cinquante-quatre ans de règne personnel, le roi n'a outrepassé que six fois les souhaits de la majorité du Conseil.

Le roi détient le pouvoir législatif. Concrètement, cela ne veut pas dire que la loi reflète ses lubies. Le « bon plaisir » est encore un mythe que le latin dissipe. Depuis Charles VII, les lettres patentes des Capétiens s'achevaient par l'expression : « Car tel est notre plaisir. » Or le mot plaisir, issu du verbe *placere*, traduit non un caprice, mais une volonté réfléchie, une décision délibérée. Beaucoup d'actes royaux sont des arrêts du Conseil présentés sous forme de lettre patente. D'abord préparés par les spécialistes, ils ont donné lieu à délibération. Il en est de même lorsqu'un ministre présente une loi de son ressort : le texte est discuté, puis reçoit l'aval du roi, et doit ensuite être contresigné par le ministre.

Garde-fou supplémentaire, les lois ne peuvent être appliquées que si elles ont été enregistrées et publiées. Or, parlement de Paris en tête, ce sont les cours de justice souveraines (chambres des comptes, cours des aides, conseils supérieurs) qui détiennent le privilège d'enregistrer les actes royaux. Dès le XIVe siècle, en cas de désaccord, elles s'autorisent des remontrances avant enregistrement. Si elles maintiennent leur opposition, le roi peut forcer l'enregistrement une première fois par des lettres de jussion, une seconde fois par un lit de justice. Toutes ces étapes, extrêmement complexes (le Grand Siècle se complaît dans la procédure), forment autant de barrières qui préservent de tout arbitraire. Ajoutons que parlements, chambres des comptes et cours des aides sont constitués de magistrats qui, propriétaires de leurs charges, sont inamovibles. Le Conseil privé (ou Conseil d'État) est présidé par le chancelier, lui aussi inamovible. En conséquence, le monarque ne peut passer par-dessus la tête de ceux qui ont la faculté de lui dire non. Où est la tyrannie ?

Le roi est seul souverain. Il bute néanmoins sur les innombrables barrières au-delà desquelles son pouvoir est impuissant. La société d'Ancien Régime est communautaire. Corps royaux, provinciaux, coutumiers, municipaux, professionnels, corps savants (universités, académies), corps de marchands, communautés d'arts et de métiers, compagnies de commerce et de finance, chambres de commerce, compagnies et collèges d'officiers, corps des auxiliaires de la justice : tout est corporatif, au sens large. Or le roi ne peut empiéter sur les droits, privilèges et coutumes de ces corps. « La France était hérissée de libertés, a écrit Funck-Brentano. Elles grouillent, innombrables, actives, variées, enchevêtrées et souvent confuses, en un remuant fouillis [1]. »

Même sous Louis XVI, au terme d'un régime réputé absolutiste, la France est loin d'être unifiée. Tocqueville, en voyant dans la centralisation napoléonienne le prolongement de l'œuvre royale, assimile centralisation politique et centralisation administrative. Mais si la centralisation politique, à partir d'Henri IV, n'est pas douteuse, la France d'avant la Révolution connaît une incroyable disparité sociale.

De Lille à Marseille, les Français ne parlent pas la même langue. De multiples dialectes étant employés, le français — langue de l'État, de la noblesse et de la bourgeoisie — se trouve minoritaire. Sur le plan administratif et judiciaire, la diversité est la même. Le droit privé varie d'une région à l'autre. Chacune des provinces conquises par la Couronne — tout spécialement les dernières en date, Flandre, Hainaut, Alsace, Franche-Comté, Roussillon et Corse — conserve son droit public coutumier. Les pays d'élections couvrent la majeure partie du territoire. Le souverain y est représenté par un intendant qui, souvent originaire de la province et restant longtemps en

1. Frantz Funck-Brentano, *L'Ancien Régime*, Fayard, 1926.

poste, ne peut être comparé au préfet, même si sous ses ordres se met en place une administration royale, notamment une administration fiscale, qui obéit à des règles uniformes. Mais dans les pays d'états comme le Languedoc ou la Bretagne, les assemblées provinciales maintiennent une fiscalité et une administration particulières qui peuvent entrer en conflit avec le gouverneur et l'intendant nommés par le roi. Rattachée au royaume en 1532, la Bretagne garde ses états, son parlement, son autonomie judiciaire, l'intégralité de ses privilèges ; dans cette province où l'administration royale n'a pas pénétré, le premier intendant, nommé en 1689, ressemble plus à un ambassadeur qu'à un administrateur. Échappent au roi également tous les échelons juridictionnels qui concernent l'Église. Or celle-ci possède ses tribunaux, son régime fiscal et son administration, qui sont autonomes.

Si la société d'Ancien Régime est une société de privilèges, l'étymologie est de nouveau nécessaire pour comprendre de quoi il s'agit. Le mot privilège vient du latin *lex privata*, « loi privée » : un privilège, c'est la jouissance d'un régime juridique particulier. Or tout le tissu social, à l'époque, forme une juxtaposition de ces particularismes. Et ceux-ci garantissent aux communautés ou aux personnes qui en bénéficient des droits inaliénables, y compris par l'État. Avec le temps, ce foisonnement ne s'est pas allégé, mais au contraire épaissi. Quand ils créent des instances administratives, les rois de France ne suppriment pas les organismes antérieurs, dont les prérogatives sont considérées comme des droits acquis, mais superposent les nouvelles et les anciennes institutions. Ce qui ne sera pas sans poser de problème — on le dira plus loin — quant à la capacité réformatrice de la monarchie. Mais cette méthode, là encore, n'est en rien la marque du despotisme.

« Dans certaines provinces, observe Michel Antoine, les sujets du roi pouvaient naître, vivre et mourir sans avoir directement affaire à l'État[1]. » En principe, le monarque est tout-puissant. En pratique, l'État possède un champ d'action limité, un grand nombre de questions d'intérêt public n'étant pas de sa compétence. Jean-Louis Harouel ne craint donc pas d'affirmer que l'État, de nos jours, est plus directif que sous l'Ancien Régime : « La plus libérale des démocraties actuelles est bien plus absolue que la monarchie dite absolue. En effet, l'autorité étatique y est beaucoup plus à même d'imposer sa volonté[2]. »

Servir l'État : un mécanisme d'ascension sociale

Aux lycéens, il est immuablement enseigné que la société prérévolutionnaire se composait de trois ordres : le clergé, la noblesse et le tiers état. Dans les années 1960 et 1970, l'explication se pimentait de matérialisme dialectique, ce qui nécessitait quelques contorsions intellectuelles, de la part des professeurs, afin de faire cadrer ces catégories avec l'explication de l'histoire par la lutte des classes.

---

1. Michel Antoine, *Louis XV*, Fayard, 1989.

2. Jean-Louis Harouel, « L'esprit des institutions d'Ancien Régime », in *Le Miracle capétien*, Perrin, 1987.

L'organisation et les hiérarchies sociales de l'ancienne France forment un sujet sur lequel les chercheurs ont beaucoup travaillé. Leurs découvertes ont mis en lumière ce qui avait été oblitéré par la légende noire de la monarchie et par le marxisme universitaire. Dans le monde stable d'avant 1789, qui raisonne en termes de lignée, les déterminations de la naissance comptent beaucoup — mais, bien après la Révolution, jusqu'au xxe siècle, on verra des fils endosser la même condition que leurs pères. Il reste que les ordres d'Ancien Régime ne forment pas des blocs. À l'intérieur de chaque état, d'énormes différences existent, marquant des frontières aux nuances infinies. La noblesse n'est pas une classe, pas plus que le clergé. Et, contrairement à l'idée reçue, de multiples mécanismes d'ascension sociale peuvent bouleverser les destinées individuelles ou familiales.

À l'époque, l'Église constitue une puissance. Sans s'immiscer dans l'administration civile, elle vit en symbiose avec la monarchie : le gallicanisme des Capétiens est partagé par le clergé français qui ne reconnaît au pape qu'une autorité spirituelle. C'est le roi qui nomme aux sièges épiscopaux et aux bénéfices ecclésiastiques, le Saint-Siège validant ces nominations. Tous les cinq ans, l'assemblée générale du clergé vote le « don gratuit », un impôt dû à l'État. En faisant payer les décimes, l'Église en récupère le montant. Les biens fonciers ecclésiastiques sont par ailleurs considérables.

En termes de droit public, vue d'aujourd'hui, cette situation est exorbitante. Mais il ne faut précisément pas juger selon les critères contemporains. Sans évoquer à nouveau la laïcité — concept impensable au Grand Siècle —, les éléments suivants doivent être considérés. Outre sa mission religieuse, l'Église assume une charge sociale qui, de nos jours, couvre les domaines de plusieurs ministères : Santé, Affaires sociales, Éducation, Enseignement supérieur, Culture.

L'Église assure l'assistance aux pauvres et aux malades. Parmi les hôpitaux parisiens actuels, les plus anciens (Hôtel-Dieu, la Charité, Laënnec, Saint-Antoine, Saint-Louis, la Santé, le Val-de-Grâce, Necker...) ont tous été fondés, avant la Révolution, par des prêtres ou par des congrégations religieuses. Saint Vincent de Paul, en 1656, fonde la Salpêtrière, qui est à la fois un hôpital pour les malades et un refuge pour les mendiants et les pauvres. Un édit royal de 1662 et une lettre du roi aux évêques, en 1676, commandent de créer de semblables hôpitaux dans toutes les villes du royaume. Plus de la moitié du personnel des hôpitaux est membre du clergé. Dispensaires, maisons pour enfants trouvés, hospices de pauvres, soupes populaires : à la ville ou à la campagne, d'innombrables maisons de charité sont tenues par les religieuses.

L'Église assure ensuite la plus grande part de l'instruction publique. Depuis le Moyen Âge, et plus encore à partir du concile de Trente, le clergé lie l'apprentissage de la lecture à l'éducation religieuse. Le 13 décembre 1698, une déclaration royale ordonne d'établir « autant qu'il sera possible des maîtres et des maîtresses dans toutes les paroisses où il n'y en a point pour instruire tous les enfants ». Les parents doivent envoyer leurs enfants à l'école jusqu'à l'âge de quatorze ans. Dans la pratique, cette décision est très inégalement appliquée, mais sur le plan des principes, elle est historique : « L'instruction obligatoire, en France, date de Louis XIV et non de Jules Ferry », commente Jean de Viguerie[1]. En 1688, 29 % des Français et 14 % des Françaises peuvent signer leur acte de mariage ; en 1788, ces proportions s'élèvent respectivement à 47 % et 27 %. Or le clergé (essentiellement les religieuses enseignantes) fournit la majeure partie du personnel des petites écoles. C'est aussi le clergé qui dispense l'enseignement secondaire dans les collèges et même les collèges militaires. Jésuites, Oratoriens, Bénédictins, Pères de la doctrine chrétienne ouvrent des établissements qui bénéficient de la protection royale. Les élèves ne sont pas seulement des enfants de la noblesse ou de la bourgeoisie. En 1681, Jean-Baptiste de La Salle a créé les Frères des écoles chrétiennes pour l'enseignement gratuit des enfants du peuple. L'Oratoire du Mans, en 1688, dans ses classes de troisième et de seconde, compte quarante-deux fils de fermiers, laboureurs et paysans.

Installée à Versailles en 1682, la Cour est la plus brillante du monde. Instrument de règne et foyer de civilisation, elle sert et servira de modèle à toute l'Europe. L'imagerie scolaire la réduit cependant à une caricature : elle n'aurait eu pour rôle que d'occuper les nobles, qui étaient tous des oisifs. Or la noblesse ne vivait pas toute à la Cour, et n'était que rarement oisive. Si les plus hauts

1. Jean de Viguerie, « La monarchie française et l'instruction publique », in *Le Miracle capétien, op. cit.*

personnages du royaume se doivent de paraître à Versailles, ce n'est pas le cas pour l'aristocratie moyenne. Sur 200 000 nobles, 10 000 seulement fréquentent la Cour, et pas en permanence. Ils y séjournent par quartier, c'est-à-dire par roulement d'un trimestre. Gouvernement de province ou commandement à l'armée, un service public contraignant s'attache à cet honneur. À une époque où le service militaire n'existe pas, l'aristocratie est la seule à payer l'« impôt du sang », et elle le paie cher : sur les champs de bataille, les boulets de canon endeuillent de nombreuses familles. Contrairement à la légende, les pensions que distribue le roi ne ruinent pas le royaume : en 1683, elles représentent 1,21 % du budget — à une époque où le budget de l'État n'a rien à voir avec le nôtre.

Les valeurs de la noblesse, dans la France monarchique, demeureront jusqu'au bout des valeurs de référence. Mais l'aristocratie ne forme pas un ensemble homogène. La haute noblesse bénéficie du revenu de ses terres, de rentes, de pensions royales et de bénéfices ecclésiastiques. La richesse n'est pas nécessairement signe d'égoïsme : écoles, hôpitaux, maisons de charité, couvents, églises, halles aux grains, routes ou ponts, d'innombrables investissements d'intérêt général sont financés à leurs frais par les familles nobles. Le progrès des techniques agricoles doit beaucoup au soutien de certains grands seigneurs.

Toutefois, depuis la Renaissance, l'aristocratie, à qui son statut interdit les activités mercantiles, a été exclue du mouvement commercial et industriel provoqué par l'afflux d'argent du Nouveau Monde. En valeur relative, elle s'est appauvrie. Après les guerres de Religion, le processus de construction de l'État, la formation de l'administration royale ou le renforcement des parlements ont rendu caducs les pouvoirs de police et de justice de la petite noblesse. Progressivement, les gentilshommes ruraux ont été dépouillés de l'activité qui justifiait leurs droits féodaux. Des milliers d'entre eux, militaires en temps de guerre, sont redevenus agriculteurs en temps de paix. On voit certains, l'épée au côté, labourer leurs champs ou vendre leurs produits au marché voisin. Ces nobliaux, parfois illettrés, vivent au milieu des paysans, partagent leurs repas avec leurs domestiques. Certaines familles plongent dans la gêne, et parfois la misère. Afin de s'en sortir, elles se tournent vers le roi. Les nobles qui ne peuvent être présentés à la Cour et qui ne sont pas pensionnés compensent leur relative infortune en alourdissant les redevances seigneuriales, voire, dans la seconde moitié du XVIIIe siècle, en relevant des droits tombés en désuétude. Cette réaction nobiliaire sera l'une des causes secondaires de la Révolution.

Désirant favoriser les investissements dans les entreprises marchandes qui se créent au XVIIe siècle (ainsi la Compagnie des Indes), la monarchie édicte des dérogations pour la noblesse. En 1669, un édit de Louis XIV autorise celle-ci à pratiquer le grand commerce et le négoce outre-mer. Mais les préventions sont si fortes, chez les aristocrates eux-mêmes, que le résultat sera modeste. La mesure profitera en réalité à la haute noblesse, qui s'enrichira un peu plus. Cette politique royale traduit néanmoins une volonté de l'État : veiller au renouvellement de la noblesse afin de ne pas la laisser devenir un corps indépendant.

Si la noblesse est héréditaire, jamais la transmission par le sang n'a institué un système fermé, comparable aux castes hindoues. Le roi crée des nobles. Ce faisant, il admet implicitement l'égalité de nature entre les hommes. Les passages de la bourgeoisie à la noblesse sont très nombreux. Le hautain duc de Saint-Simon s'en plaint assez, qui traite le règne du Roi-Soleil de « règne de vile bourgeoisie ».

Pour le Trésor royal, l'anoblissement constitue d'ailleurs une source de recette. La monarchie multiplie en conséquence les charges anoblissantes. L'office de secrétaire du Roi anoblit son titulaire en vingt ans. En une ou deux générations, militaires, magistrats, négociants, armateurs, financiers ou manufacturiers peuvent ainsi accéder à la noblesse, et généralement en poursuivant leur activité professionnelle. La capitation, au XVIIe siècle, est un impôt sur le rang, calculé en fonction des quatre critères de dignité, pouvoir, fortune et considération. En étudiant son tarif pour 1695, François Bluche montre l'imbrication de la noblesse et de la bourgeoisie à l'apogée du règne de Louis XIV, de nombreux membres du tiers état étant plus imposés que certains nobles. « Par la volonté du roi, remarque l'historien, la noblesse avait cessé d'être un indice de supériorité absolue[1]. »

À la Cour, on l'oublie trop souvent, ne vivent pas que des nobles. Outre le personnel du château — gardes, écuyers, valets, ouvriers, cuisiniers ou blanchisseuses —,

1. François Bluche, *op. cit.*

les agents de l'administration ont leurs bureaux dans les ailes des ministres. Secrétaires, huissiers ou officiers publics, ils sont majoritairement issus de la bourgeoisie. Le service de l'État constitue donc une passerelle entre les différents états de la société. Et la place dans la hiérarchie officielle ne détermine pas systématiquement l'influence : Jules Hardouin-Mansart ou Racine, qui sont roturiers, sont des familiers de Louis XIV. En plaçant ses ministres au-dessus des ducs et pairs, Louis XIV récompense le mérite. Au XVIIIe siècle, les préjugés s'effaçant, les mariages entre nobles et bourgeois achèvent d'assouplir les anciennes barrières sociales. À la veille de la Révolution, dans les grandes villes, il existe un milieu qui, partageant le même mode de vie, mêle nobles authentiques, nobles d'apparence et bourgeois.

En 1789, 80 % des Français vivent à la campagne et 55 % y vivent du travail de la terre. Les *Caractères* de La Bruyère ont beaucoup fait pour imprimer dans les esprits le cliché de la misère paysanne sous l'Ancien Régime : « Ils se retirent la nuit dans des tanières, où ils vivent de pain noir, d'eau et de racines... » Là encore, la critique historique fait justice des idées reçues. Pierre Goubert, auteur, en 1966, d'un *Louis XIV et vingt millions de Français* qui reprenait bien des idées reçues sur la misère paysanne, a reconnu plus tard qu'il n'écrirait pas le même livre. Dans sa *Vie quotidienne des paysans français au XVIIe siècle*, parue en 1982, il montre une grande diversité au sein de la paysannerie, de la richesse à la grande pauvreté. Dans cette société rurale, comme dans toute l'Europe, les aléas climatiques, l'absence de moyens de stockage, la pratique de la jachère ou les difficultés de communication forment autant d'éléments qui peuvent provoquer des années de disette. Le régime socio-politique de la France n'y est pour rien.

En revanche, le principe de mesures publiques en faveur des victimes de la crise économique date bien de l'Ancien Régime. Turgot est intendant de la généralité de Limoges, une des provinces les plus pauvres du royaume. En 1761, il lance les ateliers de charité, qui feront école à travers la France. Ouverts, à l'initiative de l'administration royale, dans le but de fournir du travail aux nécessiteux, ces ateliers construisent des routes, se livrent à des travaux de terrassement ou de pavage. Leur financement est assuré par l'État, à travers les contributions volontaires des propriétaires aisés. Entre 1779 et 1789, 622 chantiers de ce type existeront rien qu'en haute Guyenne.

Un cinquième du sol français appartient à des familles nobles, avec d'importantes disparités régionales : 44 % dans le district de Toulouse, 12 % dans le Dauphiné. L'Église possède environ 10 % des terres (25 % en Flandre mais 1 % dans l'élection de Brive). Le reste, soit 70 % du territoire, est propriété bourgeoise ou paysanne. Or les bourgeois, selon les provinces, possèdent 12 à 45 % du sol. Tout au long du XVIIe et du XVIIIe siècle, la propriété paysanne n'a cessé de progresser. Avant la Révolution, elle s'établit à une moyenne de 40 % du territoire, avec des pourcentages supérieurs (mais souvent en petites parcelles) en Auvergne, dans le Limousin, en Guyenne, dans le Béarn et le Languedoc.

Pierre Gaxotte souligne que « Louis XV n'a pas régné

sur une France misérable, mais sur une France en pleine prospérité [1] ». Au XVIIIe siècle, où les années de disette sont l'exception, la condition des journaliers et des ouvriers agricoles reste précaire, mais l'étude des titres de propriété, des contrats de mariage et des actes notariés réglant les successions montre une paysannerie prospère. Lors des assemblées dominicales de paroisse, celle-ci a l'habitude de délibérer et de voter les décisions qui la concernent directement. De nos jours, dans les musées ou chez les antiquaires, on peut admirer maints objets témoignant d'une aisance et d'un mode de vie qui traverseront le temps, par-delà les bouleversements politiques et sociaux vécus par les paysans.

Quand les privilégiés font échouer la révolution royale

Les guerres de Religion, marquant un retour à l'émiettement féodal, ont interrompu le processus de construction de l'État entamé par la monarchie à la fin du XVe siècle. L'impulsion a repris avec Henri IV, et s'est amplifiée sous le règne de Louis XIII. Un nouvel accident survient lorsque la Fronde plonge le royaume dans la guerre civile. Quand Louis XIV accède au trône, il possède un crédit illimité tant le besoin d'autorité se fait sentir. Le roi en profite pour gouverner personnellement, portant l'État à son plus haut degré de puissance dans l'histoire des Capétiens. Lorsque Louis XV devient roi, le crédit accordé à la monarchie n'est déjà plus le même.

---

1. Pierre Gaxotte, *Le Siècle de Louis XV*, Fayard, 1997.

Le Bien-Aimé est néanmoins un souverain doté d'un sens aigu de sa fonction. Mais des forces se lèvent qui font obstacle au pouvoir royal. Lointain reflet du monde féodal, elles vont paradoxalement effectuer la jonction avec une force nouvelle qui s'affirme au XVIIIe siècle : l'opinion. Louis XVI — quoiqu'il fût, contrairement à la légende, un homme intelligent — n'aura pas les qualités requises pour faire face à ce défi. Ses hésitations et ses doutes seront fatals à la vieille monarchie.

Doter la France d'un État efficace passait par la création d'institutions nouvelles et par la réforme, ou la liquidation, d'institutions anciennes. C'est au carrefour de ces logiques contraires qu'est survenu le blocage dont mourra l'Ancien Régime. La monarchie, par principe, répugnait aux mesures brutales et respectait les droits acquis de ses sujets. Or les représentants des anciennes institutions ont opposé une farouche résistance à la modernisation de l'État. Dès lors que ces privilégiés ont triomphé de la volonté de l'État, la voie s'est ouverte devant la Révolution.

Au début du XVIIe siècle, le service public est dominé par la bourgeoisie d'office et par la noblesse de robe. Hérités du Moyen Âge, les offices reposent sur l'achat d'une charge au Parlement. En 1604, Henri IV rend les offices héréditaires, moyennant le paiement d'une taxe, la paulette, qui assure une rentrée d'argent au Trésor. Conçu pour garantir la fidélité des officiers et des robins, ce système aboutira à l'effet inverse. Prenant une indépendance croissante, les magistrats se transformeront en force d'opposition. Dotés du pouvoir d'enregistrer ou de refuser les lois royales, ils s'en serviront comme d'une arme politique, mais dans un jeu où ils seront juge et partie, puisque ce sont leurs propres privilèges qui seront en cause.

En 1648, la décision de Mazarin d'imposer aux parlementaires une contribution financière accrue est une des causes immédiates de la Fronde. Quand Louis XIV commence à gouverner personnellement, il bénéficie, on l'a dit, du besoin d'autorité ressenti par le pays. En 1673, le roi prescrit l'enregistrement immédiat de ses ordonnances, les parlementaires ne conservant que le droit de faire d'« humbles remontrances » : jusqu'à la mort du Roi-Soleil, le Parlement restera bridé. Parallèlement, contournant l'obstacle, le roi fonde une administration moderne en multipliant, autour des intendants de province, les agents relevant directement de l'État.

En 1715, à la disparition de Louis XIV, les parlementaires récupèrent leur droit de remontrance. Ils ne vont plus le lâcher, entretenant un conflit chronique contre le Régent puis contre Louis XV. Un autre facteur aggrave la crise : le jansénisme, de querelle religieuse sur la grâce et la prédestination, est devenu, en France, une force d'opposition politique à la monarchie. Au XVIIIe siècle, le Parlement devient une citadelle janséniste. Hostiles à la bulle papale *Unigenitus* (1713), qui condamne le jansénisme et dont le Conseil du roi veut faire une loi de l'État, les magistrats affrontent Louis XV à ce sujet. Une lutte à rebondissements : en 1732 et en 1753, le roi doit exiler les récalcitrants en province.

L'opposition est d'autant plus inexpugnable que les parlementaires se targuent de l'inaliénabilité de leur charge, et que les robins, au nom du droit de propriété, se montrent solidaires des parlementaires. Mais c'est de la conception de l'État que provient l'antagonisme de fond : État traditionnel ou État moderne ? Le problème de la réforme des impôts illustre dans toute son ampleur ce dilemme.

L'organisation fiscale de l'Ancien Régime constitue un maquis inextricable. En fonction du rang social et de la province habitée, les types d'imposition varient à l'infini. Dans les pays d'élections, l'impôt direct (la taille) ne touche que les roturiers, mais dans les pays d'états il frappe tous les biens. En règle générale, l'impôt indirect (aides, traites, gabelle) demeure prépondérant. Nobles et bourgeois y échappent néanmoins. Au XVIIIe siècle, le nombre de guerres allant en diminuant et l'organisation militaire perdant son caractère féodal, les avantages dont jouit l'aristocratie perdent leur sens. Déjà Louis XIV, en instaurant la capitation (1695) et le dixième (1710), avait forcé la noblesse à payer un impôt direct.

Nommé ministre en 1749, le contrôleur général Machault nourrit une idée sans précédent. En créant un impôt qui assujettirait tout Français, qu'il soit ecclésiastique, noble ou roturier, il veut introduire le principe de l'imposition unique. L'égalité fiscale : un véritable bouleversement. Le projet est soutenu par Louis XV. Mais aussitôt annoncé, il suscite une levée de boucliers. La Cour est hostile. Le Parlement encore plus, parce qu'il se regarde comme chargé de défendre les coutumes du royaume, au rang desquelles, commodément, il range ses propres immunités fiscales. Néanmoins, il finira par plier. Le vingtième est institué, taxant de 5 % tous les revenus, y compris ceux des grands propriétaires nobles et des officiers. L'opposition la plus rude vient du clergé. Afin de calculer la répartition de l'impôt, le roi exige un inventaire des biens de l'Église. L'affaire provoque un tel scandale que, menacé des foudres ecclésiastiques, Louis XV exonère le clergé de l'application du vingtième.

Exilé en 1753, lors d'une péripétie de la crise janséniste, le Parlement est rappelé en 1754. Bientôt, il reprend sa guerre, faisant de l'obstruction systématique aux décisions du roi. En 1756, lors d'un lit de justice, Louis XV ordonne l'exécution immédiate de ses édits. Les parlementaires démissionnent alors en masse, ce qui revient à suspendre le cours de la justice. Rétabli en 1757, le Parlement recommence la même manœuvre, à la fin de l'année 1770, après un lit de justice où le roi l'a de nouveau admonesté.

Excédé, Louis XV frappe un grand coup. L'affaire est menée par Maupeou, depuis deux ans chancelier de France. Dans la nuit du 21 au 22 janvier 1771, cent trente-huit magistrats sont exilés en province. Et Maupeou lance une série de mesures novatrices. Le ressort du parlement de Paris est d'abord diminué, ce qui favorise les justiciables. Puis de nouvelles cours d'appel sont créées. Maupeou fait ensuite évaluer les offices, prélude à leur rachat autoritaire et à l'extinction de leur vénalité. Enfin le parlement de Paris est supprimé, et remplacé par une instance composée de magistrats nommés par le roi et devant rendre une justice rapide et gratuite. À leur tour, les cours de province sont démantelées, cédant la place à des conseils supérieurs nommés par le roi. Abolition de la vénalité et de l'hérédité des charges, gratuité de la justice : c'est plus qu'une réforme, c'est une révolution.

De 1771 à 1774, libérée de l'obstruction parlementaire, l'administration du contrôleur général Terray effectue une œuvre considérable visant à l'équité du système fiscal. L'abolition des impositions les plus vexatoires est préparée, tandis que sont créées des taxes modernes dont certaines seront reprises, en 1790, par l'Assemblée constituante.

Dès son avènement, en 1774, Louis XVI rappelle l'ancien Parlement. Il croit ainsi désarmer l'opposition. Fatale erreur. Le roi choisit un ministre de qualité en la personne de Turgot. Mais les réformes que lance celui-ci se heurtent de nouveau à l'hostilité des privilégiés. Lorsque le ministre supprime les corvées en établissant une contribution unique qui frappe les biens nobles et roturiers, les magistrats refusent d'enregistrer l'édit. Louis XVI l'impose néanmoins par un lit de justice. En 1776, l'opposition accule Turgot à la démission. Necker prend sa place. Ce banquier doit résoudre une crise financière qui est paradoxale. Le royaume est en effet prospère. Depuis la mort de Louis XIV, le commerce extérieur a quadruplé ; armateurs et négociants ont acquis d'immenses fortunes ; les premières grandes manufactures apparaissent ; des dynasties bourgeoises se fondent (Dietrich, Wendel, Perier) qui feront la révolution industrielle du XIXe siècle. Toutefois, au moment où la France détient la moitié du numéraire existant en Europe, l'État manque structurellement d'argent. La solution serait de refondre complètement le système fiscal, notamment en supprimant les privilèges financiers et en instituant l'égalité devant l'impôt. Or ces mesures sont systématiquement bloquées. Necker est renvoyé en 1781. Ses successeurs butent sur le même barrage. En 1787, devant l'assemblée des notables, Calonne propose l'égalité de tous devant l'impôt, un impôt unique, la « subvention territoriale ». C'est un échec, mais les notables (nobles et bourgeois confondus), en défendant leurs privilèges, apparaissent comme des défenseurs de la liberté, du fait qu'ils s'opposent au roi et à ses ministres. En 1788, revenant dans un sursaut d'énergie à la politique de Maupeou, Louis XVI brise les parlements. Trop tard : l'État se trouve au bord de la banqueroute. Necker revient aux affaires, mais les états généraux sont convoqués. La suite, c'est la Révolution.

Depuis Henri IV, l'État royal travaillait à moderniser la France. À la fin du XVIIIe siècle, les transformations inéluctables provoquent une réaction d'autodéfense des anciennes couches dirigeantes. Or, pour la première fois, la monarchie cale devant l'obstacle. « Si nous pouvions faire l'économie d'une révolution, souligne Jacques Bainville, ce n'était pas en 1789, c'était en 1774, à la mort de Louis XV. La grande réforme administrative qui s'annonçait alors, sans secousses, sans violence, par l'autorité royale, c'était celle que les assemblées révolutionnaires ébaucheraient mais qui périrait dans l'anarchie, celle que Napoléon reprendrait et qui réussirait par la dictature [1]. »

En s'inclinant devant les privilégiés, en ratant la réforme de l'égalité, en ne mesurant pas assez l'aspiration

1. Jacques Bainville, *Histoire de France*, Marabout, 1986.

à une meilleure mobilité sociale, l'Ancien Régime se condamne. À partir de 1750, la fonction politique de la Cour s'estompant, de nombreux habitués de Versailles vivent sans charge. C'est alors que la société de cour acquiert une image d'oisiveté. Si la monarchie s'était réinstallée à Paris, au moins partiellement, comme le remarque François Bluche, la césure entre la royauté et la capitale aurait été évitée. Paradoxalement, le passage de la bourgeoisie vers la noblesse s'avère plus difficile sous Louis XVI que sous Louis XIV. Dans le but de répondre à la paupérisation croissante de la petite noblesse militaire, une ordonnance est prise, en 1781, exigeant quatre quartiers de noblesse pour le grade de sous-lieutenant. Cette mesure ne résout rien : elle ne règle pas les problèmes de l'aristocratie pauvre, mais en revanche elle vexe les nouveaux nobles ou les bourgeois désireux de choisir la carrière des armes.

Dans les années 1780, si les droits seigneuriaux avaient été abolis, si le développement de la petite propriété avait été encouragé, un sentiment d'injustice ne se serait pas répandu dans le royaume. L'étude des cahiers de doléances montre qu'en 1789 le peuple demande des réformes, mais c'est au roi qu'il les demande : à la veille de la Révolution, la monarchie reste immensément populaire. « Moins de privilèges, plus d'égalité, la terre aux paysans ; avec ce programme, estime François Bluche, l'Ancien Régime eût été reconduit [1]. »

La monarchie n'a pas vu, ou pas assez vite, la montée de la notion d'opinion publique, qui triomphe au

1. François Bluche, *op. cit.*

XVIIIe siècle et dont les Lumières feront une arme contre l'Ancien Régime. Ce qui faisait le prestige des parlements, aux yeux de l'opinion, c'était que les magistrats avaient la faculté d'émettre un avis sur la politique du roi. S'attaquer aux privilèges abusifs des parlementaires n'en était pas moins nécessaire ; mais encore aurait-il fallu, les états généraux n'étant plus réunis depuis des lustres (très exactement depuis 1614), créer des instances de concertation avec le pays. Des essais furent tentés : sous Louis XV, une assemblée provinciale se mit en place dans le Boulonnais ; sous Louis XVI, la même expérience fut lancée dans le Berry puis en haute Guyenne. Mais ces mesures venaient trop tard.

La monarchie a ébauché l'État moderne. Elle ne l'a pas achevé : il se fera contre elle. Il reste que, si les réformes royales n'ont pas été menées à leur terme, c'est en raison des scrupules que le régime éprouvait à bousculer la société. Ce n'est pas parce qu'il était un tyran que Louis XVI sera emporté : c'est parce que ce roi était timide, et que l'Ancien Régime était respectueux du droit.

7

Les Lumières et la tolérance

« Qui eût cru que la tolérance aurait ses fanatiques ? »

MALESHERBES.

« Que sont les Lumières ? En quoi s'opposent-elles à l'absolutisme ? » Posant ces questions aux élèves de seconde, un manuel scolaire leur fournit la réponse : « Une révolution décisive amène à exercer partout l'esprit critique et à remettre en cause les croyances traditionnelles. Les philosophes sont engagés dans la vie publique avec l'intention d'éclairer le peuple et d'assurer le bonheur du plus grand nombre des hommes. Voltaire combat toutes les formes de fanatisme et d'intolérance [1]... »

Raison, liberté, individu, bonheur, progrès, tolérance : ces mots du XVIIIe siècle sont restés des concepts clés de la culture contemporaine. Sans même les récuser, prétendre leur apporter un correctif ou une nuance constitue un réflexe suspect, tant l'héritage des Lumières paraît intou-

---

1. *Histoire, Seconde, Les fondements du monde contemporain*, Nathan, 1996.

chable. Et pourtant. Quel courant d'idées mérite d'échapper à la critique historique ? Et pourquoi les Lumières n'auraient-elles pas leur face d'ombre ? Car la tolérance des philosophes recèle souvent une grande intolérance à l'encontre de ceux qui ne pensent pas comme eux.

*L'*Encyclopédie *: une révolution intellectuelle*

En 1695, le *Dictionnaire historique et critique* de Pierre Bayle, s'exerçant à démonter les dogmes religieux, légitime la liberté de pensée. Bayle meurt en 1706, mais le succès de son livre est considérable : au XVIIIe siècle, on le trouve dans toutes les bibliothèques. En 1721, dans les *Lettres persanes* (publiées sans nom d'auteur), Montesquieu brocarde les institutions de son temps. Voltaire, historien, dramaturge et poète, se fait polémiste, en 1734, avec les *Lettres anglaises* : à travers la description des sectes et des religions qui pullulent outre-Manche, il prend l'Église catholique pour cible. Les grandes œuvres représentatives des Lumières paraissent entre 1748 et 1770. Dans *L'Esprit des lois* (1748), Montesquieu livre le fruit de vingt années de réflexion politique : dressant une typologie des régimes en reliant chacun d'eux à une passion (la monarchie à l'honneur, la république à la vertu, le despotisme à la peur), il prône la séparation des pouvoirs, seule capable, selon lui, de garantir les libertés. Voltaire fait paraître son *Traité sur la tolérance* en 1763 et son *Dictionnaire philosophique* en 1764. Rousseau, devenu célèbre avec son *Discours sur l'inégalité* (1755), rompt dès 1758 avec les philosophes, mais ce Genevois élabore une théorie de la volonté générale (*Le Contrat social*, 1762) qui pose les principes de la démocratie moderne.

L'instrument majeur de cette offensive intellectuelle, néanmoins, c'est l'*Encyclopédie*. Le projet vient d'un libraire qui voulait traduire la *Cyclopaedia* de Chambers, parue à Londres en 1728. Mais l'*Encyclopédie* française sera finalement une œuvre originale. L'entreprise est lancée en 1746. Le premier volume paraît en 1751, le dernier en 1765. La réalisation de ce *Dictionnaire raisonné des sciences, des arts et des métiers* est prise en main par Diderot et d'Alembert. Le premier est athée, le second matérialiste. Dans le prospectus présentant l'ouvrage, Diderot écrit que son but « est de rassembler les connaissances éparses sur la surface de la terre, d'en exposer le système général aux hommes avec qui nous vivons, afin que nos neveux, devenant plus instruits, deviennent en même temps plus vertueux et plus heureux ». Rédigée dans une perspective pratique, présentée comme un résumé du savoir technique et scientifique de l'époque, l'*Encyclopédie* ne part pas moins d'un postulat philosophique : s'il veut transformer l'univers, l'homme doit recourir à la raison. Ce qui signifie qu'il doit se libérer de tous les préjugés moraux, politiques ou religieux. « C'est l'optimisme découpé en articles », commente Pierre Gaxotte [1].

En politique, l'*Encyclopédie* fait preuve d'un conserva-

1. Pierre Gaxotte, *Le Siècle de Louis XV*, Fayard, 1997.

tisme prudent. En science, les découvertes sont habilement utilisées, car elles semblent souvent réfuter la Bible. En religion, les articles principaux sont orthodoxes. Les attaques contre l'Église se dissimulent dans les textes moins voyants, dont les titres suffisent à traduire l'intention : *Préjugé*, *Superstition*, *Fanatisme*. C'est surtout par le jeu des renvois que les encyclopédistes font passer leurs idées : l'article *Naître* contredit *Âme*, *Démonstration* ruine *Dieu*. L'arme de l'ironie n'est pas négligée. Dans *Christianisme*, on peut lire que « le vrai chrétien doit se réjouir de la mort de son enfant qui vient de naître à une félicité éternelle ».

Montesquieu, Voltaire, Marmontel, Rousseau, Jaucourt, d'Holbach, Helvétius, Condillac... Toutes les plumes du parti philosophique ont collaboré à cette œuvre collective. « L'Encyclopédie fut bien plus qu'un livre, ce fut une faction », écrira Michelet.

Au moment où règne Louis XV, la pensée des philosophes aboutit à remettre en cause tous les principes religieux et politiques qui constituaient les fondements de la société : contre la croyance, le doute ; contre l'autorité, le libre arbitre ; contre la communauté, l'individu.

En 1723, le Code de la librairie confirme le principe de la censure. Chargés de lire les livres, les censeurs veillent à ce qu'ils n'outragent ni la religion, ni le roi, ni les bonnes mœurs. La police pourchasse les ouvrages interdits. Sur les marches du Palais de justice, exorcisme symbolique, certains titres prohibés sont brûlés. Mais le scandale ne fait qu'assurer leur promotion. Bientôt fonctionnent des imprimeries clandestines. Venus d'Amsterdam ou de Londres, des livres circulent en contrebande. En 1757, un édit prévoit des peines sévères (pouvant aller jusqu'à la mort) pour les imprimeurs et les colporteurs de volumes non autorisés. Dans les faits, cette législation n'est pas appliquée. Au pire, les contrevenants écopent de quelques mois de prison. Les auteurs sont également poursuivis. Après sa *Lettre sur les aveugles*, Diderot séjourne trois mois à la Bastille. L'antique forteresse devient la plus huppée des prisons d'État. Condamné à six mois de prison en 1760 (mais libéré au bout de deux mois), un collaborateur de l'*Encyclopédie*, l'abbé Morellet, témoignera non sans lucidité de la clémence de son sort : « Une bibliothèque de romans, qu'on tenait à la Bastille pour l'amusement des prisonniers, fut à ma disposition, et on me donna de l'encre et du papier. Sauf le temps de mes repas, je lisais ou j'écrivais sans autre distraction que celle que me donnait l'envie de chanter et de danser tout seul, qui me prenait à plusieurs reprises chaque jour. Je n'ai éprouvé aucune des duretés qu'on a reprochées à l'Ancien Régime. Je voyais quelque gloire littéraire éclairer les murs de ma prison : persécuté, j'allais être plus connu [1]. »

Face à cette vague, la Cour est partagée. Lorsqu'on lui parle des gens « qui pensent », Louis XV ironise : « Qui pansent les chevaux ? » La reine Marie Leszczynska est hostile aux idées nouvelles, mais Mme de Pompadour et nombre de grands seigneurs leur apportent un soutien discret. Malesherbes, directeur de la Librairie de 1750 à

---

1. *Mémoires de l'abbé Morellet*, Mercure de France, « Le temps retrouvé », 1988.

1771, fait preuve d'indulgence. Il met lui-même en garde les philosophes, leur signalant leurs excès. Cachant des manuscrits chez lui, il accorde des permissions tacites à certains livres qui se retrouvent ni autorisés ni prohibés. Au fond, le gouvernement regarde ce bouillonnement intellectuel comme un jeu innocent, propre à divertir les salons.

L'Église a pouvoir de juridiction. La Sorbonne — faculté de théologie de Paris, elle donne le ton aux universités de province — est en droit de désavouer les livres déjà imprimés. Régulièrement, les assemblées du clergé demandent au roi plus de sévérité. Cependant, l'Église, en proie au conflit qui oppose jésuites et jansénistes, est elle-même divisée. Attaquée dès le premier volume par les jésuites, l'*Encyclopédie* voit son autorisation suspendue à deux reprises, en 1752 et 1759 ; le pape Clément XIII la condamne à son tour. Mais la censure provoque une fois encore le contraire de l'effet escompté : les ventes de l'*Encyclopédie* augmentent. Vers 1770, la législation répressive ne constitue plus qu'un épouvantail qui dessert les défenseurs de l'Église, et se retourne contre elle.

Il existe cependant une riposte de fond. Un millier d'ouvrages d'apologétique chrétienne sont publiés entre 1715 et 1789, signés par des membres du clergé séculier, plus rarement par des moines (les ordres religieux, au XVIIIe siècle, sont en déclin), mais également par des laïcs. Contre les idées nouvelles, poètes, romanciers ou dramaturges, des écrivains s'engagent. « Ils semblent bien aussi nombreux que leurs adversaires, constate Jean de

Viguerie, même si tous n'accèdent pas à la même notoriété[1]. »

Cette cohorte méconnue ne manque pas de talent, quoique l'ironie lui fasse défaut. Son chef de file, Élie Fréron, mène le combat antiphilosophique, de 1750 à 1770, à la tête de *L'Année littéraire*, un journal quotidien. Voltaire lui fait une guerre acharnée, mais Fréron a du répondant : « Si les sages philosophes du siècle, raille-t-il, qui réclament la tolérance avec tant de chaleur et d'intérêt, parce qu'ils en ont le plus grand besoin, étaient eux-mêmes à la tête du gouvernement et se voyaient armés du glaive de la souveraineté ou de celui des lois, ils seraient peut-être les premiers à s'en servir contre tous ceux qui auraient l'audace de contredire leur opinion. » Autre brillant contradicteur des encyclopédistes, le père Berthier, un jésuite, dirige de 1745 à 1762 le *Journal de Trévoux*. Ce périodique de qualité, sous-titré *Mémoires pour l'histoire des sciences et des beaux-arts*, s'attache à démentir l'incompatibilité supposée entre foi et raison. Selon Berthier, si l'Église refuse le relativisme en matière de dogme et de morale, cela ne signifie pas qu'elle doive être persécutrice. Mais en 1764, lors de la suppression de son ordre, le jésuite est obligé de s'exiler. Et en 1775, un an après l'avènement de Louis XVI, le Conseil du roi ayant été circonvenu, le privilège autorisant Fréron à faire paraître son journal est supprimé. La révolution intellectuelle a le champ libre.

1. Jean de Viguerie, *Histoire et Dictionnaire du temps des Lumières*, Robert Laffont, « Bouquins », 1995.

La tolérance des philosophes est sélective

Ce n'est pas pour rien que les idées des philosophes sont qualifiées de nouvelles. Déjà la Réforme avait mis fin à l'unité spirituelle de l'Europe occidentale. Liquidant ce qui reste de la notion médiévale de l'*ecclesia*, les Lumières constituent la seconde rupture. Alors que toute l'histoire de l'Occident, depuis la chute de l'Empire romain et la conversion de l'Europe au christianisme, reposait sur l'alliance entre le domaine temporel et le domaine spirituel, la « crise de la conscience européenne », à la charnière du XVIIe et du XVIIIe siècle, ébranlement intellectuel, moral et spirituel, conduit à dissocier la société et la foi. Croire devient une affaire privée, subjective, révisable. « Nul ne doit être inquiété pour ses opinions, même religieuses, pourvu que leur manifestation ne trouble pas l'ordre public établi par la loi », dira la Déclaration des droits de l'homme de 1789. Les Lumières auront imposé l'idée que la religion ne constitue qu'une opinion. Un effort d'imagination est indispensable, aujourd'hui — tant la laïcité est intégrée à l'esprit du XXIe siècle — pour mesurer combien il s'agit d'un séisme.

Mais cette révolution idéologique s'opère dans un microcosme. La quasi-totalité des Français d'alors sont chrétiens. Même si un recul religieux s'observe à Paris et dans les grandes villes à partir de 1760, la pratique reste très forte. À la campagne, où vivent 90 % des habitants du royaume, à l'exception de certaines provinces tôt déchristianisées comme la Champagne, l'écrasante majorité de la population fait au moins ses pâques. Aux Lumières n'adhère donc qu'une infime minorité, qui devra imposer sa vision du monde à la majorité. Le nombre de souscripteurs du premier volume de l'*Encyclopédie* est de 2 050 ; lors de la publication des derniers volumes, il s'élève à 4 200. En tenant compte des rééditions, on peut estimer qu'il existe, avant 1789, dans un pays de 28 millions d'habitants, de 11 000 à 15 000 possesseurs de l'ouvrage. À Paris, les philosophes touchent 2 000 à 3 000 personnes, toutes d'extraction noble ou bourgeoise. En province, le mouvement est répercuté par les sociétés de pensée — clubs, académies ou loges maçonniques — qui se fondent à partir de 1750 et foisonnent à partir de 1770. Mais il ne touche que les élites sociales.

Les Lumières ne forment pas une école de pensée uniforme. Sur le plan politique, de fortes différences distinguent Montesquieu et son libéralisme aristocratique, Voltaire et son despotisme éclairé ou Rousseau et son contrat démocratique. Le dénominateur commun des philosophes, c'est leur regard optimiste sur l'être humain. Ils croient au progrès, c'est-à-dire à la supériorité de l'avenir sur le passé. Ils vantent la capacité de l'individu à se servir de sa raison. « Le philosophe pense et agit selon sa raison », écrit Diderot. « La raison, suprême faculté de l'homme », s'exclame Voltaire.

Cette raison du XVIIIe siècle, cependant, se borne aux faits visibles. Il ne s'agit pas de comprendre le monde, mais de le transformer : « L'homme est né pour l'action », affirme Voltaire, qui ajoute : « N'être point occupé ou n'exister pas est la même chose pour l'homme. » Et la finalité de l'action, c'est le progrès matériel et moral, afin d'assurer le bonheur de l'homme. Raison, utilité, progrès, bonheur : ces mots parsèment la littérature philosophique. Ils dissimulent cependant une redoutable logique.

En premier lieu, cette raison abstraite ne s'adresse pas aux hommes tels qu'ils sont, aux hommes concrets, mais à un être idéal, rêvé, tel que les philosophes l'imaginent, éclairé et vertueux. Et la catégorie immédiate dont se méfient les théoriciens des Lumières, tous aristocrates et bourgeois, c'est rien moins que le peuple. Les historiens se montrent d'une étonnante discrétion quant à l'immense mépris des classes populaires exprimé par certaines figures du XVIIIe siècle. « Il est à propos que le peuple soit guidé, et non pas qu'il soit instruit, il n'est pas digne de l'être », écrit Voltaire à Damilaville. « Le bien de la société demande que les connaissances du peuple ne s'étendent pas plus loin que ses occupations », affirme La Chalotais dans son *Essai d'éducation nationale* (1763). Gabriel-François Coyer, auteur d'un *Plan d'éducation publique* (1770), note que sur 5 160 élèves des collèges de Paris, 2 460 sont des enfants du peuple : il propose de les renvoyer à leurs parents. Dans ses *Vues patriotiques sur l'éducation du peuple* (1783), Philipon de La Madeleine, autre philosophe, exprime le vœu que l'usage de l'écriture soit interdit aux enfants du peuple. Le peuple des Lumières, le peuple idéal, c'est le peuple sans le peuple.

En second lieu, si l'homme est utile quand il sert au bonheur matériel, ceux qui n'entrent pas dans cette catégorie sont considérés comme inutiles. Or celui qui n'est pas utile n'est pas vertueux. Il constitue donc une menace pour l'État : il faut le forcer à être utile ou le faire disparaître. Et pour les encyclopédistes, l'archétype de l'inutile, c'est le contemplatif. Les écrits de combat des Lumières contiennent des milliers de pages contre les ordres religieux. « Des travaux utiles peuvent remplacer de trop longues prières », assure d'Holbach. « Puisque la philosophie a fait tant de progrès autour des trônes, proclame Delisle, il faut bien qu'avant un demi-siècle, il n'y ait plus de moines en France ou qu'ils deviennent utiles. » Hommes ou femmes, les religieux représentent une catégorie à exclure. La tolérance n'est donc pas universelle ?

Tolérance : le maître mot des Lumières. Mais le concept n'est jamais défini. L'historien Jean de Viguerie le résume à quatre préceptes : ne pas faire à autrui ce qu'on ne voudrait pas subir ; toute vérité est subjective, et par conséquent nul n'a le droit d'imposer sa norme ; toute religion n'est qu'une opinion parmi d'autres ; l'État n'a pas à intervenir dans les questions impliquant une définition du salut éternel [1]. En réalité, si les philosophes définissent la tolérance, c'est par son contraire : le fanatisme. Est décrétée fanatique toute pensée reposant sur des dogmes. Or le catholicisme ne conçoit pas la foi comme une opinion parmi d'autres, mais comme une vérité révélée. Dans la France du XVIIIe siècle, l'Église se

1. Jean de Viguerie, « La tolérance à l'ère des Lumières », *Itinéraire d'un historien*, Dominique Martin Morin, 2000.

trouvant en situation dominante, le choc est inévitable. Luttant contre le fanatisme — terme de propagande —, les encyclopédistes entrent en réalité en guerre contre la religion de 95 % de la population.

Les philosophes ne refusent pas tout phénomène religieux. Dévots du « grand architecte de l'univers » ou du « grand horloger », ils sont déistes — les matérialistes, comme Diderot, d'Holbach ou La Mettrie, formant l'exception. Mais, à des degrés divers, ils sont tous hostiles à l'Église catholique, parce qu'elle représente une institution dotée d'une hiérarchie et d'une doctrine. Dans *Le Contrat social*, Rousseau affirme qu'« on doit tolérer toutes les religions qui tolèrent les autres, autant que leurs dogmes n'ont rien de contraire aux devoirs des citoyens. Mais quiconque ose dire “Hors de l'Église, point de salut” doit être chassé de l'État ». Helvétius est tout aussi explicite : « Il est des cas où la tolérance peut devenir funeste à une nation, c'est lorsqu'elle tolère une religion intolérante, telle la catholique. »

Voltaire est le héraut le plus illustre de cet anticatholicisme militant. « Écrasons l'Infâme » : la formule claque comme un cri de guerre. Maniant tour à tour l'ironie ou l'érudition, le patriarche de Ferney décortique la Bible, jouant sur les contradictions des textes sacrés pour alléguer de leur imposture. Jésus n'étant qu'un homme, les dogmes chrétiens — l'Incarnation, la Résurrection — sont des mensonges destinés à maintenir l'emprise des prêtres sur des hommes à l'esprit faible. Mais Voltaire n'est pas athée. « Si Dieu n'existait pas, il faudrait l'inventer » : c'est ce qu'il répond à d'Holbach. En réalité, si ce grand bourgeois tient à une religion d'État, c'est dans l'intention de maintenir l'ordre social. « Philosophez tant qu'il vous plaira entre vous, écrit-il dans son *Dictionnaire philosophique*. Mais gardez-vous d'exécuter ce concert devant le vulgaire ignorant et brutal. Si vous avez une bourgade à gouverner, il faut qu'elle ait une religion. » Toujours la peur du peuple...

Le grand spécialiste de Voltaire, René Pomeau, reconnaît que « mesquin et généreux à la fois, il est capable du pire et du meilleur[1] ». Les indignations de l'écrivain, paladin de la liberté, sont en effet sélectives. Lui parle-t-on de la persécution des catholiques anglais, il sort une réponse de sa manche : « Il ne s'agissait point d'une doctrine théologique. La loi de l'État ordonnait de regarder le souverain et non le pape comme chef de religion : c'était là une institution purement civile, à laquelle toute désobéissance devait être regardée du même œil qu'une révolte contre le pouvoir législatif » (*Traité sur la tolérance*). Admirant (de loin) la Russie, Voltaire ne voit pas les ombres du règne de Pierre Ier ou de Catherine II. Admirant (de près) la Prusse, il ne s'offusque pas de l'intolérance de Frédéric II à l'encontre des fidèles de l'Église romaine. Au temps où il réside à Cirey, Mme de Grafigny souligne que Voltaire peut être « plus fanatique que tous les fanatiques qu'il hait ».

En vue de protéger sa notoriété et sa position semi-officielle (historiographe du roi, il est membre de l'Académie française), Voltaire recourt cependant à des détours. Afin de faire passer son antichristianisme, il use, comme

1. René Pomeau, *Voltaire*, Seuil, 1989.

l'a analysé Éric Picard, d'un antijudaïsme qui lui permet de dénoncer l'intransigeance d'une religion révélée et de ridiculiser l'Ancien Testament[1]. Sur les 118 articles du *Dictionnaire philosophique*, une trentaine attaque les Juifs en des termes d'une incroyable virulence : « Vous ne trouverez en eux qu'un peuple ignorant et barbare, qui joint depuis longtemps la plus sordide avarice à la plus détestable superstition et à la plus invincible haine pour les peuples qui les tolèrent et qui les enrichissent. » Sur les racines de cette hostilité à l'encontre des Juifs, le cardinal Lustiger avance cette double clé explicative : « Voltaire n'est pas chrétien et je crois que l'antisémitisme de Hitler relève de l'antisémitisme des Lumières et non d'un antisémitisme chrétien[2]. » Léon Poliakov a également montré que le rationalisme scientifique des Lumières constitue une des sources du racisme nazi[3].

Le racisme des Lumières

Nous touchons, là encore, un domaine sur lequel certains historiens n'aiment guère s'étendre. La théologie classique affirme sans ambiguïté l'unité de l'humanité. « Dieu, écrit Bossuet dans la *Politique tirée de l'Écriture sainte*, a établi la fraternité des hommes en les faisant tous

---

1. « Voltaire combat contre les chrétiens et les juifs », *Histoire du christianisme, Magazine*, juin 2000.
2. Cardinal Jean-Marie Lustiger, *Le Choix de Dieu*, entretiens avec Jean-Louis Missika et Dominique Wolton, Fallois, 1987.
3. Léon Poliakov, *Le Mythe aryen*, Complexe, 1987.

naître d'un seul qui pour cela est leur père commun. » L'évêque de Meaux précise : « Nul homme n'est étranger à un autre homme. » Les philosophes, eux, nourris d'esprit scientifique et considérant la théorie du premier couple comme une fable, insistent sur la division de l'humanité en espèces (un mot du vocabulaire biologique), autrement dit en races. « Comment se peut-il qu'Adam, s'interroge Voltaire, qui était roux et qui avait des cheveux, soit le père des nègres qui sont noirs comme de l'encre et qui ont de la laine noire sur la tête ? » Coutumes et mœurs d'un peuple procèdent en conséquence de caractères raciaux, liés à l'aspect physique, à la couleur de la peau.

« Il n'est permis qu'à un aveugle, affirme Voltaire, de douter que les blancs, les nègres, les albinos, les Hottentots, les Lapons, les Chinois, les Amériques ne soient des races entièrement différentes » (*Essai sur les mœurs et l'esprit des nations*, 1756). Et d'insister : « Les albinos sont au-dessous des nègres pour la force du corps et de l'entendement, et la nature les a peut-être placés après les nègres et les Hottentots au-dessus des singes, comme un des degrés qui descendent de l'homme à l'animal. » Conclusion (toujours extraite de l'*Essai sur les mœurs*) : « La race des nègres est une espèce d'hommes différente de la nôtre. » « Si l'on s'éloigne de l'équateur vers le pôle antarctique, assure l'article *Nègre* de l'*Encyclopédie*, le noir s'éclaircit, mais la laideur demeure. » Les Hottentots tiennent « quelque chose de la malpropreté et de la stupidité des animaux qu'ils conduisent », accuse Raynal (*Histoire philosophique et politique des établissements et du commerce des Européens dans les deux Indes*, 1774).

Voilà un aspect des Lumières qui est aujourd'hui soigneusement caché : le racisme. À nier l'existence de l'âme, le matérialisme entraîne la négation de la nature humaine. « Nous sommes, commente Jean de Viguerie, dans un système différentialiste et inégalitaire. L'unité du genre humain n'a plus aucune réalité[1]. » Cette vision relève d'une anthropologie pessimiste. « La littérature de l'époque, explique Xavier Martin, considère le bon sauvage à la Rousseau comme un être fruste, au quotient intellectuel et affectif limité, dont la seule aspiration est la jouissance et le plaisir[2]. »

Montesquieu déclare l'esclavage « contre la nature », mais, s'appuyant sur sa théorie des climats, il ajoute : « Quoique dans certains pays, il soit fondé sur une raison naturelle. » L'auteur de *L'Esprit des lois* approuve ainsi le travail servile aux Antilles, jugeant que sa suppression rendrait le sucre trop cher. Buffon et Voltaire critiquent les mauvais traitements infligés aux esclaves, mais non le principe de l'esclavage (Voltaire, d'ailleurs, a gagné beaucoup d'argent en investissant dans les compagnies de traite négrière, tout comme Diderot ou Raynal). Certains articles de l'*Encyclopédie* condamnent l'esclavage, mais d'autres expliquent que le développement économique des plantations d'outre-mer serait impossible sans celui-ci, l'asservissement des Noirs étant justifié en ces termes : « Les hommes noirs nés vigoureux et accoutumés à une

---

1. Jean de Viguerie, « Les Lumières et le peuple », *Itinéraire d'un historien*, Dominique Martin Morin, 2000.

2. Xavier Martin, *L'Homme des droits de l'homme et sa compagne*, Dominique Martin Morin, 2001.

nourriture grossière trouvent en Amérique des douceurs qui rendent la vie animale beaucoup meilleure que dans leur pays » (*Nègres considérés comme esclaves dans les colonies de l'Amérique*).

Ainsi donc, chez certains penseurs des Lumières, le matérialisme et l'utilitarisme se conjuguent au racisme pour justifier l'esclavage. En 1755, un magistrat, le président Dugas, présente à l'académie de Lyon une communication intitulée *Mémoire où l'on examine s'il ne serait point avantageux de ramener parmi nous l'usage des esclaves*. Il y développe l'idée que les travaux publics et l'agriculture tireraient un grand bénéfice de cette mesure, les esclaves n'étant pas salariés.

L'italien Beccaria, fêté par toute l'Europe des Lumières, commenté par Voltaire et Diderot, est célébré de nos jours comme un apôtre du progrès parce que, dans son traité *Des délits et des peines* (1764), il condamne la torture et propose la suppression de la peine de mort. Or en France, quand la torture est supprimée par Louis XVI, en 1780, elle n'était déjà plus utilisée : dans le ressort du parlement de Rennes, de 1750 à 1780, sur 6 000 accusés, 11 ont été soumis à la question. Mais on oublie trop souvent de rappeler que le merveilleux Beccaria suggérait une peine de substitution à la peine capitale. Cette peine, c'était l'esclavage...

À ce tableau, toutes les nuances peuvent être apportées, et maintes exceptions mériteraient d'être signalées. Les Lumières, on l'a dit, ne constituent pas une école de pensée uniforme. On se gardera de réduire les encyclopédistes à une coterie de snobs méprisant le peuple, de fanatiques anticatholiques, de racistes ou d'esclavagistes. Et rien ne fera que Voltaire ne reste l'un des plus prodigieux enchanteurs de la langue française. Mais on aimerait que cet aspect du XVIIIe siècle soit aussi enseigné, plutôt que de se bercer de la légende dorée des manuels d'histoire : « Les philosophes engagés dans la vie publique avec l'intention d'éclairer le peuple et d'assurer le bonheur du plus grand nombre des hommes... »

Protestants et Juifs : le pragmatisme royal

Le 29 novembre 1787, un édit royal est promulgué « concernant tous ceux qui ne font pas profession de la religion catholique ». Dorénavant, les officiers publics enregistreront l'état civil des protestants. Le mariage civil leur est accordé, et ils déclareront la naissance de leurs enfants soit devant le juge, soit en excipant d'un acte de baptême. Toutefois, le culte huguenot reste interdit. L'édit précise que seule la religion catholique jouit « des droits et des honneurs du culte public ». C'est par contamination sémantique avec l'ordonnance prise par l'empereur Joseph II (*Toleranzpatent*), en 1781, que l'édit de Louis XVI est qualifié d'édit de tolérance. En réalité, le mot n'y figure pas. En France — comme, d'ailleurs, dans l'empire des Habsbourg —, il s'agit plutôt d'une dérogation à la loi générale : une liberté relative est concédée à une minorité confessionnelle, mais la protection particulière dont bénéficie la religion majoritaire est réaffirmée.

Le projet de donner un état civil aux protestants a été défendu, au printemps, devant l'assemblée des notables convoquée par le roi. L'avocat en a été Mgr de La Luzerne, évêque de Langres et cousin de Malesherbes. Ce dernier, retiré des affaires, avait rédigé deux mémoires et les avait adressés à Louis XVI : l'un, en 1785, sur le mariage des protestants, l'autre, en 1786, sur leur état civil. Le 30 juin 1787, le monarque a nommé Malesherbes ministre sans portefeuille. Le 16 novembre, le Conseil du roi a adopté ses propositions au sujet des protestants, traduites par l'édit du 29 novembre. Procédant d'une volonté de l'État, cette loi ne sera pas pour autant facile à faire admettre. Enregistré par le parlement de Paris, l'édit suscitera de nombreuses oppositions en province et, lors de son assemblée de 1788, le clergé émettra des remontrances officielles à son propos.

Néanmoins, la France vient de sortir de l'impasse créée, en 1685, par la révocation de l'édit de Nantes qui avait transformé en sujets clandestins les réformés qui refusaient de se convertir au catholicisme. Dans les manuels d'histoire, l'édit de 1787 est toujours porté au crédit des Lumières. En réalité, cette décision est tout autant, et même plus, le fruit d'un pragmatisme politique. Car ce n'est pas de l'esprit des philosophes que procède l'institution de l'état civil pour les protestants, c'est de l'esprit de l'édit de Nantes, dans sa version corrigée par l'édit d'Alès (1629). Prenant acte de la présence de non-catholiques dans le royaume, et constatant l'échec de la conversion massive des huguenots, l'État assume la responsabilité de donner à ceux-ci un statut. Ce faisant, le roi n'interfère pas dans le jugement de l'Église en matière théologique. Introduisant la coexistence civile sans recourir au relativisme religieux,

Louis XVI reprend la politique d'Henri IV, de Richelieu et de Louis XIII.

Au demeurant, l'édit entérine l'évolution de la société. Au moment de sa publication, les réformés ont cessé d'être persécutés depuis une bonne vingtaine d'années. Dès la fin du règne de Louis XV, on les trouve dans les professions libérales, dans l'armée ou la fonction publique. S'ils se marient et baptisent leurs enfants « au désert », c'est-à-dire clandestinement, ils pratiquent leur culte sans entraves, en plein air ou dans des maisons d'oraison au voisinage des agglomérations. Des pasteurs clandestins circulent, dont l'activité n'échappe pas à la police mais sur laquelle les autorités ferment les yeux. Les dernières prisonnières de la tour de Constance ont été libérées en 1769, les derniers forçats en 1775. Que Necker, protestant et genevois, soit devenu directeur général du Trésor en 1776 en dit long sur le changement des mentalités. Les grandes familles protestantes — les Hottinguer, Vernes, Mallet ou Delessert — qui émergeront sur la scène financière au XIXe siècle ne tomberont pas de la lune : leur ascension aura été possible grâce à la tolérance implicite de l'administration royale.

Dans la seconde moitié du XVIIIe siècle, 40 000 Juifs vivent en France. Ils ne forment pas un groupe homogène. Les communautés les plus anciennes se trouvent dans le Sud-Ouest, à Bordeaux, Dax ou Bayonne. Celles du Comtat Venaissin (Avignon et Carpentras) dépendent du pape. Lointainement originaires d'Espagne ou du Portugal, ces séfarades sont en voie d'assimilation : leur langue maternelle est le français ou la langue d'oc. Dotées de leurs propres tribunaux et règlements — modèle qui ne détonne pas dans la société corporative de l'Ancien Régime —, ces communautés désignent des syndics qui les représentent auprès des autorités civiles. À Bordeaux, les Juifs sont particulièrement prospères. Comme leurs homologues chrétiens, les négociants se sont enrichis grâce à la traite des Noirs. En Lorraine et dans les Trois-Évêchés (Metz, Toul et Verdun), les Juifs bénéficient d'un statut qui s'améliore tout au long du XVIIIe siècle. Metz possède des imprimeries hébraïques et talmudiques qui sont célèbres dans toute l'Europe. En 1744, lorsque Louis XV, séjournant dans la ville, tombe gravement malade et que le clergé dit des messes pour la guérison du roi, le rabbin de Metz célèbre un office où il confie la même intention de prière à ses fidèles. Bâtie avec la permission de Louis XVI, en 1786, la synagogue de Lunéville affiche une façade ornée de fleurs de lys et de la couronne royale. Celle de Nancy, achevée en 1790, possède une chaire de lecture décorée, elle aussi, des emblèmes de la monarchie.

Alors que le culte protestant reste théoriquement interdit, les Juifs de France, placés sous la protection du roi, pratiquent depuis longtemps leur religion librement. Selon Patrick Girard, ils bénéficient d'un autre atout : ils sont français. « Les lettres patentes accordées aux différents groupes par les souverains, explique l'historien, ne laissent planer aucun doute quant à la qualité de français et de sujets régnicoles des juifs. Les lettres de 1776 accordées aux “Portugais et Espagnols” stipulaient qu'ils devaient “être traités et regardés ainsi que nos autres sujets nés en notre royaume, et réputés tels tant en jugement que dehors[1]". »

C'est en Alsace que l'intégration s'opère le plus lentement. Ashkénazes comme tous leurs coreligionnaires de l'Est, les Juifs alsaciens utilisent, à l'exception des élites francisées, un dialecte germanique ou le yiddish. Attirés par une législation plus clémente, ils viennent d'Allemagne, les premiers étant arrivés dès les traités de Westphalie (1648). Ils sont 3 000 en 1707, 25 000 en 1784. Cette croissance relativise la dureté de leur situation. Néanmoins, ils subissent des discriminations. Ce sont des ruraux et, pour circuler d'une ville à l'autre, ils sont astreints à une taxe spéciale. Non seulement le travail de la terre leur est interdit (contrairement au Sud-Ouest où vivent des Juifs cultivateurs), mais les métiers urbains leur sont également fermés, puisque, en vertu des lois coutumières de la province, les Juifs ne peuvent pas habiter les villes et moins encore y posséder un bien foncier.

Dans ce cas aussi, c'est la volonté royale qui va desserrer les freins. Cerfbeer, un juif de Bischheim, fournit la cavalerie royale en Alsace et en Lorraine. Louis XV lui accorde le titre de « directeur des fourrages militaires ». Pendant l'hiver 1767, grâce à Choiseul, Cerfbeer obtient la permission de séjourner à Strasbourg. Quelques mois plus tard, le roi oblige les magistrats municipaux à transformer cette dérogation en autorisation permanente. En 1771, par l'intermédiaire du chevalier de La Tousche, lieutenant général des armées du roi, Cerfbeer achète

---

1. Patrick Girard, *La Révolution française et les Juifs*, Robert Laffont, 1989.

secrètement un hôtel particulier dans la ville. Treize ans plus tard, quand il veut faire usage de son droit de propriété, il se heurte à un refus, les magistrats faisant valoir que même un chrétien sans droit de bourgeoisie n'aurait pu acquérir l'immeuble. Cerfbeer présente alors des lettres patentes de 1775 où Louis XVI lui octroyait « les mêmes droits, facultés, exceptions, avantages et privilèges dont jouissent nos sujets naturels ou naturalisés ». Les autorités répliquent que l'achat datant de 1771, les patentes de 1775 ne peuvent s'exercer. Au printemps 1784, faisant appel à Versailles, Cerfbeer suggère d'étendre à ses coreligionnaires méritants la mesure dont il a bénéficié. Au début de l'année, Louis XVI a aboli les droits corporels que devaient payer les Juifs pour se déplacer. En juillet, le souverain signe des lettres patentes qui, atténuant les prohibitions, représentent un progrès pour les Juifs d'Alsace. Les grandes villes leur restent interdites et ils ne peuvent toujours pas devenir propriétaires fonciers, mais ils acquièrent la faculté de louer et d'exploiter des terres, ainsi que des mines.

Dans la population, les décisions du roi ne feront cependant pas l'unanimité. On le constatera en 1787, à l'assemblée provinciale d'Alsace, puis, en 1788-1789, à travers les cahiers de doléances, la majorité était hostile à toute mesure libéralisant la condition des Juifs.

Ce qui ressort de ces péripéties, c'est que Louis XVI cherche une solution pour les Juifs comme il l'a fait pour les protestants. La question est dans l'air du temps. En 1785, la Société royale des sciences et des arts de Metz a mis au concours, pour 1787, un sujet dont le libellé est typique des Lumières : « Est-il des moyens de rendre les Juifs plus utiles et plus heureux en France ? » La réflexion que Malesherbes, de son côté, avait entamée au sujet des réformés l'avait amené à s'intéresser aux communautés juives. Leur diversité de statut heurtait cet esprit rationaliste, aux yeux de qui une législation uniforme devait s'appliquer à tous les non-catholiques. « Malesherbes, remarque David Feuerwerker, est le premier homme d'État qui, explicitement, trois ans avant la Révolution, pose le problème de l'état civil des Juifs et de l'octroi aux Juifs de la qualité de citoyens [1]. » En 1787, Louis XVI s'adresse donc à Malesherbes et lui confie la présidence d'une commission d'étude : « Monsieur de Malesherbes, vous vous êtes fait protestant. Moi, maintenant, je vous fais juif. »

Nommé ministre d'État, Malesherbes s'attelle à la tâche entre février et juin 1788, aidé de Roederer, conseiller au parlement de Metz. La commission désignée ne siège pas en tant que telle : Malesherbes reçoit ses membres séparément. Il consulte ainsi Furtado et Gradis, qui représentent les Juifs de Bordeaux, Cerfbeer pour Strasbourg, Lazard et Trenel pour Paris. Leurs revendications sont contradictoires. Les Juifs bordelais, très assimilés, refusent d'être confondus avec leurs coreligionnaires d'Alsace. Ces derniers, très rigoristes, accusent les premiers de laxisme. La volonté réformatrice de Malesherbes achoppe ainsi sur les rivalités internes aux différentes communautés, chacune attendant une législation générale qui entérine ses propres particularismes. À

1. David Feuerwerker, *L'Émancipation des Juifs en France de l'Ancien Régime à la fin du Second Empire*, Albin Michel, 1976.

l'issue de ses travaux, le ministre transmet à Louis XVI un mémoire dans lequel il prône pour les Juifs une émancipation graduelle, à l'exception des Alsaciens pour qui seraient maintenues les limitations consignées par les lettres patentes de 1784. En octobre 1788, cependant, Malesherbes quitte son ministère. Son mérite, affirme Feuerwerker, « est d'avoir décanté le problème, intéressé nombre de gens à l'émancipation des juifs, d'avoir préparé le pouvoir et l'opinion à leur accorder une place normale dans la société [1] ».

En 1788, comme tout corps de la nation, les Juifs du Sud-Ouest sont convoqués aux états généraux. En mars 1789, ils participent à l'assemblée qui désigne les quatre-vingt-dix représentants du tiers état. Le Bordelais David Gradis manque de peu d'être élu : il aurait été le premier député juif de France. « C'est de ce moment, estime Patrick Girard, donc de l'Ancien Régime, que date l'octroi de droits civiques aux Juifs [2]. » Quant aux Juifs de l'Est, leurs doléances sont transmises le 31 août à l'Assemblée constituante. À la fin de l'année 1789, l'Assemblée accorde l'égalité totale aux protestants, mais la refuse aux Juifs. C'est le 28 janvier 1790 que la pleine qualité de citoyen est reconnue aux Juifs du Sud-Ouest. En raison de l'opposition des députés de l'Est, ceux d'Alsace doivent attendre. Le 27 septembre 1791, ils sont émancipés à leur tour. Le 13 novembre 1791, en sa qualité de chef de l'exécutif, Louis XVI, sans recourir à son droit de veto, ratifie la loi.

1. *Ibid.*
2. Patrick Girard, *op. cit.*

L'édit de 1787, qui accorde un état civil aux protestants, est un acte de souveraineté royale. Il prouve que la reconnaissance de la minorité protestante était en bonne voie avant 1789. L'émancipation des Juifs suivait le même chemin, et par la même volonté. Ces réformes ont abouti sous la Révolution, mais elles ont été conçues et lancées sous l'Ancien Régime.

Malesherbes appartenait à la génération des Lumières. On l'a dit, directeur de la Librairie sous Louis XV, il avait protégé les encyclopédistes. Mais il était un modéré. Une estime réciproque l'unissant à Louis XVI, il avait servi plusieurs fois comme ministre. Il reviendra sur le devant de la scène, en décembre 1792, se portant volontaire — avec de Sèze et Tronchet — afin de défendre le ci-devant Capet. Ce courage et cette fidélité lui seront fatals. Arrêté avec sa famille en 1793, Malesherbes sera guillotiné en 1794, en même temps que sa fille et ses petits-enfants. Entre-temps, ce sceptique était revenu à la foi chrétienne, effrayé par l'usage du mot tolérance fait par la Révolution.

8

La Révolution et la Terreur

« Les conventionnels faisaient couper le cou
à leurs voisins avec une extrême sensibilité,
pour le plus grand bonheur de l'espèce humaine. »

CHATEAUBRIAND.

À l'automne 2001, un nouveau film d'Éric Rohmer sort en France. De *Ma nuit chez Maud* au *Genou de Claire*, on doit à ce cinéaste des œuvres exigeantes quant au fond, élégantes quant à la forme. En général, les critiques apprécient. Mais le film qu'il présente, après plusieurs années d'absence des écrans, ne plaît pas. Dans *L'Anglaise et le Duc*, le réalisateur met en scène la face de la Révolution que beaucoup veulent ignorer : celle de la Terreur. L'action démarre le 13 juillet 1790, à la veille de la fête de la Fédération. Philippe d'Orléans, cousin de Louis XVI, se flatte d'avoir contribué à la chute de l'Ancien Régime. Mais au fur et à mesure du scénario, la situation se dégrade. Le 10 août 1792, la foule envahit les Tuileries et massacre les gardes suisses. Début septembre, les émeutiers exécutent les détenus des prisons parisiennes. La tête de la princesse de Lamballe, confidente de Marie-Antoinette, est montrée au bout d'une pique. À la fin de l'année, un officier noble, entré au service de la Révolution, ne comprend pas qu'on l'arrête...

Ce que décrit *L'Anglaise et le Duc*, c'est la violence révolutionnaire : arrestations arbitraires, procès expéditifs, délation organisée, appels au meurtre. Tout ce que la légende dorée glisse sous le boisseau. Le film suscite alors des débats qui semblaient assoupis. Pour Jean-François Kahn, soutenir que la Révolution française est intrinsèquement perverse est un réflexe « révisionniste [1] ». Max Gallo réaffirme que « la Révolution française, c'est l'irruption du peuple français dans son histoire nationale [2] ».

En dépit de tous les travaux d'historiens qui ont profondément renouvelé notre connaissance de la période, nous vivons toujours sur les clichés du XIXe siècle. Au cours de la décennie 1790, la France serait passée de l'absolutisme à la liberté, la Terreur ne constituant qu'un accident de parcours. Malheureusement, cette vision idyllique ne correspond pas à la réalité des faits. L'élan de 1789 a certes véhiculé des aspirations profondément légitimes. L'égalité devant la loi, l'égalité devant l'impôt, l'égalité devant la justice, l'abolition d'archaïsmes injustifiés, toutes ces réformes que la monarchie n'avait pas su mener à bien, les Français les attendaient. Il n'empêche que, pendant la Révolution, la violence s'impose comme méthode d'action politique. Tout au long du processus révolutionnaire, elle reste omniprésente. Dès 1789, ce

1. *Marianne*, 3 septembre 2001.
2. *France-Soir*, 11 septembre 2001.

sont des minorités qui s'emparent du pouvoir et se le disputent. Si bien que le moment fondateur de la République française porte en lui une inavouable contradiction. Conduite au nom du peuple, la Révolution s'est effectuée sans le consentement du peuple, et souvent même contre le peuple.

1789-1799 : une décennie de violence

Interrogés sur ce qui symbolise le mieux la Révolution, les Français d'aujourd'hui, à une écrasante majorité, répondent que ce sont les droits de l'homme. Adoptée par l'Assemblée le 26 août 1789, la Déclaration des droits de l'homme et du citoyen, inspirée par la Déclaration d'indépendance américaine de 1776, est fille des Lumières. Elle exalte les droits naturels (un thème de l'*Encyclopédie*), prône la séparation des pouvoirs (c'est du Montesquieu), exprime la théorie de la volonté générale (inventée par Rousseau) et substitue à la morale chrétienne une morale laïque (c'est du Voltaire). « Les hommes naissent et demeurent libres et égaux en droits », certifie l'article premier. Glissons sur l'antinomie conceptuelle naguère soulignée par Soljenitsyne : les hommes n'étant pas dotés des mêmes capacités, s'ils sont libres, ils ne seront pas égaux, et s'ils sont égaux, c'est qu'ils ne sont pas libres. En dehors de cette pétition de principe, la Déclaration proclame des droits positifs : liberté individuelle, liberté d'opinion, droit de propriété, droit à la sûreté, droit de résister à l'oppression. Or tous ces droits, sans exception, vont être violés entre 1789 et 1799.

Les pouvoirs publics ont montré moins d'empressement, en 1993, qu'ils n'en avaient mis, en 1989, à célébrer le bicentenaire de la Révolution. On le comprend. Qui aurait osé commémorer la Terreur ? Mais le problème reste entier. Comment démêler 1793 de 1789 ?

Les manuels scolaires distinguent trois phases de la Terreur : une première crise avec les massacres de septembre 1792, une deuxième qui débute avec la loi des suspects de septembre 1793, une troisième avec la Grande Terreur ordonnée par Robespierre (juin-juillet 1794). Avant 1792 et après 1794, la Terreur est inconnue. Or l'analyse historique prouve que la Terreur constitue l'épanouissement d'une politique qui l'a précédée, et qui s'est poursuivie bien au-delà de la chute de Robespierre. « La Révolution française est un bloc », disait Clemenceau. Dans ce bloc, on cherche en vain le respect de la loi, le culte des libertés, les valeurs de concertation et le sens du dialogue démocratique dont on assure imperturbablement qu'ils sont nés à cette époque.

Les États généraux, convoqués par Louis XVI en août 1788, s'ouvrent à Versailles le 5 mai 1789. Au départ, chacun des trois ordres (clergé, noblesse et tiers état) se réunit séparément. Mais le Tiers, sous la pression de sa minorité activiste, se déclare le mandataire de toute la population. Le 17 juin, il se proclame Assemblée nationale. Le 20 juin (serment du Jeu de paume), les députés du Tiers jurent de ne se séparer qu'après avoir donné une constitution à la France. Louis XVI résiste. Le

23 juin, au cours d'une assemblée plénière, le roi ordonne aux états de siéger par ordre. Après qu'il a quitté la salle où se tenait la séance, la noblesse et une partie du clergé se retirent. Les représentants du Tiers, eux, restent sur place : « Nous sommes ici par la volonté du peuple, rugit Mirabeau, et nous n'en sortirons que par la force des baïonnettes. » Les baïonnettes ne viendront pas, car le roi transige. Le 27 juin, il demande au clergé et à la noblesse de se réunir avec le tiers état. Née d'un coup de force, la révolution politique est faite : la souveraineté ne réside plus dans le monarque, mais dans l'Assemblée nationale. Dans la pratique, cette Assemblée est dominée par des bourgeois ou des nobles. Le peuple, dont Mirabeau se targue, n'a pas donné son avis.

« De mai à juillet 1789, constate Jean Tulard, la Révolution bascule dans la violence. Le dérapage dans le sang ne date pas de 1792, mais de l'été 89 [1]. » L'effondrement de l'autorité et les difficultés d'approvisionnement de la capitale (la récolte de 1788 a été catastrophique) provoquent une atmosphère tendue. Très vite, la situation vire à l'émeute.

Le 14 juillet, contrairement à la légende des manuels, la Bastille n'est pas prise par une foule spontanément mobilisée. L'opération est menée par une bande d'agitateurs à la recherche de fusils et de munitions, entrés par la porte que leur a ouverte le gouverneur Launay. En guise de remerciement, celui-ci est assassiné. De la vieille

---

1. Jean Tulard, Jean-François Fayard et Alfred Fierro, *Histoire et dictionnaire de la Révolution française*, Robert Laffont, « Bouquins », 1987.

forteresse — que l'administration royale voulait déjà démolir — sont extraits, en fait de victimes de l'absolutisme, sept prisonniers : quatre faussaires, un libertin et deux fous. La légende a fait de cette péripétie un haut fait d'armes. Michel Vovelle, historien marxiste, convient qu'il s'agit d'une « interprétation symbolique des faits ». Quelques heures plus tard, le prévôt des marchands, Flesselles, est abattu à la sortie de l'Hôtel de Ville. Son corps est dépecé et sa tête est promenée au bout d'une pique, en compagnie de celle de Launay. Le 22 juillet, c'est au tour de Bertier de Sauvigny, intendant de Paris, et de son beau-père, Foulon, d'être massacrés. Les émeutiers leur arrachent les viscères, brandissent leur cœur en triomphe et plantent leur tête au bout d'une pique. À l'Assemblée, Lally-Tollendal s'émouvant devant ces abominations, Barnave réplique : « On veut nous attendrir, messieurs, en faveur du sang qui a été versé hier à Paris. Ce sang était-il donc si pur ? »

À Strasbourg, Dijon, Nantes et Bordeaux, des groupes insurrectionnels chassent les autorités municipales. À Paris aussi, à Paris surtout. Pendant les années qui vont suivre, l'Hôtel de Ville exercera un constant chantage sur l'Assemblée, dans le sens de la surenchère. Manipulation des députés, pression des clubs, menace de la rue : le mécanisme révolutionnaire est lancé. « Il n'y a plus de roi, plus de parlement, plus d'armée, plus de police », observe un contemporain. Pendant la Grande Peur, des paysans excités par des agents révolutionnaires s'arment pour repousser des brigands imaginaires. Ils s'attaquent alors aux intendants, aux percepteurs, aux fonctionnaires, brûlant des châteaux — parfois avec leurs occupants.

Au cours de la nuit du 4 août 1789, dans une ambiance exaltée mais au cours d'une manœuvre préparée (« cette séance du 4 août était ménagée depuis un mois », remarque le comte d'Antraigues), l'Assemblée décide la « fin des privilèges ». Encore un temps fort de la rhétorique révolutionnaire, nourri par l'évolution sémantique. Car ce n'est pas seulement l'égalité devant la loi, réforme que Louis XVI n'avait pu réaliser, qui est adoptée. En quelques heures, ce sont tous les statuts particuliers, ces franchises, libertés, coutumes et lois privées (*lex privata*, privilège) qui particularisaient la société d'Ancien Régime, qui sont abolis. Un coup de rabot législatif aplanit la condition des Français, à quelque milieu qu'ils appartiennent : la révolution sociale est faite.

Alors que la constitution est en cours d'élaboration, l'aval de Louis XVI reste nécessaire. En septembre 1789, les modérés pour qui la Révolution est terminée échouent à faire accorder au roi un veto absolu. Seul un veto suspensif est adopté. La stabilisation du mouvement qui s'est mis en marche s'avère impossible. Les 5 et 6 octobre 1789 — initiative qui, une fois de plus, n'a rien de spontané —, la foule se déplace à Versailles. Des gardes du corps du roi sont tués, leur tête est portée au bout d'une pique. C'est un nouveau coup de force. Le roi, qui n'est plus libre, est conduit aux Tuileries. L'Assemblée s'installe dans la capitale.

Depuis le 23 juin, le roi et l'Assemblée, ces deux pôles du pouvoir, se faisaient face. Ils sont désormais surveillés par un troisième pouvoir, apparu le 14 juillet : l'émeute. Au cours de ce mois d'octobre 1789, la municipalité parisienne établit un comité de recherche chargé de traquer les conspirateurs, et le Dr Guillotin présente une invention de son cru, appelée à un grand avenir.

1789 : débuts de la politique antireligieuse

C'est la Constituante qui fait table rase du passé, et non les assemblées qui lui succéderont. Les parlements et les états provinciaux sont supprimés ; les départements sont dessinés ; les communes prennent la place des paroisses ; l'égalité successorale est instituée ; les poids et mesures sont uniformisés ; la noblesse est abolie ; les assignats sont créés. Une œuvre considérable, où le pire côtoie le meilleur, et où ressurgissent des mesures préparées par les administrateurs de l'Ancien Régime. Le 14 juillet 1790, au cours de la fête de la Fédération, Louis XVI prête serment à la Constitution. Mais lors de cette journée que les manuels scolaires présentent comme la fondation de l'unité française, la personne du roi est applaudie, particulièrement par les provinciaux : la légitimité royale n'est pas morte.

Ceux qui louent sans nuances l'action de la Constituante négligent toutefois de rappeler que cette Assemblée a posé les prémices d'une politique qui va connaître des développements tragiques. Le 11 août 1789, la dîme, qui permettait à l'Église d'assurer sa mission sociale dans les écoles et les hôpitaux, est supprimée. Le 28 octobre 1789, l'Assemblée suspend autoritairement le recrutement monastique. Le 2 novembre 1789, les biens ecclésiastiques sont saisis. Le 13 février 1790, les vœux monastiques sont interdits et les ordres contemplatifs supprimés. Le 23 février 1790, l'Assemblée décide que ses décrets seront dorénavant lus en chaire par les curés. Le 17 mars 1790, les biens d'Église, déclarés biens nationaux, sont mis en vente. Le 12 juillet 1790, la constitution civile du clergé est adoptée. La France est divisée en 83 diocèses (un par département), le clergé devenant le salarié de la nation. Les curés et les évêques sont élus — ces derniers ayant seulement à notifier leur élection au pape. Ce texte n'est pas même d'inspiration gallicane : il vise à édifier une religion d'État, en rupture avec Rome.

C'est donc bien avant la Terreur, dès la Constituante, que la Révolution engage la bataille contre le catholicisme. Pour la première fois dans l'histoire de France (dans certaines régions, pour la première fois depuis les guerres de Religion), les catholiques, qui constituent 95 % de la population, sont marginalisés dans leur propre pays. Cette conséquence paroxystique de la pensée des Lumières constitue un bouleversement considérable. « La rupture révolutionnaire la plus profonde, estime François Furet, est celle de l'unité catholique des Français, qui ne sera officiellement consommée qu'un siècle plus tard, avec la séparation de l'Église et de l'État [1]. »

La Constitution civile du clergé est contraire à l'esprit et à la lettre du serment que le roi a prononcé lors de son sacre. Avant de se déterminer sur le décret, Louis XVI

1. *Le Point*, 16 janvier 1993.

attend l'avis du pape. Mais la réaction pontificale tarde. Le 24 août 1790, à contrecœur, le roi promulgue le texte. Dans le clergé français, l'émotion est immense. Prélats ou prêtres multiplient les protestations. Le 27 novembre 1790, l'Assemblée riposte en obligeant tous les évêques et les prêtres, sous peine d'être destitués, à prêter serment à la Constitution civile. De nouveau, l'accord du roi est nécessaire : le 26 décembre, la mort dans l'âme, Louis XVI signe le décret. En mars 1791, le verdict pontifical tombe : Pie VI condamne le statut imposé au clergé par la Constituante.

Engendrant un climat de pré-guerre civile, ces incidents poussent le roi à fuir, en juin 1791, pour rejoindre des troupes fidèles. Arrêté à Varennes, Louis XVI est ramené de force dans la capitale. S'il conserve sa fonction, c'est que les constituants ont besoin de lui : le pays ne veut pas de la République. Le 14 septembre 1791, la Constitution entre en vigueur, reconnaissant deux sources de légitimité, le roi et l'Assemblée. Le 1er octobre 1791, la Constituante cède la place à la Législative. Au sein de l'Assemblée, la lutte des factions prend une tournure décisive. Dorénavant, la rivalité des partis — on les appelle les clubs — sera l'un des moteurs de la Révolution. Assis à la droite du président se tiennent les Feuillants, modérés qui aspirent à mettre un terme à la Révolution. Siégeant à gauche de l'Assemblée, les Jacobins et les Girondins brûlent au contraire d'accentuer les bouleversements politiques et sociaux. Au centre, le Marais vote au gré des circonstances. Les notions de droite et de gauche ont fait leur apparition. En vertu d'une logique qui se rencontrera souvent — le « sinistrisme immanent » dont parlait Albert Thibaudet —, ce sont les plus radicaux qui l'emportent.

Cette règle se vérifie immédiatement à propos de deux lois qui inaugurent la catégorie de « suspect », en y rangeant la noblesse et le clergé. En l'attente de jours meilleurs, les aristocrates ont été de plus en plus nombreux, depuis 1789, à se mettre à l'abri à l'étranger. Le 9 novembre 1791, un décret de la Législative force les émigrés à revenir dans un délai de deux mois ; à défaut, ils seront considérés comme criminels et leurs biens seront confisqués.

Le 29 novembre 1791, un second décret déclare suspect tout prêtre non jureur, et le prive de son traitement. Sur cent trente évêques, quatre seulement ont reconnu la Constitution civile du clergé. Sur 130 000 prêtres, plus de 100 000 ont refusé le serment ou se sont rétractés quand ils ont connu la position du pape. Sanctionnés par l'État, les non-jureurs sont considérés comme des rebelles. Désavoués par Pie VI, les 30 000 jureurs deviennent schismatiques ; 4 000 d'entre eux, ayant agi par conviction, quitteront l'état ecclésiastique. Les autres ont cédé à la peur, à la crainte de la misère ou à la volonté de ne pas abandonner leurs fidèles. En 1801, avant la signature du Concordat, il ne restera que 6 000 des 30 000 prêtres jureurs de 1791. Le 27 mai 1792, un décret de la Législative ordonne la déportation des prêtres réfractaires dénoncés par « vingt citoyens actifs d'un même canton ». À ces lois iniques, usant de son droit constitutionnel, Louis XVI oppose son veto. Mais ce faisant, il devient suspect à son tour : le mécanisme révolutionnaire ne connaît pas la marche arrière.

1792 : la Révolution déclare la guerre à l'Europe

À la tribune de l'Assemblée, les orateurs invectivent les monarques étrangers, accusés de vouloir écraser la Révolution. En réalité, même s'ils redoutent la contagion des idées jacobines, les souverains déterminent leur politique en fonction de leurs intérêts nationaux. La Prusse et la Russie, rêvant de se partager la Pologne, sont trop contentes de voir la France paralysée. L'Angleterre savoure sa revanche de l'aide apportée naguère par Paris aux insurgents américains. Le traité d'alliance de 1756 entre la France et l'Autriche étant toujours en vigueur, Louis XVI et Marie-Antoinette correspondent avec Vienne. Mais Joseph II et son successeur Léopold II, tous deux frères de la reine, ne sont en rien décidés à recourir aux armes pour la secourir.

Le 20 avril 1792, la Législative déclare la guerre « au roi de Bohême et de Hongrie », François Ier, qui vient d'accéder au trône des Habsbourg. La France s'engage dans un conflit qui durera vingt-trois ans, et s'achèvera par la défaite de Waterloo et l'occupation du pays. La Prusse combattra avec l'Autriche, mais dans le double but d'obtenir des agrandissements territoriaux et de détourner Vienne de la Pologne. L'Angleterre, qui soudoie Danton, entrera dans l'arène uniquement quand la Belgique et la Hollande, ses voies d'accès sur le continent, seront menacées par les Français. En dépit d'une légende bien installée, jamais on ne verra d'entente des rois contre la France révolutionnaire.

Si Jacobins et Girondins ont désiré l'affrontement, c'est par réflexe idéologique. « Il faut déclarer la guerre aux rois et la paix aux nations », lance Merlin de Thionville. C'est ensuite pour forcer Louis XVI à prendre parti pour la Révolution. « La Législative, rappelle François Furet, a voulu le conflit avec l'Europe pour des raisons de politique intérieure : là-dessus, tous les historiens sont d'accord[1]. » L'armée est désorganisée : les deux tiers des 9 000 officiers de 1789 ont émigré. Il faut recruter des troupes. L'épopée patriotique de l'an II ? Encore un mythe. Parmi la population, aucun enthousiasme ne se manifeste. Ce ne sont pas des volontaires qui vont se battre, mais les hommes désignés au sein de chaque commune. Un nombre considérable choisit l'insoumission ou la désertion. Pierre Gaxotte rapporte qu'en 1794, sur 1 200 000 mobilisés, on recense 800 000 déserteurs[2]. D'ailleurs, les premières batailles sont désastreuses. Des régiments entiers passent à l'ennemi. Le général Dillon, qui veut enrayer la débandade, est tué par ses propres soldats. Le 11 juillet 1792, l'Assemblée est contrainte de déclarer « la patrie en danger ».

À Paris, cependant, les événements se précipitent. Le 13 juin 1792, le roi remplace le ministère girondin par un cabinet modéré. Il vient de poser son veto au décret déportant les prêtres réfractaires ainsi qu'à un autre

1. *Ibid.*
2. Pierre Gaxotte, *La Révolution française*, Complexe, 1988.

décret créant, aux portes de la capitale, un camp de fédérés dévoués à la Révolution. Dans les deux cas, il n'a fait qu'user de ses prérogatives constitutionnelles. Les radicaux décident pourtant de lui forcer la main. Le 20 juin, les Tuileries sont envahies, les manifestants pénétrant dans les appartements royaux. Louis XVI trinque avec les émeutiers et coiffe le bonnet rouge. Mais il ne fléchit pas. Le 1er août, Paris prend connaissance du manifeste dans lequel le duc de Brunswick, chef des armées austro-prussiennes, menace les habitants de la capitale des pires châtiments s'ils ne se soumettent pas. Le texte a été rédigé par un émigré. Au lieu de sauver le roi, cette provocation va le perdre.

En ville, la tension est à son comble. Le 10 août, les Tuileries sont prises d'assaut par les fédérés et les membres des sections révolutionnaires. Louis XVI et sa famille se réfugient à l'Assemblée. Répugnant à faire couler le sang, le roi ordonne aux gardes suisses de n'opposer aucune résistance. Avec deux cents gentilshommes venus prêter leur épée et avec les domestiques du château, ils sont massacrés. À la fin de la journée, on relève huit cents cadavres. À l'Hôtel de Ville, la municipalité est chassée par une Commune insurrectionnelle qui dicte ses conditions : élection d'une nouvelle Assemblée, déchéance du roi. Aux termes de la Constitution de 1791, ces mesures sont illégales. Mais les 240 députés présents (sur 745) capitulent devant l'émeute.

Le 12 août, la famille royale est enfermée au Temple. La Commune remplit les prisons de suspects, institue un tribunal populaire, décide l'arrestation des « empoisonneurs de l'opinion publique, tels que les auteurs des journaux contre-révolutionnaires », traque les prêtres réfractaires. Le 26 août, la Législative rend effectif le décret auquel Louis XVI avait opposé son veto, en l'aggravant : tout prêtre ayant refusé la Constitution civile du clergé doit abandonner le pays « dans le délai de quinze jours ». Bannis de leur patrie, 45 000 ecclésiastiques français (45 % des réfractaires) s'exilent aux quatre coins de l'Europe, voire en Amérique. Environ 30 000 prêtres (30 % des réfractaires) entrent dans la clandestinité. 4 000 sont arrêtés et déportés sur les pontons de Rochefort ou en Guyane, d'où une poignée seulement reviendra.

À la fin du mois d'août 1792, à Paris, 2 600 personnes sont détenues, réparties dans neuf prisons. La fièvre secoue toujours la ville, entretenue par les sections de la Commune. Une rumeur circule : des comploteurs royalistes s'apprêteraient à distribuer des armes aux prisonniers de droit commun. Le 2 septembre, le tocsin sonné pour appeler les Parisiens à s'enrôler (la place de Verdun vient de se rendre) agit comme un signal. Les semeurs de troubles se précipitent vers les prisons. Après un pseudo-jugement, qui, selon les calculs de Frédéric Bluche, dure en moyenne quarante-cinq secondes par accusé, les prêtres réfractaires internés à l'Abbaye et aux Carmes sont exécutés[1]. Les tueurs envahissent ensuite la Conciergerie, le Châtelet, la Force ; le lendemain, Saint-Firmin, Saint-Bernard, Bicêtre et la Salpêtrière. Le 4 septembre au soir, le carnage prend fin. Au total, près de

1. Frédéric Bluche, *Septembre 1792. Logiques d'un massacre*, Robert Laffont, 1986.

1 400 détenus ont été massacrés, soit la moitié des effectifs des prisons parisiennes. Parmi les victimes, on compte 220 ecclésiastiques, 150 gardes suisses ou gardes du palais rescapés du 10 Août, une centaine d'aristocrates, une cinquantaine de « suspects » divers, mais aussi plus de 800 escrocs, faux-monnayeurs, criminels ou fous, condamnés de droit commun à qui aucune arrière-pensée politique ne peut être prêtée.

Les massacres de Septembre représentent un accès de folie dont Frédéric Bluche a mis en lumière la préméditation, favorisée par la presse révolutionnaire et par les autorités gouvernementales et municipales. Plus tard, Danton avouera qu'il voulait frapper Paris de terreur et réduire les modérés au silence.

La surenchère des factions révolutionnaires

Alors que la nouvelle Assemblée commence à siéger sans que les élections soient terminées, l'annonce de la victoire des Français contre Brunswick parvient à Paris. Cette mythique bataille de Valmy (20 septembre 1792) n'a constitué qu'une canonnade sur laquelle pèsera toujours une énigme : pourquoi les Prussiens se sont-ils retirés sans combattre ? Elle insuffle néanmoins un regain d'énergie aux partis avancés. Les élections à la Convention, pour une population de 28 millions de Français, se déroulent sur la base d'un corps électoral de 7,5 millions de personnes. Les citoyens soupçonnés d'incivisme sont exclus du scrutin, qui a lieu à voix haute. En raison de ce climat de terreur, 700 000 électeurs seulement participent au suffrage. La Convention ne peut donc être considérée comme le reflet du pays. Le 21 septembre 1792, les 300 députés déjà élus et présents (l'Assemblée au complet en comptera 903) décrètent l'abolition de la royauté et proclament la République. Ce nouveau coup de force résulte du viol par une minorité de la Constitution de 1791, officiellement toujours en vigueur.

À l'Assemblée, les luttes internes redoublent de vigueur. Une fois les Feuillants éliminés, les Girondins se retrouvent face à plus radicaux qu'eux, les Montagnards, qui eux-mêmes s'efforcent de ne pas être débordés par la Commune. Dialectique qui se complique de la césure entre provinciaux (les Girondins) et Parisiens (les Montagnards). Chaque faction, persuadée d'incarner le peuple alors qu'elle ne représente qu'une minorité, s'arroge le droit de parler au nom de tous. Et afin de justifier le maintien de leur pouvoir par la contrainte, les activistes inventent des complots, prélude à l'escalade de la répression.

Jugé en décembre 1792, Louis XVI est la victime expiatoire de ce processus. En vue de créer l'irréparable, les Montagnards veulent, selon le mot de Danton, « jeter en défi une tête de roi ». Cependant, même parmi les Girondins, ceux qui souhaitent sincèrement sauver le monarque ne peuvent prendre le risque d'apparaître comme des républicains tièdes. Ils osent quand même demander que la sentence soit soumise à la ratification du peuple, mais la proposition est rejetée. Le 18 janvier 1793, la Convention déclare l'accusé coupable, 387 voix se prononçant pour la mort sans condition, 334 pour la détention ou la mort conditionnelle. En vérité, Louis XVI n'a commis d'autre crime que d'exister. « Si Louis peut être l'objet d'un procès, s'indigne Robespierre, il peut toujours être absous ; il peut être innocent : que dis-je ? il est présumé l'être jusqu'à ce qu'il soit jugé ; mais si Louis est absous, si Louis peut être présumé innocent, que devient la Révolution ? » Le 21 janvier 1793, l'exécution du roi introduit une rupture symbolique dans l'histoire de France.

Partie à la conquête de l'Europe, la Convention annexe la Belgique et la rive gauche du Rhin. Se sentant en danger, l'Angleterre rejoint la coalition austro-prussienne. Au printemps 1793, les défaites françaises se succèdent. La Belgique est évacuée, Mayence capitule, l'Alsace est envahie, les Anglais occupent Toulon. L'assignat a perdu la moitié de sa valeur. Parmi la population, le mécontentement gronde. Afin de ne pas se laisser dépasser par la Commune, les Montagnards imposent des mesures d'exception. Créé le 28 mars 1793, le tribunal criminel extraordinaire de Paris prononce des sentences sans appel et immédiatement exécutoires. En province et aux armées, des représentants en mission sont chargés de contrôler les autorités. Des comités de surveillance (il y en aura vingt mille dans tout le pays) délivrent des certificats de civisme. Dressant la liste des suspects, ils les interrogent et les font interner. Émigrés et rebelles sont désormais passibles de la peine de mort. Fondé le 6 avril, le Comité de salut public étend son emprise sur tous les organes civils et militaires de l'État, faisant régner une dictature implacable.

Le 2 juin 1793, avec l'aide des sections parisiennes,

les Montagnards l'emportent sur leurs adversaires : vingt-neuf députés girondins sont arrêtés. En Normandie, dans le Sud-Ouest et le Sud-Est, les Girondins suscitent une insurrection dressée contre la capitale. Aux frontières, la situation n'est pas meilleure : l'Alsace et le Nord sont envahis. En février, 300 000 hommes ont dû être mobilisés.

C'est à ce moment que la Vendée prend les armes. Nostalgie de l'Ancien Régime ? Reynald Secher a montré que cette région (qui s'étend au-delà de l'actuel département de la Vendée) n'était pas une province arriérée, soumise aux prêtres et aux nobles [1]. Comme partout, les idées nouvelles y ont pénétré. En 1789, les cahiers de doléances et la réunion des États généraux y ont été reçus avec espoir. En 1790, les Vendéens ont acheté des biens nationaux. Mais l'obligation faite aux prêtres de se soumettre à la Constitution civile du clergé a suscité un malaise qui est allé grandissant, en 1791, et qui a culminé, en 1792, quand les prêtres réfractaires ont été pourchassés. Donnant lieu à d'innombrables incidents, la conscription lancée en 1793 met le feu aux poudres.

La révolte vendéenne est un soulèvement populaire : ce sont les paysans qui forcent les nobles à leur servir d'officiers. Les insurgés commencent par aligner les victoires, échouant devant Nantes mais prenant Saumur et Angers. « Détruisez la Vendée », lance Barère à la Convention. Pendant l'été 1793, le Comité de salut

1. Reynald Secher, *Le Génocide franco-français. La Vendée-Vengé*, PUF, 1986.

public réunit plusieurs armées qui ont pour consigne de ne pas faire de quartier. Franchissant la Loire, les familles vendéennes tentent d'échapper à l'étau qui se resserre sur elles. Les révoltés investissent Le Mans, s'avancent en direction de la Normandie, mais refluent sous le nombre. Le 23 décembre 1793, les débris de l'« armée catholique et royale » sont anéantis à Savenay. « Il n'y a plus de Vendée, annonce Westermann à la Convention : elle est morte sous notre sabre libre. J'ai écrasé les enfants sous les pieds de mes chevaux, massacré les femmes qui n'enfanteront plus de brigands. Je n'ai pas un prisonnier à me reprocher. J'ai tout exterminé. »

Ce n'est que le premier acte de la tragédie. À Nantes, Carrier fait régner une terreur atroce, noyant 10 000 innocents dans la Loire. « Nous ferons de la France un cimetière, proclame-t-il, plutôt que de ne pas la régénérer à notre façon. »

Afin de prévenir un nouveau soulèvement, les colonnes infernales de Turreau sillonnent le pays. De décembre 1793 à juin 1794, elles massacrent la population, incendient les fermes et les villages, détruisent les récoltes et les troupeaux. D'après les calculs de Reynald Secher, sur 815 000 habitants de la Vendée, 117 000 ont péri, soit une personne sur huit. Un autre historien, Jacques Hussenet, alourdit ces chiffres. Selon lui, entre 1793 et 1796, les guerres de Vendée ont provoqué, dans les deux camps, de 140 000 à 190 000 victimes, entre le cinquième et le quart de la population, localement le tiers ou la moitié[1]. Or, au plus fort de la répression, en

1. *Recherches vendéennes*, 1994, 1995 et 1996 ; cité par Patrice Gueniffey, *La Politique de la Terreur*, Fayard, 2000.

1794, il n'y a plus de danger pour la République. Ni intérieur, puisque les Vendéens ont été militairement écrasés, ni extérieur, les armées françaises ayant accumulé les victoires entre octobre et décembre 1793. Populicide (le mot est de Babeuf) ou génocide ? Quel que soit le terme adéquat, si l'opération de maintien de l'ordre s'est transformée en entreprise exterminatrice, c'est bien pour des raisons idéologiques. Des représentants en mission l'écrivaient au général Haxo : « Il faut que la Vendée soit anéantie parce qu'elle a osé douter des bienfaits de la liberté. »

La Terreur à l'ordre du jour

Le 24 juin 1793, l'Assemblée adopte une nouvelle Constitution, suspendue le 10 octobre suivant. « Le gouvernement provisoire de la France sera révolutionnaire jusqu'à la paix » : c'est le triomphe du régime d'exception. Le pays se trouve abandonné aux mains du Comité de salut public, qui met « la Terreur à l'ordre du jour ». Le 17 septembre 1793, la loi des Suspects généralise un système fonctionnant déjà. La loi étendant son champ d'accusation à tous ceux qui n'ont pas effectivement attenté à la République, tout Français devient un coupable potentiel. « Vous avez à punir non seulement les traîtres, tonne Saint-Just, mais les indifférents même. Vous avez à punir quiconque est passif dans la République et ne fait rien pour elle. »

Le tribunal révolutionnaire siège en permanence. Fouquier-Tinville, l'accusateur public, personnage corrompu et criblé de dettes, décide de la vie et de la mort de ses victimes en fonction de leurs ressources et de leur docilité. Ceux qui attendent d'être jugés et possèdent les moyens de payer sont placés en maison de santé ; quand ils ne paient plus, ils prennent la direction de la prison et de la guillotine. À Lyon, cité révoltée en mai 1793 et matée six mois plus tard, les insurgés sont si nombreux qu'ils sont exécutés au canon. Il faut « réduire la population de plus de moitié », lance le conventionnel Jean Bon Saint-André.

La politique antireligieuse atteint son paroxysme à cette époque. Entré en vigueur le 5 octobre 1793, le calendrier de Fabre d'Églantine remplace le dimanche par le décadi. Tout comme le décompte des années à partir de la naissance de la République, cette chronologie rompant avec le passé vise à effacer l'antique division du temps instituée par le christianisme. Le 10 novembre 1793, Notre-Dame de Paris devient le temple de la Raison. C'est là que se déroulera le culte de l'Être suprême, rite laïc inventé par Robespierre. Le 23 novembre 1793, toutes les églises parisiennes sont fermées. Une décision identique est prise dans les localités contrôlées par les « enragés ». Dans la capitale ou en province, une vague de vandalisme s'attaque aux édifices religieux, qui sont pillés, mutilés et parfois détruits. Le député de l'Oise, Anacharsis Cloots, se proclame « ennemi personnel de Jésus-Christ ».

Protestants et Juifs ont accueilli la Révolution avec faveur, attendant l'émancipation totale que Louis XVI n'avait pas eu le temps de leur donner. Ils déchantent vite. De novembre 1793 à mars 1795, ce n'est pas seulement le catholicisme qui est hors la loi : réformés ou juifs, tous les lieux de culte sont fermés. À Metz, les synagogues sont dévastées. En Alsace, les livres hébraïques et les ornements sacrés sont brûlés. Des rabbins entrent dans la clandestinité. Baudot, commissaire de la Convention auprès des armées de Rhin et Moselle, réclame la « régénération guillotinière » pour les Juifs qui « mettent la cupidité à la place de l'amour de la patrie, et leurs ridicules superstitions à la place de la Raison ». Déclaré suspect, un juif de Bordeaux, Jean Mendès, ose affirmer à l'audience que « ses principes religieux ne s'accordent point avec la Constitution ». Il est envoyé à l'échafaud.

Au début de l'année 1794, les frontières sont dégagées. Des officiers ont connu une promotion foudroyante, donnant à la Révolution une génération de jeunes généraux qui seront les maréchaux de Napoléon. Les troupes françaises mènent une offensive qui les conduira à la victoire de Fleurus (26 juin 1794). À l'intérieur, on l'a dit, la Vendée est écrasée et l'insurrection fédéraliste brisée. C'est le moment où la Terreur atteint son apogée. Entre mars et avril 1794, Robespierre élimine ses rivaux, hébertistes et dantonistes. « Le gouvernement de la Révolution, assène l'Incorruptible, c'est le despotisme de la liberté contre la tyrannie. » La loi du 22 prairial an II (10 juin 1794) institue la Grande Terreur. À Paris, les effectifs du tribunal révolutionnaire étant quintuplés, les interrogatoires préalables et les avocats sont supprimés. La guillotine fonctionne six heures par jour, expédiant près de 900 condamnés par mois. Au cours des dix mois de la dictature de Robespierre, 500 000 personnes auront été emprisonnées, 300 000 assignées à résidence, 16 594 guillotinées. Quand il évoquait les « suspects », Couthon ne prenait pas de précaution oratoire : « Il s'agit moins de les punir que de les anéantir. »

L'opinion, cependant, est lasse du sang. Et les dirigeants révolutionnaires, qui risquent l'épuration en permanence, en ont assez de trembler pour leur propre vie. Le 27 juillet 1794 (9 thermidor an II), Robespierre et ses amis tombent à leur tour. Le pouvoir passe à des terroristes repentis ou à des opportunistes qui ont accepté et cautionné la Terreur. La Commune de Paris et le tribunal révolutionnaire sont supprimés. Jacobins et Montagnards sont poursuivis. La relative détente de la réaction thermidorienne, cependant, ne se remarque pas sur le plan religieux. Le 18 septembre 1794, la Convention décide de ne plus salarier aucun culte : l'Église est dès lors séparée de l'État. En février 1795, la liberté des cultes est rétablie, mais les prêtres doivent prêter un nouveau serment de « soumission et obéissance aux lois de la République ». En septembre et octobre, les réfractaires qui ont cru pouvoir sortir de l'ombre seront victimes d'une nouvelle Terreur.

Robespierre n'est plus là, mais le germe de la violence essaime toujours. La hausse du coût de la vie et la misère des faubourgs provoquant des troubles, une foule déchaînée envahit la Convention le 20 mai 1795. Un député est tué, et sa tête est présentée à l'Assemblée. Six extrémistes constituent un gouvernement, vite balayé par la garde nationale. Incarcérés, les six rebelles tentent de se suicider avec le même couteau : un seul y parvient. Les autres, agonisants, sont traînés à la guillotine. En juin 1795, après l'échec du débarquement royaliste de Quiberon, 700 émigrés sont fusillés.

Le 22 août 1795, la Convention thermidorienne adopte une nouvelle Constitution. Celle-ci prévoit que la représentation nationale sera assurée par deux Assemblées, le Conseil des Anciens et le Conseil des Cinq-Cents. Un décret ajoute cependant que les deux tiers des députés seront choisis parmi les membres de la Convention sortante. Quant au pouvoir exécutif, il est détenu par cinq directeurs, les titulaires élus étant tous des régicides. Sous le Directoire, la Constitution est peut-être nouvelle, mais le pouvoir ne change pas de main : la Révolution continue. Le 5 octobre 1795, devant l'église Saint-Roch, Bonaparte mitraille les contre-révolutionnaires parisiens. Le 25 octobre, l'ultime décret des Thermidoriens reproduit les textes de 1792 et 1793 frappant les ecclésiastiques, et ressuscite contre les nobles la loi des Suspects de septembre 1793. Au cours de l'année 1796, 1 448 prêtres français et 8 235 prêtres belges sont envoyés au bagne de Cayenne.

Aux élections d'avril 1797, les conventionnels sortants sont battus : dans les Conseils, les royalistes remportent la majorité. Entre les directeurs jacobins et les Assemblées contre-révolutionnaires, le conflit éclate bientôt. Le 4 septembre 1797 (18 fructidor an V), l'élection de 200 députés est annulée, et le Directoire fait appel à l'armée. Lors de ce coup d'État, 65 députés et journalistes royalistes sont déportés en Guyane. Ensuite, c'est à l'opposition de gauche d'être muselée. Les élections d'avril 1798 se traduisant par une poussée jacobine, 106 députés radicaux sont invalidés.

En 1799, le Directoire connaît une nouvelle poussée à gauche. Le 18 juin (30 prairial an VII), un coup d'État jacobin contraint trois directeurs à la démission, les remplaçant par des extrémistes. Aussitôt, l'esprit révolutionnaire est réactivé. Le 12 juillet est votée une loi qui institue des listes d'otages dans chaque département. La politique antireligieuse reprend : de nombreuses églises sont fermées ou vendues, et l'État relance le culte décadaire. Le 28 août, Pie VI, prisonnier de la République, meurt à Valence. L'année 1799 semble ainsi marquer la fin du christianisme en France. À Toulouse, à Bordeaux, en Vendée, en Bretagne et en Normandie, des insurrections royalistes éclatent.

En octobre 1799, Bonaparte est de retour d'Égypte. Depuis sa campagne d'Italie de 1796-1797, sa renommée n'a fait que croître. Un des directeurs, Sieyès, s'entend avec lui. Le 9 novembre (18 brumaire an VIII), après la nomination du jeune général au poste de commandant des troupes de Paris, les directeurs démissionnent. Le 10 novembre (19 brumaire), l'armée chasse les Cinq-Cents qui refusent ce coup d'État. La Constitution de l'an VIII est promulguée le 15 décembre 1799. Premier consul, Bonaparte possède le pouvoir exécutif et une grande part du pouvoir législatif — les deux autres consuls ne détenant qu'un pouvoir consultatif. Trois Assemblées sont créées, dont les membres sont nommés par le gouvernement. Le philosophe Cabanis — qui a aidé Bonaparte à prendre le pouvoir — dira de cette Constitution : « La classe ignorante n'exercera plus son influence ni sur la législation ni sur le gouvernement ; tout se fait pour le peuple et au nom du peuple, rien ne se fait par lui et sous sa dictée irréfléchie. » C'est par la dictature que se termine la Révolution.

Régénérer l'humanité : un projet totalitaire

« Liberté, que de crimes on commet en ton nom. » Après plus de deux siècles, la formule prêtée à Mme Roland gravissant les marches de l'échafaud garde sa vibration effrayée. En additionnant les condamnations capitales prononcées par l'instance judiciaire, les exécutions sommaires, les décès en prison et les victimes de la guerre civile (tous camps confondus), le bilan global de la Terreur s'établit entre 200 000 et 300 000 morts. Soit 1 % de la population de l'époque. À l'échelle de la France d'aujourd'hui, cela donnerait près de 600 000 morts !

Malgré les idées reçues, la première victime de cette hécatombe a été le peuple français. « Les aristocrates à la lanterne », chante *la Carmagnole*. Mais pendant la Révolution, un « aristocrate » n'est pas un membre de la noblesse : fût-il artisan ou paysan, c'est un rebelle au nouveau régime. « Le mot aristocrate signifie, en général, un ennemi de la Révolution, signale Thomas Paine. On en use sans lui donner la signification particulière qui s'attachait autrefois à l'aristocratie [1]. » Macabre comptabi-

---

1. Lettre à Edmund Burke, 17 janvier 1790. Cité par Alfred Cobban, *Le Sens de la Révolution française*, Julliard, 1984.

lité, les études statistiques montrent que les guillotinés étaient à 31 % des ouvriers ou des artisans, à 28 % des paysans, à 20 % des marchands ou des spéculateurs. Les nobles et les ecclésiastiques n'ont respectivement fourni que 9 % et 7 % des victimes.

Victimes de la Révolution ou victimes de la Terreur ? Peut-on démêler la Révolution de la Terreur ? Longtemps les historiens de gauche (Aulard, Mathiez, Lefebvre, Soboul, Vovelle) ont assumé la Terreur, les communistes voyant dans la Révolution française la préfiguration de la révolution bolchevique : Albert Mathiez saluait le « rouge creuset où s'élabore la démocratie future sur les ruines accumulées de tout ce qui tenait à l'ancien ordre ». Les historiens de droite (Taine, Cochin, Gaxotte), stigmatisant la Terreur, soulignaient que le projet jacobin — créer un homme nouveau — était forcé d'engendrer un système coercitif. Les libéraux du XIXe siècle (Thiers, Quinet, Tocqueville) avaient été les plus embarrassés : comment louer la Révolution en évacuant 1793 ?

À partir des années 1960, ces clivages ont commencé à être bousculés. En 1965, François Furet et Denis Richet, deux anciens communistes, publiaient un ouvrage qui scandalisait la Sorbonne. C'était l'époque où les études universitaires — dominées par Albert Soboul, mandarin de gauche — étaient encore vouées à la vénération intégrale de l'entreprise révolutionnaire. Dans *La Révolution française*, Furet et Richet condamnaient la Terreur, dans laquelle ils voyaient un dérapage survenu entre

1791 et 1792[1]. C'était un premier pas — courageux — pour se distancier de la légende officielle.

Mais pourquoi distinguer un seul dérapage dans l'histoire de la Révolution ? On l'a vu, les événements dérapent en juin et en juillet 1789, en octobre 1789, en juin et en juillet 1791, au printemps 1792, en août et en septembre 1792, en mars et en avril 1793, en mai et en juin 1793. Et après la Terreur proprement dite (septembre 1793), le mécanisme continue : la Grande Terreur de 1794, la Convention thermidorienne (1795) et le Directoire (1795 à 1799) enchaînent les dérapages.

Cette continuité n'a pas échappé à François Furet. Au fur et à mesure de ses travaux, jusqu'à sa mort prématurée (1997), l'historien est allé de plus en plus loin. « La culture politique qui conduit à la Terreur, remarquait-il en 1978, est présente dans la Révolution française dès l'été 89. La guillotine s'alimente à sa prédication morale[2]. » « Le répertoire politique de la Révolution, soulignait-il en 1988, n'a jamais ouvert la moindre place à l'expression légale du désaccord[3]. » « Les hommes de 1789, ajoutait-il en 1995, ont aimé, proclamé l'égalité de tous les Français et ils ont privé beaucoup d'entre eux du droit de vote, et d'autres du droit d'être élus[4]. »

---

1. François Furet et Denis Richet, *La Révolution française*, Hachette, 1965.

2. François Furet, *Penser la Révolution française*, Gallimard, 1978.

3. François Furet et Mona Ozouf, *Dictionnaire critique de la Révolution française*, Flammarion, 1988.

4. François Furet, *Le Passé d'une illusion*, Robert Laffont/Calmann-Lévy, 1995.

Furet a joué un rôle irremplaçable. Car cet homme de gauche, rallié au libéralisme mais jamais à la Contre-Révolution, ose regarder la réalité en face, en rejoignant sous un certain angle le point de vue d'historiens qu'on ne voulait pas écouter, car on les classait à droite. La Terreur, explique-t-il, est liée à la Révolution — séisme qui renverse brutalement les rapports sociaux — parce qu'elle procède d'un dessein explicite de rupture avec l'univers antérieur, quel qu'en soit le coût humain. Une réforme peut brusquer les hommes : la Révolution les pulvérise.

En 1989, lors du bicentenaire, ce sont les historiens critiques à l'égard de la mythologie révolutionnaire (Chaunu, Tulard, Bluche) qui ont donné le ton. Depuis, la recherche n'a fait que confirmer leurs démonstrations.

En 1999, Alain Gérard publie un ouvrage sur la guerre de Vendée conçue comme point focal de la Terreur. Analysant la conception de l'homme exprimée par le discours des conventionnels, l'auteur en tire cette conclusion : si les Vendéens (et, au-delà, tous les contre-révolutionnaires ou tous les opposants au gouvernement de salut public) devaient être liquidés, c'est parce qu'ils incarnaient une sous-humanité. « C'est par principe d'humanité que je purge la terre de la Liberté de ces monstres », affirmait Laplanche, un représentant de la Convention. Massacrer la population civile, c'était répudier le monde ancien pour régénérer l'humanité, dans le but de fabriquer un homme nouveau, digne de vivre dans la société nouvelle. Commentaire d'Alain Gérard : « La volonté de s'affranchir de toute expérience, de toute tradition, condamne la Révolution à la dérive et, à terme, à la violence intégrale[1]. »

En 2000, Patrice Gueniffey consacre à la Terreur un essai dans lequel il développe une réflexion sur la notion de pouvoir. Selon cet historien, la violence révolutionnaire prolonge l'absolutisme royal, parce que, tout en conservant la même puissance, la souveraineté nationale a été substituée à la souveraineté du roi. La thèse est contestable : d'une part, parce que toutes les barrières sociales qui bornaient le pouvoir de l'État ont sauté à la fin de l'Ancien Régime, d'autre part, parce que le mécanisme de la loi des Suspects n'a pas de précédent dans l'histoire moderne, même au pire moment des guerres de Religion. Pour Gueniffey, cependant, « la Terreur est le produit de la dynamique révolutionnaire et, peut-être, de toute dynamique révolutionnaire. En cela, elle tient à la nature même de la Révolution, de toute révolution ». Et l'historien de remarquer : « L'histoire de la Terreur commence avec celle de la Révolution et finit avec elle[2]. »

Rappelons-nous le cri de Barnave, le 23 juillet 1789, après que les premiers innocents eurent été assassinés : « Ce sang était-il donc si pur ? » Ce mot terrible contient toute la logique de la Terreur. Pour les extrémistes, il faut expurger la société. Le peuple réel doit être échangé contre un peuple idéal : parmi la population, les mauvais disparaîtront, les bons resteront. Pourquoi ne pas men-

1. Alain Gérard, *« Par principe d'humanité... » La Terreur et la Vendée*, Fayard, 1999.

2. Patrice Gueniffey, *op. cit.*

tionner que ce raisonnement se retrouve dans certains écrits des Lumières ? Rousseau, dans *Le Contrat social*, soutient que « tout malfaiteur attaquant le droit social devient par ses forfaits rebelle et traître à la patrie. La conservation de l'État est incompatible avec la sienne, il faut qu'un des deux périsse ». La Terreur résulte aussi de la doctrine jacobine de l'État, qui aspire à fonder la république sur un peuple sublimé, celui de la théorie rousseauiste de la volonté générale.

Avant la lettre, c'est un principe totalitaire. Purifier la population de ses éléments indésirables, quitte à pratiquer le meurtre de masse, ce projet sera mis en œuvre, au XXe siècle, par des régimes monstrueux. Les circonstances ont beau ne pas être les mêmes, une même chaîne sanglante relie Robespierre, Lénine, Staline et Hitler. « Il faut monter plus haut, jusqu'à l'étage métaphysique, écrit Alain Besançon, pour reconnaître la ressemblance du paysage conventionnel avec celui des totalitarismes du XXe siècle. Le point essentiel est que le mal y est commis au nom du bien. Le bien consiste à opérer chirurgicalement le monde afin d'en extraire définitivement le principe malin [1]. »

Après le Consulat, Bonaparte devient l'empereur Napoléon. En se couronnant, il couronne la Révolution. Il reprend cependant le fil de l'histoire nationale. Non pas dans sa folle politique étrangère, qui a mis l'Europe à feu et à sang, mais dans son œuvre intérieure. Si centralisatrice et bureaucratique qu'elle ait été, elle est

1. Préface du livre d'Alain Gérard, *op. cit.*

immense. Elle prolonge l'action de la Constituante. Elle reprend également des idées venues de plus loin. Gaudin, l'homme qui rétablit les finances, est entré dans l'administration à la fin du règne de Louis XV, et ses mesures fiscales s'inspirent souvent de l'Ancien Régime. Le Code civil, marqué par l'individualisme révolutionnaire (Renan lui reprochait d'instituer une société où l'homme naît enfant trouvé et meurt célibataire), est rédigé par Tronchet, qui était avocat sous Louis XVI. Ce code contient une large partie de la législation en vigueur avant 1789. Des ordonnances de Colbert se trouvent ainsi intégrées au droit contemporain. « La Révolution, remarque Jacques Bainville, a continué au moins autant qu'elle a innové. »

L'égalité devant la loi et devant l'impôt, l'amélioration des mécanismes d'ascension sociale, l'institution d'assemblées représentatives, toutes ces mesures que la monarchie n'avait su prendre sont portées au crédit de la Révolution. Mais d'autres pays ont effectué ces évolutions sans révolution. C'est-à-dire sans idéologie, sans rupture, sans table rase, sans dictature, sans parti unique, sans violence, sans guerre civile, sans Terreur. De 1789 à 1799, la Révolution a inauguré la foi en l'utopie. Et légué à notre culture politique une profonde inaptitude à la réforme : en France, les changements s'opèrent au terme de rapports de force, et souvent par la violence. Il n'est pas sûr que cette méthode soit juste.

9

La Commune de 1871

« Il était naïf, car c'était un révolutionnaire. »

Joseph ROTH.

Le 19 avril 2000, le maire de Paris, Jean Tiberi, a inauguré une place de la Commune de 1871. Baptiser de ce nom un carrefour du XIIIe arrondissement avait été décidé, neuf mois plus tôt, par une majorité municipale de droite. Il n'avait pas été peu surprenant de voir des élus se réclamant de la démocratie libérale rendre hommage à un événement qui appartient à l'imaginaire de la gauche socialiste et communiste. Surtout si l'on se rappelle que les communards incendièrent l'Hôtel de Ville de Paris…

La Commune de 1871, révolte dressée contre un Parlement élu par les Français au suffrage universel, représente soixante-douze jours d'anarchie au cours desquels un pouvoir insurrectionnel a régné par la terreur sur la capitale. Qui est responsable de cette tache sanglante dans l'histoire de France ? Est-ce le républicain Thiers, qui laissa ses troupes mener sans discernement la répression, ou bien sont-ce les communards, dont l'utopie était porteuse d'une violence que plus personne n'ose rappeler ?

Droit de vote ou barricades

Comprendre la Commune nécessite de retourner en arrière. Le drame de 1871 ne peut être séparé des convulsions de 1830 et 1848 où Paris, déjà, s'est couvert de barricades. Il ne peut pas non plus être dissocié d'une découverte effectuée au fur et à mesure de l'élargissement du droit de vote : au XIXe siècle, le suffrage universel est conservateur, ce qui a conduit le Paris révolutionnaire à s'insurger contre la démocratie quand celle-ci n'allait pas dans son sens.

Le 4 juin 1814, Louis XVIII octroie une charte constitutionnelle qui garantit les libertés individuelles et l'égalité devant la loi. La Chambre des députés, élue au suffrage restreint, partage le pouvoir législatif avec la Chambre des pairs nommée par le roi. Sous la Restauration, ultras et libéraux se disputent la majorité à la Chambre. Pétitions, amendements, interpellations du gouvernement : la France découvre les joutes parlementaires. En 1824, Charles X succède à son frère. Lui qui s'impatiente tant devant la Chambre ne comprend pas que l'Assemblée — désignée par les 80 000 électeurs censitaires — est la mandataire de la bourgeoisie. Or celle-ci est voltairienne sur le plan religieux et antidynastique sur le plan politique. Mais pour rien au monde le roi ne consentirait au suffrage universel, dans lequel il voit un facteur révolutionnaire. Grave erreur.

En mars 1830, la Chambre demande la tête du président du Conseil, l'ultra Polignac. En mai, Charles X dissout l'Assemblée. Mais en juillet, les nouvelles élections renforcent la majorité libérale. Comme l'article 14 de la Charte les y autorise, le roi et son ministre décident de gouverner par ordonnances. Le 26 juillet 1830, la Chambre est dissoute et la loi électorale modifiée, réduisant le nombre des électeurs. Dès le lendemain, la population parisienne descend dans la rue. Le 28 juillet, les premières barricades s'élèvent dans les faubourgs populaires. Le 30 juillet, Charles X retire ses ordonnances. Trop tard : la capitale est aux mains des insurgés. À l'Hôtel de Ville, La Fayette fait hisser le drapeau tricolore. Certains réclament l'instauration de la république, mais les chefs de l'opposition (Laffitte, Perier et Thiers) proposent le pouvoir au duc d'Orléans. Le 3 août, Charles X part pour l'exil et, trois jours plus tard, Louis-Philippe devient roi des Français.

La grande masse du pays est restée étrangère aux événements. Les « Trois Glorieuses » (27, 28, 29 juillet 1830), cependant, sont à l'origine d'un mythe puissant, qui possède ses symboles : le drapeau tricolore, les barricades, l'Hôtel de Ville de Paris et la colonne de la Bastille. Glorifié par le tableau de Delacroix, *La Liberté conduisant le peuple* (image qui aura illustré des centaines de livres d'histoire), ce mythe coagule des réminiscences de la grande Révolution : le peuple de la capitale est considéré comme l'avant-garde du peuple de France, qui a pour mission de porter la liberté aux autres peuples.

La charte révisée de 1830 accroît le caractère parlementaire de la monarchie. Le cens est abaissé, mais il demeure ; on compte 170 000 électeurs en 1832, 250 000 en 1845. Napoléon s'était appuyé sur la pratique du plébiscite, Louis XVIII et Charles X sur le principe de légitimité : Louis-Philippe ne bénéficie d'aucune de ces ressources. Si sa diplomatie pacifique mécontente ceux que l'épopée impériale fait rêver, elle satisfait les paisibles masses rurales et la moyenne bourgeoisie, mais celles-ci ne votent pas. La garde nationale, troupe de maintien de l'ordre, recrute des hommes qui ne votent pas plus. La monarchie de Juillet repose donc sur des bases fragiles.

En 1847, une campagne de banquets républicains réclame l'abaissement du cens électoral. Guizot, le président du Conseil, y est hostile. Le 14 février 1848, il fait interdire un banquet parisien. Le 22 février, une manifestation de protestation demande son renvoi. Des barricades s'érigent dans la capitale. Le 23 février, l'armée tire sur les manifestants, mais la garde nationale pactise avec la foule. Renvoyant Guizot, le roi nomme Thiers Premier ministre. Le 24 février au matin, un millier de barricades obstrue les artères de Paris. Thiers propose à Louis-Philippe de reprendre la ville par les armes, mais, ne voulant pas se maintenir au prix d'une guerre civile, le roi abdique. Dans la soirée, ce 24 février 1848, Lamartine proclame la république, et Louis-Philippe prend la route de l'Angleterre.

À nouveau, les événements ont été un épisode parisien, provoqué par un coup de force de la rue. À aucun moment la France n'a été consultée : voulait-elle la révolution ?

À peine installé, le gouvernement a promis le droit au travail. Le 26 février 1848, afin d'occuper les chômeurs, il crée les Ateliers nationaux. Changement capital, le suffrage universel est institué pour toutes les élections (les femmes en restant néanmoins exclues), et d'abord pour les législatives qui viennent d'être convoquées. À gauche, les plus radicaux sont inquiets : « J'avoue que j'ai eu froid dans le dos quand j'ai appris que le suffrage universel était installé en France », avouera Jean Macé, le futur fondateur de la Ligue de l'enseignement. Que faire si les électeurs donnent la victoire à la réaction ? Le 17 mars, les socialistes réclament l'ajournement du scrutin, et la « dictature du progrès ».

Le 23 avril 1848, 84 % des 9,4 millions de Français inscrits sur les listes électorales vont voter. Sur plus de 800 sièges de députés, les républicains avancés en remportent moins de 100, modérés et royalistes se partageant la majorité. Stupéfiante révélation : le suffrage universel est conservateur. Cela ne convient pas aux extrémistes qui se disent pourtant démocrates. Le 15 mai, des émeutiers envahissent la Chambre et prennent l'Hôtel de Ville. La garde nationale reprend cependant le contrôle de la situation. L'échec de cette tentative insurrectionnelle n'a apporté qu'un répit. Le 21 juin, les Ateliers nationaux n'ayant fourni d'emploi à personne mais servant de foyers d'agitation, ils sont fermés par ordre de l'Assemblée. Cette décision agit comme un détonateur : le 23 juin, des barricades s'édifient dans Paris. L'Assemblée confie alors les pleins pouvoirs au général Cavaignac, qui met trois jours à venir à bout de l'insurrection. Le bilan est lourd : 4 000 tués parmi les insurgés, 1 600 parmi les forces de l'ordre. « La République a de la chance, elle peut tirer sur le peuple », sourira tristement Louis-Philippe.

En août 1848, aux élections locales, la province vote massivement à droite, approuvant la réaction bourgeoise. La Constitution promulguée au mois de novembre suivant prévoit l'élection au suffrage universel d'un président de la République doté d'un mandat de quatre ans. Le 10 décembre 1848, Louis-Napoléon Bonaparte est élu avec 74 % des voix. Ont voté pour lui les paysans conservateurs, les citadins libéraux comme les ouvriers révolutionnaires : son nom a servi d'attrape-tout.

En mai 1849, l'élection législative porte au pouvoir une Assemblée où les monarchistes sont majoritaires. Toutefois, réitérant l'erreur de la Restauration et de la monarchie de Juillet, ils ne comprennent pas que le suffrage universel n'est pas un facteur révolutionnaire : en 1850, l'Assemblée réduit de trois millions le nombre d'électeurs.

En sens inverse, le prince-président, jouant sur le registre démocratique, se constitue une clientèle politique. Songeant à se faire réélire, Louis-Napoléon a besoin d'une révision constitutionnelle l'autorisant à effectuer un second mandat. L'Assemblée refuse, car les royalistes ne désespèrent pas de sortir de l'impasse où les plonge la division dynastique entre orléanistes et légitimistes. Bonaparte entreprend donc de préparer un coup d'État. Le 2 décembre 1851, après l'arrestation de

230 députés — royalistes ou républicains —, l'Assemblée est dissoute.

La IIe République était un régime paradoxal, né sur les barricades parisiennes et doté par le pays d'une Assemblée aux trois quarts royaliste. Une dictature lui succède, mais la France attendait une poigne : le 21 décembre 1851, par 7 millions de oui contre 600 000 non, un plébiscite approuve « le maintien de l'autorité de Louis-Napoléon Bonaparte ». Le 14 janvier 1852, la nouvelle Constitution confie le pouvoir exécutif au président de la République, qui est élu au suffrage universel pour dix ans. Connaissant le sentiment monarchiste de la province, Louis-Napoléon, le 7 novembre 1852, propose le rétablissement de la dignité impériale en sa personne. Le 21 novembre, par 7 800 000 oui contre 250 000 non, les électeurs ratifient ce choix. Le 2 décembre 1852, l'Empire est proclamé. Alternativement conservateur et révolutionnaire afin de contenter les différentes tendances des Français, ayant réduit l'opposition à l'impuissance, Napoléon III gouvernera longtemps sans partage, soutenu par les masses rurales, l'Église et la bourgeoisie libérale.

1870 : guerre et paix

Par idéologie, l'empereur était favorable au principe des nationalités. De même qu'il avait appuyé l'unité italienne, il verra d'abord d'un œil favorable les efforts de Bismarck pour parvenir à l'unité allemande. Mais en 1866, quand les Prussiens écrasent les Autrichiens à

Sadowa, Napoléon III se réveille : sa politique a favorisé une puissance qui devient menaçante.

Début juillet 1870, des négociations se déroulent à Ems, en Allemagne, entre l'ambassadeur de France et le roi de Prusse, au sujet de la candidature du prince de Hohenzollern-Sigmaringen au trône d'Espagne, candidature à laquelle Napoléon III s'oppose. Rendant publique la teneur de l'entrevue, Bismarck déforme volontairement le sens de sa dépêche, lui conférant un tour insultant pour les Français. Le chancelier veut la guerre : il l'aura.

À Paris, l'opinion s'enflamme. Malgré l'opposition de Thiers, le Corps législatif accepte l'engagement contre Berlin. Le 19 juillet, sûre de sa force, la France déclare les hostilités. « L'armée prussienne n'existe pas », plastronne le ministre de la Guerre, le maréchal Lebœuf. Chimère : dès le 12 août, la bataille des frontières est perdue. Et sur le sol français, les défaites s'enchaînent. L'armée de Bazaine est encerclée dans Metz. Le 2 septembre 1870, Napoléon III capitule à Sedan. Avec 100 000 hommes, il est fait prisonnier.

La nouvelle du désastre parvient à Paris le 3 septembre. Aussitôt, un mot d'ordre parcourt la ville : rassemblement le lendemain à la Concorde. Le 4 septembre, une foule de 100 000 personnes déborde la troupe, entoure le Palais-Bourbon et envahit la Chambre. Devant un hémicycle rempli d'émeutiers, Léon Gambetta prononce la déchéance de l'empereur. Sur proposition de Jules Favre, les chefs de la gauche se rendent à l'Hôtel de Ville, cerné lui aussi par les manifestants. C'est symboliquement là que la République est proclamée. Sous la présidence du général Trochu, un gouvernement provisoire de la Défense nationale est constitué. Étienne Arago est nommé maire de la capitale. Une fois de plus, le changement de régime est intervenu sous la pression de la rue, sans que l'opinion ait été consultée. Le nouveau pouvoir ferme d'ailleurs les Assemblées. La république du 4 septembre 1870, c'est la république de Paris.

À croire la légende, la pure ferveur patriotique aurait animé les pères fondateurs de la IIIe République. La vérité oblige à dire que ce n'est pas vrai, ou du moins que ce n'est pas toujours vrai. Les réflexes idéologiques ont eu leur part dans les événements.

Le 1er août 1870, alors que les opérations militaires commençaient, *Le Rappel*, un journal républicain, imprimait ces lignes : « La France court, en ce moment-ci, deux dangers. Le moindre est le danger de la défaite, parce que c'est le moins probable. Le plus sérieux, c'est la victoire. » À l'annonce d'un fait d'armes où les Prussiens avaient été repoussés, Alfred Naquet, d'après Jules Vallès, « pleurait de rage ». Le 7 août, en apprenant la première défaite française, Jules Favre se réjouissait : « Les armées de l'empereur sont battues. » Le 9 août, alors que le conflit faisait rage, 20 000 manifestants exigeaient la déchéance de Napoléon III. Le 14 août, Blanqui, vieil agitateur qui totalisait vingt années de prison, tentait en vain d'attaquer la caserne des pompiers de la Villette afin de se procurer des armes pour soulever Paris. Après le désastre de Sedan, Francisque Sarcey, le critique dramatique, notait dans son journal : « Je ne crois pas avoir joui plus pleinement du bonheur de vivre que dans ces quelques heures. Aujourd'hui, c'était la nation elle-même qui allait se lever en armes et faire ses affaires elles-mêmes. Nous recommencerions 92. »

Républicaine ou socialiste, la gauche vit toujours dans le culte de la levée en masse, dans le mythe de la guerre faite aux rois, aux nobles et aux prêtres. En 1870, plutôt que de s'affliger de la défaite de la France, les républicains saluent la chute de Napoléon III.

Socialement, les grands travaux d'Haussmann ont coupé Paris en deux. À l'ouest les riches, à l'est les pauvres. L'essor économique du Second Empire n'a guère profité aux arrondissements où dominent l'artisanat et la petite industrie. En 1800, l'agglomération comptait 550 000 habitants ; vers 1850, ils étaient un million ; en 1870, ils sont 1 900 000, dont seulement 35 % de Parisiens de naissance. Attirée par les multiples chantiers ouverts par l'Empire, une frange d'anciens campagnards, déclassés et marginaux, s'est installée dans les quartiers périphériques ou les communes avoisinantes. Parmi cette population, la misère règne, avec son cortège de criminalité, d'alcoolisme et de naissances illégitimes. Alors que le pays connaît un renouveau religieux, la pratique est en recul constant dans la capitale. Et pour le petit peuple, l'idéal républicain tient lieu de foi. « L'ouvrier parisien, souligne Jacques Chastenet, est, à sa manière, profondément patriote. Mais la France dont il a le culte est moins une patrie faite de champs, de bois, de maisons et de tombeaux, qu'une patrie idéologique [1]. » Minoritaire, le socialisme a fait son apparition. Fondée par Marx en

1. Jacques Chastenet, préface de *La Commune de Paris*, par Pierre Dominique, Grasset, 1962.

1864, l'Association internationale des travailleurs possède sa section française. Engels les a prévenus : « Se battre contre les Prussiens pour la bourgeoisie serait une folie. » Ceux-là n'ont en tête que la lutte des classes.

Face au gouvernement qui siège à l'Hôtel de Ville, la municipalité proprement dite fait entendre sa voix, Arago nommant des maires d'arrondissement très à gauche. De leur côté, les délégués de l'Internationale ont mis sur pied un Comité central républicain des vingt arrondissements. Quant à la préfecture de police, elle est infiltrée par les blanquistes. Rentré d'exil, Victor Hugo harangue les Français : « Les Prussiens sont 600 000, vous êtes 37 millions. Dressez-vous et soufflez dessus ! » Mais les sources de pouvoir se multiplient, rivalisent, et se combattent. Qui gagnerait une guerre dans ces conditions ?

À Paris, l'effondrement de l'autorité et l'approche de l'ennemi font fuir la population aisée. En sens inverse, les habitants des villages qui jouxtent la capitale se mettent à l'abri à l'intérieur de la ceinture fortifiée. Le gouvernement stocke des approvisionnements et rassemble des troupes : 100 000 soldats, 100 000 gardes nationaux de province, 100 000 gardes du département de la Seine. Mais ces derniers élisent leurs officiers et les révoquent s'ils ne leur conviennent pas. En tout un demi-million d'hommes qui forment, selon Stéphane Rials, « une masse indisciplinée dont l'ardeur belliciste n'a d'égale que l'incompétence militaire [1] ».

---

1. Stéphane Rials, « La Défense nationale et la Commune de Paris », in *Les Révolutions françaises*, Fayard, 1989.

Le 19 septembre, la capitale est encerclée. Assiégeant Paris, Bismarck n'a pas l'intention de donner l'assaut : il veut affamer la ville. Le 7 octobre, Gambetta s'envole en ballon. À Tours puis à Bordeaux, le délégué du gouvernement mobilise 600 000 hommes. L'effort est incontestable, mais l'idéologie n'est pas mise au rancart. Accusée de sympathies royalistes, une armée de Bretons est laissée sans armes et sans ravitaillement au camp de Conlie, près du Mans, les hommes y mourant de faim et de maladie. Pétri du concept révolutionnaire de l'invincibilité du peuple en armes, Gambetta excite une propagande qui rendra la défaite finale encore plus amère. Durant l'hiver enneigé de 1870-1871, en dépit de l'héroïsme de certains régiments et malgré quelques succès, ces troupes improvisées seront vaincues à Orléans (3-4 décembre 1870), à Saint-Quentin (19 janvier 1871), au Mans (11-12 janvier), à Belfort (17 janvier).

À Paris, cependant, les tentatives de sortie s'avèrent désastreuses. Le 28 octobre 1870, les Prussiens prennent Le Bourget. Le même jour, on apprend que Bazaine, bloqué dans Metz, s'est rendu sans combattre, livrant 170 000 hommes aux Allemands. Une rumeur circule : le gouvernement va demander l'armistice. Le 31 octobre, une foule manipulée par les blanquistes envahit l'Hôtel de Ville. Criant à la trahison et réclamant la guerre à outrance, les émeutiers retiennent le gouvernement prisonnier. Des bataillons loyalistes font échouer le putsch, mais un compromis est adopté : de nouvelles élections municipales auront lieu le lendemain. Le 1er novembre, repoussant le scrutin, le gouvernement décide qu'un plébiscite sera organisé trois jours plus tard. Le 3 novembre, les électeurs doivent répondre à cette question : « La population de Paris maintient-elle, oui ou non, les pouvoirs du gouvernement de la Défense nationale ? » Le oui l'emporte par 557 996 voix, mais le non récolte quand même 62 638 suffrages, concentrés dans les quartiers est de la ville. Ces mêmes arrondissements (XIe, XVIIIe, XIXe, XXe), aux municipales des 5 et 7 novembre, se portent sur les partis avancés. Derrière cette césure géographique et sociologique, c'est la future Commune qui se dessine.

Bismarck s'attache à démoraliser les Parisiens. Ses canons ont une portée de huit kilomètres. Il s'en sert. Le 27 décembre 1870 commence le bombardement des forts de la périphérie, le 5 janvier 1871 des quartiers sud de la capitale. En vingt-trois jours, on relève 100 morts et 400 blessés. Les épidémies ont fait leur apparition, triplant le taux de la mortalité. C'est l'« Année terrible ». Les Parisiens ont peur. Ils ont froid. Ils ont faim. Jules Ferry, qui a remplacé Arago au fauteuil de maire, organise les restrictions alimentaires. Les boulangers fabriquent du pain en y mêlant du riz et de l'avoine. Depuis le mois de novembre, la seule viande que l'on peut acheter est du cheval. Mais les marchés vendent bientôt du corbeau, du chat, du chien, du rat. Les privilégiés se partagent les animaux exotiques du Jardin des plantes.

La seule chose qui ne manque pas, c'est l'alcool. L'absinthe, dont la consommation a augmenté de 500 %, fait des ravages. C'est dans une atmosphère enivrée et enfumée que les adhérents des clubs discutent jusqu'à l'aube de la révolution sociale. Journaux, brochures, affiches, comités de vigilance : toujours la nostalgie de 1792, et les souvenirs de 1830 et de 1848.

Le 19 janvier, une sortie montée par Trochu s'achève à Buzenval. Battus par les Prussiens, 80 000 hommes reviennent avec 5 000 tués et blessés. Consultés, les maires d'arrondissement refusent de capituler. Le 21 janvier, une bande d'agitateurs délivre les prisonniers politiques de la prison de Mazas, puis occupe la mairie du XXe arrondissement. Le 22, au cri de « Vive la Commune ! Guerre à outrance ! », une nouvelle tentative insurrectionnelle se déroule à l'Hôtel de Ville. Les manifestants essaient de débaucher les mobiles du Finistère qui gardent l'édifice, mais ceux-ci ne comprennent que le breton. La troupe ouvre le feu. Une centaine de dirigeants révolutionnaires est arrêtée. Trochu, cependant, démissionne du gouvernement.

Le 18 janvier, à Versailles, l'Empire d'Allemagne est proclamé dans la galerie des Glaces. Bismarck a atteint son but : l'unité allemande autour de la Prusse. Le 26 janvier, Jules Favre, le ministre des Affaires étrangères, signe un cessez-le-feu avec les plénipotentiaires du Reich. Le 28 janvier, afin de permettre l'élection d'une Assemblée nationale, l'armistice est décrété pour vingt et un jours. Le 8 février, le scrutin législatif est organisé dans tout le pays, y compris les départements occupés. Le vote se déroule au suffrage universel. Or l'Assemblée élue est conservatrice : 200 légitimistes, 200 orléanistes et 30 bonapartistes contre 200 républicains modérés et 20 représentants de la gauche extrême. Les députés les plus radicaux, partisans de la poursuite de la guerre

(Louis Blanc, Gambetta, Victor Hugo ou Garibaldi), ont tous été désignés par la capitale. La province a massivement voté contre la révolution parisienne et pour la paix. « Majorité de ruraux, honte de la France », s'écrie le républicain Adolphe Crémieux. Chez certains historiens, l'Assemblée élue le 8 février est toujours traitée avec condescendance. « Le suffrage universel, commente Emmanuel Le Roy Ladurie, ne serait-il donc légitime qu'à la seule condition qu'il vote à gauche [1] ? »

L'Assemblée siège à Bordeaux. Majoritaires, les 400 monarchistes restent néanmoins divisés par la question dynastique : la question du régime est ajournée. Le 17 février, Adolphe Thiers est nommé chef du pouvoir exécutif de la République. Âgé de 73 ans, avocat, journaliste, historien, opposant sous la Restauration, ministre puis président du Conseil sous la monarchie de Juillet, chef de l'Union libérale sous le Second Empire, ce grand bourgeois rallié à la république (« le régime qui nous divise le moins ») est au faîte de sa puissance. Lui qui a mis en garde, en 1870, contre la guerre a un double compte à régler avec les jusqu'au-boutistes : il déteste le bellicisme irresponsable, et déteste encore plus le désordre social. Thiers met l'armistice à profit pour accélérer les négociations avec les Allemands : la France devra abandonner l'Alsace (moins Belfort) et la Lorraine mosellane (avec Metz) et payer une indemnité de 5 milliards de francs-or. Le 26 février, les préliminaires de paix sont signés à Versailles. Trois jours plus tard, à Bordeaux,

1. « La Commune, un mythe controversé », *Le Figaro*, 12 mars 1999.

l'Assemblée ratifie les conditions convenues, mais 107 voix de gauche, dont tous les députés de Paris, ont voté contre la paix. Le 10 mai, Jules Favre ira signer le traité de paix à Francfort.

Bismarck avait exigé que ses troupes défilent sur les Champs-Élysées. Le 1er mars, les Allemands entrent dans Paris. Cette humiliation supplémentaire électrise la population. Le 3 mars, les délégués de deux cents bataillons de la garde nationale s'organisent en Fédération républicaine de la garde nationale. On les appellera désormais les fédérés. En guise de défi à la majorité royaliste de l'Assemblée, ils lancent une proclamation affirmant que « la République est le seul gouvernement possible ».

La première quinzaine du mois de mars 1871 est marquée par une agitation endémique. Des postes de police sont attaqués, des dépôts d'armes pillés. Dans certaines unités de l'armée régulière, des mutineries éclatent. Dans le même temps, Thiers adopte des mesures maladroites. En vue de rétablir la discipline au sein de la garde nationale, il en confie le commandement au général d'Aurelle de Paladines, un bonapartiste. Puis il supprime la solde des gardes nationaux, alors qu'elle constitue leur seule ressource. Le gouvernement met par ailleurs fin au moratoire des loyers et des effets de commerce, qui avait été décrété au début de la guerre. L'activité économique n'ayant pas repris, cette mesure condamne 40 000 artisans et commerçants à la faillite.

Le 11 mars, l'Assemblée quitte Bordeaux pour Versailles. Pourquoi pas la capitale ? Sentant monter la tension, Thiers souhaite éviter aux députés la menace de la rue. Mais les républicains y voient l'annonce d'un coup d'État ou d'une restauration monarchique. Le 15 mars, néanmoins, le chef du pouvoir exécutif et son gouvernement s'installent au quai d'Orsay. Disposant de peu de forces loyales, ils sont isolés dans une ville qui leur est hostile. Un pouvoir éloigné ou affaibli, un climat inquiet, des forces révolutionnaires actives : tout est en place pour l'explosion.

La Commune : les enragés au pouvoir

La première séance de l'Assemblée a été fixée au 20 mars. Afin de démontrer son autorité, Thiers a décidé qu'avant cette date, le gouvernement prendrait possession des canons placés sur les hauteurs de Paris : pour éviter que les Allemands ne s'en emparent lors de leur bref passage, les gardes nationaux avaient hissé deux cents pièces d'artillerie à Montmartre. À l'aube du 18 mars, l'opération s'engage dans le calme. Mais aucun attelage n'ayant été prévu, la descente des canons se révèle difficile. Peu à peu, les curieux sortent de chez eux. La foule gronde. L'institutrice Louise Michel, celle qu'on appellera la Vierge rouge, interpelle les soldats : « Allez-vous tirer sur nos enfants ? » Cédant à la pression, le 88e de ligne fraternise, met crosse en l'air et désarme ses officiers. Quelques heures plus tard, le général Lecomte et le général Thomas, qui ont été faits prisonniers, sont lynchés dans leur cellule. Le premier sang a coulé.

Le mouvement fait tache d'huile. Dans les quartiers populaires, les gardes nationaux occupent les bâtiments officiels. À minuit, le drapeau rouge flotte sur l'Hôtel de Ville. Le comité central des fédérés y exerce le pouvoir. Contraintes de refluer jusqu'à la Seine, les troupes fidèles au gouvernement évacuent la capitale, escortant Thiers et ses ministres jusqu'à Versailles. D'emblée, le chef du pouvoir exécutif a choisi sa stratégie : pour mieux écraser l'insurrection, la laisser s'étendre. En ville, les 21 et 22 mars, les partisans de l'ordre manifestent pacifiquement contre la confiscation de la légalité par des bandes armées. Le 22, les fédérés ouvrent le feu sur cette foule désarmée. Ce n'est pas seulement une révolution qui s'amorce, c'est une nouvelle terreur.

Dans l'intention de légitimer leur autorité, les fédérés organisent des élections municipales. Le 26 mars, les révolutionnaires remportent une victoire facile. Sur 485 000 inscrits, le scrutin n'a attiré que 229 000 électeurs : 53 % des Parisiens n'ont pas pris part au vote, soit qu'ils se sont abstenus, soit qu'ils figurent parmi les 100 000 personnes qui ont fui depuis le 18 mars. Dans le climat de peur qui règne, aucune opposition organisée n'est possible. La capitale est livrée aux extrémistes, d'autant que Thiers a ordonné aux fonctionnaires d'abandonner leur poste. Paris proclamé « ville libre », la municipalité se comporte en pouvoir souverain ayant rompu avec le gouvernement. Neuf commissions sont instituées (finances, armée, justice, police, industrie, relations extérieures, enseignement...), qui ressemblent à des ministères. Le 28 mars, le nouveau conseil est solennellement intronisé. Drapeaux rouges en tête, entonnant *La Marseillaise* ou *Le Chant du départ*, 200 000 personnes installent les élus à l'Hôtel de Ville.

L'assemblée qui s'érige en Commune de Paris est hétéroclite. Les éléments de la gauche modérée ou les radicaux démissionneront plus ou moins rapidement. Ceux qui restent représentent toutes les chapelles et sous-chapelles révolutionnaires. Arrêté avant le 18 mars, Blanqui manque à l'appel. Mais ses disciples sont là, comme le typographe Benoît Malon qui veut faire de la Commune « l'organisation insurrectionnelle permanente du prolétariat ». On trouve aussi des quarante-huitards, comme le journaliste Félix Pyat. Des fédéralistes proudhoniens, qui appellent à la constitution d'une « libre fédération des communes de France ». Des jacobins, comme Charles Delescluze, vétéran de 1830 qui parle de ressusciter la Commune de 1792. Des membres de l'Internationale. Des anarchistes, émules de Bakounine. Et puis d'inclassables idéalistes, comme le romancier Jules Vallès, le peintre Gustave Courbet ou le chansonnier Jean-Baptiste Clément, l'auteur du *Temps des cerises*.

Au sein de la Commune, cette diversité idéologique provoque la plus grande cacophonie. Autre source de divergence, c'est le comité central de la Fédération qui conserve le pouvoir militaire. Quant aux maires d'arrondissement, ils sont dans l'ensemble radicaux, à l'instar de Clemenceau, maire de Montmartre. Pour conserver leur position, ils louvoient entre la Commune et les comités de la garde nationale.

La confusion engendrée par la multiplication des instances dirigeantes est accentuée par le foisonnement de sociétés secrètes et de clubs (club des Amis du peuple, club des Prolétaires, club de la Révolution) qui interfèrent avec les institutions officielles. Tous vivent les événements sous le patronage des Grands Ancêtres. En septembre 1870, quand il a lancé *La Patrie en danger*, Blanqui a daté son journal du 20 fructidor an 78. Raoul Rigault, un déséquilibré devenu chef de la police de la Commune (on l'a vu dessiner une guillotine à vapeur capable d'expédier trois cents têtes à la journée), est capable de citer le jour et l'heure de n'importe quelle réplique de Robespierre ou de Saint-Just. Dans la presse communarde (*Le Cri du peuple* de Jules Vallès, *Le Mot d'ordre* de Rochefort, *Le Réveil* de Delescluze, *Le Vengeur* de Félix Pyat), le langage sans-culotte est de rigueur. Après les premiers combats, la commission exécutive de la Commune s'en prend aux « chouans de Charette » et aux « Vendéens de Cathelineau » qui auraient attaqué Neuilly : pure image de propagande.

Le 18 avril, dans une solennelle « Déclaration au peuple français », la Commune fait connaître son programme : « C'est la fin du vieux monde gouvernemental et clérical, du militarisme, du fonctionnarisme, de l'exploitation, de l'agiotage, des monopoles et des privilèges auxquels le prolétariat doit son servage, la patrie ses malheurs et ses désastres. » En raison de la résistance opposée par les moins irréalistes, les mesures sociales de l'assemblée communale ne sont pas d'une extrême portée révolutionnaire : journée de travail de dix heures, suppression du travail de nuit dans les boulangeries, rétablissement du moratoire des loyers et des effets de commerce, abolition des amendes patronales et des retenues sur salaires. Si les objets déposés en gage au mont-de-piété sont restitués à leurs propriétaires, il n'est pas touché aux réserves d'or de la Banque de France, par respect de la « fortune de la nation ». Cette naïveté suscitera l'ironie de Marx.

C'est dans l'ordre du symbolique que la Commune imprime sa marque. Le drapeau tricolore est remplacé par le drapeau rouge. Le calendrier de 1793 est rétabli. La conscription permanente est abolie, remplacée par la « levée du peuple en armes ». La fièvre obsidionale conduisant à traquer l'ennemi intérieur, un Comité de salut public est ressuscité, d'aucuns exigeant même l'instauration d'un tribunal révolutionnaire pour châtier les traîtres. Les publications hostiles à la Commune sont interdites : en vingt jours, les apôtres de la liberté font disparaître une vingtaine de journaux, emprisonnant leurs directeurs et leurs collaborateurs. La législation supprime la distinction entre épouses légitimes et concubines, enfants légitimes et enfants naturels. L'enseignement étant décrété laïc, obligatoire et gratuit, les écoles catholiques sont fermées. Dans la tradition révolutionnaire, la Commune promulgue des mesures antireligieuses : inventaire et confiscation des biens des congrégations, suppression du budget des cultes, séparation de l'Église et de l'État. Du 1er au 20 avril, deux cents prêtres sont arrêtés. Plusieurs églises sont pillées. À Notre-Dame-des-Victoires, rapporte Ludovic Halévy dans ses *Notes et Souvenirs*, « un bataillon de fédérés couchait avec leur légitime ou non. Le bedeau dit qu'il a pu être damné rien que pour avoir vu ce qu'il a vu ». Toutefois, sur 67 églises parisiennes, 55 restent ouvertes, 14 d'entre elles n'ayant pas été touchées par les inventaires prescrits. Mansuétude ou manque de temps ? Il ne faut pas oublier que la Commune n'aura duré que deux mois.

Depuis l'automne 1870, entre 200 000 et 300 000 personnes ont quitté l'agglomération. Dans une ville qui comptait près de deux millions d'habitants, il reste encore beaucoup de monde. Les activistes et ceux qui manifestent une sympathie ouverte envers la Commune ne représentent donc qu'une minorité. Terrorisée, la majorité se terre chez elle.

Dès le 2 avril, les fédérés affrontent les versaillais à Courbevoie et à Puteaux. Arrêtés par les canons du Mont-Valérien, ils se débandent. Le lendemain, une nouvelle offensive est lancée du côté de Meudon. Nouvelle déroute. Le 6 avril, les obsèques des victimes de ces combats — les premières et dernières sorties de la Commune — se déroulent en présence de 200 000 personnes. Deux chefs fédérés ayant été pris et exécutés par les versaillais, la Commune riposte par un décret stipulant que « toute exécution d'un prisonnier de guerre ou d'un partisan du gouvernement régulier de la Commune sera sur-le-champ suivie de l'exécution d'un nombre triple d'otages ». L'archevêque de Paris, Mgr Darboy, le curé de l'église de la Madeleine, l'abbé Deguerry, et le président de la Cour de cassation, Bonjean, sont arrêtés : ils sont les premiers otages.

La Commune détient 227 canons et 500 000 fusils. En théorie, à la date du 18 mars, 200 000 gardes nationaux étaient enrôlés. Quinze jours plus tard, ils ne sont plus que 30 000. Déjà, au mois de janvier, avant l'armistice, lorsque le gouvernement avait réclamé des volontaires pour former des compagnies d'élite au sein de la garde nationale, seulement 6 000 individus s'étaient présentés à Paris. À l'évidence, la levée en masse fonctionne mieux en parole qu'en action.

Les insurgés ne possèdent pas de chefs militaires dignes de ce nom. Gustave Cluseret, le délégué à la guerre, est un incapable. Le 1er mai, après une série d'échecs, il démissionne. Lui succède son chef d'état-major, le colonel Louis Rossel. Officier d'active, ce brillant polytechnicien de vingt-six ans a rallié la Commune parce que la paix conclue avec les Allemands l'indignait. Aussitôt en fonctions, il constate que les conflits incessants entre la municipalité et le comité central des fédérés paralysent toute action. Le 9 mai, après s'être évertué en vain à faire régner la discipline dans ses troupes, il démissionne à son tour. « Je cherchais des patriotes, avouera-t-il, j'ai trouvé des gens qui auraient livré les forts de Paris aux Prussiens plutôt que de se soumettre à une autorité. »

La Commune, négociant le passage de convois de ravitaillement, poursuit d'ailleurs des contacts avec les Allemands. Dans toute la littérature communarde, on trouve par centaines les invectives contre les versaillais. Contre Bismarck, presque rien.

Le 2 avril, Thiers a fait proclamer par Galliffet « une guerre sans trêve ni pitié à ces assassins ». Mais il ne se presse pas. Laissant ses adversaires s'enfoncer dans l'anarchie, il prépare sa contre-offensive. Méthodiquement. Le chef du pouvoir exécutif connaît bien le système défensif de la capitale : c'est lui qui l'a conçu, trente et un ans plus tôt, quand il était président du Conseil. Thiers obtient de Bismarck la libération anticipée de

60 000 prisonniers. Le 16 avril, il dispose de 130 000 hommes dont le commandement est confié à Mac-Mahon. Ces soldats sont des paysans à qui les « partageux » de la révolution parisienne font horreur.

« Il y aura quelques maisons de trouées, a prédit Thiers, quelques personnes de tuées, mais force restera à la loi. » Le nord et l'est de l'agglomération parisienne sont aux mains des Allemands, qui assistent aux événements en spectateurs. C'est donc à l'ouest que les combats se poursuivent. Un par un, les forts qui ceinturent la capitale sont repris. Le dimanche 21 mai, l'armée pénètre dans Paris par le Point-du-Jour et la porte de Saint-Cloud. Les fédérés sont repoussés vers l'est. Mais la ville se hérisse de barricades. Le 22 mai, Delescluze, qui a succédé à Rossel et qui sera tué trois jours plus tard, lance une proclamation : « Place au peuple, aux combattants aux bras nus ! L'heure de la guerre révolutionnaire a sonné. » La « Semaine sanglante » commence.

Arrondissement après arrondissement, barricade après barricade, les soldats de Mac-Mahon investissent la ville. Le 22 au soir, ils ont atteint la gare Saint-Lazare et Montparnasse. Le 24, ils s'emparent du Panthéon. Le 25, ils sont maîtres de toute la rive gauche. Pas de quartier : des traces de poudre sur les mains valent condamnation à mort. On fusille à tour de bras, aveuglément.

Le ciel se couvre d'un immense panache de fumée. À coup de pétrole, les communards se vengent. Le 23 mai, ils incendient les Tuileries et le ministère des Finances (rue de Rivoli), puis la Cour des comptes et le Conseil d'État (abrités dans le palais d'Orsay, à l'emplacement de l'actuel musée) et l'hôtel de Salm (siège de la Légion d'honneur). Le 24 mai, ce sont l'Hôtel de Ville, le Palais-Royal et le Palais de justice qui flambent (par miracle, la Sainte-Chapelle est épargnée), pendant que, rue de Rivoli, rue de Lille et rue du Bac, des immeubles bourgeois s'embrasent. Le 25 mai, c'est au tour du quartier de l'Arsenal, de la manufacture des Gobelins et des docks de la Villette d'être la proie des flammes.

« Un véritable holocauste patrimonial, raconte Alexandre Gady. Avec l'Hôtel de Ville se sont envolés tout l'état civil des Parisiens depuis le XVIe siècle, les archives hospitalières (Hôtel-Dieu, etc.), la bibliothèque de la Ville, avec ses 120 000 volumes, ainsi que le musée établi provisoirement dans le bâtiment. Il faut ajouter, au Louvre, la bibliothèque du palais, avec 70 000 ouvrages, et surtout les plans manuscrits du monument ; au Palais de justice, des archives en grand nombre ; au palais de la Légion d'honneur, les archives de l'ordre ; aux Gobelins, une centaine de tapisseries et les archives de l'établissement [1]. » C'est au courage de ses conservateurs et à l'arrivée d'un bataillon de chasseurs que le musée du Louvre doit d'avoir échappé à l'incendie. Notre-Dame de Paris, de même, a été épargnée grâce à l'intervention des élèves infirmiers de l'Hôtel-Dieu.

Le 24 mai, Raoul Rigault tire Mgr Darboy de sa prison et l'interroge.

« Pourrai-je savoir pourquoi je suis arrêté ? demande l'archevêque de Paris.

— Voilà huit siècles que vous nous embastonniez,

---

1. « La Commune, un arrière-goût de cendres », *Le Figaro*, 19 avril 2000.

répond le chef de la police. Il faut que cela cesse. Oh ! Nous ne vous brûlerons pas comme au temps de l'Inquisition. Nous sommes plus humains. Nous vous fusillerons simplement[1]. »

Une heure après, en compagnie des détenus qui étaient avec lui, Mgr Darboy est passé par les armes. Le même jour, quinze dominicains d'Arcueil sont massacrés devant l'actuel 88 avenue d'Italie. Le 26 mai, 52 otages sont fusillés dans une cour de la rue Haxo, à Belleville : des civils, des gendarmes et des prêtres. Parmi ces derniers se trouvait le père Henri Planchat, fondateur d'une œuvre qui se consacrait à fournir des vivres et des vêtements aux familles ouvrières. En 1936, l'église Notre-Dame-des-Otages a été bâtie sur les lieux, dans le XXe arrondissement, afin de commémorer la mémoire des victimes.

C'est à Belleville que se replient les débris de l'insurrection. Le 28 mai, à 14 heures, la dernière barricade, rue Ramponneau, est prise d'assaut par l'armée. Les ultimes escarmouches se déroulent au milieu des tombes du Père-Lachaise. Les survivants sont fusillés contre l'enceinte du cimetière, emplacement devenu le légendaire mur des Fédérés.

Les historiens s'accordent sur le chiffre de 20 000 tués, dans les rangs communards, entre le 21 et le 28 mai. Les troupes gouvernementales auraient eu un millier de morts. Au cours des quinze jours qui suivent,

1. Cité par Jacques Chastenet, *Cent ans de République*, Tallandier, 1970.

quelques milliers d'insurgés sont encore passés par les armes, à la suite d'exécutions sommaires ou de condamnations régulières. Mais les cours prévôtales instituées par Mac-Mahon jugent sans clémence. « Toutes les fois, annonce *Paris-Journal* du 9 juin 1870, que le nombre des condamnés dépassera dix hommes, on remplacera par une mitrailleuse le peloton d'exécution. » Ensuite, la tension retombant, ce ne sont que les crimes constatés qui entraînent une condamnation à mort : participation armée à l'insurrection, assassinats, incendies volontaires.

Certains mettent en balance la répression versaillaise et la Terreur. L'échelle n'est pourtant pas la même. « À la différence de Carrier et Turreau, remarque Patrice Gueniffey, Thiers n'a pas ordonné que, Paris s'étant révolté, l'ensemble de la population parisienne, insurgée ou non, femmes et enfants compris, fût passée par les armes [1]. » 8 000 prisonniers seront relâchés. Après jugement, 11 000 individus seront condamnés à une peine de prison, 4 500 à la déportation en Nouvelle-Calédonie, et 93 personnes seulement à la peine capitale. 19 000 accusés seront acquittés. Nous sommes loin des chiffres de la Terreur de 1793-1794.

Flaubert assurera que l'on aurait dû « condamner aux galères toute la Commune et forcer ces sanglants imbéciles à déblayer les ruines de Paris, la chaîne au cou, en simples forçats ». George Sand ne voudra pas « plaindre l'écrasement d'une pareille démagogie ». Zola, dans *La Débâcle*, évoquera ainsi les versaillais : « C'était la partie saine de la France, la raisonnable, la pondérée, la pay-

1. Patrice Gueniffey, *La Politique de la Terreur*, Fayard, 2000.

sanne, qui supprimait la partie folle. Le bain de sang était nécessaire. » Ces trois écrivains ne sont pourtant pas réputés réactionnaires...

Il est certain que la répression a été effroyablement lourde. Le catholique Albert de Mun, vilipendant Thiers, incarnation de « l'esprit de la bourgeoisie de 1830 », estimera « inutilement cruel et souverainement impolitique de prolonger en quelque sorte la guerre civile, en entassant dans les prisons une multitude de misérables, plus inconscients que coupables ».

Aux yeux des historiens de gauche, l'action de Thiers passe volontiers pour un crime contre la démocratie. Mais c'est l'inverse : c'est la répression de la Commune qui a permis d'instituer la république en France. Car en rétablissant l'ordre, le nouveau régime a rassuré les conservateurs. En comparaison des extrémistes, les bourgeois républicains — non seulement Thiers, mais aussi Jules Ferry, Jules Favre, Jules Simon ou Léon Gambetta — se sont donné un air de modérés, préparant l'avènement de la IIIe République.

En province (à Lyon, Saint-Étienne, Toulouse, Narbonne, Limoges et surtout Marseille), la Commune a connu quelques courtes répliques. Mais l'insurrection parisienne écrasée, le parti révolutionnaire est décimé pour vingt ans. Un mythe est né, cependant, fécondé par un martyrologe qui nourrira l'imaginaire de la gauche pendant un siècle, mythe mis en chanson par *Le Temps des cerises* : « C'est de ce temps-là que je garde au cœur une plaie ouverte... » Longtemps les communistes organiseront, chaque 28 mai, un pèlerinage au mur des Fédérés : récupération abusive, car les militants de l'Internationale ont joué un rôle modeste au cours des événements de 1871. Avec son mélange d'utopie libertaire, de revendication égalitaire et de bravade aveugle, la Commune constitue plutôt, comme l'a écrit Alfred Fierro, « la dernière manifestation du romantisme révolutionnaire de la petite bourgeoisie française [1] ». Mais on aurait peut-être fait l'économie de son bilan désastreux si l'on s'était préoccupé auparavant de la misère populaire.

1. Alfred Fierro, *Histoire et dictionnaire de Paris*, Robert Laffont, « Bouquins », 1996.

10

Catholiques et ouvriers

« D'un côté la puissance de l'or,
de l'autre la puissance du désespoir. »

Frédéric OZANAM.

« À la fin du XIXe siècle, au moment où se développe la grande industrie, les tensions entre les classes laborieuses et les pouvoirs en place s'exacerbent. L'audience des syndicats ouvriers et des partis socialistes grandit, le mouvement anarchiste pénètre les organisations professionnelles et les grèves se multiplient. » Extraites d'un manuel scolaire [1], ces lignes traduisent une idée bien installée : lors de l'industrialisation de la France, seuls des socialistes ou des révolutionnaires auraient pris en charge la question ouvrière. Une fois de plus, l'étude des faits dément cette vision partielle et partiale.

1. *Histoire, Première*, Nathan, 1997.

La révolte des canuts : une légende à revoir

« Nous tisserons le linceul du vieux monde, car on entend déjà la révolte qui gronde... » Le soulèvement évoqué par le célèbre *Chant des canuts*, c'est celui des ouvriers lyonnais, en 1831. Dans les kermesses révolutionnaires, naguère, les militants reprenaient ce refrain en chœur. À leurs yeux, la geste des canuts représentait une des premières luttes populaires, prélude à tous les combats de classe que le prolétariat allait mener contre le capitalisme. Un prolétariat évidemment socialiste, affrontant une bourgeoisie évidemment conservatrice.

Mais *Le Chant des canuts* ne date pas de 1831 : ses paroles ont été écrites en 1899 par Aristide Bruant, chansonnier montmartrois qui mettait en musique l'anarchisme de la Belle Époque. Et le climat qu'il suggère (l'insurrection contre les « grands de l'Église » et les « grands de la terre ») n'a que peu à voir avec la véritable histoire des canuts.

Au début du XIXe siècle, à Lyon, le tissage de la soie constitue l'unique activité industrielle. Il existe trente mille métiers à tisser Jacquard, répartis à travers huit mille ateliers. Ceux-ci exécutent les commandes qui leur sont passées par les fabricants et les soyeux, un milieu de cinq cents familles bourgeoises. Sous le règne de Louis-Philippe, en 1831, les chefs d'atelier réclament, pour leur travail, la garantie d'un tarif minimal. Au terme d'une négociation menée sous l'égide du préfet du Rhône, les délégués des tisserands se mettent d'accord avec les soyeux. Un tarif est promulgué. Mais, aussitôt signée, la convention est dénoncée. Alors les ouvriers tisserands — on les appelle les canuts — se révoltent. Un temps victorieux, ils sont écrasés par la force armée de la monarchie bourgeoise.

Cela, c'est la version officielle, celle que l'on trouve dans à peu près tous les manuels. Dans cette perspective, l'insurrection lyonnaise de 1831 prolonge le soulèvement parisien de 1830. Un dictionnaire d'histoire de France l'explique ainsi : « Républicains avancés et premiers socialistes voient dans la révolte des canuts l'irruption de la question sociale. Lyon fait alors figure de "ville sainte du socialisme" d'où doit partir la future révolution du prolétariat[1]. » L'article mentionne à peine les autres grilles de lecture de l'événement, qui l'éclairent sous son vrai jour.

Chez les tisserands, les chefs d'ateliers ne sont pas des prolétaires, mais des maîtres artisans : leurs métiers à tisser leur appartiennent. Leurs ouvriers sont des compagnons. Habitant et travaillant chez leurs patrons, ils en partagent le mode de vie et la condition sociale. Selon Guy Antonetti, les canuts incarnent une « mentalité traditionnelle, hostile au libéralisme économique introduit par la Révolution[2] ». Sous l'Ancien Régime, en 1744 et en 1786, ils avaient déjà organisé des grèves. Ils avaient alors été soutenus par les chanoines de la primatiale Saint-Jean, qui les avaient financés, avaient accueilli leurs

1. Article « Canuts », *Dictionnaire de l'histoire de France*, sous la direction de Jean-François Sirinelli et Daniel Couty, Armand Colin, 1999.

2. Guy Antonetti, *Louis-Philippe*, Fayard, 1994.

assemblées et avaient intercédé pour eux auprès des autorités. En 1790 encore, les tisserands avaient fait appel aux chanoines. Ces derniers les avaient incités à tenir une constituante sociale où un salaire minimal avait été établi.

La soie est une marchandise d'exportation. À partir de 1825, la conjoncture internationale amène une baisse de la production. Afin de s'entraider, les canuts fondent des associations de secours, comme la Société du devoir mutuel, créée en 1828 par Pierre Charnier. En octobre 1831, quand le tarif minimal est adopté grâce à la médiation du préfet, c'est le refus de certains fabricants de l'appliquer, au nom du libéralisme, qui provoque le soulèvement des quartiers ouvriers. Guy Antonetti note cependant ceci : « Maîtres de la ville, les ouvriers se gardent de tout pillage et refusent de suivre les meneurs républicains qui tentent de récupérer le mouvement à des fins politiques. » Des affrontements ont lieu avec les forces de l'ordre locales, laissant des victimes, parce que l'opposition révolutionnaire a utilisé comme un tremplin le mécontentement des tisserands. Mais les canuts défendent des revendications purement professionnelles. À leur tête se tient Pierre Charnier. Or ce dernier n'a rien d'un « républicain avancé » : royaliste, ce pieux catholique est légitimiste depuis l'instauration de la monarchie de Juillet. Le 3 décembre 1831, l'armée du maréchal Soult, envoyée par Louis-Philippe avec la consigne de rétablir l'ordre mais de ne faire « aucune exécution », entre dans Lyon sans effusion de sang. Le tarif restera annulé, et le préfet sera révoqué : le Premier ministre,

Casimir Perier, est un libéral aux yeux de qui les lois du marché sont souveraines.

Ce qui ressort de ces éléments d'analyse, c'est que les canuts ne représentent nullement un prolétariat présocialiste. D'une certaine manière, ils forment même une société d'Ancien Régime qui a survécu à la Révolution. Le conflit de 1831 ne peut donc être interprété en termes de lutte des classes : il résulte de l'antinomie opposant les adeptes du libéralisme absolu et les tenants d'une réglementation économique, sociale et professionnelle. Or ce clivage ne correspond pas à l'axe qui sépare la gauche de la droite.

Le syndicalisme sans la révolution

Si l'on consulte n'importe quel ouvrage sur le XIXe siècle, la description du milieu ouvrier est toujours liée à l'histoire du socialisme. Ce constat illustre la prégnance du marxisme dans l'historiographie, les ouvriers étant presque toujours définis comme une classe au sens où l'entendait Marx.

Entre 1830 et 1848, le premier socialisme est conçu par des utopistes. Leroux, Saint-Simon ou Fourier développent une conception de la solidarité humaine qui est quasiment religieuse. « Qu'est-ce que le socialisme ? L'Évangile en action », affirme Louis Blanc. Avec le *Manifeste communiste* de Marx et Engels, publié à Londres en 1848, le socialisme se veut scientifique : la lutte des classes est considérée comme le moteur de l'histoire, la prise du pouvoir par le prolétariat étant inéluctable. C'est en Angleterre, en 1864, que l'Internationale des travailleurs est fondée. En France, cette même année, Napoléon III légalise le droit de grève, mais il faut attendre 1884 pour que la République donne aux syndicats une existence légale. Dès lors, les chambres syndicales sont l'objet d'une lutte de pouvoir opposant les réformistes, qui visent à obtenir des avantages sociaux, et les marxistes, qui cherchent à faire avancer leur projet de révolution politique.

Décapité après la Commune, le socialisme renaît, dans les années 1880, autour du Parti ouvrier français de Jules Guesde, qui fusionnera plus tard avec la SFIO de Jean Jaurès. Alors que le patronat anglais, allemand ou belge comprend vite son intérêt en coopérant avec les syndicats, il faut du temps pour que les chefs d'entreprise français en fassent autant. Cette réticence du côté patronal comme, du côté ouvrier, le poids des extrêmes gauches, y compris marxistes, vont imprimer un caractère conflictuel, en France, aux rapports sociaux. Fondée en 1895, la CGT adopte en 1906 la charte d'Amiens : privilégiant le recours à la grève, ce texte inscrit le plus grand syndicat français dans une perspective de lutte des classes.

Néanmoins, tous les syndicalistes ne sont pas révolutionnaires. En 1919, si les syndicats chrétiens se constituent en une Confédération française des travailleurs chrétiens (CFTC), c'est qu'ils sont les héritiers d'une tradition qui a couru tout au long du XIXe siècle : le catholicisme social. Selon Jean-Baptiste Duroselle, ce mouvement « procède de deux sources principales. L'une jaillissant dans un milieu assez proche du socialisme, celui des démocrates-chrétiens ; l'autre se situant chez les légitimistes. Le premier apparaît souvent hardi et généreux, mais assez peu réaliste ; le second plus timide, trop paternaliste, est souvent plus actif et plus efficace [1] ».

Il ne s'agit pas de majorer la force de ce courant, qui n'a jamais régné sur de gros bataillons. Mais l'histoire doit en prendre acte : au service des défavorisés, les catholiques sociaux ont souvent été des pionniers.

Quand la France découvre la misère ouvrière

Il faut d'abord remonter à la Révolution. Car la conquête du droit syndical, au XIXe siècle, s'effectue en reniement d'un principe édicté par la Constituante : l'interdiction des associations professionnelles. Le 2 mars 1791, sur proposition de Pierre d'Allarde, l'Assemblée supprime les corporations, maîtrises et jurandes. Ce décret est complété, le 14 juin suivant, par une loi présentée par Isaac Le Chapelier, prohibant les grèves et les coalitions ouvrières. Il est interdit aux citoyens exerçant le même métier, ouvriers et maîtres, de « nommer des présidents, secrétaires ou syndics, de tenir des registres, de prendre des arrêtés, ou délibérations, de former des règlements sur leurs prétendus intérêts communs ». En supprimant les entraves au libre exercice de l'initiative économique, l'arsenal législatif de 1791 crée les conditions juridiques qui vont aboutir à l'émergence d'une

1. Jean-Baptiste Duroselle, *Les Débuts du catholicisme social en France (1822-1870)*, PUF, 1951.

nouvelle catégorie sociale : les travailleurs percevant un revenu fixé par le jeu de l'offre et de la demande. Or, au nom du libéralisme, les ouvriers sont privés de tout moyen de défense collectif.

Ils sont même considérés comme des individus dangereux. En 1803, le Consulat rend obligatoire le livret ouvrier. Visé par le commissaire de police, ce livret consigne embauches et licenciements, appréciations patronales, dettes éventuelles. Sous peine d'être considérés comme des vagabonds, les travailleurs ne peuvent se déplacer sans lui. Ce n'est que sous la Restauration que ce système tombera en désuétude.

Terre du libre-échange, l'Angleterre a connu sa révolution industrielle dès le XVIIIe siècle. À l'époque, la situation de l'ouvrier anglais, c'est l'univers décrit par Dickens : les emplois précaires, les salaires de misère, les quinze heures d'affilée à l'usine ou à la mine, les conditions de travail abominables, les enfants exploités comme des esclaves. Les mêmes causes produisant les mêmes effets, le phénomène se reproduira en France.

Sous la Restauration, les ouvriers sont concentrés autour de Lille, Rouen, Mulhouse ou Reims, essentiellement dans les manufactures de textile. Cependant, à l'échelle d'aujourd'hui, ce sont de petites unités de production. Il existe un million d'ouvriers en 1840, ils sont trois millions en 1870 ; de l'ouvrier paysan à l'ouvrier artisan, leurs conditions sont néanmoins diverses. Malgré l'essor de l'industrie sidérurgique et métallurgique sous le Second Empire, les 10 000 ouvriers du Creusot font exception par leur nombre : il faut attendre la fin du siècle, et la seconde révolution industrielle, pour voir apparaître les grandes usines de Lorraine, du Nord, de Lyon, de Saint-Étienne ou de la région parisienne. Mais en 1914, à Paris, il y aura encore un patron pour cinq ouvriers.

Lorsque s'ébauche ce réseau industriel, pour qui n'est jamais amené à le croiser, ce monde est inconnu : les ouvriers sont des êtres à part. « Les barbares qui menacent la société, écrit *Le Journal des débats* en 1832, ne sont point au Caucase ni dans les steppes de la Tartarie, ils sont dans les faubourgs de nos villes manufacturières. Ces barbares, il ne faut point les injurier ; ils sont, hélas, plus à plaindre qu'à blâmer. » En 1837, l'Académie des sciences morales charge l'un de ses membres, le docteur Louis-René Villermé, de se livrer à une étude sur cet univers étranger. Le praticien effectue ses observations à Lille et à Rouen, dans le seul secteur industriel d'alors, le textile. Publié en 1840, son *Tableau de l'état physique et moral des ouvriers dans les fabriques de coton, de laine et de soie* met l'accent sur la détérioration de la condition matérielle et sanitaire des travailleurs, en raison des maladies infectieuses qui les frappent (essentiellement la tuberculose ou le choléra) et qui provoquent un taux considérable de mortalité infantile. Villermé dénonce aussi la dégradation des liens sociaux et moraux, manifestée par l'alcoolisme, le concubinage, les naissances illégitimes, l'irréligion : à l'époque, ces indices sont considérés comme des fléaux.

L'enquête de Villermé amènera une prise de conscience qui se traduira, dès 1841, par une loi interdisant le travail des enfants de moins de huit ans, plafond porté ensuite à dix ans. À la Chambre, cette loi a été présentée par trois députés catholiques. À leur exemple, avant eux et après eux, un cortège d'hommes aura livré bataille pour que les ouvriers ne soient plus considérés comme des « barbares » qui campent aux portes de la cité, mais comme des hommes à intégrer dans la société.

Dans cette croisade, le clergé tient sa place. En 1838, le cardinal de Croÿ, archevêque de Rouen, s'élève contre le travail des enfants dans les manufactures. En 1837, 1839 et 1841, Mgr Belmas, évêque de Cambrai, publie par trois fois des mandements où il proteste contre la misère ouvrière. En 1843, Mgr Affre (archevêque de Paris, il sera tué sur les barricades de 1848, en s'interposant entre les combattants) stigmatise les méfaits d'une « industrie pervertie par l'irréligion, qui donne des citoyens pleins de colère pour une société où ils meurent plutôt qu'ils ne vivent ».

Irréligion : le mot revient souvent. Dans l'esprit des catholiques sociaux, l'indifférence religieuse et la dissociation sociale ont partie liée. L'indifférence religieuse, c'est la déchristianisation d'une population ouvrière constituée d'anciens campagnards qui, en se déracinant, ont rompu avec l'Église ; mais c'est aussi le cynisme d'une bourgeoisie libre-penseuse qui ne s'embarrasse guère de scrupules pour gagner de l'argent. La dissociation sociale, c'est la perte de valeurs communes qui laisse place aux seuls rapports de force. En se préoccupant de remédier aux déséquilibres humains engendrés par la révolution industrielle, les catholiques sociaux, indéniablement, poursuivent un but religieux. Néanmoins, à leurs yeux, un tel dessein passe par une action concrète.

À court terme en aidant les plus déshérités, à plus long terme en essayant d'agir sur les institutions.

Sous la Restauration, l'Église est favorable aux Bourbons. Sous la monarchie de Juillet, elle le reste largement, reprochant à Louis-Philippe d'avoir fait perdre au catholicisme son statut de religion d'État. Les premiers catholiques sociaux sont donc royalistes. « Toute une partie de la littérature de dénonciation, note Yves Lequin, qui, jusqu'aux années 1840, découvre avec horreur les effets sociaux de la mutation économique s'inscrit dans un courant réactionnaire, au sens étymologique du terme, légitimiste et catholique, et aussi dans l'esquisse d'une politique sociale chrétienne, en réaction contre les méfaits du marché [1]. »

Au cours des années 1830 et 1840, de multiples associations de charité sont constituées. Elles ont pour double vocation de pallier les carences de la société et de se consacrer à l'évangélisation des milieux populaires. C'est sous les auspices de saint Vincent de Paul, illustre prédécesseur, qu'elles se placent. Ainsi les Frères de Saint-Vincent-de-Paul, créés à Paris, en 1845, par trois laïcs, Jean-Léon Le Prévost (qui sera ordonné prêtre en 1860), Clément Myonnet et Maurice Maignen. Les membres de cette œuvre font le tour des ateliers ouvriers, distribuant vivres et vêtements, plaçant les jeunes en apprentissage.

En 1833, Frédéric Ozanam est âgé de vingt ans. Avec

---

1. Yves Lequin, « La classe ouvrière », in *Histoire des droites en France*, sous la direction de Jean-François Sirinelli, Gallimard, 1992.

cinq étudiants montés comme lui de Lyon à Paris, il fonde une conférence de charité. Le groupe fait la connaissance de sœur Rosalie. Membre des Filles de la Charité (un ordre fondé par saint Vincent de Paul), cette religieuse visite les pauvres de la rue Mouffetard et du faubourg Saint-Marcel. Sous son influence, en 1835, les six étudiants procèdent à la constitution de la Société de Saint-Vincent-de-Paul, qui essaime dans la capitale. En dix ans, l'œuvre se répand à travers la France, puis en Europe et aux États-Unis.

En 1839, Armand de Melun, un membre du conseil des Conférences Saint-Vincent-de-Paul, crée l'Œuvre des apprentis. Il s'agit du premier patronage chrétien destiné aux jeunes ouvriers. L'année suivante, il prend la présidence de la Société Saint-François-Xavier, œuvre d'évangélisation populaire et société de secours mutuel. Quatre ans plus tard, l'association possède 10 000 adhérents. Élu député dans l'Assemblée conservatrice de 1849, Melun fait voter les lois de 1850 et 1851 sur les logements insalubres, sur les caisses générales de retraite pour la vieillesse, sur les sociétés de secours mutuel, sur le mariage des indigents, sur le délit d'usure, sur l'assistance judiciaire, sur les contrats d'apprentissage, sur les caisses d'épargne, sur les hospices et les hôpitaux. En 1864, il participe à la fondation de la section française de la Croix-Rouge. En 1871, il crée l'œuvre des Orphelins de la Commune. Mort en 1877, ce conservateur aura été un étonnant novateur.

En 1828, Alban de Villeneuve-Bargemont est nommé préfet du Nord. Destitué par la monarchie de Juillet en raison de ses convictions légitimistes, il est député du

Var de 1830 à 1840, puis député du Nord de 1840 à 1848. C'est à Lille qu'il découvre la question ouvrière. Dès 1829, dans un mémoire adressé au ministre de l'Intérieur, Villeneuve-Bargemont note que son département recense cent cinquante mille indigents pour un million d'administrés. Et il esquisse une doctrine d'intervention de l'État visant à garantir les conditions de vie des ouvriers : salaire minimal, instauration d'une épargne obligatoire, lutte contre les taudis et contre l'alcoolisme, instruction gratuite, etc. En 1834, il publie une *Économie politique chrétienne* où il diagnostique « la détresse générale progressive des populations ouvrières ». En 1840, peu après la publication du rapport Villermé, devant une Chambre admirative du libre-échange britannique, il dénonce la situation sociale en Angleterre, suscitée par « la pratique d'une production indéfinie, inspirée par ce besoin de domination commerciale et maritime qui tourmente ce peuple avide de gains et de conquêtes lucratives ». C'est Villeneuve-Bargemont qui, avec deux autres députés catholiques, Gérando et Montalembert, a fait adopter la loi de 1841 réglementant pour la première fois le travail des enfants.

Citons encore Pierre-Antoine Berryer. Ténor du barreau de Paris, cet avocat aura défendu Ney, Cambronne, Lamennais, Chateaubriand ou Louis-Napoléon Bonaparte. À partir de 1830, député, il est le porte-parole de l'opposition légitimiste. En 1845, les compagnons charpentiers de Paris sont poursuivis pour avoir fait grève : au titre du délit d'association défini par la loi Le Chapelier, cette action représente un délit. C'est Berryer que les ouvriers choisissent comme défenseur. Les ouvriers imprimeurs de la Seine font de même en 1862. Plaidant contre la loi, la jurisprudence et la doctrine du libre-échange, Berryer argumente en faveur des contrats collectifs : « Le traité de gré à gré, c'est le marché de la faim ; c'est la faim laissée à la discrétion de la spéculation industrielle. L'ouvrier qui a faim accepte un salaire insuffisant ; mais à son tour, si le patron a besoin de lui, il use de son droit de chômage pour se faire payer. C'est là, Messieurs, une calamité sous la figure du respect du droit de chacun. »

Yves Lequin signale l'existence, dans le Midi, d'« une classe ouvrière authentique qui, jusqu'en 1850 au moins, affiche dans ses ateliers le portrait du prétendant ». Ce royalisme populaire verra sa consécration, en 1865, dans la *Lettre sur les ouvriers* où le comte de Chambord défendait le droit d'association : « Il faut rendre aux ouvriers le droit de se concerter. Il est naturel qu'il se forme sous un nom quelconque des syndicats, des délégations, des représentations, qui puissent entrer en relation avec les patrons ou syndicats de patrons pour régler à l'amiable les différends relatifs aux conditions de travail, et notamment au salaire. » Organiser le dialogue social pour éviter la lutte des classes : exprimée à un moment où la grande industrie est balbutiante, l'idée paraît prémonitoire. Elle surprend d'autant plus qu'elle surgit là où on ne l'attend pas forcément, dans les marges réactionnaires du spectre politique.

Le mythe de la collusion entre l'Église et la bourgeoisie

Sous la monarchie de Juillet apparaît un catholicisme qui cherche à réconcilier la foi chrétienne avec la société issue de la Révolution. En 1846, l'élection de Pie IX apporte de l'eau à son moulin, ce pape commençant son pontificat sous l'égide des idées libérales. Dorénavant, au sein de l'Église de France, les lignes de partage — ultramontains contre gallicans, contre-révolutionnaires contre libéraux — sont d'autant plus complexes qu'elles se brouilleront sous le Second Empire et que Pie IX, le pape du *Syllabus* (1864), sera devenu antilibéral. Ces clivages se retrouvent chez les catholiques sociaux, sans remettre en cause leur dénominateur commun : la volonté de christianiser les milieux populaires, notamment ouvriers, en y rétablissant la justice sociale.

Initialement, Ozanam était royaliste. Dès 1836, il estime que « la question qui divise les hommes de nos jours n'est plus une question de forme politique, c'est une question sociale, c'est de savoir si la société ne sera plus qu'une grande exploitation au profit des plus forts ou une consécration de chacun pour le bien de tous ». Bien avant Karl Marx, il observe la césure grandissante, au sein de la société industrielle, entre les forts et les faibles. Au cours des années 1840, devenu professeur de littérature à la Sorbonne, il développe une réflexion sur les salaires, sur le niveau de vie des ouvriers, sur le travail des femmes et des enfants. En 1846, Ozanam voit en Pie IX « un envoyé de Dieu pour conclure la grande affaire du XIXe siècle, l'alliance de la religion et de la liberté ». En 1848, il fait bon accueil à la république. « Passons aux Barbares ! » s'exclame-t-il. Sa conviction est qu'il faut réconcilier le christianisme et les idées de 1789. Avec l'abbé Maret, il lance *L'Ère nouvelle*, journal qui se fixe pour objectif de « faire passer l'esprit du christianisme dans les institutions républicaines ». Une vingtaine d'autres journaux de ce type ont été créés au moment de la révolution de 1848. Tous ont été éphémères.

De nombreux quarante-huitards chrétiens (dont Lamennais, dès 1830, a été le précurseur, et qui ira, lui, jusqu'à la rupture avec l'Église) reviendront de leurs illusions. Il faudra attendre Marc Sangnier, à la fin du siècle, pour revoir un courant démocrate-chrétien en France. Mais au-delà de ses idées politiques, Frédéric Ozanam est surtout un pionnier de l'amour des pauvres. C'est à ce titre qu'il a été béatifié par Jean-Paul II. Jusqu'à sa mort prématurée, en 1853 (à quarante ans), il n'aura cessé de veiller au développement de son œuvre charitable, et de s'occuper personnellement de centaines de déshérités.

En 1848, toutefois, les catholiques libéraux sont minoritaires. D'après Henri Guillemin, le fait que la plus grande part du clergé a condamné la révolution parisienne a creusé un fossé infranchissable entre l'Église et les ouvriers[1]. Apparu dans les cercles chrétiens de gauche au moment du Front populaire, et accentué après guerre, quand certains catholiques s'engageaient dans le

---

1. Henri Guillemin, *Histoire des catholiques français au XIXe siècle*, Éditions du Milieu du Monde, 1947.

compagnonnage avec les communistes, le thème de la collusion entre l'Église et la bourgeoisie au XIXe siècle figure dans la liste des clichés de l'historiquement correct.

« Une thèse bien fragile », rétorque Gérard Cholvy [1]. Cet historien a montré que la bourgeoisie française, parce qu'elle se reconnaît dans l'idéologie des Lumières, est majoritairement voltairienne sous la Restauration, sous la monarchie de Juillet et encore sous le Second Empire. Cette bourgeoisie anticléricale, c'est elle qui prend le pouvoir quand la IIIe République s'installe. Grâce à la loi Falloux (1850), les collèges religieux se développeront, formant des élites catholiques qui, contrairement à l'idée reçue, seront plus nombreuses en 1914 qu'en 1814. Dans le Nord, le poids de ces notables sera prépondérant, et sensible dans la région lyonnaise [2]. Or ce sont eux, les premiers, qui auront institué dans leurs usines, bien avant que la loi ne leur en fasse obligation, des mesures en faveur des ouvriers : logements, écoles, repos dominical. Faire du dimanche une journée chômée est une mesure à laquelle le patronat libre-penseur s'opposera longtemps, pour des raisons tenant tant de la soif de rendement à tout prix que de l'hostilité à la religion.

C'est sous le Second Empire, à partir de l'essor industriel des années 1850-1860, que le phénomène de patronage se développe. Il s'est maintenu jusqu'au début du XXe siècle, parfois au-delà. Au Creusot, des œuvres

1. « Curés et bourgeois alliés contre les ouvriers ? », *Histoire du christianisme, Magazine*, juin 2000.

2. Gérard Cholvy, *Être chrétien en France au XIXe siècle*, Seuil, 1997.

sociales (écoles, hôpital, allocations familiales) sont créées dans les usines Schneider. À Tours, dans les imprimeries Mame, des crèches, des écoles et des cités ouvrières sont à la disposition des employés. Il est de bon ton, aujourd'hui, de sourire avec commisération de ce paternalisme patronal. Mais c'est nier que, pour les ouvriers qui en bénéficiaient, il s'agissait d'un progrès. C'est également ignorer que ce système corrigeait l'absence ou la pauvreté de la législation sociale.

Le Second Empire, régime d'ordre, rallie les notables. Mais à l'autre extrémité de l'échelle sociale, sa politique remporte une large adhésion, comme le montre l'étude du vote des circonscriptions ouvrières. Invitant ses préfets à jouer les conciliateurs dans les conflits du travail, le souverain pousse les patrons à accepter les augmentations salariales. C'est aussi sous son règne, en 1864, que le droit de grève est reconnu. L'historien Alain Plessis qualifie Napoléon III d'« empereur socialiste [1] ».

1864, c'est l'année où Frédéric Le Play, encouragé par l'empereur, publie *La Réforme sociale en France*. Qui connaît encore le nom de cet extraordinaire sociologue ? Polytechnicien et professeur à l'École des mines, il avait pressenti que la question sociale serait l'un des grands enjeux du siècle. En 1829, à vingt-trois ans, il avait entrepris de randonner à travers l'Allemagne du Nord et les Pays-Bas, afin de connaître la condition des travailleurs dans ces pays. D'année en année, il avait poursuivi ses pérégrinations, parcourant à pied, sac au dos et bâton en main, l'Espagne, l'Angleterre, la Russie, la Scandinavie,

1. *L'Histoire*, juin 1997.

l'Italie, l'Autriche-Hongrie, la Suisse, le bassin danubien et la Turquie centrale ! À la halte du soir, il notait ce qu'il avait vu. En 1855, il transcrivait ses observations monographiques dans *Les Ouvriers européens*, premier volume d'une série de six livres achevée en 1879. L'immense retentissement de cette œuvre lui a valu de devenir conseiller d'État en 1855, commissaire général des Expositions universelles tenues à Paris en 1855 et en 1867, inspecteur général des Mines et sénateur en 1864. En 1856, afin d'enseigner la discipline qu'il était en train de créer, Le Play avait fondé la Société d'économie et de science sociale. Dans *La Réforme sociale en France*, il s'en prend aux « faux dogmes » de la perfection originelle de l'homme et de la liberté absolue, affirmant que l'équilibre social doit reposer sur la famille, la propriété et la religion. Le Play est pourtant agnostique, et se convertira trois ans avant sa mort, en 1882.

La charité : une démarche nécessaire, mais non suffisante

L'influence de Le Play sera considérable sur la génération qui, sous la IIIe République, fera inscrire dans la loi des droits qui, aujourd'hui, nous paraissent évidents, bien qu'ils aient été adoptés très tard, au terme d'un long combat. Ce combat, les forces syndicales de gauche l'auront mené de leur côté, avec leurs propres armes. Mais les théoriciens du catholicisme social y auront joué leur rôle. À leurs yeux, la charité était nécessaire, mais non suffisante. Loin de vouloir faire dépendre la justice sociale du bon vouloir des patrons, ils ont milité pour inscrire celle-ci dans les institutions.

En 1865, Maurice Maignen (cofondateur, vingt ans plus tôt, des Frères de Saint-Vincent-de-Paul) crée un cercle catholique des jeunes ouvriers, à Paris, au 102 du boulevard Montparnasse. Association d'entraide mutuelle et de charité, ce cercle vise également à la formation de ses membres en organisant des exposés historiques et religieux. En 1871, quelques mois après la Commune, Maignen y fait prendre la parole par René de La Tour du Pin et par Albert de Mun. Sous l'égide des trois hommes, d'autres cercles se créeront dans tous les arrondissements de la capitale, puis à Lyon, Tours, Bordeaux ou Marseille. En 1875, il existera cent cinquante cercles catholiques d'ouvriers.

Prisonniers en Allemagne après la défaite de 1870, René de La Tour du Pin et Albert de Mun, qui s'intéressent aux questions sociales, ont découvert le mouvement de Mgr Ketteler. Évêque de Mayence et député au Parlement de Francfort, ce prélat y déployait une grande activité. Montrant l'insuffisance de l'assistance privée, il réclamait des dispositions législatives pour protéger la condition ouvrière. Dans *La Question ouvrière et le christianisme* — livre paru en 1864, trois ans avant *Le Capital* de Karl Marx —, il critiquait les méfaits d'un système économique reposant sur la libre concurrence absolue, et prônait l'association du capital et du travail : « Ce n'est pas le combat entre l'employeur et l'employé qui doit être le but, mais une paix équitable entre les deux. » Fondateur du Zentrum, le parti du centre, Mgr Ketteler sera l'âme, de 1871 à 1877, de la résistance au *Kultur-*

kampf de Bismarck. Toutes les lois sociales votées en Allemagne dans les années 1880 le seront sous la pression du Zentrum, pourtant minoritaire. René de La Tour du Pin et Albert de Mun, plus tard, découvriront aussi l'œuvre de Karl von Vogelsang, Prussien converti au catholicisme sous l'influence de Mgr Ketteler, fixé à Vienne et devenu le théoricien du catholicisme social dans l'Autriche de François-Joseph.

Après la Commune, attaché auprès du gouverneur militaire de Paris, La Tour du Pin se demande par quel moyen effacer les traces psychologiques de la guerre civile. Maurice Maignen, dont il a fait la connaissance, lui indique la voie, un jour qu'ils passent ensemble devant les ruines des Tuileries. « Qui est responsable ? demande Maignen. Ce n'est pas le peuple, le vrai peuple, celui qui travaille, celui qui souffre. Les criminels qui ont brûlé Paris n'étaient pas de ce peuple-là. Mais celui-là, qui de vous le connaît ? Les responsables, les vrais responsables, c'est vous, ce sont les riches, les grands, les heureux de la vie, qui se sont tant amusés entre ces murs effondrés, qui passent à côté du peuple sans le voir. Moi, je vis avec lui et je vous dis de sa part : il ne vous hait pas, mais il vous ignore comme vous l'ignorez : allez à lui, le cœur ouvert, la main tendue, et vous verrez qu'il vous comprendra. »

Tout en animant les cercles catholiques d'ouvriers, La Tour du Pin et de Mun, conseillés par Maignen, créent l'Union des associations ouvrières catholiques ainsi qu'une revue, *L'Association catholique*, qui prône l'union syndicale des patrons et des ouvriers. En 1884, avec Mgr Mermillod, évêque de Genève et Lausanne mais résidant à Fribourg, La Tour du Pin fonde le Centre international catholique pour l'étude des questions sociales. Réunissant Français, Autrichiens, Allemands, Suisses, Belges et Italiens, ce centre — couramment appelé l'Union de Fribourg — conclut à la nécessité de l'intervention de l'État pour réprimer les abus dans l'emploi de la main-d'œuvre. Afin d'éviter que la concurrence des pays où la liberté du travail ne connaît pas de limites écrase les pays évolués, l'Union de Fribourg suggère l'institution d'une législation internationale du travail. Enfin — ce sont les idées que La Tour du Pin exposera, en 1907, dans son livre *Vers un ordre social chrétien* —, l'Union de Fribourg préconise, pour chaque profession, une organisation corporative dont la direction serait assurée par des conseils mixtes formés des syndicats ouvriers et patronaux, auxquels l'État donnerait un caractère public.

Ce néo-corporatisme était-il adapté au monde de l'époque ? On peut en discuter. La pensée de La Tour du Pin n'était pas exempte d'archaïsmes. Elle présentait cependant le mérite de poser un problème qui attendait une solution : comment maîtriser les conséquences humaines du développement économique si le dialogue social est inexistant ?

Léon XIII, avocat des ouvriers

En 1891, Léon XIII publie l'encyclique *Rerum Novarum*, qui définit la doctrine sociale de l'Église. S'il condamne le socialisme et la lutte des classes (« Il ne peut y avoir de capital sans travail ni de travail sans capital ») et s'il défend l'inviolabilité de la propriété privée, le pape dénonce aussi les excès du capitalisme et du libéralisme sans frein. Avec audace pour l'époque, le souverain pontife se fait l'avocat des ouvriers : « Le dernier siècle a détruit, sans rien leur substituer, les corporations anciennes qui étaient pour eux une protection et ainsi, peu à peu, les travailleurs isolés et sans défense se sont vu livrés à la merci de maîtres inhumains et à la cupidité d'une concurrence effrénée. » Rappelant le droit des travailleurs au juste salaire, demandant la limitation de la durée du travail et réclamant des conditions particulières pour les femmes et les enfants, *Rerum Novarum* envisage l'intervention de l'État pour défendre les travailleurs, insistant cependant sur le rôle des organisations professionnelles.

Pour les catholiques sociaux, le texte pontifical constitue une consécration : il reprend leurs idées. Léon XIII, qui saluait Mgr Ketteler comme un « grand prédécesseur » et qui avait suivi de près les travaux de l'Union de Fribourg, ne cachera jamais sa dette. Il avouera que son encyclique formait l'aboutissement de la réflexion et de l'action menées par une génération de catholiques qui, dans toute l'Europe, s'étaient attelés à la question ouvrière.

En 1892, une nouvelle encyclique de Léon XIII, *Au milieu des sollicitudes*, conseille aux catholiques français de se placer sur le terrain constitutionnel en acceptant la république comme « le gouvernement actuel de leur nation ». À partir de cette date, les catholiques sociaux sont politiquement divisés.

Albert de Mun est de ceux qui acceptent le Ralliement.

En 1875, ayant démissionné de l'armée, il s'est fait élire au Parlement. Député en 1876, invalidé, réélu, à nouveau invalidé, il est entré à la Chambre en 1881. Battu aux élections de 1893, il est réélu en 1898 et siégera jusqu'à sa mort, en 1914. Au cours de presque trente années de vie parlementaire, ce brillant orateur — Jaurès redoutait ses interventions — n'aura cessé de traduire en propositions de lois les idées des catholiques sociaux. En 1902, avec Jacques Piou, il fondera l'Action libérale populaire, tentative de parti catholique qui comptera quatorze députés et trois sénateurs.

Rallié aussi, Léon Harmel. Animateur des cercles catholiques d'ouvriers, cet industriel avait fondé un syndicat dans son entreprise familiale, et avait associé ses employés à la direction de l'affaire en y créant un conseil professionnel. L'abbé Jules Lemire, fervent partisan, lui, de la politique du ralliement (il était déjà démocrate-chrétien), est élu député d'Hazebrouck en 1893. À la Chambre, il siège avec les républicains de gauche. En 1905, il approuvera la séparation de l'Église et de l'État, ce qui lui vaudra les foudres de l'autorité ecclésiastique. En dépit de l'opposition de son évêque, il restera député jusqu'à sa mort, en 1928. Personnage hors normes, mais jusqu'au bout inspiré par le catholicisme social. Dans sa circonscription populaire, près de Dunkerque, il lancera l'Œuvre des jardins ouvriers, faisant aboutir, en 1922, la loi qui réglementera la propriété des jardins de moins de dix ares, dont la culture constituera un revenu complémentaire pour les gens modestes.

L'œuvre législative des catholiques sociaux

Quatre ans après le Ralliement, en 1896, un congrès national de la démocratie chrétienne se tient à Lyon. « Démocratie chrétienne », l'expression revêt alors le sens que lui assigne Léon XIII dans *Rerum Novarum* : l'amour et l'action en faveur du peuple. À ce congrès participent René de La Tour du Pin (resté royaliste), Albert de Mun et Léon Harmel (ralliés à la République) et l'abbé Lemire (républicain). Les principes du catholicisme social sont alors si forts qu'ils transcendent les frontières politiques.

Ils le sont d'autant plus que, jusqu'au début du XXe siècle, le personnel politique de la IIIe République est à peu près indifférent à ces enjeux. « Pendant longtemps, souligne François-Georges Dreyfus, les milieux religieux furent infiniment plus préoccupés par la question sociale que les républicains [1]. » Selon François Caron, la gauche au pouvoir de 1877 à 1914 n'a pas vraiment de politique sociale [2] : sa politique sociale, c'est sa politique scolaire, sur laquelle nous reviendrons plus loin. À l'Assemblée, donc, ce sont le plus souvent les représentants de la droite (l'abbé Lemire et ses amis constituent un cas à part) qui élaborent des propositions de loi dans le domaine de la protection sociale. Et nombre de ces propositions sont rejetées par des députés qui se réclament pourtant du progrès et du peuple.

---

1. François-Georges Dreyfus, *Passions républicaines, 1870-1940*, Bartillat, 2000.

2. François Caron, *La France des patriotes, 1851-1918*, Fayard, 1985.

Abrégeons une énumération qui serait fastidieuse, mais un regard s'impose sur les initiatives parlementaires prises par ces catholiques. En 1872, Ambroise Joubert, député du Maine-et-Loire, demande l'interdiction du travail des enfants de moins de douze ans, ainsi que la suppression du travail nocturne pour les femmes : proposition rejetée par la gauche et les libéraux. La loi ne sera adoptée que deux ans plus tard. En 1880, Émile Keller, député du Territoire de Belfort, soumet un projet créant la semaine anglaise, projet non déposé à la Chambre sur pression des industriels. La même année, par réflexe anticlérical, l'Assemblée abroge le repos dominical instauré sous la Restauration. En 1882, Mgr Freppel, député du Finistère, se livre à une intervention (réitérée en 1888 et 1910) en faveur des retraites ouvrières. En 1883, au lendemain de grandes manifestations contre le chômage, Charles Baudry d'Asson, député de la Vendée, interpelle le gouvernement : « Il y a de grandes misères, et si vous vous êtes cru obligés de mobiliser 25 à 30 000 hommes pour vous protéger, alors qu'on venait seulement vous demander du travail et du pain, laissez-moi vous dire que les précautions de la peur pas plus que les promesses de l'impuissance ne satisfont ceux qui ont faim et qui souffrent. » En 1884, lors de la discussion sur la loi qui autorisera les syndicats, Albert de Mun, qui représente le Morbihan, propose l'institution du patrimoine syndical ; l'amendement est repoussé, le sera de nouveau en 1895, et ce n'est qu'en 1920, sous un gouvernement de droite, que la personnalité civile et le droit de propriété seront accordés aux formations syndicales.

Albert de Mun, à lui seul, développe une activité

considérable. Entre 1882 et 1893, puis entre 1898 et 1914, on lui doit les projets législatifs suivants : responsabilité collective de la profession en cas d'accident du travail et création de caisses d'assurance-accident (propositions repoussées en 1884 ; le risque professionnel attendra 1898 pour être reconnu) ; création d'une législation internationale du travail ; limitation de la journée de travail à dix heures (de Mun revient à la charge en 1886, 1888 et 1889, année où il suggère huit heures de travail) ; proposition pour reculer l'âge du travail à treize ans pour les garçons et à quatorze ans pour les filles ; interdiction des travaux pénibles pour les garçons de moins de seize ans et sans limites d'âge pour les femmes ; rétablissement du repos dominical (proposition effectuée en 1886, 1888 et 1890 ; le congé du dimanche redeviendra obligatoire en 1906 seulement) ; création de caisses de retraite et de caisses-maladie pour les ouvriers ; institution de quatre semaines de repos pour les femmes venant d'accoucher (proposition repoussée en 1886 ; le congé maternité attendra 1913) ; création de conseils professionnels de conciliation et d'arbitrage (loi votée en 1892) ; fixation par la loi d'un salaire minimal ; limitation des saisies-arrêts sur salaire ; fermeture obligatoire des établissements commerciaux le dimanche, et institution d'une pause déjeuner (proposition de 1911, adoptée en 1919 seulement).

En 1895, l'abbé Lemire propose la création d'un ministère du Travail. La dénomination apparaîtra en 1906. En 1900, il propose un système d'assurance obligatoire contre la maladie et la vieillesse : les assurances sociales naîtront en 1930...

À la pointe des revendications en faveur de ceux qui avaient la vie la plus difficile, les catholiques sociaux étaient en avance sur leur temps. Ils l'étaient avec une mentalité — conservatisme moral, paternalisme, respect des hiérarchies sociales — qui leur est reprochée par l'historiographie de gauche, *a fortiori* par celle qui croit la lutte des classes inévitable. On l'a dit, les gros bataillons n'étaient pas de leur côté. Mais si on avait écouté ces esprits lucides et courageux, et si la bourgeoisie de la révolution industrielle n'avait pas montré une telle indifférence à la question ouvrière, la France n'aurait peut-être pas hérité de cette maladie qui consiste à aborder tout litige social par la voie du conflit.

11

L'abolition de l'esclavage

« Je suis homme, les cruautés contre un si grand nombre de mes semblables ne m'inspirent que de l'horreur. »

Cardinal LAVIGERIE.

21 mai 1981. François Mitterrand vient d'être élu à la présidence de la République. Lors de la cérémonie qu'il a imaginée pour le jour de son intronisation, il pénètre, seul, dans la crypte du Panthéon. Sur trois tombeaux, il dépose une rose rouge. La première pour Jean Moulin, la deuxième pour Jean Jaurès, la troisième pour Victor Schoelcher. Ce dernier, homme de gauche et militant laïque, a préparé, en 1848, le décret abolissant l'esclavage dans les colonies françaises. Cet hommage — en soi respectable — signifie-t-il que les adversaires de ce fléau provenaient tous de la même famille d'idées ? L'histoire répond non.

21 mai 2001. Au terme des navettes réglementaires entre l'Assemblée nationale et le Sénat, le Parlement français vote une loi reconnaissant comme crimes contre l'humanité « la traite des Noirs et l'esclavage des populations africaines, amérindiennes, malgaches et indiennes,

perpétrés en Amérique et aux Caraïbes, dans l'océan Indien et en Europe, à partir du XVe siècle ». Du 31 août au 8 septembre suivants, à Durban, en Afrique du Sud, se tient une conférence mondiale contre le racisme, organisée par l'ONU et le Haut Commissariat aux droits de l'homme, en présence des délégués de 170 pays. À Paris comme à Durban, certains exigent (en vain) que les nations ayant jadis bénéficié de l'esclavage s'acquittent de réparations envers les peuples qui en ont été victimes. Dans leur esprit, ce sont les nations occidentales qui sont visées. Mais l'esclavage a-t-il été pratiqué exclusivement par les Européens ? Là encore, l'histoire répond non.

La traite des Noirs : une entreprise européenne

Éliminé d'Occident à la fin de l'Empire romain, résiduel au Moyen Âge, l'esclavage réapparaît massivement, au XVe siècle, dans les colonies européennes. L'Afrique, qui fournissait déjà Rome en main-d'œuvre servile, sert à nouveau de réservoir humain. Les Portugais, cherchant la route des Indes par la mer, ont exploré le littoral du continent noir. Ils ont ouvert la voie : c'est là que les Européens achètent leurs esclaves.

En 1503, le gouverneur espagnol de Saint-Domingue obtient d'établir des esclaves africains. En 1517, Las Casas, le défenseur des Indiens, suggère que chaque colon ait la faculté d'importer une douzaine d'esclaves noirs. En 1518, Charles Quint autorise l'implantation de travailleurs africains dans le Nouveau Monde. Les Noirs, notamment dans les îles, sont considérés comme aptes à affronter le climat tropical, et à effectuer un labeur auquel les Indiens ne résistent pas. Espagnols et Portugais, en 1494, se sont partagé l'Amérique du Sud. Pour mettre en valeur leurs domaines respectifs, ils achètent donc des esclaves noirs. Vers 1620, les Anglais introduisent l'esclavage en Virginie. À la même époque, les Hollandais font de même au Surinam (la Guyane hollandaise). Les Français, eux, s'installent aux Antilles en 1635. Dès 1642, Louis XIII y autorise l'esclavage.

En 1682, Colbert nomme une commission chargée de définir le statut de la main-d'œuvre servile. Mais il meurt avant que son projet n'ait abouti. L'ordonnance promulguée par Louis XIV, en 1685, porte cependant la signature posthume de son ministre, afin de montrer la part qu'il a prise à son élaboration. Cette ordonnance porte un nom : le Code noir. « Le texte juridique le plus monstrueux de l'histoire moderne », accuse Louis Sala-Molins[1]. Un texte « empreint d'humanité », tempère un dictionnaire d'histoire de France[2]. Le Code noir peut être regardé sous deux angles. Vu d'aujourd'hui, ce « recueil des règlements rendus concernant le gouvernement, l'administration de la justice, la police, la discipline et le commerce des nègres dans les colonies » est profondément choquant, puisqu'il inscrit l'esclavage dans le droit français. Vu dans son époque, il prend une autre valeur. Le Code noir est conçu au moment où les

1. « L'esclavage : un tabou français enfin levé », *Historia thématique*, novembre-décembre 2002.

2. Article « Esclavage », *Dictionnaire d'histoire de France*, Perrin, 2002.

nations maritimes européennes ont toutes recours à l'esclavage et où ce dernier, hors de l'aire de civilisation chrétienne, est pratiqué au sein même de la société. Dans ce contexte, l'intervention de l'État français présente un mérite relatif : des règles sont posées afin d'adoucir le sort des esclaves.

De manière très précise, le Code noir définit les obligations des employeurs : respect du repos dominical, quantité et qualité de la nourriture, vêtements à procurer, tarif des peines applicables, soins dus aux infirmes et aux vieux. Les colonies sont loin de Versailles. Qui peut assurer que, sur place, cette législation a été respectée ? « Les esclaves qui ne seront point nourris, vêtus et entretenus par leurs maîtres, stipule l'article 26, pourront en donner l'avis à notre procureur général. Les maîtres seront poursuivis à sa requête, ce que nous voulons être observé pour les crimes et traitements barbares et inhumains des maîtres envers leurs esclaves. » Clause théorique. Les archives ne portent aucune trace qu'une telle procédure ait jamais été engagée. Quant aux désertions, elles sont punies de mort à la troisième récidive.

Selon le Code noir, l'esclave doit être baptisé et se marier à l'église. Mais son baptême lui est imposé, et son mariage dépend de l'accord de son maître. En réalité, le texte tente de concilier des principes contradictoires. En tant que chrétien, l'esclave est un homme. En tant qu'esclave, il est réduit à l'état d'objet, pouvant être négocié comme un bien meuble.

Sous le règne de Louis XV, le développement des Antilles décuple le nombre de travailleurs serviles. Par ailleurs, le domaine colonial de la France s'est élargi à la

Louisiane (qui s'étend au centre-ouest des actuels États-Unis, du Canada au Mexique). En 1724, le Code noir fait l'objet d'une révision. Mais pas dans le sens de l'assouplissement. Au contraire, il durcit par exemple les normes de l'affranchissement. C'est que le système atteint son apogée à cette époque. « Le siècle des Lumières, constate Jean de Viguerie, est celui de l'esclavage. C'est au XVIIIe siècle que le mal sévit avec le plus de force, toutes les colonies, et particulièrement les françaises, se transformant alors en parcs à esclaves [1]. »

La Martinique, la Guadeloupe, la partie occidentale de Saint-Domingue (Haïti) — l'autre moitié appartenant à l'Espagne — et, à l'autre bout du monde, l'île Bourbon (la Réunion) exportent des denrées que la métropole consomme de plus en plus, et qu'elle vend à d'autres pays : café, indigo, coton et sucre. Le sucre, surtout, l'or blanc des Antilles. Or cette production n'est possible qu'en exploitant de la main-d'œuvre servile. Vers 1700, la Martinique est peuplée de 15 000 esclaves contre 6 000 Blancs, la Guadeloupe de 7 000 esclaves contre 4 000 Blancs. En 1739, sur 250 000 habitants des Antilles, 190 000 sont des esclaves. L'île Bourbon, en 1789, compte 37 000 esclaves sur 45 000 habitants.

Mais le record est battu par Saint-Domingue, où la France réalise les trois quarts de son commerce colonial : la production en sucre de toutes les colonies européennes réunies n'atteint pas la moitié de celle de la grande île. Là-bas, de véritables usines fonctionnent

1. Jean de Viguerie, *Histoire et Dictionnaire du temps des Lumières*, Robert Laffont, « Bouquins », 1995.

vingt-quatre heures sur vingt-quatre. Et la courbe de l'esclavage suit la courbe de la production. En 1720, 7 000 tonnes de sucre par mois sont fournies par 47 000 esclaves. En 1750, 48 000 tonnes mensuelles sont produites par 200 000 esclaves. De nouveaux arrivages de main-d'œuvre débarquent régulièrement d'Afrique. Dans les plantations, en raison du caractère harassant du travail, de la médiocrité de la nourriture et des mauvais traitements (ce qui prouve les limites du Code noir), la mortalité est élevée : 5 à 6 % des esclaves meurent chaque année.

À partir de 1715, la traite des Noirs constitue un élément essentiel du trafic transatlantique. C'est ce qu'on appelle le commerce triangulaire. Les navires partent de France avec une cargaison de troc (armes, eau-de-vie, vin, biscuits, papier, ambre, couteaux, peignes et miroirs). Parvenus sur les côtes d'Afrique, ils échangent ces marchandises contre des captifs noirs, qu'ils vont vendre aux îles. De là, ils regagnent l'Europe avec un fret de retour, composé de produits tropicaux.

En France, il existe quatre places de traite : Nantes, Bordeaux, La Rochelle et Le Havre. Du milieu du XVIIe siècle au milieu du XIXe siècle, 4 220 expéditions négrières ont été recensées. 41 % sont le fait d'armateurs nantais. Entre 1715 et 1792, avec 1 427 expéditions, Nantes est le premier port mondial de traite. Pour les compagnies négrières, qui sont des sociétés familiales, et pour leurs actionnaires, le profit est considérable : les bénéfices sont de 700 à 800 % ! Cette activité traversera la Révolution. Entre 1815 et 1833, 353 navires de traite mouillent encore à Nantes. « Jusqu'aux années 1840, écrit Olivier Pétré-Grenouilleau, les négriers y constituent l'élite dominante et, en 1914 encore, certains de leurs descendants figurent parmi les plus grands capitalistes de la place [1]. »

Maigre consolation, la France ne se situe pas en tête de ces statistiques. D'après Serge Daget, au seul XVIIIe siècle, 6 millions de captifs noirs auraient été conduits vers les Amériques, dont 2,5 millions par les Anglais, 1,7 par les Portugais, 1,1 par les Français et le reste par les Hollandais [2]. Selon les sources, le total des Noirs transplantés en Amérique, en trois siècles, est estimé entre 9 et 12 millions d'esclaves. Des êtres humains troqués contre des produits de pacotille, transportés dans des conditions abominables (près de 10 % n'arrivent pas vivants), monnayés comme du bétail, et pour finir contraints d'accomplir une tâche littéralement épuisante. Cette page d'histoire, longtemps dissimulée, fait partie des secrets honteux de la vieille Europe.

Au moment où ce trafic est florissant, qui éprouve des scrupules ? Bien peu de monde. En Angleterre, conduit par William Wilberforce, le mouvement abolitionniste est puissant. En France, la légende voudrait que les philosophes aient unanimement condamné ce système. Nous avons vu, dans le chapitre consacré aux Lumières, que ce n'est pas vrai. Chez Montesquieu, Voltaire ou Buffon, les critiques à l'encontre du statut servile s'accom-

---

1. Olivier Pétré-Grenouilleau, *La Traite des Noirs*, PUF, « Que sais-je ? », 1998.

2. Serge Daget, *La Traite des Noirs*, Ouest-France éditions, 1990.

pagnent d'une pensée, implicite et parfois explicite, qui définit les Noirs comme des êtres inférieurs. Et tous les encyclopédistes, qui appartiennent aux couches aisées, investissent quelque argent dans les compagnies de traite. Face à l'esclavage, les esprits éclairés se consolent en pensant que celui-ci évite aux Africains de mourir de faim. De même que les chrétiens se donnent bonne conscience en se disant que, puisque les esclaves reçoivent le baptême, l'essentiel est sauf.

À la fin du XVe siècle, le pape Pie II a essayé d'arrêter la traite inaugurée par les Portugais. L'esclavage a été condamné par Paul III en 1537 et par Pie V en 1568. En 1639, Urbain VIII flétrit cet « abominable commerce des hommes ». Au même moment, le jésuite espagnol Pierre Claver exerce son apostolat auprès des esclaves de Colombie, se faisant, selon son expression, « esclave des nègres pour toujours ». En 1741, Benoît XIV blâme à son tour l'esclavage. Mais personne ne les écoute : l'appât du gain est plus fort. Au royaume de Louis XV, pour ce qui est du silence, les ecclésiastiques ne sont pas en reste. « On attendrait une protestation de l'Église, souligne Jean de Viguerie. C'est plutôt une approbation qui vient. » Et l'historien de pointer la faiblesse théologique du XVIIIe siècle : « Rien n'illustre mieux le déclin de la pensée chrétienne que la lâcheté des clercs face au scandale de l'asservissement [1]. »

1. Jean de Viguerie, *op. cit.*

Abolir l'esclavage : de la Restauration à la IIe République

Une soixantaine d'années seront nécessaires, en gros de 1790 à 1850, pour que l'esclavage disparaisse des colonies françaises. Ce processus s'accomplira à travers une série de phases marquant des avancées et parfois des reculs. Mais l'antiesclavagisme possède sa mythologie. Celle-ci est trompeuse, et contradictoire, quand elle prétend que, dès le départ, existait une claire conscience du but à atteindre — l'abolition pure et simple — et que, en 1848, Victor Schoelcher était un pionnier.

En 1788, Brissot crée une société des Amis des Noirs. Mais ce que réclame cette société, ce n'est pas la fin de l'esclavage : c'est la fin de la traite. La même année, Condorcet publie ses *Réflexions sur l'esclavage des nègres*. Celui qui passe pour un abolitionniste absolu y demande en réalité un moratoire de soixante-dix ans entre le moment où il serait mis fin à l'esclavage et celui où les affranchis accéderaient à la citoyenneté. Condorcet suggère, en outre, avant l'affranchissement, un délai de quinze ans au cours desquels le travail de l'esclave servirait à dédommager son maître.

À l'Assemblée constituante, en 1790, les Amis des Noirs font campagne pour l'abolition de la traite. Ils se heurtent à l'opposition des défenseurs des colons de Saint-Domingue, au premier rang desquels se place Barnave (l'homme du « ce sang était-il donc si pur ? »). Se faisant l'avocat des planteurs, celui-ci n'accepte pas que « le nègre puisse croire qu'il est l'égal du Blanc ».

À Saint-Domingue, les petits Blancs et les affranchis sont favorables à la Révolution. Afin de maintenir leur pouvoir, les planteurs forment une assemblée locale, prête à proclamer l'autonomie de l'île. En août 1791, les esclaves se révoltent. C'est de Louis XVI qu'ils attendent leur liberté. Sous la direction de Toussaint Breda — esclave qui, sachant soigner par les plantes, s'est attribué le titre de médecin dans les armées du roi —, le soulèvement a lieu au cri de « Vive le roi ! ». Le 4 avril 1792, un décret de la Convention consacre l'égalité des droits entre les Blancs et les Noirs affranchis. Dix mille colons se réfugient en Amérique. Devant l'anarchie qui gagne, les Anglais et les Espagnols interviennent, espérant mettre la main sur les colonies françaises. Les Britanniques, notamment, occupent la Martinique et la Guadeloupe. Puis ils débarquent un détachement à Port-au-Prince, la capitale de la partie française de Saint-Domingue. Le 20 août 1793, afin de rallier les Noirs à la cause française, l'envoyé de la Convention dans l'île y abolit l'esclavage. À Paris, cette décision est entérinée par le décret du 4 février 1794 (16 pluviôse an II), pris sous la pression des trois députés de Saint-Domingue : « La Convention déclare l'esclavage des nègres aboli dans toutes les colonies. »

Contrairement à la légende, ce n'est pas tant pour obéir à une exigence humanitaire que la Convention a voté l'abolition — à la même période, les colonnes infernales mettent la Vendée à feu et à sang — que pour riposter aux Anglais. Danton ne s'y trompe pas. « Nous travaillons pour les générations futures, s'exclame-t-il. Lançons la liberté dans les colonies. C'est aujourd'hui que l'Anglais est mort ! » L'abolition, d'ailleurs, est théorique : les affranchis sont astreints au travail obligatoire dans leurs plantations.

Pendant ce temps, Toussaint Breda, dorénavant appelé Toussaint Louverture, tient la campagne. D'abord rallié à la république, il bat ses camarades restés fidèles aux Bourbons, puis les Espagnols et les Anglais. Contrôlant l'île, il se désigne gouverneur général. Puis il se nomme président à vie, avec son palais, sa cour, sa garde, ses uniformes. Mais il a besoin des planteurs : il leur accorde sa protection. Quant aux Noirs libérés, ils sont toujours forcés de travailler sur les terres de leurs anciens maîtres.

La Guadeloupe, en 1794, n'a été que brièvement occupée par les Anglais. Saint-Domingue, au traité de Bâle (1795), est attribué dans sa totalité à la France. La Martinique est restituée lors de la paix d'Amiens, en 1802. Dans cette île, l'esclavage n'a jamais été aboli. Quand Bonaparte accède au pouvoir, il n'a pas d'opinion sur le sujet, mais l'entourage de Joséphine de Beauharnais, une créole de Martinique, fait pression pour que rien ne change. Après l'adoption de la Constitution de 1801, le Premier consul adresse un message au Corps législatif : « À Saint-Domingue et à la Guadeloupe, il n'est plus d'esclaves, tout y est libre, tout y restera libre. La Martinique a conservé l'esclavage et l'esclavage y sera conservé. » Cependant, le Sénat juge inconstitutionnelle la différence de statut entre les populations noires des Antilles françaises. Pour régler la situation, Bonaparte se prononce non pas pour l'abolition de l'esclavage, mais pour l'alignement sur la Martinique. « Blanc, je suis avec les Blancs », dit-il. Le 10 mai 1802 (20 floréal an X), l'esclavage est donc rétabli partout. Et à Saint-Domingue, où Toussaint Louverture règne toujours, le Premier consul envoie 20 000 soldats commandés par son beau-frère, le général Leclerc. Louverture s'enfuit dans la montagne, puis se soumet. En juin 1802, capturé alors qu'il prépare une nouvelle insurrection, il est déporté en France. Il y meurt en 1803.

En 1807, sous l'influence du parti abolitionniste, l'Angleterre interdit la traite des esclaves. Pour le gouvernement britannique, cette mesure exprime moins un souci philanthropique qu'elle ne constitue, juste retour des choses, un moyen de ruiner les colonies françaises. Au traité de Paris, le 30 mai 1814, la France de la Restauration retrouve les vestiges de son ancien empire colonial : les Antilles, la partie occidentale de Saint-Domingue, la Guyane, les comptoirs de l'Inde et du Sénégal, l'île Bourbon. Par ce traité, Louis XVIII promet de supprimer la traite dans un délai de trois à cinq ans. Le 20 mars 1815, Napoléon est de retour à Paris. Dès le 1er avril, désireux de s'attirer les bonnes grâces de l'Angleterre, l'Empereur déclare la traite illégale. Au congrès de Vienne, qui se clôt le 9 juin (les Cent-Jours prennent fin le 22 juin), toutes les puissances européennes décident également de réprimer le commerce des esclaves. En juillet 1815, retrouvant son trône, Louis XVIII confirme l'abolition de la traite. Lors du second traité de Paris, le 20 novembre 1815, le roi signe un article additionnel édictant les peines dont sont passibles ceux qui transgressent cette interdiction. Le 8 janvier 1817, une ordonnance royale aggrave les sanctions : les bâtiments seront confisqués, et leurs capitaines privés de tout commandement. Ces pénalités sont renouvelées par deux lois votées, l'une, le 15 avril 1818, sous Louis XVIII, et l'autre, le 4 mars 1831, sous le règne de Louis-Philippe. Le champ des sanctions est étendu aux armateurs ou aux assureurs se livrant à la contrebande négrière.

Tarissant la source qui fournit les colonies en main-d'œuvre servile, l'abolition de la traite constitue une étape indispensable. Le trafic illicite se poursuivra néanmoins jusqu'à ce que l'esclavage soit lui-même aboli, en 1835 par les Anglais, en 1848 par les Français. C'est sous la monarchie de Juillet que la France s'engage sur la voie de l'abolition. En 1832, la taxe frappant les affranchissements est supprimée. En 1833, la marque physique des esclaves est interdite. En 1839, ils reçoivent un état civil. En 1840, Louis-Philippe charge une commission extra-parlementaire d'étudier la condition des travailleurs coloniaux. Le duc de Broglie, qui en est le président, négocie avec l'Angleterre une nouvelle convention relative à la répression de la traite, comportant un droit de visite des navires. En 1843, dans un rapport au roi, la commission conclut à la nécessité d'émanciper les esclaves.

Si la proposition n'est pas suivie d'effet, c'est que se pose une question soulevée lors de l'abolition de 1794 : comment modifier le statut des ouvriers sans ruiner les entreprises coloniales ? Quelqu'un, pourtant, a démontré par l'exemple la possibilité de faire prospérer une communauté agricole en employant des Noirs affranchis. C'est une religieuse, mère Anne-Marie Javouhey, que Louis-Philippe qualifie de « grand homme ». En 1807, celle-ci a fondé les sœurs de Saint-Joseph-de-Cluny qui, sous la Restauration, ont essaimé aux colonies. Au Sénégal, en Guadeloupe, en Guyane, dans l'île Bourbon, cette congrégation a créé des écoles et des hôpitaux pour les populations locales. En 1819, à Bailleul, dans l'Oise, mère Anne-Marie Javouhey a institué un séminaire africain, où les trois premiers prêtres noirs ont été ordonnés en 1830. En 1838, à Mana, dans le nord-ouest de la Guyane, la religieuse a fondé un atelier colonial formé par d'anciens esclaves. En effet, depuis la loi de 1831 renouvelant l'interdit de la traite, les captifs découverts dans les navires négriers sont libérés, et le gouvernement les fait engager par mère Anne-Marie Javouhey. Or celle-ci, avec ses employés libres, obtient de meilleurs résultats que les plantations utilisant des esclaves.

En 1843, quand l'île de Mayotte devient française, l'esclavage y est aboli. En 1845 et en 1846, Mackau, le ministre de la Marine et des Colonies de Louis-Philippe, publie de nouvelles ordonnances en faveur des esclaves, fixant les conditions de leur rachat et prévoyant l'abolition du système, sans toutefois fixer de calendrier.

La monarchie de Juillet tombe le 24 février 1848. Le 25 février, la république est proclamée. Le 4 mars, Victor Schoelcher devient membre du gouvernement provisoire. Sous-secrétaire d'État à la Marine et aux Colonies, il préside la commission d'abolition de l'esclavage, qui travaille à partir des données réunies par l'administration du roi Louis-Philippe. Le 27 avril 1848, le ministre de la Marine, Arago, signe le décret d'abolition préparé par Schoelcher. 250 000 esclaves (dont 160 000 aux Antilles) sont concernés. Ils doivent être effectivement émancipés deux mois après la promulgation du décret dans chacune des colonies.

Schoelcher, explique Nelly Schmidt, « républicain de la Montagne, franc-maçon, militant des droits de l'homme, se situait à l'extrême gauche et affirmait son athéisme et son anticléricalisme [1] ». On ne lui enlèvera pas le mérite d'avoir été l'acteur ultime de la suppression de l'esclavage. Encore faudrait-il souligner que cette mesure de justice avait été étudiée par d'autres avant lui, et qu'elle avait mûri, depuis l'interdiction de la traite, à travers une évolution des esprits opérée sous tous les régimes, Restauration, Cent-Jours, et surtout monarchie de Juillet.

L'esclavage : une tradition africaine et musulmane

À quels peuples appartenaient les esclaves que les Européens embarquaient par milliers ? Wolofs ou Bambaras, Haoussas ou Achantis guinéens, Kongos ou Bandias bantous, ils représentaient toutes les ethnies vivant à l'Ouest et au Centre du continent noir. Mais, avant le XIXe siècle, les Occidentaux ne s'étaient jamais aventurés au-delà des côtes africaines. À son apogée, la traite transatlantique n'était donc possible qu'avec la complicité de potentats noirs et de marchands d'esclaves qui vendaient leurs frères de couleur. Mais, ils n'avaient pas attendu les Européens pour se livrer à ce commerce.

La traite des Noirs remonte à des temps immémo-

1. Nelly Schmidt, *Victor Schoelcher*, Fayard, 1994.

riaux. Plusieurs siècles durant, elle a alimenté en esclaves l'Afrique du Nord et le Proche-Orient, à l'instigation et au profit des pays musulmans. « C'est au VIIe siècle de notre ère, souligne Olivier Pétré-Grenouilleau, avec la conquête arabe, que la traite des Noirs a véritablement été inventée. La constitution d'une vaste entité territoriale musulmane a conduit à l'augmentation de la demande en main-d'œuvre servile et, parmi les tributs imposés aux populations soumises, certains commencèrent à être acquittés en captifs noirs [1]. » Une autre historienne, Catherine Coquery-Vidrovitch, dresse le même constat : « La traite vers l'océan Indien ou la Méditerranée est bien antérieure à l'irruption des Européens sur le continent [2]. »

En dix siècles, les Arabes auront ainsi déporté 12 millions de Noirs. Capturés au cours de raids effectués à l'intérieur du continent, les prisonniers étaient regroupés en caravanes, où le taux de mortalité était effroyable, et dirigés vers la mer pour être vendus. En Afrique du Centre-Est, la route des esclaves franchissait d'immenses étendues désertiques, puis débouchait à Khartoum, au Soudan, pour remonter le Nil. Sur la côte orientale, c'est le port de Zanzibar (dans l'actuelle Tanzanie) qui servait de marché aux esclaves à destination de la péninsule Arabique, de la Perse et de l'Inde. Du Mozambique à la Somalie, cette côte était colonisée par le sultanat d'Oman. En 1840, cette principauté musulmane fera de

1. Olivier Pétré-Grenouilleau, *L'Histoire*, novembre 1997.

2. « Le temps des colonies », *Les Collections de L'Histoire*, avril 2001.

Zanzibar sa capitale, tant la traite des esclaves formera la base de sa puissance.

En Méditerranée, les pirates turcs d'Alger — les Barbaresques — réduisaient en esclavage les chrétiens qu'ils capturaient, tout en s'efforçant de les revendre aux ordres religieux spécialisés dans ce rachat. On comptera en permanence de 25 000 à 30 000 prisonniers chrétiens au sud de la Méditerranée.

Au XIXe siècle, les États européens abolissent un à un la traite et l'esclavage. Les pays musulmans, eux, n'abandonnent nullement ce commerce. D'autant moins que, au sein de l'Afrique, l'époque précoloniale est marquée par de grands bouleversements. Au sud, vers 1810-1820, l'Empire zoulou se constitue au prix d'immenses massacres. À l'ouest, l'expansion des peuples noirs islamisés ravage un territoire compris entre le lac Tchad et l'océan Atlantique. À chaque fois, des tribus entières sont réduites à l'état servile, et vendues. Au nord, les esclavagistes de Libye, traversant le Sahara, effectuent des razzias en direction du sud, dépeuplant l'actuelle République centrafricaine. Dans l'Est africain, vers 1810-1815, les musulmans pénètrent à l'intérieur du continent à partir de Zanzibar, créant des centres esclavagistes qui s'étendent jusqu'au fleuve Congo. C'est là, en 1866, que Tippo-Tip, un potentat arabe, se taille un royaume fondé sur la chasse aux esclaves, écumant les actuels États de Somalie, Éthiopie, Kenya, Ouganda, Tanzanie, Burundi, République démocratique du Congo, Malawi et Mozambique.

Médecin et théologien, membre de la Société des

missions de Londres, l'Anglais Livingstone est connu pour avoir exploré, entre 1850 et 1860, le Zambèze et le plateau des grands lacs, et pour sa célèbre rencontre avec Stanley, en 1871, sur les bords du lac Tanganyika. Il est le premier Européen à avoir découvert l'ampleur des coutumes esclavagistes sévissant dans le centre-est de l'Afrique. Après sa mort (1873), c'est son compatriote Stanley, au cours des années 1870-1880, qui poursuit son œuvre. Ce sont les récits de ces grands explorateurs qui ont dressé l'opinion anglaise contre la traite pratiquée en Afrique, forçant le gouvernement britannique à intervenir au Soudan, en 1885.

À Paris, en 1888, c'est le cardinal Lavigerie qui lance une campagne contre l'esclavagisme. Archevêque d'Alger en 1867, fondateur des pères blancs en 1868, il est, depuis 1884, le chef de l'Église d'Afrique. « Aimez l'Afrique, déclare-t-il, aimez ses peuples comme une mère aime ses fils, en proportion de leur misère et de leur faiblesse. » Alerté par ses missionnaires, Mgr Lavigerie réclame une intervention européenne pour mettre fin au trafic des esclaves. « Ce qui se passait en Amérique, écrit-il à Léon XIII, n'était rien à côté des horreurs perpétrées en Afrique. 400 000 hommes par an en sont les victimes. » Fondant avec le pape une ligue antiesclavagiste, le cardinal Lavigerie effectue une tournée des capitales afin de mobiliser l'opinion. « Pour sauver l'Afrique intérieure, s'écrie-t-il à Paris, il faut enfin soulever la colère du monde. » « Si un voyageur, raconte-t-il à Bruxelles, perd la route qui conduit de l'Afrique équatoriale aux villes où se vendent les esclaves, il peut aisément la retrouver par les ossements dont elle est bordée.

Souvent le tiers seulement de la cargaison humaine parvient à destination. » « Deux millions de créatures humaines disparaissent par an, explique-t-il à Londres, c'est-à-dire 5 000 Noirs massacrés, enlevés, vendus chaque jour, si l'on compte les victimes de toute l'Afrique. C'est la destruction de tout un continent. »

L'appel du cardinal Lavigerie sera entendu. Le 18 novembre 1889, à Bruxelles, le roi des Belges accueille les représentants de seize gouvernements réunis pour déterminer les mesures à prendre en vue de réprimer la traite des esclaves. Dans les années 1880-1885, les Européens ont décidé de s'installer véritablement en Afrique. Au congrès de Berlin, en 1884, Français, Britanniques et Allemands se sont partagé le continent, les Portugais conservant l'Angola et le Mozambique, le Congo étant créé pour le roi des Belges.

Une autre histoire commençait : celle de la colonisation. Certains qui, aujourd'hui, stigmatisent avec raison l'esclavage des Noirs vilipendent aussi l'œuvre coloniale européenne. C'est un paradoxe : les colonisateurs se sont efforcés d'éradiquer les pratiques esclavagistes, mais non sans mal, tant celles-ci étaient de tradition en Afrique. Après la décolonisation, l'esclavage a réapparu en Mauritanie, au Nigeria ou au Soudan, attirant à plusieurs reprises, jusqu'à nos jours, l'attention des Nations unies. En Arabie Saoudite, l'esclavage n'a été officiellement aboli qu'en 1960.

D'où le second paradoxe. Jusqu'au début du XIXe siècle, les Européens se sont accommodés de la traite des Noirs. Cette page n'est pas glorieuse, on l'a dit. Mais sommes-nous collectivement coupables pour l'aveuglement de nos ancêtres ? Et pourquoi les Européens devraient-ils être les seuls à se repentir ? Qu'un magazine d'histoire, dénonçant un « tabou français », publie « les vrais chiffres de la traite des Noirs », c'est une démarche très légitime[1]. Cependant, il ne serait pas moins intéressant de connaître les vrais chiffres de la traite des Noirs par les musulmans.

1. *Historia thématique*, novembre-décembre 2002.

12

1900 : antisémites, antimilitaristes et anticléricaux

« Nos vrais ennemis sont en nous-mêmes. »

BOSSUET.

15 janvier 1998. Lors de la séance des questions au gouvernement, Lionel Jospin prend la parole devant l'Assemblée nationale. Interrogé au sujet des manifestations prévues pour la commémoration du 150e anniversaire de l'abolition de l'esclavage, le Premier ministre se lance dans une péroraison historique. « On est sûr, assène-t-il, que la gauche était pour l'abolition de l'esclavage. On ne peut pas en dire autant de la droite. » Et d'ajouter : « On sait que la gauche était dreyfusarde. On sait aussi que la droite était antidreyfusarde. »

L'affaire Dreyfus, un siècle après, nourrit un manichéisme inépuisable. Lionel Jospin, ce jour-là, est allé jusqu'à citer, comme exemple de dreyfusard, Léon Gambetta : or celui-ci est mort en 1882, douze ans avant le début de l'Affaire ! La bonne gauche contre la mauvaise droite : avec une telle grille d'analyse, l'histoire est si simple. Mais c'est au prix d'innombrables oublis de la mémoire. « L'historiographie de gauche, remarque Jean Touchard, a recomposé une affaire Dreyfus idéale qui n'a, il faut bien le dire, que d'assez lointains rapports avec l'affaire Dreyfus réelle [1]. »

À la charnière du XIXe et du XXe siècle, ce qui était au départ une affaire d'espionnage s'est transformé en débat de société portant au paroxysme les passions franco-françaises. Entre avocats et détracteurs de Dreyfus, cependant, les lignes de partage n'étaient pas forcément où l'on croit. Quant à la violence antisémite manifestée dans le camp antidreyfusard (mais, nous le verrons, pas chez tous les antidreyfusards), elle constitue rétrospectivement un paravent bien commode pour dissimuler le fanatisme antimilitariste et anticlérical de certains dreyfusards.

Le capitaine Dreyfus aurait pu être antidreyfusard

En septembre 1894, le contre-espionnage français prend connaissance d'un document recueilli dans une corbeille à papiers de l'ambassade d'Allemagne à Paris. Ce texte (le « bordereau ») a été adressé à l'attaché militaire allemand, le major Schwartzkoppen, par un officier d'artillerie français prévoyant de livrer plusieurs documents couverts par le secret militaire, notamment « le projet de manuel de tir de l'artillerie de campagne » et une « note sur le canon de 120 ». Le ministre de la Guerre, le général Mercier, diligente l'enquête. L'écriture

1. Jean Touchard, *La Gauche en France depuis 1900*, Seuil, 1981.

du capitaine Alfred Dreyfus, stagiaire au service de renseignement de l'état-major, correspond à celle du bordereau. Des expertises graphologiques sont menées. Le 15 octobre 1894, en dépit de ses dénégations, l'officier est arrêté. Puis il est traduit en conseil de guerre et jugé à huis clos. La presse révèle l'affaire, vouant Dreyfus à la vindicte publique. En décembre 1894, le capitaine est condamné à la déportation à vie. En janvier 1895, solennellement dégradé dans la cour de l'École militaire, il est envoyé en Guyane.

L'affaire est classée. À cette date, sauf sa famille, personne ne doute de la culpabilité du prisonnier. « Alfred Dreyfus est un traître, écrit Clemenceau, et je ne fais à aucun soldat l'injure de le mettre en parallèle avec ce misérable. » À la tribune de l'Assemblée, Jaurès interprète l'événement en termes de lutte des classes, s'indignant de l'indulgence dont a bénéficié un officier, alors que de simples soldats ont été fusillés pour de moindres crimes que l'espionnage.

En 1896, le nouveau chef du service de renseignement, le lieutenant-colonel Picquart, découvre un pneumatique (« le petit bleu ») qui révèle les relations entre l'attaché militaire allemand, Schwartzkoppen, et un autre officier d'artillerie français, le commandant Esterhazy. Or l'écriture de ce dernier est semblable à celle du fameux bordereau. Esterhazy est l'auteur de la trahison, Picquart en est convaincu : il le fait savoir à ses supérieurs. Mais on lui demande de se taire. De son côté, Matthieu Dreyfus, le frère du capitaine, lance une campagne afin d'obtenir la révision du procès. Il mobilise le journaliste Bernard Lazare, puis obtient le soutien de personnalités politiques : le vice-président du Sénat, Auguste Scheurer-Kestner, et le député Joseph Reinach.

Le président du Conseil, le modéré Jules Méline, proclame qu'« il n'y a pas d'affaire Dreyfus ». Il a tort. Les rebondissements de l'enquête, la polémique dans les journaux et les empoignades entre partisans et adversaires de la révision arrachent le procès à son cadre initial. De militaire et judiciaire, le cas Alfred Dreyfus devient politique.

Dénoncé comme l'auteur du bordereau par une lettre de Matthieu Dreyfus au nouveau ministre de la Guerre, le général Billot, Esterhazy est, à sa demande, traduit devant le conseil de guerre. Cependant, le 11 janvier 1898, il est acquitté. Accusé de faux, Picquart est interné ; il sera chassé de l'armée.

Le lendemain, Émile Zola apporte une « Lettre au président de la République » à *L'Aurore*. Clemenceau, qui dirige le quotidien, et qui s'est laissé convaincre par les défenseurs de Dreyfus, voit le bénéfice à en tirer. Le 13 janvier, il publie l'article de Zola en première page, en le surmontant d'un énorme titre : « J'accuse... ! » En quelques heures, deux cent mille exemplaires se vendent à Paris. Zola accuse les juges militaires de forfaiture pour avoir délibéré, en 1894, sur la base d'un dossier secret qui n'a été communiqué ni au capitaine Dreyfus ni à ses avocats, et d'avoir acquitté sur ordre le coupable, Esterhazy.

Ce que cherche l'écrivain, c'est à se faire inculper afin de provoquer un débat. Il y parviendra. Traduit en cour d'assises, le 20 janvier 1898, pour diffamation envers le ministère de la Guerre, Zola est condamné à la peine maximale : un an de prison. Le 2 avril, la Cour de cassation annule l'arrêt pour vice de forme. Le 18 juillet, la cour confirme la condamnation. L'écrivain s'exile à Londres. Prenant parti pour la révision du procès Dreyfus, Anatole France prend le relais. L'Université et l'École normale se tiennent sur la même ligne. En sens inverse, Paul Bourget, Maurice Barrès ou François Coppée défendent l'honneur de l'armée. L'Institut et l'Académie française penchent du même côté. Et la rue s'en mêle, les foules étant ameutées au nom du patriotisme. Dreyfusards contre antidreyfusards : deux camps se font face.

En juillet 1898, à la Chambre, le nouveau ministre de la Guerre, Jacques Cavaignac, révèle l'existence du dossier secret accusant Dreyfus. À l'unanimité, socialistes compris, l'Assemblée applaudit sa résolution. Mais au mois d'août suivant, un coup de théâtre survient : il s'avère qu'un document accablant Dreyfus — produit non lors du procès de 1894, mais lors du procès Zola — est un faux. Le commandant Henry, du service de renseignement, l'a fabriqué afin d'étayer les preuves de la culpabilité du condamné. Toute la crédibilité de la procédure antérieure est ruinée. Fin août, le suicide du lieutenant-colonel Henry et la fuite du commandant Esterhazy en Angleterre (où il mourra en 1923) achèvent de porter un coup décisif aux antidreyfusards.

Après maintes péripéties (la démission du chef d'état-major, le général de Boisdeffre, le retrait de trois ministres de la Guerre, la chute du cabinet Brisson), le gouvernement devra consentir à la révision. Le 1er juillet 1899, Alfred Dreyfus est ramené en France. Un mois durant, réuni à Rennes, le conseil de guerre délibère. En septembre 1899, pour la seconde fois, le tribunal déclare Dreyfus coupable, tout en lui accordant des circonstances atténuantes. Le verdict est sanctionné par dix ans de réclusion. Le nouveau gouvernement de défense républicaine aurait voulu l'acquittement. Si le président du Conseil, Waldeck-Rousseau, obtient une grâce présidentielle pour Dreyfus, afin d'épargner le prestige de l'armée, la peine du condamné est remise sans qu'il soit déclaré innocent. Sur le plan judiciaire, l'épilogue aura lieu en 1906, lorsque, au prix d'une irrégularité de procédure, la Cour de cassation annulera sans renvoi le jugement du conseil de guerre de Rennes.

Dreyfus innocent, qui est le coupable ? Tout désigne Esterhazy, personnage douteux qui avouera être l'auteur du bordereau. Néanmoins, cette hypothèse bute sur certaines incohérences, au point que des historiens avancent des pistes plus complexes. Un troisième homme ? Des équipes parallèles ? Dans l'univers de l'espionnage et du contre-espionnage, rien n'est limpide. Selon Michel de Lombarès, il s'agit d'une intoxication montée par les Allemands [1]. Pour Jean Doise, l'intoxication vient au contraire des services de renseignement français : Esterhazy a rédigé le bordereau, mais sur ordre [2]. D'après Jean-François Deniau, Dreyfus, innocent mais en service commandé, aurait joué volontairement le rôle de bouc émissaire [3].

---

1. Michel de Lombarès, *L'Affaire Dreyfus*, Robert Laffont, 1972.
2. Jean Doise, *Histoire militaire de l'affaire Dreyfus*, Seuil, 1994.
3. Jean-François Deniau, *Le Bureau des secrets perdus*, Odile Jacob, 1998.

On ne prétendra pas résoudre ici ce mystère qui a occupé des dizaines de spécialistes. Ce qui est certain, c'est que la faute originelle provient de la précipitation avec laquelle la découverte du bordereau, en 1894, a débouché sur un procès. Le plus souvent, en matière d'espionnage, les choses se règlent plus discrètement. Si le véritable traître avait été surveillé jusqu'à ce qu'il fût pris sur le fait, son identité serait irrécusable, et l'immense commotion de l'affaire Dreyfus aurait été épargnée à la France.

Réintégré dans l'armée avec le grade de chef d'escadron, Alfred Dreyfus fera la guerre de 1914-1918 et mourra à Paris en 1935. Lorsqu'il était détenu à l'île du Diable, il adressait à sa femme des lettres empreintes de sentiments patriotiques. Issu d'une famille alsacienne ayant opté pour la France en 1870, ce polytechnicien avait choisi la carrière des armes par respect pour l'institution militaire. Il partageait l'esprit de ses pairs — peut-être à l'excès, car les plus ardents de ses amis reconnaîtront que le personnage était volontiers cassant. « On le sentait imbu de son uniforme », déplorait l'éditeur Pierre-Victor Stock, figure du parti dreyfusard. Clemenceau, qui était alors un radical rouge vif, regrettait également le militarisme de Dreyfus, et son « attitude de cocardier ». Le directeur de *L'Aurore* accusait même Alfred Dreyfus d'avoir été celui qui avait le moins compris l'affaire Dreyfus. La remarque est capitale. Elle traduit les arrière-pensées de nombreux dreyfusards. Et permet une interrogation : si le capitaine Dreyfus n'avait pas été sur la sellette, aurait-il été

« dreyfusard » ? L'historien Armand Israël répond sans hésiter : non [1].

L'antisémitisme n'explique pas l'affaire Dreyfus

Alfred Dreyfus était juif. En quoi ce facteur a-t-il exercé une incidence sur les événements ? Deux domaines sont à distinguer ici. En premier lieu l'aspect judiciaire de l'affaire, en second lieu son aspect politique. Sur le strict plan du déroulement des deux procès militaires, rien ne permet d'affirmer — contrairement au cliché qui tend à s'imposer aujourd'hui — que l'officier a été condamné parce qu'il était juif. « On ne pourrait sans s'aventurer beaucoup, souligne Marcel Thomas, déterminer dans quelle mesure exacte le fait que Dreyfus fût juif fit pencher du mauvais côté de la balance [2]. » Sur les 40 000 officiers que comptait alors l'armée française, plusieurs centaines d'entre eux (dont des généraux) étaient juifs, et n'y rencontraient aucune discrimination. Les préjugés à l'encontre des Juifs existaient sans doute dans le corps militaire, mais plutôt moins que dans la société civile. Au demeurant, le règlement de la Grande Muette les empêchait de s'exprimer.

Si l'antisémitisme a joué un rôle, c'est dans le volet politique de l'Affaire. Dès le 1er novembre 1894, *La Libre Parole* lance l'attaque : « Haute trahison. Arrestation de

---

1. Armand Israël, *Les Vérités cachées de l'Affaire Dreyfus*, Albin Michel, 2000.

2. Marcel Thomas, *L'Affaire sans Dreyfus*, Fayard, 1961.

l'officier juif Dreyfus. L'affaire sera étouffée parce que cet officier est juif. » Fondé deux ans plus tôt, le quotidien antisémite d'Édouard Drumont s'engage activement dans le camp antidreyfusard, soufflant sur les braises pour rallumer le feu de la discorde. En 1898, le journal ouvre une souscription au profit de la veuve du lieutenant-colonel Henry, qui s'est suicidé après la découverte de ses pièces falsifiées. La liste des 14 000 souscripteurs du « monument Henry » fournit une radiographie des antisémites les plus acharnés. Les ouvriers, les artisans et les petits commerçants y sont majoritaires. Ils expriment une violence effarante : « Un commerçant rouennais en haine des Juifs : 1 franc. Une cuisinière qui jubilerait de tenir les youpins dans ses fourneaux : 0,50 franc. Dans quelle île déserte se prépare-t-on à expulser et à parquer le peuple juif ? 1 franc[1]. »

Pour venger l'honneur des officiers juifs mis en cause dans *La Libre Parole*, le capitaine Crémieu-Foa envoie ses témoins à Drumont. En 1886, ce dernier a publié *La France juive*. Dans ce best-seller (réédité cent quatorze fois !), Drumont prétend dresser l'histoire et le tableau de la présence des Juifs en France, dépeignant ceux-ci comme des agents de décomposition sociale. Grossissant les traits et les volumes, l'auteur écarte tout ce qui gêne sa démonstration, ne répugnant pas, dans une prose ouvertement raciste, à la caricature physique, décrivant des Juifs au « nez recourbé » et à « la main moelleuse de l'hypocrite et du traître ».

---

1. Cité par Raoul Girardet, *Le Nationalisme français, 1871-1914*, Armand Colin, 1966.

Idéologiquement, où le classer ? Républicain d'origine (en un temps où l'Église ne reconnaît pas la république), Drumont s'est converti au catholicisme vers 1880. Mais son antisémitisme doit peu à l'antijudaïsme qui se rencontre dans les milieux religieux : selon Arnaud Teyssier, alors que près de 60 000 prêtres vivent en France, *La Libre Parole* ne compte que 300 ecclésiastiques parmi ses abonnés [1]. L'antisémitisme de Drumont constitue plutôt l'expression d'un populisme sommaire, à fort coefficient de ressentiment social.

De ce point de vue, il a des prédécesseurs (et des continuateurs) sur lesquels l'historiographie est peu diserte : les antisémites de gauche. « Juif, usurier, trafiquant sont pour moi synonymes », affirme le socialiste Alphonse Toussenel, en 1845, dans *Les Juifs, rois de l'époque*. « Le Juif est l'ennemi du genre humain. Il faut renvoyer cette race en Asie ou l'exterminer », écrit Proudhon dans ses carnets, en 1847. Dans *Aryens et Sémites*, en 1890, Albert Regnard dénonce « trois pestes, trois aspects d'un même fléau, le sémitisme, le christianisme et le capitalisme ». Ancien communard, candidat radical aux élections de 1880, Regnard collabore à *La Revue socialiste* de Benoît Malon, qui est nettement antisémite. « L'œuvre de Drumont, estime Zeev Sternhell, ne comporte pas une seule idée qui n'ait d'abord été débattue à satiété par les collaborateurs de *La Revue socialiste* [2]. »

---

1. Arnaud Teyssier, *La IIIe République, 1895-1919*, Pygmalion, 2001.

2. Zeev Sternhell, *La Droite révolutionnaire, 1885-1914*, Fayard, 2000.

Idée apparue à gauche, le lien entre les Juifs et le pouvoir de l'argent devient un cliché accusateur lors de la dépression des années 1880. En 1882, le krach de l'Union générale ruine de nombreux petits porteurs. Cette banque catholique ayant été victime de la crise, mais aussi de manœuvres spéculatives menées par d'autres établissements financiers, les Rothschild font figure de bouc émissaire aux yeux des victimes. En 1891, le scandale de Panama, où sont impliqués Cornelius Herz et le baron de Reinach, alimente l'antisémitisme. La concurrence de produits manufacturés étrangers, l'arrivée en France d'immigrants d'Europe centrale aggravent ce climat passionnel. Cet antisémitisme fin de siècle, remarque Raoul Girardet, « ne représente rien d'autre qu'une force exacerbée (et souvent jusqu'à la névrose) du protectionnisme [1] ». Alors que les Juifs ne sont pas 80 000 en France (0,2 % de la population, dont les trois quarts à Paris), et qu'ils sont pour la plupart de condition modeste, ils finissent par cristalliser la haine du capitalisme. Mais ils symbolisent aussi la haine de l'Allemand, qui a vaincu la France. Alors que les vieilles communautés séfarades du Sud-Ouest et du Comtat Venaissin s'éteignent, les Juifs ashkénazes, Français d'Alsace ou de Lorraine ou immigrés récents, sont prédominants. Leurs noms à consonance germanique et leur dialecte leur valent d'être regardés comme des éléments étrangers dans le corps de la France.

Toutefois, l'hostilité à l'égard des Juifs n'est pas l'apanage d'une famille de pensée. « La distinction gauche-

1. Raoul Girardet, *op. cit.*

droite ne permet pas de délimiter l'antisémitisme du XIXe siècle », souligne Marc Crapez[1]. Cet historien rappelle que Raymond Aron incitait à se garder de la pensée essentialiste pour qui « l'antisémite doit être tout entier antisémite, alors qu'il y a tant de modalités de l'antisémitisme et que les jugements défavorables portés par telle personne sur les Juifs diffèrent parfois assez peu de jugements semblables portés sur un peuple, un parti politique, un groupe social[2] ». Aussi convient-il de différencier ceux pour qui l'antisémitisme constitue un système idéologique total (ainsi Drumont), et ceux qui sont antisémites à des degrés divers.

L'antisémitisme de gauche, on l'a dit, représente une variante absolutisée de la critique du capitalisme : même chez Jaurès, on trouve des mots très durs contre les Juifs. La droite nationaliste, ainsi Maurice Barrès, est antisémite, mais ne cède jamais à une interprétation raciste de l'histoire. Selon Raoul Girardet, l'antisémitisme du catholicisme conservateur et populaire « semble avoir connu un brusque réveil avec les premières mesures anticléricales du parti républicain arrivé au pouvoir. C'est alors que la dénonciation de la franc-maçonnerie prend une forme de plus en plus violente et que la dénonciation du danger juif tend à s'y trouver mêlée[3] ». C'est pourquoi *La Croix* professe un antisémitisme tranché, qui ne se confond cependant pas avec celui des brûlots extré-

1. Marc Crapez, *L'Antisémitisme de gauche au XIXe siècle*, Berg International, 2002.

2. Raymond Aron, *Les Désillusions du progrès*, Gallimard, 1969.

3. Raoul Girardet, *op. cit.*

mistes : « Nous ne nous associons jamais aux errements des antisémites qui veulent le sang et le pillage », affirme le quotidien en 1898. Au demeurant, toute la presse catholique de l'époque n'est pas antisémite. Et le premier avocat du capitaine Dreyfus, en 1894, Me Demange, est un catholique de droite.

Lors de l'Affaire, en dépit de l'idée reçue, la ligne de fracture qui sépare partisans et adversaires de la révision ne correspond ni à l'axe antisémite ni à l'axe gauche-droite. *La Libre Parole* et *La Croix* sont à la fois antidreyfusardes et antisémites. Mais il existe des antidreyfusards non antisémites, comme Jules Verne, Édouard Degas ou Auguste Renoir. *L'Intransigeant*, *L'Écho de Paris* ou *Le Petit Journal* (qui tire à un million d'exemplaires) sont des titres où n'affleure aucun antisémitisme, mais qui sont antidreyfusards. Il existe des Juifs antidreyfusards, comme le directeur du quotidien *Le Gaulois*, Arthur Meyer, conservateur et royaliste, qui s'est battu en duel avec Drumont après avoir été attaqué dans *La France juive*. S'il existe une gauche dreyfusarde, il existe également une gauche antisémite et antidreyfusarde : en 1896, dans *La Petite République socialiste*, Gustave Zevaes dénonce « la campagne sournoisement engagée par les journaux de la finance et de la juiverie pour faire douter l'opinion de la culpabilité du traître ». Il existe une droite dreyfusarde : c'est le cas du *Figaro*. Conrad de Witt, député royaliste du Calvados, protestant et gendre de Guizot, est battu, en 1902, à cause de son engagement en faveur de Dreyfus. Il existe également une droite qui, sans être dreyfusarde, répugne aux emballements de la foule : le futur maréchal Lyautey, catholique et traditionaliste, condamne « la pression de la rue, de la tourbe [qui] hurle à la mort sans savoir contre ce Juif, parce qu'il est juif, tout comme elle hurlait il y a cent ans : "Les aristocrates à la lanterne." ».

Conclusion : le fait qu'Alfred Dreyfus ait été juif constitue un élément contingent de l'Affaire. C'est un facteur aggravant dans le déchaînement passionnel des antidreyfusards antisémites, donnant lieu à un débordement de haine, par exemple dans les colonnes de *La Libre Parole*. Mais il n'explique pas tout. Si l'accusé de 1894 n'avait pas été juif, il y aurait quand même eu une affaire Dreyfus.

L'Affaire, tremplin du radicalisme

Deux philosophies politiques contradictoires sont en jeu : celle qui privilégie les droits de l'individu et celle qui préfère l'intérêt collectif de la société. Cette opposition est symbolisée par deux formations nées en 1898-1899, la Ligue des droits de l'homme et la Ligue de la patrie française. Ce qui confère ses relents de guerre civile à l'affaire Dreyfus, c'est que le travail d'éclaircissement d'une histoire d'espionnage se déroule sous la pression de partis adverses, chacun tentant d'amener l'opinion publique à ses vues. Les défenseurs les plus obstinés du malheureux capitaine, ceux qui refusent toute révision silencieuse, le prennent d'une certaine manière en otage, en utilisant son cas à des fins politiques. Ils sont cependant aidés par les réflexes conditionnés du camp d'en face.

Qui est le premier coupable ? Pour Barrès, c'est le parti intellectuel, prompt à s'en prendre aux institutions. Pour Péguy, c'est à trop avoir voulu couvrir une injustice, pour ne pas se déjuger, que militaires et ministres ont contraint une procédure judiciaire à s'élargir en débat engageant toute la société. Le drame de l'Affaire, c'est d'avoir engendré une alternative déchirante entre les droits de la justice et ceux de la société. « On a quelquefois vu des sociétés sans justice, mais on n'a jamais vu de justice sans société », affirme, du côté antidreyfusard, le jeune Charles Maurras. Dreyfusard, Daniel Halévy note quant à lui : « Le doute doit profiter à l'accusé, dit la maxime, et elle est juste. Mais voici, dans le cas présent, deux accusés qu'il faut considérer tous deux, l'un, Dreyfus, l'autre, la société française ; si Dreyfus est innocent, la société française est coupable ; si la société française est innocente, Dreyfus est coupable. »

Vincent Duclert distingue dreyfusards, dreyfusistes et dreyfusiens. Les premiers sont attachés à la révision du premier procès pour en marquer la forfaiture. Les suivants considèrent l'Affaire « comme un élément de réflexion pour constituer une autre politique ». Les derniers, opportunistes ou revenants de Panama, tels Clemenceau ou Waldeck-Rousseau, utilisent l'Affaire pour se remettre en scène au Parlement, afin de désacraliser l'armée et de laïciser la société[1]. Ardent dreyfusard, Péguy finira par s'indigner de la dégradation de la mys-

1. Vincent Duclert, *L'Affaire Dreyfus*, La Découverte, 1994.

tique dreyfusienne en politique : certains défenseurs du capitaine Dreyfus, en réalité, se moquaient de son sort. De nos jours, les antidreyfusards sont stigmatisés à raison de l'antisémitisme qui se manifestait dans leurs rangs. Mais on oublie de rappeler que le camp dreyfusard abritait lui aussi des passions dangereuses.

L'affaire Dreyfus, à cet égard, doit être replacée dans la chronologie politique. En 1873, après l'échec de la restauration du comte de Chambord, l'Assemblée monarchiste élue en 1871 désigne Mac-Mahon à la présidence de la République, avec un mandat de sept ans. En 1875, l'amendement Wallon permet l'institution de la république. En 1876 puis en 1877, les républicains obtiennent la majorité des députés. En 1879, obligé de se soumettre, Mac-Mahon démissionne. Le personnel acquis au régime est toutefois partagé entre opportunistes (qui veulent réaliser graduellement le programme républicain) et radicaux et socialistes (qui veulent son application immédiate). Mais ce qui réunit les trois gauches, c'est l'anticléricalisme. En 1889, après la crise du boulangisme, les républicains triomphent à la Chambre. En 1893, à la suite du scandale de Panama, les modérés l'emportent, aidés par le Ralliement que vient de prôner Léon XIII. De 1896 à 1898, le cabinet Méline, républicain modéré, est plébiscité par la bourgeoisie comme par la paysannerie.

Aux élections de 1898, les catholiques ralliés se heurtant à la fois aux républicains modérés et aux conservateurs, les voix de la droite diminuent. Au plus fort de l'affaire Dreyfus, l'Assemblée se compose de 235 députés de gauche (radicaux, radicaux-socialistes et socialistes), de 254 républicains modérés, et de 98 élus de droite (conservateurs, bonapartistes et royalistes). Président du Conseil de 1899 à 1902, Waldeck-Rousseau dirige un ministère de défense républicaine qui ouvre le chemin à plus à gauche que lui. Le scrutin législatif de 1902 donne une écrasante victoire à la gauche : au Palais-Bourbon, de 1902 à 1906, siègent 247 radicaux et radicaux-socialistes, 74 socialistes et 174 élus de droite.

Or, les radicaux qui prennent le pouvoir en 1902 n'ont pas l'image bonhomme qu'on leur prête aujourd'hui. Ces militants se donnent pour mission d'aboutir, comme leur nom l'indique, à une transformation radicale du pays. En ce sens, il existe bien, selon la formule employée en 1909 par Georges Sorel, une révolution dreyfusienne. Malheureusement, si nous sommes bien renseignés sur les ravages de l'antisémitisme chez les antidreyfusards, trop peu d'historiens relèvent l'intolérance dont firent preuve de nombreux dreyfusards à l'encontre de l'armée et de l'Église.

L'antimilitarisme, maladie infantile du dreyfusisme

Le milieu militaire de la fin du XIXe siècle, comme l'a montré Raoul Girardet, a été formé, au moins pour les généraux et les colonels, au temps de Napoléon III [1]. Il y règne un sentiment diffus d'attachement à l'ordre et à

1. Raoul Girardet, *La Société militaire de 1815 à nos jours*, Perrin, 1998.

l'autorité, une prévention envers le Parlement. Dans les familles conservatrices, depuis l'instauration de la république, la carrière des armes paraît un refuge. C'est notamment le cas pour l'aristocratie terrienne, que la crise agraire et le morcellement des domaines conduisent massivement vers la cavalerie. Trois princes d'Orléans (le duc d'Aumale, le duc de Chartres et le duc d'Alençon) — jusqu'à ce qu'un décret de Jules Ferry, en 1883, leur retire leur emploi — sont des officiers qui bénéficient d'une forte sympathie parmi leurs pairs. Vers 1900, un quart des saint-cyriens et des polytechniciens seront issus de collèges tenus par les congrégations catholiques. Dans cette armée, l'esprit républicain est donc peu répandu, malgré le général Boulanger, créature des radicaux. Ministre de la Guerre en 1886, il est chargé de rendre l'armée républicaine ; mais, ralliant sur son nom tous les mécontents, sa popularité et ses partisans ont semblé menacer la république. Son échec, en 1889, est aussi brutal que son ascension.

Toutefois, cultivant une mystique de la discipline et de l'obéissance absolue, l'institution militaire se montre loyale envers le gouvernement. En 1899, si la tentative de coup d'État de Déroulède échoue, c'est parce que le général Roget, en dépit de ses sentiments antidreyfusards, fait arrêter le meneur nationaliste. L'armée, souligne Girardet, possède surtout le sentiment d'être un corps particulier et d'avoir à régler ses problèmes elle-même. Aux yeux des officiers, la condamnation de Dreyfus, justifiée ou non, constitue une affaire militaire, intéressant la sécurité militaire, relevant de la justice militaire : l'autorité civile n'a rien à y voir. Dès lors, pour les dreyfusards, l'Affaire apparaît comme l'occasion de briser ce qu'ils considèrent comme une caste liée aux forces conservatrices.

Dans les cercles nationalistes, l'espoir d'une revanche contre l'Allemagne s'accompagne d'une rhétorique parfois cocardière à l'excès. Mais, au même moment, le souvenir de la défaite de 1870 s'estompant, toute une gauche incline vers le pacifisme. À l'occasion de l'affaire Dreyfus, un certain nombre de républicains se détachent du patriotisme, versant dans un internationalisme naïf. Chez les professeurs, notamment, la mentalité antimilitariste est de rigueur. « Il faut que la mère de famille, argumente Ferdinand Buisson, inculque de bonne heure à l'enfant cette idée que les armes, qu'un sabre, un fusil, un canon, sont des instruments que nous devons regarder du même œil que nous considérons au château de Chinon les instruments de torture employés il y a quelques siècles » : l'auteur de cette phrase est directeur de l'Enseignement primaire. *Le Volume*, revue hebdomadaire dirigée par le recteur Payot, de l'université de Grenoble, vilipende le « chauvinisme guerrier », les « brutes galonnées », l'« abrutissement de la caserne ». Collaborateur de *La Revue de l'enseignement primaire*, Gustave Hervé suggère de planter le drapeau national sur le fumier des casernes. « Nous sommes des internationalistes antipatriotes, proclame-t-il en 1905. Nous n'avons à aucun degré l'amour de la patrie et nous ne savons pas ce que c'est que l'honneur national. »

En ces années-là, en raison de l'absence d'unités de police destinées au maintien de l'ordre, les pouvoirs publics recourent à la troupe à l'occasion des grèves et des conflits sociaux. À Fourmies, en 1891, à Saint-Étienne, en 1900, à Draveil ou à Villeneuve-Saint-Georges, en 1908, l'armée tire sur les ouvriers (10 morts et 600 blessés en 1908). S'emparant de ces événements dramatiques, la propagande d'extrême gauche caricature les militaires en gardiens de l'ordre bourgeois. Dès lors, l'antimilitarisme révolutionnaire s'impose sur fond de slogans consacrés à la fraternité universelle : « Guerre à la guerre. » En 1906, lors de son congrès d'Amiens, la CGT préconise une propagande antimilitariste et antipatriotique « toujours plus intense et plus audacieuse ». Organe du même syndicat, *La Voix du peuple* invite les prolétaires à « refuser de prendre les armes en cas de guerre avec l'Allemagne ». Selon un tract, il est « préférable de tuer un général français plutôt qu'un soldat étranger ».

Si l'armée n'est pas directement ébranlée par la première phase du procès Dreyfus, il n'en est pas de même quand l'Affaire prend un tour politique. À partir de l'accession au pouvoir du ministère Waldeck-Rousseau, en 1899, les militaires sont l'objet de la défiance du gouvernement. Le service de renseignement, dont plusieurs des membres ont joué un rôle dans l'inculpation du capitaine, est démantelé. Ce qu'il en reste est rattaché au ministère de l'Intérieur. En 1900, il n'existe plus de contre-espionnage militaire en France. Et au moment où l'Allemagne s'engage dans la course aux armements, les crédits de la Défense nationale sont revus à la baisse.

Le ministre de la Guerre du cabinet Waldeck-

Rousseau, le général de Galliffet, a été le fusilleur de la Commune. Sa première circulaire donne la consigne : « Silence dans les rangs. » Galliffet supprime la commission de classement, qui assurait à la hiérarchie militaire le privilège de la cooptation. Dorénavant, nominations et avancements sont réservés au ministre, c'est-à-dire au pouvoir politique. Le général André, ministre de 1900 à 1904, accélère le mouvement. Sitôt en poste, il relève de leurs fonctions le chef d'état-major général et le vice-président du Conseil supérieur de la guerre, suspects de sentiments antidreyfusards.

Républicain et libre-penseur, André veut « décatholiciser l'armée ». À partir de 1901, il favorise systématiquement la carrière des officiers qui partagent ses opinions. Pour ce faire, le ministre met au point un système de fiches. Chaque officier est désormais observé, une fiche consignant son niveau de connaissances et ses compétences militaires, mais aussi ses idées politiques et son comportement religieux. Afin de monter ce service de renseignement, l'officier d'ordonnance du général André s'entend avec le secrétaire du Grand Orient de France. Ayant abandonné toute référence spiritualiste en 1876, cette obédience maçonnique est dominée par le courant rationaliste. Ses effectifs sont en pleine croissance : 17 000 adeptes en 1890, 27 000 en 1905, 30 000 en 1910. Cette courbe ascendante accompagne la montée en puissance du parti radical, que le Grand Orient fournit en adhérents.

Les fiches, rédigées à partir des indications procurées par les loges, sont rassemblées au siège du Grand Orient, puis transmises au ministère. Elles comportent des notations de ce genre : « Va à la messe », « Sa femme va à la messe », « Met ses enfants chez les jésuites », « Dévoué au gouvernement », « Franc-maçon ». Ensuite, les officiers sont classés en deux catégories : ceux qui sont à écarter, ceux qui doivent être promus. Le colonel de Castelnau, futur général de la Grande Guerre (« le capucin botté »), ou Foch, dont le frère est jésuite, voient ainsi leur avancement bloqué.

Pendant quatre ans, la filière fonctionne discrètement. Le 28 octobre 1904, sous le ministère Combes, un député modéré, Jean Guyot de Villeneuve, dévoile cependant la combine. Devant la Chambre, il donne lecture de fiches qui lui ont été confiées par le secrétaire adjoint du Grand Orient, pris de remords. Le débat est tumultueux, et s'étend dans la presse. Le 4 novembre suivant, tout en déplorant le poids des cléricaux dans l'armée, le général André nie avoir été au courant du fichage des officiers. Mais un nouveau débat révèle que Waldeck-Rousseau avait averti de l'existence du système son successeur à la présidence du Conseil. Combes, qui est en poste depuis deux ans, nie à son tour. Ce désaveu n'abuse personne. En 1902, treize jours après son arrivée au pouvoir, le président du Conseil a envoyé aux préfets cette circulaire : « Si dans votre administration vous devez la justice à tous, sans distinction d'opinion ou de parti, votre devoir vous commande de réserver les faveurs dont vous disposerez seulement à ceux de vos administrés qui ont donné des preuves non équivoques de fidélité aux institutions républicaines. » Le 15 novembre 1904, le général André est acculé à la démission. Le 18 janvier 1905, victime du scandale des fiches, c'est le gouvernement du bloc des gauches qui tombe.

L'affaire a affecté le moral de l'armée. Dans les régiments, les promus récents sont soupçonnés de devoir leurs galons à une faveur politique, et les indicateurs réels ou supposés sont mis en quarantaine. Bientôt, dans le cadre de la politique anticléricale que mène le gouvernement, les officiers devront encadrer des opérations de police contre les couvents ou les églises. Pour les catholiques, c'est un terrible cas de conscience : beaucoup démissionnent.

À la même époque, Berlin renforce son appareil militaire. Le dreyfusard Julien Benda s'expliquera plus tard : « Nous étions sincèrement persuadés que l'ère des guerres était close, et que les antidreyfusards n'agitaient le spectre d'une guerre franco-allemande que pour les besoins de leur passion. » Une illusion cultivée jusqu'au bout par Jaurès. « Dans l'ordre international, écrira-t-il dans *L'Humanité*, c'est nous qui avons raison de dire que l'ère des grandes guerres de nationalités est close » : cette phrase date de 1912. Le 5 juillet 1914, Pierre Brizon, professeur à l'École normale et député socialiste de l'Allier, prononce à la Chambre un discours où il loue le pacifisme de l'empereur Guillaume II. La guerre éclate un mois plus tard. Entre le 2 août et le 31 décembre 1914, Joffre devra limoger plus de la moitié des généraux français (très exactement 180 sur 425). Beaucoup devaient leurs étoiles non à leurs talents, mais à leur docilité politique.

L'anticléricalisme, ciment du parti républicain

« Tous les dreyfusards, estime Théodore Zeldin, ne furent pas inspirés par la seule passion de la justice. Pour beaucoup de gens, la lutte pour Dreyfus s'inscrivit dans la lutte contre le cléricalisme, autant, sinon plus, que pour la liberté individuelle. La prétention des dreyfusards d'être les représentants du libéralisme se perdait dans leur volonté de persécuter les catholiques [1]. » Cette accusation n'est pas lancée par un réactionnaire : Zeldin, historien britannique, est un esprit libéral. Aujourd'hui, les rapports entre la République française et l'Église sont normalisés. On ne peut que s'en féliciter, mais ce n'est pas une raison pour occulter la vérité : à la fin du XIXe siècle, l'hostilité à l'encontre du catholicisme constitue le dénominateur commun des gauches qui accèdent au pouvoir à la faveur de l'affaire Dreyfus, et qui défendent une laïcité dont la signification, à l'époque, n'a rien à voir avec la neutralité religieuse de l'État.

« Le cléricalisme, voilà l'ennemi. » Léon Gambetta lance ce mot d'ordre, à la Chambre, le 4 mai 1877. Dès la fin du Second Empire, il a fait de la séparation de l'Église et de l'État une revendication essentielle du parti républicain. Le concordat de 1801, autrefois cible des ultramontains comme des catholiques libéraux, est désormais visé par les anticléricaux. Jules Ferry, qui veut « organiser l'humanité sans roi et sans Dieu », répète la même consigne : « La République est perdue si l'État ne

1. Théodore Zeldin, *Histoire des passions françaises*, Payot, 1994.

se débarrasse pas de l'Église, s'il ne désenténèbre pas les esprits du dogme. » Cette hostilité ne résulte pas seulement du faible goût des catholiques pour le régime républicain, même après le Ralliement. L'opposition, plus profonde, est d'ordre philosophique. Les fondateurs de la IIIe République, note Serge Berstein, « influencés par la franc-maçonnerie ou par la Ligue de l'enseignement, professent une véritable foi laïque qui leur paraît signe de progrès et tiennent l'Église pour une force rétrograde, obscurantiste, fondée sur l'ignorance et la superstition, et qui ne peut que disparaître avec les progrès des Lumières [1] ».

L'animosité est d'autant plus vive que le catholicisme français est florissant. L'élan religieux des années 1815-1830 a porté ses fruits : il existe 36 000 prêtres en 1814, 44 000 en 1848 et 56 000 en 1870. Déclinantes à la fin de l'Ancien Régime, décimées sous la Révolution, les congrégations ont connu un renouveau spectaculaire. Jésuites, Lazaristes, Oblats de Marie, Pères du Saint-Esprit, Maristes, Dominicains, Capucins, Franciscains ou Sulpiciens, les anciens ordres ont été restaurés, de nouveaux ont été fondés. Or leur dynamisme ne faiblit pas. En 1851, la France compte un religieux ou une religieuse pour 950 personnes ; en 1877, la proportion est de un pour 250. Vers 1870, il existe 20 000 religieux et 100 000 religieuses. Ces congréganistes entretiennent 13 000 écoles, 124 collèges, deux universités, 304 orphelinats et des dizaines d'hôpitaux. Depuis la loi Falloux

1. Serge Berstein, *La IIIe République*, MA Éditions, 1987.

(1851), le nombre d'établissements religieux d'enseignement secondaire s'accroît régulièrement. En 1877, ces collèges scolarisent 47 000 jeunes gens, auxquels s'ajoutent les 23 000 élèves des petits séminaires : le total (70 000) avoisine le nombre de lycéens de l'enseignement d'État (79 000). Les collèges catholiques ont le quasimonopole de l'enseignement féminin. Ils élèvent aussi les enfants de l'aristocratie, de la bourgeoisie, les fils d'officiers et une bonne partie des futurs élèves des écoles militaires. Sous l'influence de cette éducation, la bourgeoisie, naguère voltairienne, revient au catholicisme.

Or, si l'État possède un droit de regard sur le clergé diocésain, soumis au concordat, les congrégations — depuis 1852, elles sont autorisées par décret pris en Conseil d'État — relèvent seulement de leurs supérieurs français, et de Rome. Accusées d'ultramontanisme, suspectées de participer à une internationale hostile à la République, elles suscitent la vindicte des anticléricaux. En particulier les Jésuites, qui excitent la verve des libellistes et des caricaturistes : de noirs desseins sont prêtés à ces hommes qui promettent obéissance au pape. Maints travaux d'historiens ont comparé la façon dont, à l'époque, les anticléricaux imaginent un complot jésuite international et les antisémites inventent une conspiration juive universelle : ces mythes traduisent des obsessions de même nature [1].

Entre 1879 et 1881, Jules Ferry est ministre de l'Instruction publique, puis président du Conseil. En mars

---

1. Voir Raoul Girardet, *Mythes et Mythologies politiques*, Seuil, 1986, et Michel Leroy, *Le Mythe jésuite au XIXe siècle*, PUF, 1992.

1879, il commence par déposer un projet de loi privant les facultés catholiques du droit de collation des grades universitaires, et interdisant d'enseignement (public ou privé) tout membre d'une congrégation non autorisée. Le texte ayant été rejeté par le Sénat, le ministre réplique par deux décrets signés en mars 1880. Le premier ordonne l'expulsion des Jésuites dans un délai de trois mois. « La liberté d'enseignement, accuse Ferry, n'existe pas pour les étrangers. Pourquoi serait-elle reconnue aux affiliés d'un ordre essentiellement étranger par le caractère de ses doctrines, la nature et le but de ses statuts, la résidence et l'autorité de ses chefs ? » Le second décret menace du même sort les autres congrégations masculines, les obligeant à solliciter leur autorisation du gouvernement. Autorisation que Jules Ferry entend refuser.

En dépit des protestations du Vatican, des manifestations catholiques et de la démission de nombreux magistrats, les Jésuites, à Paris et en province, sont chassés par la force des baïonnettes. Les autres congrégations convenant de ne pas demander leur autorisation, les religieux sont à leur tour expulsés *manu militari*. À Bellefontaine, en Maine-et-Loire, 500 soldats et six brigades de gendarmerie chassent 70 trappistes. À Frigolet, près de Tarascon, 2 000 hommes de troupe assiègent pendant trois jours le couvent des prémontrés, qui ne compte que 37 moines.

Après l'enseignement secondaire, l'offensive se porte vers l'enseignement primaire. « Qui tient les écoles de France, tient la France », répète Jean Macé, instituteur qui, en 1866, a fondé la Ligue de l'enseignement. Derrière son apparente philanthropie, ce mouvement

(6 000 adhérents en 1867, 18 000 en 1870, 25 000 en 1880) se donne pour but de « libérer les consciences de l'emprise de l'Église ». La ligue inspire la politique de Jules Ferry. En 1881, la loi institue la gratuité de l'enseignement primaire. En 1882, une seconde loi rend l'école obligatoire et laïque.

L'école laïque, gratuite et obligatoire constitue un mythe fondateur de la IIIe République. Cependant, ni le principe de la gratuité de l'enseignement ni celui de son obligation ne datent de cette époque : les petites écoles de l'Ancien Régime n'étaient pas payantes ; les Frères des Écoles chrétiennes avaient été fondés, en 1681, pour instruire gratuitement les enfants du peuple ; et Louis XIV avait édicté l'obligation scolaire en 1698. En 1880, à la Chambre des députés, Paul Bert, personnalité marquante du parti républicain, reconnaissait que 85 % des enfants étaient scolarisés dans le primaire ; mais mal scolarisés, car ils l'étaient par l'Église... L'important, dans les lois Ferry, c'est donc la laïcité. En 1998, lors d'un colloque organisé à la Sorbonne sur le thème « Mémoire et Histoire », un spécialiste de cette période, Jean-Michel Gaillard, faisait remarquer que « la laïcité, loin d'être idéologiquement neutre, était un combat mené par les instituteurs contre la monarchie et le cléricalisme ». En décrétant la laïcité, Jules Ferry veut en réalité que les enfants soient coupés des milliers de religieuses et de religieux qui se consacrent à l'enseignement primaire.

En 1886, Ferry n'étant plus aux affaires, une nouvelle loi laïcise le personnel des écoles publiques. Il faut donc remplacer par des maîtres laïcs les 3 000 Frères des Écoles chrétiennes et les 15 000 religieuses qui enseignent dans les établissements d'État. Faute de personnel, ce texte n'est cependant appliqué que peu à peu.

Afin de ne pas trop heurter l'opinion, les congrégations féminines, qui sont très populaires, n'ont fait l'objet d'aucune mesure répressive. Au cours des années suivantes, les congrégations masculines dispersées reviennent discrètement. Par crainte de ranimer les troubles de 1880, le gouvernement ferme les yeux. En 1892, le pape Léon XIII recommande aux catholiques français de reconnaître le régime. De 1893 à 1898, les ministères modérés se succèdent, esquissant un rapprochement avec les catholiques ralliés. Mais en juin 1899 — l'affaire Dreyfus bat alors son plein —, Pierre Waldeck-Rousseau est chargé de constituer le gouvernement. Issu de la bourgeoisie nantaise, cet avocat a été ministre dans les cabinets Gambetta et Ferry. Il y a appris à combattre les ordres religieux. « Trop de moines ligueurs et trop de moines d'affaires », lance le président du Conseil. Les congrégations sont nombreuses, et les catholiques généreux. Le patrimoine immobilier des maisons conventuelles, pour les anticléricaux, est vilipendé comme le « milliard des congrégations ». Dès lors, la gauche républicaine mène campagne pour l'expulsion des congréganistes, et la nationalisation de leurs biens.

En 1900, Waldeck-Rousseau dissout les Assomptionnistes, propriétaires de *La Croix*. Le 1er juillet 1901, le président du Conseil fait promulguer une loi qui est connue, aujourd'hui, comme la loi sur les associations. En réalité, à l'époque, ce texte législatif constitue d'abord une arme contre les ordres religieux. Aux termes de la loi, toute association existe à condition d'être déclarée : or l'article 13 précise qu'aucune congrégation ne peut se former sans autorisation. L'enseignement est interdit aux associations non autorisées, et l'ouverture d'un nouvel établissement par une congrégation autorisée doit faire l'objet d'un décret. 160 000 religieux (30 000 hommes et 130 000 femmes) se trouvent menacés. Dès septembre 1901, les congrégations qui refusent de se soumettre partent pour l'exil : Belgique, Suisse, Italie, Espagne, Grande-Bretagne. Elles sont bientôt rejointes par celles qui ont déposé une demande d'autorisation et se heurtent à un refus, ou par des congrégations autorisées qui perdent le droit d'enseigner.

En mai 1902, le bloc des gauches remporte les élections législatives. Le ministère est formé par Émile Combes. Ancien séminariste et docteur en théologie, mais maintenant athée, ce radical est un adversaire de l'Église. Il va aggraver l'application de la loi de juillet 1901. Quinze jours après son arrivée au pouvoir, Combes retire le droit d'enseigner à tous les établissements ouverts sans autorisation par les congrégations, soit 125 écoles de filles. Puis il fait fermer 3 000 écoles qui, ouvertes avant 1901, croyaient ne pas avoir besoin d'autorisation. En 1903, sur 59 demandes d'autorisation de congrégations masculines, 54 sont refusées, un refus d'autorisation étant opposé à toutes les congrégations féminines. Sous l'œil des forces de l'ordre, religieux et religieuses sont chassés de leurs couvents.

En juillet 1904, l'interdiction d'enseigner est étendue à toutes les congrégations, autorisées ou non. Ces milliers d'hommes et de femmes s'exilent à leur tour.

Écoles, dispensaires ou maisons de charité, 17 031 œuvres congréganistes ont été fermées depuis 1901. 50 000 religieux et religieuses ont dû quitter la France : dans leur propre pays, ils sont devenus des parias. « Nous avons éteint dans le ciel des lumières qu'on ne rallumera plus », se vantera le socialiste René Viviani, alors ministre du Travail.

Si les partis de gauche aspirent à révoquer le concordat, Combes hésite. Non sans raison, il estime que le protocole de 1801, appliqué à la lettre, permet de contrôler l'épiscopat. Au début de l'année 1904, le président du Conseil rappelle au Vatican qu'il appartient au chef de l'État de nommer les évêques, et qu'aucun texte émanant du Saint-Siège ne peut être publié « avant que le gouvernement en ait examiné la forme, la conformité avec les lois, droits et franchises de la République française ». Mais en avril 1904, le président Loubet se rend en visite officielle à Rome, ce qui équivaut, de la part de la France, à consacrer l'annexion des États pontificaux par l'Italie — annexion que le souverain pontife, depuis 1870, refuse de reconnaître. Le Vatican proteste auprès du Quai d'Orsay. En juillet, le gouvernement réplique par la rupture des relations diplomatiques avec le Saint-Siège. Entre la République et la papauté, la crise est ouverte.

Au mois d'octobre 1904, à Toulouse, le congrès radical adopte à l'unanimité un rapport de Ferdinand Buisson concluant à l'urgence de la séparation de l'Église et de l'État. Les journaux de gauche, les organes anticléricaux et les associations de libres-penseurs font pression.

Dans *L'Humanité*, lancée en avril par Jaurès, les socialistes appuient cette campagne. En novembre, Combes dépose un premier projet de loi, mais son ministère tombe en janvier 1905, victime du scandale des fiches. Son successeur, le radical Maurice Rouvier, dépose un nouveau projet. Après plusieurs mois de discussion parlementaire, et en dépit de la résistance de l'opposition de droite, le texte est adopté à la Chambre le 3 juillet 1905, puis au Sénat le 9 décembre suivant.

Le loi de séparation de l'Église et de l'État (qui concerne aussi les protestants et les juifs), proclamant la liberté de conscience et de culte, affirme que « la République ne reconnaît, ne salarie, ni ne subventionne aucun culte ». Les biens religieux devront faire l'objet d'un inventaire. Propriété de l'État, ils seront confiés à des associations cultuelles, élues dans chaque commune, qui conserveront l'usage des édifices consacrés au culte.

Les Églises protestantes et les communautés juives acceptent cette législation. Si les catholiques libéraux sont prêts à s'y soumettre, deux encycliques (*Vehementer nos,* 11 février 1906 ; *Gravissimi officii*, 10 août 1906) la condamnent. Pie X, incriminant « une loi non de séparation mais d'oppression », incite les fidèles à réagir « avec persévérance et énergie, sans agir toutefois d'une façon séditieuse et violente ». Obéissant à cette consigne, les catholiques font obstacle à la constitution des associations cultuelles prévues par la loi, dont ils craignent de perdre le contrôle et, partant, ils craignent de perdre leurs églises. Ce refus se soldera, au terme d'un conflit de plusieurs mois, par un compromis. En 1907, le gouvernement fera voter une loi organisant l'attribution des biens ecclésiastiques placés sous séquestre (palais épiscopaux et couvents, qui seront transformés en mairies, en tribunaux ou en bâtiments scolaires), mais faisant du clergé « un occupant sans titre juridique » des cathédrales, des églises et des presbytères.

Auparavant, les inventaires menés pour distinguer biens d'État et biens d'Église auront donné lieu à d'innombrables incidents. À Paris, la police a dû enfoncer les portes des églises Sainte-Clotilde et Saint-Pierre-du-Gros-Caillou, défendues par leurs paroissiens. Le 6 mars 1906, à Boeschepe, dans le Nord, la mort d'un manifestant catholique, un ouvrier boucher père de trois enfants, a provoqué la chute du gouvernement Rouvier.

Mais aux élections législatives de mai 1906, la droite perd 60 sièges : à la Chambre, les radicaux et les radicaux-socialistes disposent d'une majorité accrue. Ni l'expulsion des congrégations, ni l'affaire des fiches, ni la séparation de l'Église et de l'État n'ont infléchi l'opinion. Par une alchimie complexe où se mêlent l'esprit gallican et l'héritage de la Révolution, l'anticléricalisme fait recette. Du point de vue de l'histoire longue, la sécularisation de la France, interrompue par l'essor religieux du XIXe siècle, a repris son cours. La loi de séparation marque la naissance d'un État agressivement laïque, refusant tout lien avec la religion, et qui, seul de son espèce dans le monde occidental, n'accepte pas même la notion de Dieu.

De 1879 jusqu'à l'Union sacrée de la guerre de 1914, les catholiques sont exclus du gouvernement de la France — politiquement proscrits au sein d'un pays où ils sont les plus nombreux. Au regard de la liberté individuelle, de la liberté de conscience, de la liberté d'enseignement et de l'égalité devant la loi, la législation anticléricale, dans ses dispositions mettant hors du droit commun les biens ou les personnes ecclésiastiques, introduit une discrimination inique. Dans une thèse pour le doctorat d'État de droit public consacrée aux « Restrictions aux libertés publiques de 1879 à 1914 », Jean-Pierre Machelon estime que « la Troisième République défendit moins l'idéologie libérale, dont elle ne cessa cependant de se réclamer, qu'une idéologie partisane, une sorte de doctrine d'État mettant à part les individus que leur mode de vie ou leurs attitudes en matière religieuse faisaient regarder comme des opposants ou des ennemis de la liberté ». Ce juriste y voit un viol des principes constitutionnels : « Le fonctionnaire, tenu comme auparavant à un loyalisme sincère envers la République, mais ne pouvant être républicain sans être anticlérical et anticlérical sans être gouvernemental, vit ainsi sa liberté d'opinion pratiquement anéantie [1]. »

« Il faut admettre, écrit Jacqueline Lalouette, que l'anticléricalisme a connu des dérives qui lui ont parfois conféré une dimension haineuse et irrationnelle [2]. » C'est un euphémisme. En 1879, lors d'un banquet anticlérical tenu dans sa circonscription de l'Yonne, le député radical Paul Bert, président de la commission de l'Enseignement

---

1. Jean-Pierre Machelon, *La République contre les libertés ?*, Presses de la Fondation nationale des sciences politiques, 1976.

2. Jacqueline Lalouette, *La République anticléricale*, Seuil, 2002.

public, file la métaphore : « Je bois à la destruction du phylloxera, le phylloxera qui se cache sous la vigne et le phylloxera que l'on cache avec des feuilles de vigne. Pour le premier nous avons le sulfure de carbone, pour le second l'article 7 de la loi Ferry. S'il ne répond pas à notre attente, nous n'hésiterons pas à chercher un autre insecticide plus énergique pour sauver la France. » Le second insecte que Paul Bert veut détruire, on l'aura compris, c'est le « cléricalisme ». En 1886, dans *La France juive*, Édouard Drumont accuse de même : « Ce qu'on ne dit pas, c'est la part qu'a l'envahissement de l'élément juif dans la douloureuse agonie d'une si généreuse nation, c'est le rôle qu'a joué dans la destruction de la France l'introduction d'un corps étranger dans un organisme resté sain jusque-là. »

Parallélisme de la haine. Pour recouvrer la santé, il faut éradiquer le mal : les curés dans un cas, les Juifs de l'autre. Une publication populaire anticléricale éructe : « Contre le prêtre, tout est permis. C'est le chien enragé que tout passant a le droit d'abattre de peur qu'il ne morde les hommes et n'infecte le troupeau. » Une frénésie que l'on retrouve dans les libelles antisémites : « On demande un homme à poigne pour débarrasser la France des sales youpins et de leurs souteneurs. »

Entre *La Carmagnole* anticléricale (« Ah ça ira, ça ira, ça ira/Tous les curés à la chaudière/Tous les curés on les pendra ») et la cuisinière abonnée à *La Libre Parole* « qui jubilerait de tenir les youpins dans ses fourneaux », ce n'est qu'un concours d'ignominie. Lors de la grande déchirure de la Belle Époque, la bassesse et le fanatisme, hélas ! se sont manifestés de tous les côtés.

13

Le pacifisme de l'entre-deux-guerres

« Nous prévoyions bien que le sursaut allemand viendrait un jour. Nous savions tout cela et pourtant, paresseusement, lâchement, nous avons laissé faire. »

Marc BLOCH.

1999. Soutenant les Albanais du Kosovo contre le dictateur serbe, Milosevic, l'OTAN bombarde Belgrade. La participation française à cette expédition militaire ne faisant pas l'unanimité, certains soulignent que Paris devrait jouer un rôle pour mettre fin à la guerre. Le 13 avril, lors d'un débat à l'Assemblée nationale, Jacques Brunhes, député communiste des Hauts-de-Seine, se fait l'écho de cette tendance : « Sur la base des principes que j'ai rappelés, et qui sont le contraire de l'esprit munichois de compromission, des initiatives diplomatiques et politiques doivent être prises. »

2002. Les États-Unis préparent l'opinion mondiale à un nouveau conflit contre Saddam Hussein. La France fait entendre sa différence, insistant sur la nécessité d'un mandat de l'ONU légitimant toute action visant l'Irak. Le 10 octobre, à l'Assemblée nationale, Édouard Balladur, député UMP de Paris, défend cette position : « La France n'est pas favorable à la conduite d'une guerre préventive déclenchée contre l'Irak. Il ne s'agit pas là, comme on le prétend chez certains de nos partenaires, d'un état d'esprit "munichois" ; il ne s'agit pas de céder, mais de procéder par étapes. »

L'esprit munichois : de la gauche à la droite, dans toute situation de crise internationale pouvant déboucher sur la guerre, c'est cette expression qui s'impose pour stigmatiser toute faiblesse devant l'adversaire. Mais c'est oublier qu'en 1938, lors du dépècement de la Tchécoslovaquie avalisé à Munich, tout le monde (ou presque) a été munichois, de la gauche à la droite. C'est oublier aussi que l'esprit de Munich n'a été que le reflet du pacifisme qui a dominé la société française dans tout l'entre-deux-guerres.

Face à l'Allemagne, une série de reculs

Ce n'est pas Hitler qui a engendré le nationalisme allemand. À l'issue de la Grande Guerre, l'Allemagne perd de vastes territoires et se trouve astreinte à des indemnités considérables, auxquelles la France tient d'autant plus qu'elle sort du conflit ruinée et endettée vis-à-vis des États-Unis. Analysant la nouvelle carte de l'Europe — bouleversée par le démembrement de l'Autriche-Hongrie — et jugeant le traité de Versailles « trop doux pour ce qu'il a de dur et trop dur pour ce qu'il a de doux », l'historien Jacques Bainville, dès 1920, prophétise une nouvelle conflagration.

La république de Weimar — poussée par l'opinion allemande, communistes compris — considère le traité de Versailles comme un diktat. À Berlin, le gouvernement social-démocrate fait obstacle au règlement des indemnités de guerre. En 1921, la France riposte en occupant trois villes de la Ruhr, puis, en 1923 (avec l'appui des Belges), la totalité de la Ruhr. Les Britanniques y sont hostiles : afin de ne pas laisser trop de puissance à la France sur le continent, mais aussi parce que le sentiment pro-allemand est développé chez les élites anglaises, Londres s'opposera constamment aux mesures de rétorsion envisagées par Paris.

Depuis 1919, la Chambre des députés disposait d'une majorité de droite. Raymond Poincaré et Alexandre Millerand, tour à tour présidents de la République et présidents du Conseil, étaient partisans d'une politique de fermeté vis-à-vis de l'Allemagne. En 1924, après la victoire du Cartel des gauches, le socialiste Aristide Briand devient ministre des Affaires étrangères, et le restera six ans. Il a foi en la réconciliation franco-allemande, en l'union européenne, en la concorde entre les peuples. Son homologue à Berlin, Gustav Stresemann, est un négociateur policé. Mais ce diplomate poursuit un but qu'il révèle en 1925 dans une lettre au Kronprinz, le fils de l'empereur déchu : « L'essentiel est la libération de notre sol. C'est pourquoi la politique allemande devra, pour commencer, suivre la formule que Metternich adoptait en Autriche après 1809 : *finassieren* [1]. »

---

1. Cité par François-Georges Dreyfus, *1919-1939, l'engrenage*, Fallois, 2002.

Signé à Londres, le plan Dawes prévoit l'échelonnement de la dette allemande et l'évacuation de la Ruhr et de Cologne. Briand s'exécute. En 1925, le ministre français est l'âme de la conférence de Locarno. L'Allemagne y reconnaît librement sa nouvelle frontière occidentale (acceptant la restitution de l'Alsace-Lorraine) et la démilitarisation de la Rhénanie. « C'est la collaboration entre les pays qui s'ouvre, s'exclame Briand. Les États-Unis d'Europe commencent. La France et l'Allemagne s'engagent solennellement et réciproquement à ne recourir à la guerre en aucun cas. » C'est encore Briand, appuyé par le ministre des Affaires étrangères britannique, Austen Chamberlain, qui fait entrer l'Allemagne à la Société des Nations, en 1926, ce qui lui inspire une envolée lyrique : « Arrière les fusils, les mitrailleuses, les canons, les voiles de deuil ! Place à la conciliation, à l'arbitrage, à la paix ! » En 1928, Briand et son homologue américain, Frank Kellog, font signer par soixante-quatre nations, dont l'Allemagne et l'URSS, un pacte visant à « mettre la guerre hors la loi ».

Pendant ce temps, les négociations sur les dettes allemandes se poursuivent. En 1929, le plan Young, signé à Paris, étale les paiements jusqu'en 1988. Qui peut croire que cette exigence sera respectée ? En juin 1930, nouvelle concession, Briand fait évacuer la Rhénanie cinq ans avant l'échéance prévue par le traité de Versailles.

Trois mois plus tard, aux élections au Reichstag, les nationaux-socialistes passent de 12 à 107 sièges. À l'élection présidentielle d'avril 1932, Hitler échoue devant Hindenburg. Mais au mois de juillet, aux législatives, son parti rafle 230 sièges, devançant toutes les autres formations. Quelques jours auparavant, la conférence de Lausanne a mis fin aux réparations de guerre allemandes.

Le 30 janvier 1933, Hitler est chancelier du Reich. Le 3 février, il déclare aux généraux de la Reichswehr : « Rien de ce que je vous propose ne se réalisera si la France a des hommes d'État. »

L'Allemagne se retire de la Société des Nations. À la mort de Hindenburg (1934), cumulant les fonctions de président et de chancelier, Hitler est le maître absolu. En France, la valse des ministères continue. Mais l'opinion est tranquille. L'armée française n'est-elle pas la première du monde ? Ce que les Français ignorent, c'est que la stratégie conçue par l'état-major est exclusivement défensive : l'édification de la ligne Maginot a commencé en 1929. Le pays possède des alliances avec la Pologne et la Petite Entente (Tchécoslovaquie, Roumanie, Yougoslavie), mais à quoi servent ces traités si les forces nécessaires pour secourir un peuple ami sont inexistantes ?

En 1934, personne ne voit d'avertissement dans la fin héroïque du chancelier autrichien, Engelbert Dollfuss, assassiné au cours d'une tentative de putsch nazi. En janvier 1935, Hitler annonce le rétablissement du service militaire en Allemagne. Les vainqueurs d'hier, réunis à Stresa sous la présidence de Mussolini, se contentent de protestations platoniques.

Pierre Laval vient de signer un accord avec Rome. Verbalement, le ministre des Affaires étrangères français semble avoir laissé les mains libres au Duce pour s'emparer de l'Éthiopie. Commencée en octobre 1935, la conquête de l'Abyssinie s'achèvera en mars 1936. L'Angleterre incite la Société des Nations à prendre des sanctions économiques contre l'Italie ; mais alors que l'intérêt de la France exigerait de préserver l'alliance avec Rome, le gouvernement s'aligne sur Londres. En vertu de la même *Realpolitik*, Laval a également signé, en mai 1935, un traité d'assistance mutuelle avec l'URSS. La mère de Charles de Gaulle lui demandant ce qu'il faut en penser, le colonel lui répond, en 1936 : « Nous allons rapidement à la guerre contre l'Allemagne. Nous n'avons pas le moyen de refuser le concours des Russes, quelque horreur que nous ayons de leur régime [1]. »

Le 7 mars 1936, Hitler se livre à un coup de force : ses troupes envahissent la zone démilitarisée de la Ruhr. Albert Sarraut, le président du Conseil, assure « qu'on ne laissera pas Strasbourg sous le feu des canons allemands ». Mais les élections sont proches, le haut commandement estime n'avoir pas les moyens de réagir sans une mobilisation générale, et l'Angleterre fait savoir qu'elle ne suivrait pas : il ne se passe donc rien. L'opération du 7 mars 1936, on le sait aujourd'hui, était une partie de poker de la part de Hitler, qui était prêt à reculer. Encore une occasion manquée.

Les Français et les Anglais ayant condamné sa politique éthiopienne, et se montrant désespérément passifs face au Reich, Mussolini bascule dans les bras de Hitler : en octobre 1936, l'Allemagne et l'Italie signent un protocole de coopération.

Sur l'Autriche, Berlin exerce une pression croissante. Le chancelier Kurt von Schuschnigg effectue la tournée

1. Charles de Gaulle, *Lettres, Notes et Carnets*, Plon, 1981.

des capitales européennes, mais nul ne se soucie de lui. Le 12 mars 1938, la Wehrmacht envahit le pays ; le 13, l'Autriche est annexée. La France reste muette (lors de l'Anschluss, le gouvernement Chautemps est démissionnaire), et l'Angleterre reconnaît le fait accompli. Sans que cela émeuve les démocraties, un État souverain vient de disparaître.

Deux mois plus tard éclate l'affaire des Sudètes, une minorité allemande de Tchécoslovaquie qui réclame son rattachement au Reich. À la suite de la victoire des nationalistes allemands aux élections locales, Hitler met au point une intervention militaire. La France n'a pas les moyens d'y répondre : en 1936, un effort budgétaire a bien été engagé en faveur de la défense, mais le réarmement allemand s'effectue à une cadence qui creuse la distance entre les deux pays. L'Angleterre, qui n'a pas d'accord avec Prague, négocie directement avec Hitler. Les 29 et 30 septembre 1938, une conférence se réunit à Munich. Édouard Daladier, le président du Conseil français, et Neville Chamberlain, le Premier ministre britannique, acceptent le rattachement des Sudètes à l'Allemagne.

À l'issue de cette crise, la production française d'armement est accélérée, mais insuffisamment. Pourtant, les dés roulent. Le 15 mars 1939, l'Allemagne occupe ce qui reste de la Tchécoslovaquie. Le 1er septembre, c'est au tour de la Pologne d'être attaquée. Le 3 septembre, Paris et Londres ouvrent les hostilités contre Berlin. Après huit mois de « drôle de guerre », l'offensive allemande de mai 1940 se termine, en juin, par la plus effroyable défaite de l'histoire de France.

Une gauche majoritairement pacifiste

Lâchée par l'Angleterre, la France s'est retrouvée seule, vingt ans durant, face à l'Allemagne. Pourquoi n'a-t-elle pas réagi en 1935, en 1936, en 1938, à chaque fois que Hitler a poussé ses pions ? En 1939, l'opinion se figure encore que le pays constitue la première puissance militaire du monde. Terrifiante illusion. « La victoire de 1918 a eu des effets pervers, constate Philippe Masson. Une sclérose atteint le haut commandement, convaincu de détenir la clé du succès. Le pacifisme, à des degrés divers, ronge toutes les couches de la société[1]. »

Le pacifique aime la paix, mais se tient prêt à la guerre pour préserver sa liberté et sa dignité. Le pacifiste aime la paix par-dessus tout, et se montre prêt à tout pour éviter la guerre. Une société rongée par le pacifisme ? Sans doute cette réaction bénéficie-t-elle de circonstances atténuantes. De 1914 à 1918, huit millions d'hommes ont été mobilisés, près d'un million et demi ont été tués, trois millions ont été blessés. Dans les mémoires et dans les chairs, l'horreur des tranchées demeure. Au cours de la Grande Guerre, près d'un tiers des hommes de 18 à 27 ans sont tombés. Autant de pères potentiels qui n'ont pas eu d'enfants. Pour une nation dont la démographie décline depuis le siècle précédent, cette saignée est dramatique : en 1935, les décès l'emportent sur les naissances. La France est un pays vieillissant, fatigué, dont

1. Philippe Masson, *Histoire de l'armée française de 1914 à nos jours*, Perrin, 1999.

l'état sanitaire est dégradé. D'après Philippe Masson, le nombre d'ajournés et de réformés, en 1936, atteint le taux de 37 % en France, contre 17 % en Allemagne. Une Allemagne où Hitler bénéficie du soutien de l'armée et où la population est psychologiquement préparée à prendre sa revanche de 1918.

Après la disparition de Clemenceau et de Poincaré, la IIIe République manque de personnalités fortes. L'instabilité ministérielle est chronique : quarante-deux cabinets en vingt et un ans, soit une durée moyenne de six mois pour chaque gouvernement ! Paralysé, l'État s'avère incapable d'une volonté continue.

Toutefois, s'il faut dresser la liste des facteurs qui ont contribué à l'apathie française face à l'Allemagne, l'idéologie a sa part. Entre les deux guerres, il est loin le temps des « hussards noirs de la République », ces instituteurs patriotes de la fin du XIXe siècle. Dans l'enseignement public, le Syndicat national des instituteurs est tout-puissant. Or cette formation est pacifiste. Lors de ses congrès, un slogan est applaudi : « Mieux vaut la servitude que la guerre. » Au même moment, de l'autre côté du Rhin, les maîtres martèlent le discours contraire.

Héritée de Jaurès, l'idée de réconciliation franco-allemande est reprise par Aristide Briand ou Joseph Caillaux, sur la base d'un programme de conciliation et d'arbitrage. Mais ces hommes refusent de voir que la république de Weimar — voir la lettre de Stresemann au Kronprinz — poursuit une politique nationaliste, politique qui sera portée à son paroxysme par Hitler. « L'inconséquence de tous les partisans de la “sécurité collective”, reconnaît Michel Winock, c'est qu'ils ne veulent pas doter leur volonté de paix et leur défense du droit d'une force à même de les faire respecter. Dès que leur propre État — État de droit, lui — fait mine de vouloir garantir les frontières des États indépendants par une politique de fermeté, impliquant la menace militaire, ils le dénoncent comme un fauteur de guerre[1]. »

Au sein de la CGT, les pacifistes sont majoritaires. Il en est de même au parti socialiste (SFIO). Paul Faure, son secrétaire général de 1920 à 1940, préconise l'engagement en faveur de la paix, cet engagement fût-il unilatéral. En 1933, les militants SFIO reprochent à leurs députés d'avoir voté le budget militaire. Quant à Léon Blum, la figure intellectuelle du socialisme, il n'est pas en reste. On lui doit un certain nombre d'interventions sur lesquelles ses biographes ne s'appesantissent pas. Le 15 mai 1930, dans *Le Populaire*, il claironne son optimisme : « Relativement à l'Allemagne, nous pouvons, dès maintenant, entamer le désarmement. » Dans le même journal, le 2 août 1932, deux jours après les élections qui ont fait du parti nazi la première force politique allemande, il se console ainsi : « Quoi qu'il arrive, la route du pouvoir est fermée devant Hitler. » Au mois de novembre suivant, les nazis perdent 34 sièges au Reichstag. Analyse de Blum : « Hitler est désormais exclu du pouvoir ; il est même exclu, si je puis dire, de l'espérance même du pouvoir » (*Le Populaire*, 8 novembre 1932).

En mars 1935, au moment où le Reich décide de mettre sur pied trente-six divisions, le gouvernement demande à la Chambre de porter le service militaire à

1. Michel Winock, *Le Siècle des intellectuels*, Seuil, 1997.

deux ans. À l'Assemblée, le 13 mars, Blum dénonce cette proposition de loi : « Nous pensons que la puissance militaire d'un pays n'est pas dans les effectifs casernés servant de base à des stratèges, mais qu'elle est dans la levée en masse. La solution, c'est d'inclure l'Allemagne dans un système de désarmement, de contrôle, d'assistance ou bien accepté volontairement ou bien imposé. » Le 14 mars, toujours dans *Le Populaire*, Blum proteste : « Les généraux effraient l'opinion en jouant de la menace d'une guerre éventuelle de l'Allemagne. » Le 15 mars 1935, le gouvernement est enfin autorisé à appliquer une loi de 1928 permettant de maintenir une classe sous les drapeaux. Commentaire du *Populaire* : « Comme en 1913, la Chambre capitule devant les généraux. »

En mai 1936, le Front populaire gagne les élections sur une promesse : « Le pain, la paix, la liberté. » Le 4 juin, Blum est chef d'un gouvernement socialiste et radical, les communistes se contentant du « soutien sans participation ». Dès le lendemain des élections, une vague de grèves est déclenchée. Blum négocie. Signés le 7 juin, les accords de Matignon augmentent les salaires de 7 à 15 %, et accordent divers droits sociaux (conventions collectives, création des délégués du personnel). Les grévistes ne désarmant pas, d'autres avantages sont votés pendant l'été, notamment la semaine de 40 heures et deux semaines de congés payés. Contrairement à ce que pense une certaine bourgeoisie, ces mesures n'ont rien de révolutionnaire : la France ne fait que rattraper son retard social. Mais cette politique, mise en œuvre brutalement, sans considération du contexte international et des réalités économiques, exercera des conséquences dramatiques. Ramener la semaine de travail de 48 à 40 heures provoque une chute de la production industrielle. C'est seulement en 1939 que sera retrouvé le niveau de 1928. En Allemagne, dans le même temps, la production, et notamment la production d'armement, aura fait un bond de 17 %.

Dès 1937, le radical Chautemps succède à Blum. Le Front populaire n'a duré qu'un an, mais il a agi comme si Hitler n'existait pas.

C'est que toute la gauche humaniste et laïque continue de cultiver un profond pacifisme, aux relents antimilitaristes. En septembre 1936, Roger Martin du Gard écrit à un ami : « Tout plutôt que la guerre, tout ! Même le fascisme en Espagne, même le fascisme en France, même Hitler. » Au printemps 1938, Simone Weil confie à Gaston Bergery qu'elle préfère l'hégémonie allemande à la guerre, même si cela doit se traduire par certaines lois d'exclusion contre les communistes et les Juifs.

Et les communistes ? Dès les années 1920, lors de l'affaire du paiement des réparations de guerre, ils militent, au nom de la solidarité avec les ouvriers allemands, contre toute sanction à l'encontre de Weimar. Jusqu'en 1935, au Parlement, ils refusent de voter les crédits militaires. Le Parti communiste prend ses ordres à Moscou. Or, depuis 1920, l'URSS s'est rapprochée de l'Allemagne, rapprochement officialisé par un traité commercial conclu en 1921, puis par le traité signé à Rapallo en 1922. La montée du nazisme n'infléchit pas cette ligne. Le 14 février 1933, deux semaines après l'arrivée de Hitler à la chancellerie, Jacques Duclos écrit dans *L'Humanité* : « Les travailleurs d'Allemagne doivent savoir que leurs frères de France ne veulent point qu'ils soient asservis par l'impérialisme français, et c'est pourquoi l'aide au peuple allemand qui veut se libérer, la lutte contre la guerre, ne se peuvent concevoir en dehors d'un combat de chaque jour pour briser le carcan de Versailles. » Le 15 mars 1935, lors du débat sur la loi portant le service militaire à deux ans, Maurice Thorez déclare devant la Chambre : « Nous ne permettrons pas qu'on entraîne la classe ouvrière dans une guerre dite de défense de la démocratie contre le fascisme. Les communistes ne croient pas au mensonge de la défense nationale. » Le 30 mars suivant, il donne cette consigne dans *L'Humanité* : « Nous invitons nos adhérents à pénétrer dans l'armée afin d'y accomplir la besogne de la classe ouvrière, qui est de désagréger cette armée. » Plus d'un an plus tard, le 2 septembre 1936, alors que le Reich a réoccupé la Rhénanie, Thorez se livre à un plaidoyer pacifiste devant l'Assemblée : « Il faut s'entendre avec quiconque veut la paix, avec quiconque offre une chance, si minime soit-elle, de sauvegarder la paix. Il faut s'entendre avec l'Italie en dépit de la dictature fasciste. Il faut s'entendre même avec l'Allemagne de Hitler. »

Une droite majoritairement antiallemande

Alors que la gauche incline au pacifisme et à l'antimilitarisme, la droite, par tradition, est patriote. Elle révère l'armée. Par tradition également, cette droite est antiallemande. Dès 1918, la Fédération républicaine et le groupe parlementaire qui représente la droite à la

Chambre, l'Entente républicaine démocratique, défendent une ligne de fermeté à propos des réparations de guerre : « L'Allemagne paiera. » Au Parlement ou dans la minorité gouvernementale, au cours des années 1920 et 1930, l'esprit de résistance s'incarne dans des hommes comme Raymond Poincaré, Louis Marin, le général de Castelnau, François de Wendel, Louis Barthou, Pierre Taittinger, Henri de Kérillis, André Tardieu, Georges Mandel ou Paul Reynaud, tous classés à droite ou au centre droit. À la fin des années 1930, Paul Reynaud, partisan d'un conflit préventif, fait figure d'homme de la guerre contre l'Allemagne (quand elle éclatera, chef du gouvernement, il ne sera pas à la hauteur, mais c'est un autre problème). Le sénateur François de Wendel, issu d'une grande famille industrielle, président du Comité des forges et régent de la Banque de France, écrit dans son journal intime : « Il y a actuellement un danger bolchevique intérieur et un danger allemand extérieur. Pour moi, le second est plus grand que le premier. »

L'Union nationale des combattants, officiellement apolitique mais marquée à droite, est d'esprit antiallemand. Il en est de même de la Fédération nationale catholique, des Jeunesses patriotes, des Croix-de-Feu ou du Centre de propagande des républicains nationaux, qui sont toutes des organisations de droite.

Jacques Bainville, élu à l'Académie française en 1935, étend son influence à toute la droite. Voyant dans l'unité allemande, réalisée en 1871 et confirmée par le traité de Versailles, la source du déséquilibre européen, il ne cesse d'alerter contre la renaissance du Reich. Bainville donne ses articles à de nombreuses publications, mais d'abord à *L'Action française*. Ce quotidien est lu bien au-delà du public qui partage ses idées royalistes : François Mauriac, qui en était l'adversaire, dira qu'« on ne pouvait pas ne pas lire *L'Action française*, c'était le journal le mieux écrit et le plus intelligent ».

Charles Maurras, antiallemand jusqu'à la caricature, considère l'Allemagne comme « le chien enragé de l'Europe » : derrière lui, *L'Action française* affirme donc un antigermanisme virulent. En avril 1930, l'organe monarchiste publie une série d'articles qui constituent une des premières mises en garde contre le nazisme : « On doit considérer l'activité du parti socialiste-national comme un des plus grands dangers pour la France. » Le 7 mars 1936, lors de la remilitarisation de la Rhénanie, *L'Action française* est le seul journal qui réclame une intervention immédiate. « C'est un possédé », dit Maurras de Hitler. C'est encore à Maurras, très informé de l'impréparation militaire de la France, que l'on doit un texte prophétique, publié en 1937 en avant-propos de son livre *Devant l'Allemagne éternelle* : « Fort de sa mission de Messie du genre humain, ce peuple de seigneurs, cette race de maîtres, s'entraîne déjà à compter quelles légitimes violences devront être imposées aux mâles des peuples vaincus et quelles hontes pèseront sur leurs femmes et leurs enfants. Un statut nouveau de l'humanité se prépare, un droit particulier est élaboré : le racisme hitlérien nous fera assister au règne tout-puissant de sa horde. »

1938 : droite et gauche, tous Munichois

En 1938, les accords de Munich constituent une évidente reculade devant Hitler. « Une défaite qui épargne un désastre », estime Maurras, dont l'éditorial se termine par un appel désespéré : « Armons, armons, armons ! » À de rares exceptions près (Mandel, Reynaud, Kérillis), la droite est munichoise. Mais la gauche aussi : la Chambre des députés qui ratifie à une écrasante majorité (537 voix contre 75) l'accord signé par le radical Daladier est la Chambre radicale-socialiste du Front populaire. Si les communistes votent contre, c'est uniquement parce que l'URSS n'a pas été associée aux négociations de Munich.

Quand la crise des Sudètes a commencé, le Syndicat des instituteurs et le Syndicat des postiers — deux organisations de gauche — ont lancé une pétition « contre la guerre » : « Nous demandons au gouvernement français de persévérer dans la voie des négociations sans se laisser décourager par les difficultés renaissantes. » Au lendemain des accords, le secrétaire général de la SFIO, Paul Faure, s'est réjoui : « J'ai pensé, nous avons pensé, au parti socialiste, qu'il fallait temporiser, négocier, faire appel à toutes les forces morales et spirituelles du monde pour éviter le recours aux armes » (*Le Populaire*, 2 octobre 1938).

De Léon Blum, réputé antimunichois, on cite souvent l'expression de « lâche soulagement », mais en omettant que c'est à propos de lui-même qu'il l'a employée : « La guerre est probablement écartée. Mais dans des conditions telles que moi, qui n'ai cessé de lutter pour la paix, qui, depuis bien des années lui avais fait d'avance le sacrifice de ma vie, je n'en puis éprouver de joie et que je me sens partagé entre un lâche soulagement et la honte » (*Le Populaire*, 30 septembre 1938). À l'Assemblée, le 4 octobre 1938, le leader socialiste a lui aussi salué les accords de Munich : « Le groupe socialiste participe tout entier aux sentiments qui animent l'unanimité de la Chambre. S'il existe aujourd'hui en France une volonté de paix à ce point général et profonde, c'est, messieurs, pour une large part, notre œuvre. »

Hitler vient d'avaler l'Autriche et la moitié de la Tchécoslovaquie. L'armée allemande est redevenue une puissance. Le Front populaire a peut-être lancé un programme de réarmement de 14 milliards de francs, mais rien n'est à la hauteur du péril. Avec le sentiment de vivre à l'abri de la ligne Maginot, l'opinion comme la classe politique restent pacifistes. Les sondages viennent de faire leur apparition : l'un d'entre eux révèle que 57 % des Français approuvent la politique suivie à Munich. Comme le dit un refrain à la mode : « Tout va très bien, madame la marquise. »

Aujourd'hui, les accords de Munich sont marqués du sceau d'infamie. Mais on oublie de dire que l'« esprit munichois » a caractérisé tout le pays. Et qu'il n'est pas né en 1938 : en 1930, en 1935, en 1936, champ libre a déjà été laissé à l'Allemagne. Veulerie, insouciance, peur que « ça » ne recommence ? C'est tout l'entre-deux-guerres qui a été munichois.

14

Fascisme et antifascisme

« Qui critique Staline est pour Hitler.
Le génie du Géorgien est d'avoir pris
tant d'hommes dans ce piège. »

François FURET.

Printemps 1998. Depuis six mois, la France vit au rythme du procès Papon. Le 25 mars, dans sa chronique du *Monde*, Bertrand Poirot-Delpech reprend à son compte un propos qui est dans l'air du temps. Dès avant l'Occupation, écrit-il, « les gens de Vichy scandaient "Plutôt Hitler que Blum" ».

Concentré en peu de mots, et par un membre de l'Académie française, voici un des clichés les plus tenaces de l'historiquement correct. Au cours des années 1930, la droite française, soucieuse d'ordre et d'autorité, aurait été séduite par les dictatures étrangères, ce qui l'aurait préparée à la collaboration. La gauche, en revanche, éprise de justice sociale et de paix, aurait farouchement repoussé la menace fasciste, ce qui l'aurait tout naturellement conduite à incarner la Résistance.

« Plutôt Hitler que Blum. » D'innombrables documents présentent cette phrase (ou sa variante « Plutôt Hitler que le Front populaire ») comme un slogan effectivement utilisé à l'époque. Mais jamais ils ne précisent où, quand et par qui. Et pour cause : dans les journaux de droite, cette pensée est introuvable. « Invention communiste, souligne François Furet, l'"hitlérisme" français est à peu près impossible à trouver dans la vie politique française avant 1939. (...) Dans l'ordre politique, l'admiration et l'imitation du national-socialisme se heurtent aux contraintes de la situation intérieure et internationale : les Français, vainqueurs fragiles du dernier conflit, ne sont pas portés au bellicisme nationaliste ; et Hitler est l'ennemi potentiel de leur pays [1]. »

C'est Emmanuel Mounier, écrivain de gauche, qui a lancé la formule « Plutôt Hitler que Blum », en octobre 1938, dans la revue *Esprit*, au lendemain des accords de Munich. S'en prenant aux classes sociales hostiles au Front populaire, supposées admiratrices des régimes fascistes, il concluait : « On ne comprendra rien au comportement de cette fraction de la bourgeoisie si on ne l'entend murmurer à mi-voix "Plutôt Hitler que Blum !" » Mais un fantasme ne constitue pas une preuve.

6 février 1934, crise de la République

« À bas les voleurs ! » Ce cri retentit dans Paris, en janvier 1934, au cours de manifestations organisées pour

1. François Furet, *Le Passé d'une illusion*, Robert Laffont/Calmann-Lévy, 1995.

protester contre la corruption. Au début du mois, un contrôle du ministère des Finances a permis de mettre au jour l'escroquerie montée par Alexandre Stavisky. En dépit de condamnations antérieures, celui-ci a fondé le Crédit municipal de Bayonne, puis, ayant émis des bons à intérêt gagés sur de faux bijoux, il a détourné des millions de francs. Or, c'est grâce à ses relations parlementaires qu'il a mené l'opération. Le 9 janvier, quand on est venu l'arrêter à Chamonix, Stavisky a été découvert mort. Suicide ou meurtre maquillé ? Le scandale trouble d'autant plus que le pays, depuis 1932, subit une crise économique. Dans la rue, l'Action française et les autres ligues de la droite nationaliste s'emparent de l'affaire. Chaque jour, elles entraînent une foule croissante. Certains ministres étant mis en cause, le président du Conseil, Camille Chautemps, démissionne le 27 janvier. Daladier lui succède. Le 3 février, il révoque le préfet Jean Chiappe, accusé de sympathie pour les ligues. Le 6 février, une nouvelle manifestation dégénère. Place de la Concorde, les forces de l'ordre tirent. Au terme de la journée, on relève 20 morts et 500 blessés du côté des civils, 400 blessés parmi les forces de l'ordre.

Les manifestants, ce soir-là, étaient loin de tous appartenir à la droite ou à l'extrême droite. Si les ligues étaient présentes en force, l'Union nationale des combattants ou la Fédération des contribuables avaient aussi mobilisé leurs adhérents. Le matin, *L'Humanité* avait annoncé une manifestation de l'Association républicaine des anciens combattants, organisée à part, mais sur le même thème : « Contre les voleurs. » Pas de chefs, pas de but commun, pas d'armes, pas de complicité avec l'armée : la manifestation du 6 février n'était pas une tentative de coup d'État. C'était une émeute populaire, traduisant le mécontentement des citoyens, leur perte de confiance dans la classe politique.

Le 7 février, Daladier renonce au gouvernement. Le 9, Doumergue, autre radical, est chargé de former le ministère. Le même jour, les communistes appellent à manifester « contre l'affairisme et le fascisme ». Des heurts très violents se produisent, faisant 4 morts et 46 blessés parmi les manifestants, 16 blessés parmi les policiers. Les syndicats et les partis de gauche appellent à la grève pour le 12 février, avec une manifestation devant se dérouler dans le calme. Au cours de ce vaste défilé, les cortèges socialiste et communiste fusionnent. Frères ennemis depuis la scission de Tours (1920), les deux rameaux du socialisme s'unissent face à un adversaire commun : le « fascisme ».

Dans l'imaginaire politique de la gauche, la journée du 6 février 1934 prouve l'existence d'un danger fasciste contre lequel doivent s'allier les forces de progrès. L'analyse historique dément cette rhétorique : en France, dans les années 1930, il n'existe pas de force fasciste significative. La vérité, c'est que le mythe fasciste a été forgé par les communistes afin de proscrire ceux de leurs adversaires qui leur résistent avec vigueur. Mais l'étiquette, arme du terrorisme intellectuel, est malléable : un libéral, s'il affiche son antimarxisme, devient un fasciste. Après la Seconde Guerre, quand il créera le RPF, le général de Gaulle sera traité de fasciste. Sous ce vocable sont amalgamés des phénomènes politiques appartenant à des univers différents, répondant à des causalités dissemblables, et qui peuvent être antagonistes. En 1934, le chancelier Dollfuss, catholique, conservateur et patriote autrichien, est haï par Hitler en tant que catholique, en tant que conservateur et en tant que patriote autrichien. C'est pour cela que les nazis l'assassinent. Pourtant, parce qu'il a affronté les milices marxistes, Dollfuss est qualifié de fasciste au même titre que Hitler : le fascisme des antifascistes, c'est un mensonge sémantique.

Fascisme, nazisme, franquisme : des phénomènes hétérogènes

Fascisme, le mot est né en Italie. Fondé par Mussolini, un ancien socialiste, ce mouvement se présente comme une réaction autoritaire à la détresse de l'après-guerre, et comme une réponse nationaliste à l'attente d'un pays qui n'a tiré aucun bénéfice de sa participation à la guerre, et qui subit la menace communiste. La violence des fascistes est indéniable, mais elle répond à celle des communistes qui récusent tout autant le modèle démocratique. Néanmoins, l'actif des dix premières années du régime mussolinien est avéré : reprise économique, baisse du chômage, traité du Latran. L'opinion adhère massivement à la politique du dictateur, dont les admirateurs étrangers, de Roosevelt à Churchill, sont nombreux. En 1934, Mussolini est antiallemand. Il n'est ni raciste ni antisémite. Puis le Duce, initialement pragmatique, se prend au piège de sa mystique : « Mussolini a toujours raison », proclame la propagande. Le tournant, c'est l'aventure éthiopienne, les rebuffades des démocraties poussant le régime à se radicaliser, l'alliance avec Hitler, les lois antijuives adoptées pour complaire à ce dernier. Entré dans le second conflit mondial aux côtés du Reich, l'État fasciste s'écroulera avec lui.

Toutefois, le grand historien du fascisme, Renzo De Felice, insiste sur l'impossibilité d'assimiler le fascisme au nazisme. Mussolini a emprisonné des opposants déclarés ou les a placés en résidence surveillée, il n'a jamais construit de système concentrationnaire. Pierre Milza relève qu'en 1929, un groupe d'intellectuels antifascistes, à la tête desquels Benedetto Croce, publie dans la presse une réponse à un manifeste des intellectuels fascistes [1] : l'équivalent était impensable en Allemagne nazie. En réalité, l'expérience italienne du fascisme n'aurait pas eu plus de conséquence qu'une quelconque dictature d'Amérique latine si deux redoutables idéologies, le nazisme et le communisme, n'en avaient tiré parti, et si elle n'avait pas eu lieu dans une des plus vieilles nations d'Europe.

D'une autre nature est le national-socialisme. Adolf Hitler prend le pouvoir en 1933. Son système politique est achevé en 1938, après la nazification de l'armée et la mise en place de la législation excluant les Juifs. C'est une mécanique totalitaire : tout le pays est au service du régime. L'administration est doublée par les émanations du parti, la police par la Gestapo, la Wehrmacht par la SS. Contrôlant la société, orientant l'économie, dirigeant

1. Pierre Milza, *Mussolini*, Fayard, 1999.

les esprits, l'État national-socialiste est omnipotent, orchestrant sa propagande, mettant en scène son action au moyen de techniques expressionnistes modernes.

L'idéologie de Hitler obéit aux influences qui ont marqué sa jeunesse : le pangermanisme fonde sur l'idée du surhomme allemand un racisme fanatique. Afin d'entretenir l'angoisse collective et de mobiliser son peuple, le Führer invoque une conjuration universelle dont il attribue la paternité aux Juifs. L'antisémitisme hitlérien constitue la traduction visible, et la plus massivement criminelle, du caractère pathologique du nazisme. Le paganisme foncier du régime, son exaltation de la mythologie germanique, son romantisme du sol et du sang (*Blut und Boden*), son appel aux forces obscures de l'inconscient, sa haine des faibles en font un projet radicalement antichrétien.

Mais le national-socialisme, c'est aussi un État révolutionnaire. Jusqu'en 1933, l'Allemagne formait encore une société très hiérarchisée, compartimentée, avec des différences de niveau de vie et des différences psychologiques non seulement de classe à classe, mais de région à région. C'est contre ces différences que les nazis établissent leur mythologie de la communauté allemande. Industrie, armée, diplomatie, justice, université, administration : dans tous ces secteurs, le régime supplante les élites traditionnelles ou se les attache avec le projet de les éliminer. Supprimant les Parlements régionaux, pourchassant les particularismes, le nazisme est l'agent ultime de l'unité allemande.

Fascisme ? En dépit de leurs différences, ce terme peut à la rigueur désigner ce qu'il y a de commun entre le système de Mussolini et celui de Hitler. Dans les deux cas, il s'agit de régimes apparus dans des nations de vieille civilisation mais d'unité politique récente, qui traversent des convulsions d'après guerre : crise économique, crise de l'État, revendications nationalistes. Dans les deux cas, un chef d'origine sociale modeste prend le contrôle de l'État. Ses troupes — et lui-même — auraient pu être communistes, mais l'internationalisme rebute ces hommes qui ont fait la guerre. Le fascisme est anticommuniste. Néanmoins, pour lui, le communisme n'est pas un phénomène subversif : c'est un concurrent. Dans la lutte pour le pouvoir, il le combat d'ailleurs avec ses propres armes — violence verbale et physique, intimidation dans les bureaux de vote, terreur dans la rue. « Le fascisme, souligne Jules Monnerot, agit à la manière d'un vaccin anticommuniste : il ressemble au communisme juste assez pour l'éliminer[1]. »

Dans la mythologie de gauche, le troisième pilier du fascisme, à partir de la guerre d'Espagne, est formé par la dictature du général Franco. Sans doute la doctrine de la Phalange de José Antonio Primo de Rivera présente-t-elle de fortes analogies avec celle de Mussolini. Mais assimiler au fascisme l'ensemble du camp nationaliste espagnol constitue un abus de terme. L'insurrection de juillet 1936 ne peut être comprise sans les événements qui l'ont précédée : en 1931, les troubles saluant la proclamation de la république (incendie de couvents et d'églises, assassinat de gardes civils) ; en 1934, la grève

1. Jules Monnerot, *Sociologie de la révolution*, Fayard, 1969.

générale lancée par la gauche après la victoire régulière de la droite aux élections, grève transformée en révolte armée dans les Asturies ; en février 1936, le climat de violence entourant le scrutin qui confie le pouvoir au Front populaire ; la surenchère révolutionnaire des anarchistes et des trotskistes, manifestée par l'incendie de centaines d'églises et de couvents, le viol et l'assassinat de religieuses, le pillage du siège des partis de droite, les menaces physiques contre leurs orateurs au Parlement. Le meurtre du député monarchiste Calvo Sotelo, le dirigeant le plus populaire de l'opposition, fait tout basculer.

Le soulèvement éclate le 18 juillet 1936. Ses chefs militaires, pour la plupart, ne sont ni fascistes ni monarchistes ; plusieurs sont même républicains et francs-maçons. Franco, selon Bartolomé Bennassar, est « à peu près indifférent aux idéologies [1] ». Le mouvement n'est pas dirigé contre la République, mais contre la dérive bolchevique du Front populaire. Cependant, contrairement à la légende franquiste, le gouvernement dispose de 55 % des effectifs de l'armée, les troupes loyales faisant échouer l'insurrection à Madrid, à Valence ou à Barcelone. Il s'ensuit une guerre civile atroce, avec, des deux côtés, son lot de massacres. Pour des raisons qui tiennent à leurs intérêts propres, Allemands et Italiens aident les nationalistes. De son côté, l'Union soviétique arme les Brigades internationales, dont l'encadrement est communiste, et se paie avec l'or espagnol déposé à Moscou. Au départ, les républicains ont l'avantage : ils contrôlent la plus grande partie du territoire et les villes industrielles.

1. Bartolomé Bennassar, *Franco*, Perrin, « Tempus », 2002.

Mais ils sont politiquement divisés. Franco, lui, finit par cumuler tous les pouvoirs, politiques et militaires, et c'est ce qui lui donne la victoire, en 1939.

Pur produit de l'Espagne catholique et conservatrice, indifférent aux questions raciales, le franquisme ne peut être assimilé au fascisme. En 1940, Franco résiste à Hitler et à Mussolini qui veulent l'engager dans la guerre. Le 8 juin 1970, le général de Gaulle rencontrera Franco à Madrid. Il a raconté son entretien à Michel Droit : « Je lui ai dit ceci : en définitive, vous avez été positif pour l'Espagne. Et c'est vrai, je le pense. Et que serait devenue l'Espagne si elle avait été la proie du communisme [1] ? »

Le mythe du fascisme français

Fascisme mussolinien, national-socialisme et franquisme sont particuliers à l'Italie, à l'Allemagne et à l'Espagne : ce sont des phénomènes nationaux. Quel pourrait être leur équivalent dans la France de la IIIe République ? Zeev Sternhell fait de Maurice Barrès le père d'une tradition qui, mêlant nationalisme et socialisme avant 1914, aurait conduit au fascisme dans l'entre-deux-guerres, tradition qui se serait épanouie dans les ligues d'extrême droite [2]. Cette thèse (vulgarisée par Bernard-Henri Lévy dans *L'Idéologie française*) est contestée par des historiens français aussi différents que Serge

1. Michel Droit, *Les Feux du crépuscule*, Plon, 1977.

2. Zeev Sternhell, *La Droite révolutionnaire, 1885-1914*, Fayard, 2000.

Berstein ou Raoul Girardet. En 1983, témoignant pour Bertrand de Jouvenel — figure de la pensée libérale d'après guerre, qui intentait un procès en diffamation à Sternhell pour l'avoir dépeint, dans un de ses livres[1], sous les traits d'un fasciste dans les années 1930 —, Raymond Aron dénonçait la méthode du chercheur israélien : « Son livre est le plus totalement a-historique qui se puisse concevoir. L'auteur ne remet jamais les choses dans le contexte. Il donne du fascisme une définition tellement vague que l'on peut y rattacher n'importe quoi. »

Barrès, acquis au parlementarisme et longtemps député, est fondamentalement républicain et conservateur. Si les ligues de l'entre-deux-guerres professent un antiparlementarisme affirmé, elles partagent ce sentiment avec une large part de l'opinion, lasse de ce que Robert de Jouvenel (l'oncle de Bertrand), dès 1913, nommait la « République des camarades ». Par essence, le fascisme est révolutionnaire. Projet totalitaire, il postule la constitution d'un parti unique, le rejet des valeurs et des élites traditionnelles. Or aucune des formations de droite qui manifestent à Paris en février 1934 n'affiche un tel credo. Les Croix-de-Feu défendent un programme républicain fondé sur la restauration de l'autorité de l'État ; leur vision de la société, fondée sur la famille et l'association du capital et du travail, vient du catholicisme social. « L'imitation fasciste ou naziste, proclame La Rocque, en imposant à la France un régime contraire à son génie,

1. Zeev Sternhell, *Ni droite, ni gauche, l'idéologie fasciste en France*, Fayard, 2000.

contraire au respect de la personnalité, la rejetterait immanquablement vers les horreurs de la révolution rouge. » Légalistes, les Croix-de-Feu se sont d'ailleurs retirés le 6 février. Dissous en 1936, ce mouvement donnera naissance au Parti social français ; fort de ses 600 000 adhérents, il sera le plus grand parti de droite d'avant guerre. Présentes aussi le 6 février, les Jeunesses patriotes de Pierre Taittinger sont conservatrices et nationalistes, mais nullement fascistes. Quant à l'Action française, seule de son espèce, elle est royaliste ; sa critique de la centralisation et du césarisme plébiscitaire est incompatible avec le fascisme.

Certaines ligues sont violentes. Les bagarres provoquées par les Camelots du roi — les troupes de choc de l'Action française — sont légendaires. Le 14 mai 1936, Maurras écrit dans son journal que Blum est « un homme à fusiller, mais dans le dos », texte qui lui vaudra huit mois de prison. Est-ce une preuve de fascisme ? La gauche est tout aussi violente. Le 1er novembre 1935, l'organe de la SFIO, *Le Populaire*, affirmait que, « si la guerre survient un jour, c'est parce que MM. Béraud et Maurras l'auront voulue. Que sonne l'heure de la mobilisation et, avant de partir sur la route glorieuse de leur destinée, les mobilisés abattront MM. Béraud et Maurras comme des chiens ». Le 9 février 1934, la manifestation organisée par les communistes avait une allure insurrectionnelle, les militants les plus déterminés étant armés de revolvers ou de barres de fer.

Serge Berstein diagnostique « une quasi-inexistence du fascisme organisé dans la France de l'entre-deux-guerres[1] ». « Le terme de fascisme français n'est pas sans prêter à de dangereuses équivoques », confirme Raoul Girardet, soulignant que si la tentation fasciste n'a pas été absente, elle est restée le fait de formations très minoritaires, ou de cas particuliers[2]. Ainsi de Robert Brasillach ou de Pierre Drieu La Rochelle, écrivains qui auront cherché dans le fascisme la réponse à un malaise personnel.

Le Faisceau de Georges Valois, le Francisme de Marcel Bucard ou la Solidarité française du commandant Renaud se réfèrent explicitement à Mussolini, qui les finance. Mais ces groupuscules, dépourvus d'appui populaire, n'exercent aucune influence politique. On peut débattre de savoir si la Cagoule — complot activiste fondé par des dissidents des ligues en 1935 — ou si le Parti populaire français, créé par Doriot en 1934 après son exclusion du Parti communiste, sont fascistes. Il ne suffit pas d'en juger d'après l'engagement postérieur de certains dans la collaboration, nous l'examinerons au chapitre suivant. Il est cependant avéré que la tentation fasciste, de façon minoritaire mais non moins réelle, s'est également manifestée à gauche.

Doriot, on l'a dit, vient du communisme. Au sein du parti radical-socialiste, Gaston Bergery anime une tendance réformatrice de gauche. En 1933, il est antifasciste. En 1936, il fonde un Parti frontiste, pacifiste et dirigiste,

1. Serge Berstein, *La IIIe République*, MA Éditions, 1987.

2. Raoul Girardet, « Notes sur l'esprit d'un fascisme français, 1934-1939 », *Revue française de science politique*, juillet-septembre 1955.

qui prend, selon Philippe Burrin, « des accents fascisants [1] ». Marcel Déat, pacifiste de gauche, exclu de la SFIO en 1933 pour s'être brouillé avec Blum, devenu le théoricien du « néo-socialisme », entame une conversion au fascisme qui éclatera pendant la guerre. Quant à Bertrand de Jouvenel, il n'est pas besoin d'adhérer aux thèses de Sternhell pour rappeler qu'en février 1936, il a publié dans *Paris Midi* une interview d'Adolf Hitler incroyablement complaisante. Au même moment, il était candidat néo-socialiste aux élections qui donneront la victoire au Front populaire...

Mais ces courants, encore une fois, sont extrêmement minoritaires, et ne troublent pas la grande masse de l'électorat. Pourquoi la France n'a-t-elle pas subi de véritable courant fasciste ? En premier lieu, pour reprendre les critères d'évaluation cités plus haut, parce que la France est un pays dont l'unité est ancienne ; parce que les anciens combattants — et tous les hommes mûrs, à l'époque, sont des anciens combattants — n'y ont pas connu la frustration des Allemands et des Italiens ; parce que la crise économique d'après guerre est loin d'y être aussi dramatique qu'outre-Rhin ou qu'au-delà des Alpes. Et aussi, selon Serge Berstein, en raison de la longue « imprégnation républicaine et démocratique » de la France. L'explication est sans doute vraie en ce qui concerne le centre et la gauche. Mais à droite, dans la mesure où les catholiques restent exclus du pouvoir et où la IIIe République traverse une profonde crise de

1. Philippe Burrin, *La Dérive fasciste. Doriot, Déat, Bergery*, Seuil, 1986.

confiance, ce motif est insuffisant. La clé réside dans le fait que le fascisme constitue un modèle étranger — or la droite française est nourrie d'un patriotisme qui confine au chauvinisme — et que l'immense classe moyenne conservatrice, étant foncièrement individualiste, répugne à l'embrigadement. À droite de la droite, et pour toute une génération catholique, il faut enfin signaler l'attraction intellectuelle exercée par Maurras. « C'est parce que je rencontrai l'Action française, note Jacques Laurent, que j'échappai au charme fasciste[1]. »

Antisémitisme et xénophobie : à gauche aussi

L'antisémitisme français, développé au moment de l'affaire Dreyfus, est allé diminuant. Pendant la Grande Guerre, l'Union sacrée et la fraternité des tranchées l'ont fait durablement reculer. D'après Léon Poliakov, il se situe à son niveau le plus bas vers 1925-1930. Dans les années 1930, cependant, il connaît un renouveau. Serge Berstein l'explique par l'afflux des réfugiés d'Allemagne et des pays d'Europe centrale : entre 1930 et 1939, la communauté juive, doublant son effectif, se grossit de 150 000 arrivants, qui s'installent surtout à Paris. À l'époque, Robert de Rothschild s'en inquiète, attribuant la renaissance de l'antisémitisme à l'activisme désordonné des immigrés d'Europe de l'Est : « Il est essentiel, lance-t-il, que les éléments étrangers s'assimilent au plus vite aux éléments français[2]. » D'autres facteurs jouent un

1. Jacques Laurent, *Histoire égoïste*, La Table Ronde, 1976.
2. Herbert Lottman, *La Dynastie Rothschild*, Seuil, 1995.

rôle, comme les scandales politico-financiers dans lesquels des Juifs ont été impliqués (ainsi l'affaire Stavisky) ou la présence de Léon Blum à la tête du Front populaire. Le discours tenu à cette occasion par le député Xavier Vallat est resté célèbre : « Pour la première fois, ce vieux pays gallo-romain va être gouverné par un Juif. »

En un temps où ce type de propos ne tombe pas sous le coup de la loi, et où la polémique *ad hominem* est un genre banal, la presse d'extrême droite publie des articles dont, rétrospectivement, la violence sidère. Ainsi ces lignes signées par Henri Béraud dans *Gringoire*, le 7 août 1936 : « Sommes-nous le dépotoir du monde ? Par toutes nos routes d'accès, transformées en grands collecteurs, coule sur nos terres une tourbe de plus en plus grouillante, de plus en plus fétide. C'est l'immense flot de la crasse napolitaine, de la guenille levantine, des tristes puanteurs slaves, de l'affreuse misère andalouse, de la semence d'Abraham et du bitume de Judée. »

Mais le phénomène doit être évalué à sa juste mesure. Pour ce qui est de la véhémence du ton, les journaux d'extrême gauche recourent au même registre haineux quand il s'agit d'évoquer les patrons, les généraux ou les curés. Ensuite, ces débordements sont purement verbaux : si les Juifs étrangers se dirigent vers la France, c'est que rien, en pratique, ne met leur sécurité en péril.

Charles Maurras reste fidèle à l'« antisémitisme d'État » de sa jeunesse, doutant de la capacité des Juifs à s'intégrer. À l'exception de ceux qui ont rendu un service particulier au pays, tels les anciens combattants, il préconise de leur ménager une condition juridique semblable à celle des étrangers dans les cités antiques. Cette conception, comment ce royaliste ne le sent-il pas, est contradictoire avec la logique d'intégration lancée, un siècle et demi plus tôt, par la monarchie capétienne, conception reprise par tous les régimes et devenue une tradition nationale. Mais, par un paradoxe que l'histoire démentira tragiquement, Maurras voit dans la ségrégation un moyen de protéger les Juifs. « [Il] refuse la persécution en tant que réaction à l'identité juive et lui préfère une séparation préalable, analyse Michel Herszlikowicz. Les crimes de Vichy ont rendu cette idée absurde, mais il est évident que Maurras avait compris les dangers du racisme et des mouvements de masse [1]. » Toutefois, l'antisémitisme est très loin de constituer un élément central de sa pensée, si bien qu'il existe des Juifs maurrassiens et aussi des maurrassiens non antisémites. Dans les colonnes de *L'Action française*, Léon Daudet a abandonné tout antisémitisme, et Jacques Bainville n'y a jamais cédé. Du côté des autres ligues, les Croix-de-Feu ont toujours récusé tout antisémitisme : La Rocque participe aux cérémonies commémoratives organisées par les anciens combattants juifs.

L'antisémitisme n'est donc pas le fait de toute la droite non parlementaire. Serge Berstein a aussi montré la persistance d'un courant antisémite chez les radicaux de droite. Mais il y a plus dérangeant encore pour le manichéisme d'aujourd'hui : l'antisémitisme de gauche. Chez les socialistes, la prééminence de Blum au sein de la SFIO a favorisé l'émergence d'un tel courant, qui éclate au grand jour au moment de la crise des Sudètes. En

---

1. Michel Herszlikowicz, *Philosophie de l'antisémitisme*, PUF, 1985.

septembre 1938, dans *Le Pays normand*, organe de la fédération socialiste du Calvados, Ludovic Zoretti, militant SFIO et CGT, écrit ceci : « Le peuple français ne veut pas faire tuer des millions d'hommes et détruire une civilisation pour rendre la vie plus facile aux cent mille Juifs des Sudètes. » Au même moment, *La République de Périgueux*, organe du radical Georges Bonnet, alors ministre des Affaires étrangères, explique que ce sont les Juifs qui veulent la guerre contre l'Allemagne pour protéger leurs coreligionnaires. Faut-il citer aussi Jean Giraudoux ? En juillet 1939, dans son livre *Pleins pouvoirs*, l'écrivain tient de bien étranges considérations : « Le pays ne sera sauvé que provisoirement par les seules frontières armées. Il ne peut l'être définitivement que par la race française, et nous sommes pleinement d'accord avec Hitler pour proclamer qu'une politique n'atteint sa forme supérieure que si elle est raciale. » Quelques mois plus tard, Giraudoux sera commissaire à l'Information dans le gouvernement du radical Daladier.

Entre les deux guerres, du fait de la reconstruction consécutive aux dévastations de 1914-1918, la France est le grand pays européen d'immigration. De 1,5 million d'étrangers en 1921, on passe à 2,5 millions en 1926, chiffre qui sera sensiblement le même en 1939. Parallèlement, à partir de 1928, on assiste à la montée du chômage. Dans le monde du travail, il s'ensuit une vague de xénophobie contre les mineurs polonais, les sidérurgistes italiens ou les vendangeurs espagnols. Or deux historiens, Pierre-Jean Deschodt et François Huguenin, ont montré que le protectionnisme, frôlant parfois la xénophobie, a été prôné par toute la gauche [1].

Dès 1931, la presse syndicale de la CGT ou de la CGT-U (communiste) lance des invectives contre les étrangers qui volent le travail des Français. En novembre de cette même année, la SFIO dépose une proposition de loi tendant à interdire l'entrée en France des ouvriers étrangers. Le projet est voté à l'unanimité de la Chambre, radicaux, socialistes et communistes compris. En mai 1932, le Cartel des gauches remporte les élections législatives. Le gouvernement Herriot fait adopter une loi « protégeant la main-d'œuvre nationale ». Le texte précise que les entreprises passant marché avec l'État ne devront pas employer plus de 5 % d'étrangers. Cette loi de préférence nationale sera abrogée en 1981, au début du premier septennat de François Mitterrand : lors des débats, on oubliera de dire que cette législation avait été conçue par la gauche.

Quand Hitler accède au pouvoir, nombreux sont ceux, en Allemagne, qui cherchent à émigrer. Dès 1933, les services diplomatiques français reçoivent des consignes strictes pour n'accorder de visas d'entrée qu'aux réfugiés dotés de ressources importantes. Le 2 août 1933, Daladier étant président du Conseil, le ministre de l'Intérieur, le radical Camille Chautemps, donne cette consigne aux préfets des départements frontaliers du Nord et de l'Est : « Il m'a été signalé qu'un assez grand nombre d'étrangers venant d'Allemagne se présentent à notre frontière et,

1. Pierre-Jean Deschodt et François Huguenin, *La République xénophobe*, Lattès, 2001.

s'autorisant à tort de la qualité de "réfugiés politiques", demandent l'accès de notre territoire et le droit d'y séjourner. Il importe de ne pas céder à de pareilles sollicitations. L'introduction en France des Israélites chassés d'Allemagne doit se poursuivre avec une extrême circonspection. »

Le 14 avril 1937, Marx Dormoy, ministre de l'Intérieur socialiste du gouvernement Blum, prescrit aux préfets de « refouler impitoyablement tout étranger qui cherchera à s'introduire sans passeport ou titre de voyage valable ou qui n'aura pas obtenu de visa consulaire s'il est soumis à cette formalité ». Le 2 juillet suivant, Chautemps devenu président du Conseil, Dormoy se plaint de nouveau : « Je suis informé de divers côtés que les mouvements d'immigration clandestine se poursuivent et que de nombreux Polonais, surtout, parviennent à pénétrer en France sans visa, sans passeport, ou même sans pièces d'identité d'aucune sorte. »

Mais il y a autre chose. À partir de 1934, la direction générale de la Sûreté nationale centralise divers fichiers constitués par l'administration. Cinq millions de Français et deux millions d'étrangers, classés « suspects » ou « indésirables », sont mis en fiches : un habitant sur six, dans un pays qui en compte quarante millions. Nommé sous-chef de bureau au cabinet du directeur de la Sûreté nationale en 1936, un fonctionnaire supervise ce fichier général. Il a obtenu cette responsabilité parce qu'il est bien noté en raison de ses opinions plutôt à gauche, et de son loyalisme sans faille envers les institutions républicaines. Il s'appelle René Bousquet.

L'antifascisme, opération de propagande communiste

Résumons. Dans les années 1930, la société française, gauche en tête, est pacifiste ; la tentation fasciste n'existe pas de façon significative, mais peut se manifester à gauche aussi ; l'antisémitisme et la méfiance à l'égard des étrangers se retrouvent également à gauche. Malgré cela, une opération de propagande montée par la gauche va chercher à faire croire que la France vit sous la menace d'une droite fasciste, antisémite et xénophobe. Avec ce mythe, la gauche se crée un parfait repoussoir. L'antifascisme devient, écrit François Furet, « le critère essentiel permettant de distinguer les bons des méchants[1] ».

Quatre jours après la manifestation du 6 février 1934 est publié un « Manifeste aux travailleurs pour barrer la route au fascisme ». Il porte la signature de trois intellectuels de renom : l'ethnologue Paul Rivet, membre du parti socialiste SFIO, le physicien Paul Langevin, sympathisant communiste, et le philosophe Alain, proche du radicalisme. En mars est fondé le Comité de vigilance des intellectuels antifascistes. Il s'appuie sur un bulletin mensuel, *Vigilance*, et deux cents comités locaux, ses thèmes étant relayés par des hebdomadaires tels que *Vendredi*, animé par André Chamson et Jean Guéhenno, ou *Marianne*, dirigé par Emmanuel Berl. Les grandes figures progressistes adhèrent au mouvement : André Gide, André Malraux, Julien Benda, André Breton, Jean Cassou, Léon-Paul Fargue, Ramon Fernandez, Jean Giono, Roger Martin du Gard, Romain Rolland.

1. François Furet, *op. cit.*

L'anticléricalisme étant passé de mode, l'antifascisme forme le creuset de toutes les gauches. Il sert de dénominateur commun à l'alliance ébauchée, le 12 février 1934, lors de la première manifestation réunissant communistes et socialistes, alliance concrétisée, en juillet 1934, par la signature d'un pacte d'unité d'action entre le Parti communiste et la SFIO. C'est aussi l'antifascisme qui prépare la coalition formée entre communistes, socialistes et radicaux, un an plus tard, en vue des élections de 1936 qui donneront la victoire au Front populaire.

Entre socialistes et communistes, ces retrouvailles sont-elles spontanées ? Non. Elles obéissent à un choix tactique opéré non à Paris, mais à Moscou. En 1934, après l'écrasement des communistes allemands par les nazis — échec d'une stratégie qui consistait, pour Staline, à laisser Hitler démolir la république de Weimar dans l'espoir que les communistes ramassent le pouvoir —, le Kremlin change son fusil d'épaule. Abandonnant la ligne « classe contre classe », Staline donne consigne aux partis affiliés à la IIIe Internationale de s'allier aux socialistes, afin de former, au nom de la défense de la paix, un front commun contre le fascisme. À Paris, Willi Münzenberg, un agent allemand du Komintern, chef d'orchestre de la propagande pour l'Europe de l'Ouest et l'Allemagne, met cette tactique en œuvre, pendant qu'Eugen Fried, un Tchèque qui est le véritable chef clandestin du PCF, veille à son application [1].

1. « Dossier Willi Münzenberg », *Communisme*, n° 38-39, L'Âge d'Homme, 1994 ; Stéphane Courtois et Annie Kriegel, *Eugen Fried, le grand secret du PCF*, Seuil, 1997.

Avec cette vaste entreprise d'agit-prop, il s'agit de faire passer la cause de la paix par la défense de l'URSS, donc du communisme : être pour la paix, c'est être contre Hitler ; être contre Hitler, c'est être pour Staline ; *a contrario*, être contre Staline, c'est donc être pour Hitler. Le 2 mai 1935, au Kremlin, le pacte franco-soviétique est signé par Laval et Staline. Pour le PCF, c'est un changement à vue : les communistes, qui ne votaient jamais les crédits militaires, mettent une sourdine à leur antimilitarisme, et prennent pour mot d'ordre l'unité d'action au nom de l'antifascisme.

À Paris, en 1935, Münzenberg organise un Congrès international des écrivains pour la défense de la culture. À la tribune, les Français Alain, André Gide, Louis Aragon, Henri Barbusse, Julien Benda, Jean Giono, Jean Guéhenno, André Malraux, Emmanuel Mounier, Paul Nizan ou Romain Rolland côtoient l'Anglais Aldous Huxley, l'Allemand Bertolt Brecht, les Autrichiens Robert Musil et Max Brod ou le Russe Boris Pasternak. Tous sont enrôlés, *nolens volens*, dans une opération au service de l'URSS. « Je ne mets rien au-dessus du salut de la Révolution soviétique », proclame Gide.

Un an plus tard, de retour d'URSS, l'écrivain déchante. Dès 1936 apparaissent des fissures au sein de l'antifascisme. D'un côté on trouve les communistes ou les compagnons de route du Parti, ceux qui militaient déjà au sein du comité Amsterdam-Pleyel, créé en 1932 : pour eux, la lutte pour la paix et contre le fascisme passe par le soutien inconditionnel à la cause soviétique. De l'autre se situent les pacifistes intégraux, disciples d'Alain. Ce sont ces derniers qui l'emporteront, forçant les communistes à quitter le Comité de vigilance antifasciste. À leurs yeux, l'ennemi à combattre, c'est la guerre.

Le 20 novembre 1934, *Vigilance* lance cet avertissement : « La lutte contre le fascisme n'est jamais une lutte contre un prétendu ennemi du dehors. La guerre est la catastrophe suprême et nous nous refusons à la jamais considérer comme inévitable. » En 1935, après le rétablissement du service militaire par Hitler, les adeptes de ce courant remplissent la Mutualité sur le thème « Non à la guerre ». En 1936, après la remilitarisation de la Rhénanie, quand il ressort que la France n'interviendra pas, *Marianne* se réjouit : « Le moment de la première alarme passé, le pays a tout de suite retrouvé sa sagesse. » Même son de cloche dans l'hebdomadaire concurrent : « *Vendredi* ne contribuera en rien à la campagne d'alarmisme et de méfiance », écrit Jean Guéhenno à Romain Rolland.

Christian Jelen, qui a longuement étudié l'action des pacifistes de gauche, conclut à leur cécité : « Leur haine de la guerre est plus forte que leur dégoût pour l'hitlérisme[1]. »

1939 : l'alliance Hitler-Staline

Jusqu'à la guerre, la ligne de conduite des communistes restera calquée sur celle de l'URSS. Et pour les socialistes, la peur de se couper du PCF, dont l'alliance est nécessaire pour gagner les élections, sera un moyen de ne jamais se poser les vraies questions sur la nature

1. Christian Jelen, *Hitler ou Staline*, Flammarion, 1988.

du système soviétique. Aux yeux de la gauche française, Mussolini est un césar de carnaval (ce qui n'est pas faux), Hitler un monstre (ce qui est vrai), mais Staline est fréquentable : ce qui est un mensonge. En URSS, la grande famine provoquée par le régime, en 1932-1933, a fait entre 8 et 9 millions de morts, dont 6 ou 7 millions en Ukraine. En 1937-1938, alors que 9 millions de personnes sont détenues au goulag ou dans les prisons, la Grande Terreur fait 690 000 victimes. Le régime soviétique est une machine totalitaire dont la violence n'a rien à envier à celle du nazisme. Mais la gauche occidentale, prompte à flétrir le fascisme, reste muette quand il s'agit de dénoncer les crimes communistes.

Cependant, l'idéologie d'un État est une chose, ses intérêts nationaux en sont une autre. Depuis toujours, Allemands et Russes ont entretenu des relations ambivalentes, s'alliant ou s'opposant au gré des circonstances. Entre les deux guerres, cette loi se vérifie à nouveau. À Rapallo, en 1922, la république de Weimar et Moscou ont noué des accords avantageux pour les deux parties : l'État soviétique a été reconnu en droit international, des clauses secrètes ayant permis ensuite d'amorcer le réarmement allemand de manière considérable. L'arrivée au pouvoir d'Adolf Hitler ne modifie pas ce jeu ambigu, d'autant moins que les deux régimes ont en partage le cynisme, le mépris de la parole donnée et l'absence de scrupule quant à la valeur d'un être humain. En 1935, les diplomates des deux pays concluent un accord commercial. Lors de la purge de 1937-1938, les Soviétiques liquident les communistes allemands réfugiés en URSS, à l'exception de ceux que Staline livre à la

Gestapo, déférant à la requête de l'ambassadeur du Reich à Moscou. Marguerite Buber-Neumann passera ainsi directement d'un camp soviétique à Ravensbrück.

Hitler prépare la guerre à l'Ouest. Instruit par l'exemple de 1914, il a besoin d'assurer sa tranquillité à l'Est. Le 22 août 1939, un traité commercial germano-soviétique est signé à Moscou. Le 23 août, il est suivi par un pacte de non-agression entre l'Allemagne et l'URSS, dont le protocole secret convient du futur partage de la Pologne.

Staline allié à Hitler ! À Paris, la direction du Parti communiste, d'abord incrédule, s'incline. Le 24 août 1939, *L'Humanité* voit dans ce pacte une « politique à la fois énergique et intelligente, seule conforme à la cause de la paix ». Le 25 août, Daladier fait saisir le quotidien communiste. Le 30 août, le procureur général de la République ouvre une information contre le PCF.

Le 1er septembre, cependant, les Allemands envahissent la Pologne. Le 3 septembre, l'Angleterre et la France déclarent la guerre à Berlin. Le 17 septembre, c'est au tour des Russes d'entrer en Pologne. Ce pays martyr est partagé par les deux puissances totalitaires : le 28 septembre est signé entre l'URSS et le IIIe Reich un nouveau traité, « traité d'amitié et de délimitation des frontières », qui accentue encore la collaboration économique et politique entre Berlin et Moscou.

Le 26 septembre, le Parti communiste français est dissous par le gouvernement. Le 1er octobre, dans une lettre au président de la Chambre, Édouard Herriot, Jacques Duclos demande l'ouverture de pourparlers de paix avec l'Allemagne. Au cours de ce même mois, 2 500 conseillers municipaux et 87 conseillers généraux communistes sont suspendus, les députés et sénateurs PCF étant déchus.

Tous les communistes s'alignent-ils sur Moscou ? Paul Nizan déchire sa carte d'adhérent, André Malraux se retire. Sur les 74 parlementaires communistes, 22 démissionnent du Parti. Chez les militants de base ou les dirigeants syndicaux, le trouble est immense. Mais la haute hiérarchie et l'encadrement régional et local suivent la consigne : aux communistes des démocraties occidentales, Staline a ordonné de se dresser contre la guerre. « À bas la guerre impérialiste », proclame le PCF interdit, pendant que les soldats français attendent l'assaut ennemi. Le 4 octobre 1939, le caporal Maurice Thorez, numéro un du Parti, déserte son régiment. Il s'enfuit à Bruxelles, puis rejoint Moscou où il restera jusqu'en 1944. Sur le front ou à l'arrière, les militants les plus durs distribuent des tracts qui appellent au défaitisme et à la désertion. Dans les usines d'armement, les communistes pratiquent des sabotages qui coûteront la vie à un certain nombre de leurs compatriotes, en mai 1940, lors de l'offensive allemande. Cinq jours après la ruée des Panzers de Guderian, le 15 mai, le premier numéro de *L'Humanité* clandestine multiplie les attaques contre « les impérialistes de Londres et de Paris ».

La France est écrasée. Le 14 juin, les Allemands sont à Paris. Le 22 juin, l'armistice est signé. Quatre jours plus tôt, la direction clandestine du Parti communiste n'a pas manqué de manifester sur quel bord elle se situe : du côté de l'alliance Hitler-Staline.

À l'instigation d'Eugen Fried, le 18 juin 1940, Maurice Tréand et Jean Catelas, deux membres du comité central du PCF mandatés par Jacques Duclos, ont demandé officiellement à la *Propaganda Staffel* l'autorisation de faire reparaître *L'Humanité*. Une militante, Denise Ginollin, a déposé le dossier à la section de presse de la *Kommandantur*. Le 19 juin, les Allemands ont donné leur accord : le quotidien communiste devait reparaître le 21 juin. Le numéro était prêt, mais la police française a fait capoter l'affaire en arrêtant Ginollin. Après l'armistice, une nouvelle demande est présentée. Le 27 juin, Otto Abetz, l'ambassadeur du IIIe Reich en France, reçoit en personne Tréand et Catelas. Mais le gouvernement français fait de nouveau échouer le projet.

Le Parti communiste, premier apôtre de la collaboration ? Le 14 juillet 1940, dans *L'Humanité* clandestine, on lit ces lignes : « Fraternité franco-allemande. Les conversations amicales entre travailleurs parisiens et soldats allemands se multiplient. Nous en sommes heureux. »

Le 22 juin 1941, Hitler déclenche l'opération Barberousse : ses troupes envahissent l'URSS. Dans les deux camps, la guerre en Russie sera d'une épouvantable cruauté. Staline jouant sur la corde patriotique, son peuple consentira d'énormes sacrifices pour abattre le nazisme. Sur le plan stratégique, pour écraser l'Allemagne, l'alliance avec la Russie était sûrement nécessaire. Mais l'heureuse victoire de 1945 portera avec elle une tragique ambiguïté : présenter le communisme comme le rempart de la démocratie contre le fascisme. L'URSS, un État démocratique ? Pour les peuples de l'Est, un autre calvaire commençait.

Tristes années trente. Ce qu'elles ont annoncé, aveuglées devant le nazisme ou devant le communisme, c'est le triomphe du totalitarisme.

15

Résistance et Collaboration

« Pour faire le procès des comportements,
la rétrospective est bien commode. »

François BLOCH-LAINÉ.

Le 2 avril 1998, au terme de la plus longue procédure de l'histoire contemporaine, Maurice Papon, accusé de complicité de crimes contre l'humanité, était condamné, pour complicité d'arrestations illégales et de séquestrations arbitraires, à dix ans de réclusion criminelle. Pour beaucoup de gens qui avaient connu la guerre, et pour d'autres qui savaient un peu d'histoire, ce procès laissait un sentiment de malaise. Il était intervenu cinquante-cinq ans après les faits. Âgé de quatre-vingt-sept ans, l'homme qui avait comparu devant le tribunal avait été préfet de police de Paris quand de Gaulle était à l'Élysée, et ministre du Budget sous la présidence de Valéry Giscard d'Estaing. Inculpé pour le rôle qu'il avait joué à Bordeaux pendant l'Occupation, au moment où les Allemands déportaient les Juifs, il était le dernier acteur du drame : tous ceux qui, à l'époque, avaient été ses supérieurs, étaient morts. Tous les témoins directs de l'affaire avaient disparu. À la barre avaient défilé des témoins qui, dans leur grande majorité, ne connaissaient ni les faits ni l'accusé. Premier malaise.

Dix ans de prison, c'est la sanction que le tribunal de Nuremberg, en 1946, avait infligée au grand amiral Dönitz, éphémère successeur de Hitler en avril 1945. En 1962, le général de Gaulle, alors président de la République, avait fait libérer le général Karl Oberg, chef de la SS en France pendant l'Occupation, et son adjoint, Helmut Knochen ; ces deux criminels de guerre, condamnés à mort en 1954, avaient bénéficié d'une grâce présidentielle, leur peine ayant été commuée en détention à perpétuité en 1958. Dönitz, Oberg et Knochen avaient vécu leurs vieux jours en liberté. Sans rien connaître du dossier Papon, et sans se prononcer sur l'innocence ou la culpabilité du condamné, il restait vraisemblable qu'en matière de crime contre l'humanité, la responsabilité matérielle et morale d'un secrétaire général de préfecture était moindre que celle de trois hauts dignitaires nazis. Deuxième malaise.

Six mois durant, on avait entendu dire que Vichy allait enfin être jugé. Mais faisait-on le procès d'un homme ou celui d'une politique ? Et faisait-on le procès d'un régime ou celui de la France ? À la Libération, n'y avait-il pas eu des milliers de procès ? Selon Henri Amouroux, outre 11 000 à 15 000 exécutions sommaires, 300 000 arrestations avaient eu lieu en 1944. 95 000 affaires avaient été examinées par les tribunaux, dont 45 000 avaient été classées. 50 000 jugements avaient été rendus, dont 7 000 peines de mort, 13 000 peines de travaux forcés,

23 000 peines de prison, 46 000 peines de dégradation ou d'indignité nationale. Avec leurs familles, ce sont entre deux et trois millions de Français qui avaient été touchés par l'épuration, dans des conditions qui ne devaient pas tout à la sérénité de la justice, même si les tribunaux de l'État français avaient eux-mêmes ignoré l'indulgence [1].

Instruire à nouveau le procès de Vichy ? Sans doute les chercheurs bénéficient-ils de l'ouverture quasi totale des archives publiques et ministérielles. Néanmoins, les témoins s'éteignant, les seuls papiers — rédigés à un moment où on ne pouvait pas tout écrire — suffisent-ils à traduire l'infinie complexité de cette période ? Troisième malaise.

Ce procès, avait-on répété, devait être une leçon d'histoire. Mais à travers Maurice Papon, la leçon s'était focalisée sur un chapitre de la guerre qui, pour être l'un des plus douloureux, ne peut être traité séparément du reste. « Pour des jeunes qui n'ont pas connu cette période, déplorait l'historienne Georgette Elgey, l'Occupation se réduit aux persécutions antisémites. Traiter l'antisémitisme comme un isolat en l'extrayant de son contexte, n'est-ce pas, finalement et paradoxalement, faire le jeu criminel des nazis qui prétendaient que le conflit mondial consistait en une guerre contre les juifs [2] ? » Quatrième malaise.

Hommes, femmes et enfants, les Juifs ont été des centaines de milliers à être traqués à travers l'Europe, arrêtés,

1. Henri Amouroux, *Pour en finir avec Vichy*, Robert Laffont, 1997.
2. *Le Figaro Magazine*, 18 octobre 1997.

entassés dans des wagons comme des bêtes, et conduits jusqu'aux camps où la mort les attendait. Le système concentrationnaire nazi et le génocide qui sous-tend cette entreprise monstrueuse ont porté la Seconde Guerre mondiale au sommet du tragique, à un degré rarement atteint dans l'aventure humaine. Nul ne peut lire sans frémir le poignant *Mémorial des enfants juifs déportés de France*, dans lequel Serge Klarsfeld a réuni les noms de 11 000 petites victimes, et les photos d'un millier d'entre elles [1]. Le massacre des innocents !

Cependant, élucider les mécanismes qui ont permis à ce crime d'être commis sur le sol français ne doit pas aboutir à substituer une légende à une autre. Jusqu'à la fin des années 1960, la France vivait dans l'exaltation de la Résistance et le souvenir des faits d'armes accomplis pour la libération du territoire. De nos jours, l'effet de grossissement est inverse. À croire certains, sous l'Occupation, le pays n'aurait été peuplé que de collaborateurs et d'antisémites, fascinés par le IIIe Reich.

Henry Rousso nomme ce basculement le « syndrome de Vichy [2] ». Entre 1944 et 1954, phase de deuil, la légende exalte un peuple qui aurait été tout entier dressé contre l'occupant, que combattaient gaullistes et communistes. Malgré cela, l'expression du respect ou de la compréhension envers Pétain reste tolérée ; d'anciens ministres de Vichy publient sans faire scandale des livres où ils justifient leur action ; dans l'opinion, la thèse du

---

1. Serge Klarsfeld, *Le Mémorial des enfants juifs déportés de France*, Fayard, 2001.

2. Henry Rousso, *Le Syndrome de Vichy*, Seuil, 1987.

bouclier et de l'épée (Pétain et de Gaulle) reste courante. La première *Histoire de Vichy*, celle de Robert Aron, ne cache rien des fautes de l'État français, mais estime que, dans l'ensemble, Vichy s'est sali les mains pour limiter les dégâts : l'ouvrage reçoit l'approbation générale. De 1954 à 1970, phase de refoulement, la geste gaulliste s'affirme : le Général publie ses *Mémoires*, Jean Moulin entre au Panthéon. Après la mort du général de Gaulle (1970), c'est le retour du refoulé. En 1971 sort dans une salle parisienne un film tourné deux ans auparavant pour l'ORTF, et dont le gouvernement avait interdit la diffusion : *Le Chagrin et la Pitié*. Dans cette « chronique d'une ville française sous l'Occupation », Marcel Ophuls s'attaque au mythe d'une France résistante pour dépeindre Clermont-Ferrand comme une cité vautrée dans la collaboration. En 1973 est publié le livre de l'Américain Robert Paxton, *La France de Vichy*, qui va désormais donner le ton à l'Université. Selon l'auteur, Pétain et Laval, loin de pratiquer le double jeu, ont systématiquement précédé les désirs des Allemands.

Puis vient, à partir de la fin des années 1970, ce que Rousso nomme le quatrième temps de la mémoire : le retour de la mémoire juive. Dès 1945, de nombreux livres avaient paru sur Auschwitz ou Drancy, mais la persécution à l'encontre des Juifs n'avait pas été prise en compte en tant que telle. Lors du procès Pétain et même du procès Laval, la question avait été à peine évoquée. Le drame juif, pensaient les Juifs français eux-mêmes, avait constitué un drame parmi tant d'autres survenus au cours des années de fer et de feu. Professeur à la Sorbonne, Claire Andrieu l'explique ainsi : « Les cadres conceptuels qui auraient permis de parler d'un génocide raciste n'existaient pas à la Libération. En dehors des immigrés récents, l'assimilationnisme était si fort, à l'époque, que les Juifs de France se reconnaissaient dans une identité bien plus française que juive [1]. » À la suite de la guerre des Six Jours (1967) et de la guerre du Kippour (1973), la prise de conscience de la menace planant sur l'État d'Israël change cette optique. À l'intérieur du monde juif, analyse Pierre Nora, « la Shoah devient le pilier d'un type nouveau de religion séculière. La proximité et l'ampleur du choc favorisent deux types d'explication : une explication séculière, qui ancre le phénomène dans l'histoire et le temps humain ; une explication théologique, qui en fait le signe tragique de l'élection [2] ».

Aujourd'hui, tout concourt donc à appréhender prioritairement l'étude de la Seconde Guerre par le récit du malheur juif. Certes, du point de vue spirituel, la singularité du génocide juif se situe au cœur de la réflexion sur la présence du mal dans l'histoire : dans une perspective chrétienne, Alain Besançon a écrit des pages très profondes à ce sujet [3]. Il reste que, sur le plan historique, cette tragédie est survenue à l'occasion d'un conflit mondial dont les enjeux n'engageaient pas que les Juifs. En France même, les souffrances que ceux-ci ont endurées ne sont pas les seules à inscrire au terrible bilan des années 1940-1945. « Si la politique antisémite est une

1. *Le Monde*, 18 juillet 2002.
2. *Le Monde*, 1er octobre 1997.
3. Alain Besançon, *Le Malheur du siècle*, Fayard, 1998.

dimension du régime de Vichy, rappelle Pierre Nora, ce n'est pas la seule et sans doute pas la principale. » « Anachronique, confirment Éric Conan et Henry Rousso, telle est la tentation du "judéo-centrisme" qui cherche à relire toute l'histoire de l'Occupation à travers le prisme de l'antisémitisme. Si la politique antijuive est un fait majeur, elle n'était, à l'époque, qu'un aspect parmi d'autres, les Juifs étant des victimes au même titre que d'autres persécutés ou réprouvés [1]. »

Honorer la mémoire des 75 000 Juifs déportés de France ne doit donc pas faire oublier les dizaines de milliers d'autres sacrifiés, parmi lesquels figuraient d'ailleurs des Juifs : 90 000 soldats et officiers disparus lors de la campagne de mai-juin 1940, 60 000 victimes civiles des bombardements allemands ou alliés, 29 000 fusillés (otages ou résistants), 50 000 déportés politiques, 47 000 malgré-nous d'Alsace-Lorraine disparus sur le front de l'Est, 58 000 tués dans les armées qui ont délivré le territoire national.

Selon Pierre Nora, le regard sur Vichy s'est également modifié pour une autre raison : la « généralisation contemporaine des droits de l'homme ». Depuis les années 1970 et 1980, le passé est jugé en fonction d'un critère dressé en absolu : l'éthique. Dans cette optique, l'occupation nazie, plutôt qu'une atteinte à la liberté du pays, constitue une phase de l'affrontement entre le fascisme et la démocratie. Mais le nazisme n'est pas un

1. Éric Conan et Henry Rousso, *Vichy, un passé qui ne passe pas*, Fayard, 1994.

concept métaphysique flottant dans l'éther : c'est un régime apparu en un lieu et à un moment donnés, en Allemagne, dans l'entre-deux-guerres. Ignorer cette dimension géopolitique revient à évacuer les Allemands de l'histoire de la guerre, et à minimiser leur rôle d'occupants. Dès lors, la perception de l'époque s'effectue selon une césure opérée à l'intérieur d'un champ idéologique rapporté à la France, grille de lecture reflétant le manichéisme ambiant. D'un côté, le camp du Bien, celui de la Résistance, digne héritier de tous les engagements pour la liberté et les droits de l'homme. De l'autre, le camp du Mal, celui de Vichy et de la collaboration, réunissant antirépublicains, antidreyfusards, cléricaux et fascistes. Le problème, c'est que l'histoire réelle ne confirme pas ces clivages simplificateurs. On comprend alors le choc provoqué, en 1994, par la publication du livre de Pierre Péan sur la jeunesse de François Mitterrand. Le rôle de ce dernier à Vichy, sa photo avec Pétain, la francisque obtenue en 1943, tout cela, même si le futur président avait été résistant, ne collait pas avec les idées reçues.

Pendant quatre années, au milieu d'un conflit qui ensanglantait la planète, les Français se sont divisés, déchirés, combattus. Faut-il pour autant, soixante années après, écrire cette histoire en noir et blanc ? La France a-t-elle été à aucun moment tout entière collaboratrice ou tout entière résistante ? Au-delà de la légende, et sans rien retirer de l'honneur ou du déshonneur dus à ceux qui le méritent, il s'avère que tout, dans cette période, est embrouillé à l'extrême.

Le traumatisme de la défaite

Le 10 juin 1939, le nonce à Paris rencontre le secrétaire général du Quai d'Orsay, Alexis Léger (en littérature Saint-John Perse). Alors que monte la tension internationale, le diplomate français se montre optimiste. La situation intérieure du IIIe Reich, explique-t-il, devient chaque jour plus critique : la jeune génération allemande, mal nourrie, est physiquement faible. Si la guerre éclate, elle n'ira pas au-delà de la mobilisation générale [1]. La même certitude tranquille est affichée, le 10 septembre 1939 (alors que les hostilités ont été déclarées), par Paul Reynaud, ministre des Finances et bientôt président du Conseil : « Nous vaincrons parce que nous sommes les plus forts. »

Un an plus tard, le pays essuie la plus épouvantable débâcle de son histoire. Le 10 mai 1940, les blindés de Guderian lancent l'offensive vers la Belgique et la France. En dix jours, l'armée française est disloquée. Rappelé pour remplacer Gamelin, Weygand ne peut rétablir la situation. Le 16 juin, entré au gouvernement un mois plus tôt, le maréchal Pétain remplace Reynaud à la tête du ministère. Le 22 juin, l'armistice est signé. Près de deux millions de soldats sont prisonniers, la moitié du territoire est occupée par les Allemands, et le pays est coupé en deux par la ligne de démarcation.

La suite des événements résulte d'abord de cette

1. Cité par Pierre Blet, *Pie XII et la Seconde Guerre mondiale d'après les archives du Vatican*, Perrin, 1997.

guerre non préparée, à laquelle le pouvoir politique ne croyait pas, et dont le haut commandement, à l'abri de la ligne Maginot, n'avait pas prévu la nature. C'est la grande leçon de Marc Bloch : l'« étrange défaite » de 1940 n'a été possible que parce que la nation s'était défaite auparavant.

Ce désastre a été facilité par le pacte germano-soviétique, qui a laissé Hitler libre à l'Ouest. Il a été facilité par l'isolationnisme américain. Il a été facilité par le faible engagement britannique, Churchill ayant rapatrié ses hommes de la poche de Dunkerque et ayant refusé d'engager ses avions dans une bataille de France perdue. Ce désastre s'est accompagné d'un exode de la population civile dont on a peine à imaginer l'ampleur : 9 millions de personnes sur les routes ! Pratiquement un quart de la population française en quête de nourriture et d'un refuge pour la nuit.

L'armistice, rappelons-le, a été signé par la IIIe République, et non par Vichy qui n'existe pas encore. Il a été précédé de vifs débats entre les partisans de la capitulation militaire (Reynaud) et ceux d'un armistice engageant le gouvernement (Pétain et Weygand). Mais quelle que soit l'erreur de Pétain demandant la cessation des combats avant la conclusion de l'armistice, il n'est pas douteux que, sur le terrain, les Français étaient déjà écrasés. Si l'avance de la Wehrmacht n'avait pas été stoppée, c'est toute l'armée qui aurait été capturée, et sans doute l'Afrique du Nord envahie, à un moment où les Américains n'étaient pas entrés en guerre et où les Anglais gardaient leurs forces pour défendre leur propre territoire. Avec les Allemands à Alger, quelle aurait été l'issue du conflit ? D'après Éric Roussel, le général de Gaulle lui-même le savait : « N'avouez jamais que l'armistice ne pouvait être évité », a-t-il confié, en 1941, au général Odic [1].

L'armistice laisse à la France sa marine. Pour le cas où les Allemands chercheraient à se rendre maîtres des navires, l'amiral Darlan a donné l'ordre de sabordage. Churchill n'ayant pas confiance, les Britanniques adressent un ultimatum aux vaisseaux français : faire route vers l'Angleterre ou vers les États-Unis. L'ultimatum repoussé, le 3 et le 6 juillet, la flotte française abritée dans la rade de Mers el-Kébir est bombardée par les Anglais. Plus de 1 300 marins sont tués par leurs alliés de la veille. En France, l'indignation est immense.

Alors, le 10 juillet, ce n'est pas un complot qui met la démocratie entre parenthèses. Dans un pays abasourdi par la défaite, où les organes de l'État s'étaient repliés à Bordeaux dans des conditions pitoyables, où des millions de réfugiés vivaient de façon précaire, l'armistice avait déjà été vécu comme un soulagement. Le vote des pleins pouvoirs au maréchal Pétain procède du même réflexe. Devant le naufrage de l'autorité, le vainqueur de Verdun apparaît comme un sauveur. Dans le cadre dérisoire du Grand Casino de Vichy, 667 parlementaires (sur un effectif légal de 850 députés et sénateurs) sont réunis : 570 d'entre eux approuvent la promulgation d'une « nouvelle constitution de l'État français ». La majorité des socialistes et des radicaux, élus en 1936 sur les listes Front

1. Éric Roussel, *Charles de Gaulle*, Gallimard, 2002.

populaire, ont dit oui à Pétain. 17 parlementaires se sont abstenus, 80 ont voté non. Ces derniers sont aujourd'hui sacralisés pour leur esprit de résistance. C'est oublier qu'aucun d'entre eux ne critiquait l'armistice. C'est oublier que la veille, le 9 juillet, 27 des futurs 80 opposants avaient signé une motion où, certes, « ils se refusaient à voter un projet qui aboutirait inéluctablement à la disparition du régime républicain », mais où ils estimaient néanmoins « indispensable d'accorder au maréchal Pétain, qui en ces heures graves incarne si parfaitement les vertus traditionnelles françaises, tous les pouvoirs pour mener à bien cette œuvre de salut public et de paix ».

Le 11 juillet, trois actes constitutionnels fondent l'État français : le président de la République est révoqué, les pleins pouvoirs sont accordés au gouvernement, et les Chambres sont mises en sommeil. À ce moment, le régime parlementaire emporté par la défaite n'est regretté par personne. Avant guerre, déjà, le besoin de réformer l'État s'exprimait à droite comme à gauche. Toute la littérature de la Résistance insistera sur la nécessité de ne pas revenir, après la victoire, aux errements politiciens des années 1930. Quant à la thématique « Travail, Famille, Patrie », elle est alors banale, même à gauche : la formule figure d'ailleurs dans le texte soumis aux députés le 10 juillet. Le nouvel État est autoritaire ? Indéniablement. Est-ce la prise du pouvoir par l'extrême droite ? Politiquement, le personnel du régime est hétérogène. Philippe Pétain, dans sa jeunesse, était ami avec Émile Combes et Joseph Reinach. « J'ai toujours cru pour ma part à l'innocence de Dreyfus », dira-t-il à Du Moulin de Labarthète. Dans l'entre-deux-guerres, très apprécié de Léon Blum, le Maréchal passait pour un bon républicain. Pierre Laval, député socialiste en 1914 et en 1924, était un pilier de la République laïque. Quant à l'amiral Darlan, il a grandi dans un milieu républicain de gauche.

Un tel bouleversement des cartes n'a qu'une origine : le traumatisme de la défaite.

Qu'on l'appelle une « autorité de fait », comme le fera de Gaulle, ou qu'on lui reconnaisse une légitimité, le gouvernement qui s'installe à Vichy sous la direction du maréchal Pétain (lequel cumule les titres de chef de l'État et de président du Conseil) s'appuie sur l'administration qui était celle de la IIIe République. Après l'attaque de Mers el-Kébir, les relations diplomatiques avec la Grande-Bretagne ont été rompues. Mais les États-Unis, l'URSS ou le Vatican installent leurs ambassades à Vichy. Peu suspect de pétainisme, Raymond Aron dressera ce constat : « Les tribunaux de la Libération seront contraints d'oublier que le gouvernement de Vichy, en 1940 et 1941, était légal et probablement légitime[1]. »

Vichy n'est pas un bloc

Vichy est un terme commode, mais trompeur. Sous une même étiquette, le mot englobe des moments, des espaces et des hommes différents. L'été 1940, c'est le

1. Raymond Aron, *L'Opium des intellectuels*, Hachette Littératures, « Pluriel », 2002.

temps de la remise en route du pays. Le 24 octobre 1940, après avoir, à l'instigation de Laval, rencontré Hitler à Montoire, Pétain lance le terme de « collaboration ». Le 13 décembre 1940, sur ordre de Pétain, le vice-président du Conseil est arrêté « pour politique personnelle ». Le 9 février 1941, l'amiral Darlan prend la tête du gouvernement. En avril 1942, sous la pression des Allemands, Laval revient au pouvoir. En novembre 1942, les Alliés débarquent en Afrique du Nord. Présent à Alger par hasard, Darlan fait rentrer l'Afrique du Nord dans la guerre aux côtés des Anglo-Américains, mais il est assassiné à la fin de l'année.

Pour Vichy, c'est le grand tournant. Si le prestige personnel du maréchal Pétain reste fort, il n'existe plus de zone libre (les Allemands l'ont occupée), la Flotte s'est sabordée, l'armée d'armistice a été dissoute, l'Empire a repris sa liberté. De ce qu'il pouvait subsister de souveraineté française après l'armistice, il ne reste pratiquement plus rien. Quant au chef du gouvernement, le 22 juin 1942, il « souhaite la victoire de l'Allemagne », même s'il ajoute « parce que, sans elle, le bolchevisme, demain, s'installerait partout ». À partir de l'année suivante, c'est la glissade vers la collaboration totale. « Il paraît incontestable, remarque Jean-Marc Varaut, que la légitimité de l'État se dissipe le 18 décembre 1943 [1]. » Ce jour-là, les Allemands ayant refusé qu'il annonce que le pouvoir reviendrait à l'Assemblée nationale pour le cas où il mourrait, Pétain s'incline, écrivant à Hitler que dorénavant « les modifications de loi seront soumises avant

1. Jean-Marc Varaut, *Le Procès Pétain*, Perrin, 1995.

publication aux autorités d'occupation ». En 1944, les extrémistes de la collaboration, ceux-là même qui, en 1940, insultaient « les vieillards de Vichy », entrent au gouvernement.

L'analyse historique ne peut tout confondre. Être maréchaliste en zone Sud, en 1940, n'est pas la même chose que d'être collaborationniste en zone Nord, en 1944. Pétain, icône muette, sert d'alibi à ceux qui se recommandent de son patronage. Mais aspirant à des politiques contraires, maréchalistes, pétainistes, collaborateurs ou collaborationnistes se haïssent.

Apparenté à la droite traditionaliste, le général Weygand est ministre de la Défense nationale du 16 juin au 6 septembre 1940. Quand s'organise l'armée d'armistice, s'opposant à Laval, il se montre tout de suite favorable à la préparation d'une revanche à l'aide des troupes françaises d'outre-mer. Nommé délégué du gouvernement pour l'Afrique française, il met secrètement sur pied un appareil militaire. Avec le consul américain, Murphy, il signe un accord, en février 1941, organisant le ravitaillement de ces territoires par les États-Unis, et prépare le débarquement allié. On l'entend vitupérer « Vichy qui se roule dans la défaite comme un chien dans la merde ». En novembre 1941, à la demande de Hitler, il est renvoyé. Lors de l'invasion de la zone libre, en novembre 1942, il conseille en vain à Pétain de partir pour Alger. Arrêté par les Allemands, il est expédié dans une prison du Reich.

Homme de gauche, rival de Léon Blum pour la direction de la SFIO en 1933, Marcel Déat fait de *L'Œuvre*, en 1940, un des principaux journaux de la collaboration parisienne, où il dénonce le caractère réactionnaire de Vichy. Prônant une « vraie » collaboration, c'est lui qui invente, en novembre 1940, le terme de « collaborationnisme ». En 1941, il fonde le Rassemblement national populaire, parti dont l'idéologie se rapproche du national-socialisme. Membre de la Milice et du comité des amis des Waffen SS, il est nommé secrétaire d'État au Travail, en mars 1944, par Laval (mais Pétain refuse de signer son décret de nomination). L'opération s'est faite à la demande des Allemands, qui souhaitaient pour lui un poste plus important. Fin 1944, Déat fait partie de la triste cohorte des ultras qui forment un gouvernement fantoche à Sigmaringen. Lors de l'effondrement du Reich, il se cache et trouve refuge dans un couvent, en Italie, où cet anticlérical notoire mourra d'ailleurs converti.

Weygand et Déat ont tous deux été ministres de Vichy. Mais pas au même moment, et manifestement pas animés des mêmes intentions.

Il est convenu de stigmatiser les « lois de Vichy ». Nous examinerons plus loin la législation antisémite. Sur le plan économique et social, il n'empêche que, dans une période qui correspond schématiquement au gouvernement Darlan, des textes ont été promulgués dont les trois quarts sont toujours en vigueur, ayant été repris trait pour trait à la Libération et transmis de la IVe à la Ve République. Politique familiale, politique agricole, concertation professionnelle, comités d'entreprise, salaire minimal, inspection du travail, fonds national de chômage, retraites... « Autant de pratiques et de novations, souligne Marc Ferro, qui apparurent en 1941 et s'élargirent dans l'œuvre sociale de la IVe République [1]. » Au-delà des contingences immédiates, de grands commis pensent à l'avenir : « C'est à Vichy, conclut François-Georges Dreyfus, que se préparent concrètement ce que Jean Fourastié a très justement appelé les Trente Glorieuses [2]. »

Travailler pour cet État, est-ce trahir ? Haut fonctionnaire, homme de sensibilité de gauche, François Bloch-Lainé a servi Vichy. Il s'en est expliqué : « La France était occupée. Il fallait l'administrer pour lui faire traverser cette passe très dure le moins mal possible. Les fonctionnaires, en France, considéraient qu'ils servaient l'épée (de Gaulle) à travers le bouclier (Pétain). Ils ne constataient pas, comme les Hollandais ou les Belges, que l'État était parti [3]. » Double jeu ? Oui, il y a double jeu, à Vichy, quand, en octobre 1940, Pétain envoie un émissaire secret à Churchill (Louis Rougier), ou quand le gouvernement finasse pour ne pas céder aux exigences allemandes, et parfois avec succès. Hitler, Ribbentrop ou Goering n'auront cessé de se plaindre de la mauvaise volonté de l'administration française.

Tout ne peut être confondu : le Vichy de 1940 n'est pas le Vichy de 1944. La césure de 1942 se traduit dans l'horreur des chiffres : il y a 1 000 fusillés et 20 000 déportés de juin 1940 à novembre 1942, 24 000 fusillés

---

1. Marc Ferro, *Pétain*, Fayard, 1987.
2. François-Georges Dreyfus, *Histoire de Vichy*.
3. François Bloch-Lainé et Claude Gruson, *Hauts fonctionnaires sous l'Occupation*, Odile Jacob, 1996.

et 165 000 déportés de novembre 1942 à juillet 1944. Jusqu'à l'invasion de la totalité du territoire, il vaut mieux vivre en zone libre qu'en zone occupée. Pour les persécutés comme pour les résistants, la zone libre constitue une certaine sécurité. Jeune Juive réfugiée en zone non occupée, Annie Kriegel en a témoigné : « La zone Sud. En cet été 1942, si la liberté y est relative et sous contrôle, le sentiment qu'on y éprouve après avoir franchi la ligne de démarcation est incontestable [1]. » Chef de réseau en 1941, Alain Griotteray apporte le même écho : « Quant à nous, résistants de l'intérieur mais liés à Londres, nous pouvions bien mépriser le régime de Vichy, nous devions à son existence de pouvoir mener nos opérations : car il n'est pas d'opérations de commando sans base arrière [2]. »

En juillet 1940, il semble y avoir « quarante millions de pétainistes » (Amouroux). Un an plus tard, par son message du 12 août 1941, Pétain lui-même indique que le climat a changé : « Je sens se lever, depuis quelques semaines, un vent mauvais. L'inquiétude gagne les esprits, le doute s'empare des âmes. » Le 24 avril 1944, dans la capitale, le Maréchal est encore acclamé, livrant une confidence à la foule (phrase qui sera censurée dans les journaux et à la radio) : « C'est une première visite que je vous fais. J'espère bien que je pourrai venir facilement à Paris, sans être obligé de prévenir mes gardiens. » Mais ce qui suscite l'émotion, ce jour-là, c'est l'allusion au départ des Allemands.

---

1. Annie Kriegel, *Ce que j'ai cru comprendre*, Robert Laffont, 1991.
2. Alain Griotteray, *Je ne demande pas pardon*, Éditions du Rocher, 2001.

Faute d'élections qui se soient déroulées entre 1940 et 1944, et faute de sondages d'opinion, il est impossible d'évaluer véritablement le degré d'adhésion ou de rejet de la politique de Vichy. Nous possédons cependant des indications sur l'évolution de la popularité du gouvernement. Or plus sa liberté paraissait illusoire, plus celle-ci s'effritait. Un historien américain, John Sweets, s'est livré à une étude portant sur la région de Clermont-Ferrand, où il combat la thèse de son compatriote Paxton et le film d'Ophuls, *Le Chagrin et la Pitié*. Ce qu'il montre, à travers l'exemple de la capitale de l'Auvergne (où les Allemands ne sont apparus qu'en novembre 1942), c'est l'émiettement de l'opinion publique selon un spectre bien plus complexe que le clivage Résistance ou Collaboration, et le détachement progressif à l'égard du régime, au fur et à mesure que l'opinion ressent l'impression qu'il ne sert plus les intérêts du pays. Dans un rapport au ministre de l'Intérieur, le 4 août 1942, le sous-préfet de Thiers estime que 60 % de la population est « sinon gaulliste, du moins favorable aux Anglo-Saxons, 10 % communiste et 30 % indifférente ou fidèle à la Révolution nationale ». Le 26 décembre 1942, le commissaire central de Clermont-Ferrand souligne que « le public a l'impression de ne plus avoir de gouvernement indépendant [1] ».

Le Pétain de juillet 1940 n'est pas le Pétain de juillet 1944. « C'est moi seul que l'histoire jugera », a-t-il

1. John F. Sweets, *Clermont-Ferrand à l'heure allemande*, Plon, 1999.

prophétisé, en octobre 1940, en annonçant la politique de collaboration. À Montoire, il a serré la main de Hitler (« avec dégoût », dira-t-il plus tard) comme il aurait serré la main de Guillaume II. C'est là son erreur. Né en 1856, le vieux soldat avait quatorze ans lors de la défaite de 1870, soixante ans lors de la bataille de Verdun, quatre-vingt-quatre au début de l'Occupation. Au fond, c'est un homme du XIXe siècle. Il attend peut-être, comme en 1917, le salut des Américains, mais il n'a aucune idée de la dimension planétaire de cette guerre, et moins encore de la nature totalitaire du national-socialisme. D'où son terrible échec.

Prisonnier de Laval, prisonnier de Vichy (qu'il refuse de quitter en novembre 1942), prisonnier de son rôle, Pétain est impuissant à modifier une politique qu'il n'approuve peut-être pas tout entière, mais qui se réclame de lui. Cependant, nul ne peut certifier que ce vieillard aux facultés altérées par l'âge, persuadé de se sacrifier pour protéger ses compatriotes, n'a pas pressenti le drame qui allait être le sien, en associant son nom et son honneur de maréchal de France à un rapprochement continu avec le Reich, lui qui ne cessait d'appeler les Allemands les Boches. « Vous êtes une nation de sauvages », lancera-t-il au délégué de Hitler, Renthe-Fink, après le massacre d'Oradour. François Mauriac méditera sur le mystère Pétain : « Le Maréchal, le jour où il assuma ce fardeau qu'il devra porter aussi longtemps que la nation française aura une histoire, a-t-il su d'avance qu'il allait devenir le complice du crime hitlérien ? Nous ne saurons jamais si ce "je fais don de ma personne à la France" consacre l'acceptation par avance du calice le plus amer qui ait jamais été tendu à un vieux chef : la flétrissure jusqu'à la mort et par-delà la mort[1]. »

La tragédie juive : qui est responsable ?

Vichy, de nos jours, est jugé comme si cet État était né *motu proprio*, comme s'il avait existé en soi. Mais rien de ce qui s'est passé ne serait survenu si les Allemands n'avaient pas remporté la bataille de 1940, s'ils n'avaient pas occupé la France et s'ils n'avaient pas exercé une pression croissante sur le pays. Rien ne s'explique sans les exigences de l'occupant, à qui incombe la responsabilité première dans le martyre juif. Est-ce à dire qu'en l'affaire, il n'y a pas de culpabilité française ? La défaite est une circonstance qui ne doit jamais être oubliée, mais elle ne détermine pas tout : un vaincu, en présence de son vainqueur, peut bien ou mal se conduire.

Les mesures de contrôle des étrangers prises par l'État français, on l'oublie aujourd'hui quand on les dénonce, ne font qu'appliquer la loi de 1932 sur la préférence nationale et les décrets-lois de 1938 sur la remise en cause de certaines naturalisations — lois adoptées par les gouvernements radicaux-socialistes de la IIIe République. C'est ce que Gérard Noiriel nomme « les origines républicaines de Vichy[2] ».

En revanche, la législation antisémite, elle, constitue

1. François Mauriac, *La Paix des cimes*, Bartillat, 2000.
2. Gérard Noiriel, *Les Origines républicaines de Vichy*, Hachette Littératures, 1999.

une nouveauté. Et une rupture avec la politique française inaugurée par Louis XVI : les Juifs sont mis au ban de la société. Le 3 octobre 1940, le statut des Juifs, œuvre du garde des Sceaux, Raphaël Alibert, exclut ceux-ci de la fonction publique, de l'armée et de certaines autres professions. Le 2 juin 1941, une nouvelle loi ordonne le recensement des Juifs, et accroît les mesures discriminatoires qui les frappent. D'autres textes suivront, mettant en œuvre la spoliation de leurs biens.

En octobre 1940, le maréchal Pétain reçoit une lettre signée par Pierre Masse. Sénateur de l'Hérault, celui-ci a voté les pleins pouvoirs le 10 juillet précédent. Il faut citer longuement ce texte, tant il est émouvant : « Monsieur le Maréchal. J'ai lu le décret qui déclare que tous les israélites ne peuvent plus être officiers, même ceux d'ascendance strictement française. Je vous serais obligé de me faire dire si je dois aller retirer leurs galons à mon frère, sous-lieutenant au 36e régiment d'infanterie, tué à Douaumont, en avril 1916 ; à mon gendre, sous-lieutenant au 14e régiment de dragons portés, tué en Belgique en mai 1940 ; à mon neveu, J.-F. Masse, lieutenant au 23e colonial, tué à Rethel, en mai 1940. Puis-je laisser à mon frère la médaille militaire gagnée à Neuville-Saint-Vaast, avec laquelle je l'ai enseveli ? Mon fils Jacques, sous-lieutenant au 62e bataillon de chasseurs alpins, blessé à Soupir, en juin 1940, peut-il conserver son galon ? Suis-je enfin assuré qu'on ne retirera pas rétrospectivement la médaille de Sainte-Hélène à mon arrière-grand-père ? Je tiens à me conformer aux lois de mon pays, même quand elles sont dictées par l'envahisseur[1]. » Un an plus tard, René Gillouin, alors ami et conseiller intime de Pétain, lui écrit ces lignes : « Je dis, monsieur le Maréchal, en pesant mes mots, que la France se déshonore par la législation juive. Les sentiments que j'exprime ne me sont nullement particuliers. Je crois pouvoir vous dire qu'ils sont partagés par tous ceux qui comptent dans la France intellectuelle comme dans la France spirituelle[2]. »

À travers l'ironie glacée de Pierre Masse ou la véhémence de René Gillouin perce le cri de consciences indignées. Mais dans la population ? Il est convenu d'incriminer l'« antisémitisme ordinaire » de l'époque. Mais comment le mesurer ? En réalité, la suite des événements prouvera plutôt la solidarité des Français envers les persécutés.

La législation de l'État français est inique, mais Robert Paxton reconnaît que Vichy, livré à lui-même, en serait resté aux discriminations professionnelles. Paradoxalement, ni Pétain (dont aucun discours ne met en cause les Juifs) ni Laval ne sont spécialement antisémites. Au demeurant, les obsessions quotidiennes de Vichy sont d'une autre nature : les prisonniers, le ravitaillement, l'indemnité à payer aux occupants, leurs exigences de main-d'œuvre à partir de l'automne 1942. L'antisémitisme vichyste contient d'ailleurs toutes sortes d'exceptions. Ce sont les Allemands, en mai 1942, qui imposent en zone occupée le port de l'étoile jaune, le gouvernement Laval

1. Cité par Henri Amouroux, *La Grande Histoire des Français sous l'Occupation*, « Bouquins », Robert Laffont, 1997-1999.

2. Cité par Marc Ferro, *op. cit.*

s'opposant à cet insigne en zone Sud, même après l'invasion de la totalité du territoire. À Vichy, le 8 mai 1942, lors de la fête de Jeanne d'Arc, des scouts forment la garde d'honneur du maréchal Pétain. Or celui qui en exerce le commandement est un chef des Éclaireurs israélites de France, association reconnue par l'État français. Quand les occupants demandent le remplacement de Xavier Vallat à la tête du commissariat aux Questions juives, parce qu'ils le jugent antiallemand et trop clément dans sa fonction, l'Union générale des Israélites de France, fondée par une loi de l'État français, intervient à Vichy pour demander son maintien en poste. « Il existe une relativité dans le mal », rappelle Henri Amouroux.

En janvier 1942, à Wannsee, dans l'agglomération de Berlin, se tient une réunion où les dignitaires nazis mettent au point l'organisation de « la solution finale de la question juive ». En Europe de l'Est, les Juifs ont commencé à être déportés. Désormais, ils sont menacés partout où le IIIe Reich étend son emprise.

Ici se noue la tragédie. Car l'antisémitisme d'exclusion sociale de Vichy, sans le vouloir et sans l'avoir prévu (ce qui n'est pas une excuse), se trouve rattrapé, dépassé et objectivement associé à l'antisémitisme exterminateur des nazis. Au printemps 1942, les Allemands exigent du gouvernement l'arrestation massive des Juifs vivant sur le territoire français. Laval négocie. Au terme d'un accord conclu entre René Bousquet, le chef de la police, et le général SS Oberg, accord qui forme un atroce marchandage, il est convenu qu'aucun Juif français ne sera interné. En revanche, la police nationale participera à l'arrestation des Juifs étrangers, qui seront même extradés de zone libre.

Sans la participation de la police, le nombre de victimes aurait-il été moindre ? Nul ne le saura jamais. Mais au moins l'honneur aurait été sauf. Quelle est alors la part de responsabilité française dans un système qui va broyer des milliers de malheureux ? Question gravissime, question brûlante, qui a été au cœur des débats entourant le procès Papon. Serge Klarsfeld est en droit d'affirmer que le recensement ordonné par la loi de 1941 a facilité l'identification des Juifs[1]. Mais il faut souligner que si Bousquet a pu fournir tant de noms aux Allemands, c'est qu'il possédait un instrument forgé avant guerre : le fichier central du ministère de l'Intérieur, évoqué au chapitre précédent. « Il y a coïncidence entre les fiches individuelles du grand fichier et la liste des noms des convois de déportés relevés par Serge Klarsfeld », notent les historiens qui ont étudié la machine d'État mise en place par Bousquet[2]. S'il y a « une faute collective » de la France, comme l'a affirmé Jacques Chirac le 16 juillet 1995, ses racines plongent jusqu'à la IIIe République.

Où situer la frontière entre responsabilité collective et responsabilité individuelle ? On sait que, lors de la rafle du Vél'd'hiv, à Paris (16 et 17 juillet 1942), certains policiers ont tout fait pour que les victimes puissent s'échapper, à telle enseigne que moins de la moitié des Juifs

1. Serge Klarsfeld, *Vichy-Auschwitz*, Fayard, 2001.

2. Pierre-Jean Deschodt et François Huguenin, *La République xénophobe*, Lattès, 2001.

étrangers ou apatrides vivant dans la capitale (12 000 sur 28 000) ont été capturés. Dans une ville de province comme Nancy, les policiers ont prévenu, hébergé et fourni de faux papiers aux pourchassés, si bien que sur une communauté de 350 personnes, seulement 32 ont été arrêtées.

Oui, des Français ont eu leur part dans le drame de la déportation. La faute existe, et elle reste devant l'histoire. Néanmoins, pour l'évaluer à sa juste mesure, il ne faut pas en juger d'après ce qu'on sait aujourd'hui des camps de concentration. Pétain et Laval croyaient que les Allemands employaient les Juifs comme travailleurs forcés, essentiellement en Pologne. À la fin de 1942, quand des représentants de l'Union générale des Israélites de France expliquèrent au président du Conseil que, dans ce cas, on n'emmènerait pas les vieillards, Laval fut pris d'un doute. Mais les Juifs eux-mêmes ne pensaient pas à l'extermination. Rescapée d'Auschwitz, une Polonaise, Édith Davidovici — déportée le 29 avril 1944, donc vers la fin de l'Occupation —, a raconté son trajet de trois jours et trois nuits, puis son arrivée : « Nous avions vaguement entendu parler de toutes les horreurs qui se passaient là, mais nous n'y avions pas vraiment cru [1]. »

Dans ses *Mémoires*, Raymond Aron explique que les Français de Londres voyaient les camps de concentration comme des lieux « cruels », mais qu'ils n'avaient jamais imaginé que ceux-ci puissent être le cadre d'un génocide. Si de Gaulle en avait eu connaissance, pourquoi aurait-il

---

1. Cité par Serge Klarsfeld, *Le Calendrier de la persécution des Juifs de France*, Fayard, 2001.

gardé le silence ? Dans aucun de ses discours de guerre, il ne mentionne la déportation et les camps. En France, si on avait su, est-ce que les cheminots auraient accepté de conduire les trains ? Les résistants n'auraient-ils pas tenté d'arrêter les convois ? L'abominable vérité a éclaté seulement au printemps 1945, lors de l'effondrement du Reich.

Il y avait 190 000 Juifs français et 140 000 Juifs étrangers en 1940. De 1941 à 1944, selon les chiffres de Serge Klarsfeld, 76 000 ont été déportés : 21 000 Français et 55 000 étrangers. Sur l'ensemble des 330 000 Juifs qui vivaient sur le territoire national, 254 000 ont donc échappé à la déportation : une proportion globale de 75 %, plus forte pour les Juifs français. Les statistiques sont inhumaines, et la comptabilité a quelque chose d'obscène quand il s'agit d'un crime de masse. Mais il faut quand même rappeler qu'en Belgique, 40 % seulement des Juifs ont échappé à la mort, 15 % aux Pays-Bas et 10 % en Pologne. Or ces trois pays ne possédaient plus d'État.

Pour Klarsfeld, si les trois quarts des Juifs de France ont été sauvés, c'est grâce à « la sympathie sincère de l'ensemble des Français, ainsi que leur solidarité agissante à partir du moment où ils comprirent que les familles juives tombées entre les mains des Allemands étaient vouées à la mort [1] ». Ce qui ralentira la mécanique meurtrière, c'est en effet l'initiative de citoyens qui accueilleront, cacheront ou camoufleront des milliers de

1. Serge Klarsfeld, *Vichy-Auschwitz*, *op. cit.*

Juifs, notamment des enfants. Mais cela aurait-il été possible si certains détenteurs de l'autorité publique ne l'avaient pas permis ? « Comment, sans l'appui, l'accord ou le silence complice de nombreux fonctionnaires de Vichy, demande Henri Amouroux, des non-Juifs auraient-ils pu protéger, héberger, nourrir des Juifs, alors qu'il fallait des tickets pour tout, des tampons officiels sur tout document [1] ? » En d'autres termes, les agents de l'État, qui, à leur échelon, pratiquaient le double jeu vis-à-vis des Allemands — et dont certains croyaient, ce faisant, obéir à la volonté implicite du maréchal Pétain —, ont joué un rôle protecteur. Tragique ambivalence : les Juifs ont été à la fois persécutés par Vichy et, dans une relative mesure, protégés par des fonctionnaires de Vichy.

Le gouvernement, remords tardif, s'opposera d'ailleurs à de nouvelles déportations, en septembre 1942 puis en 1943, et pas toujours sans succès, ce qui prouve que tout ce qui pouvait être tenté ne l'avait pas été auparavant. Si Laval fait marche arrière, c'est en raison de l'opposition du chef de l'État, alerté par les Églises, et sous la pression de l'opinion. Le pays, qui n'avait guère été troublé par les lois antisémites de 1940 et 1941, prend conscience de la persécution, et s'indigne. Hélie de Saint Marc cite l'exemple de son père, nourri de Maurras et admirateur de Pétain, qui prend soin, dans les rues de Bordeaux, de se découvrir pour saluer les porteurs d'étoiles jaunes [2]. Si l'opinion s'émeut, c'est que les Français ne sont pas les antisémites que décrit une certaine

1. Henri Amouroux, *Le Figaro Magazine*, 1er mars 1997.
2. Hélie de Saint Marc, *Les Champs de braises*, Perrin, 1995.

légende noire. Dans la population de l'époque, l'historien israélien Asher Cohen ne relève « aucun signe d'un antisémitisme actif et répandu, aucune preuve que la politique antijuive eût été activement ou passivement soutenue[1] ». L'écrivain Bernard Frank, jeune homme pendant la guerre, vivait dans le Cantal. « Tout Aurillac, se rappelle-t-il, savait que nous étions juifs. Il y avait certainement des antisémites. Il y avait bien des miliciens parmi nos docteurs et nos dentistes. Pas une dénonciation. L'Occupation m'a fait découvrir qu'il y avait beaucoup de braves gens dans ce pays qui était le mien[2]. »

Le 30 septembre 1997, une trentaine d'évêques de France ont publié en commun un acte de « repentance » pour les « erreurs et défaillances » du clergé catholique pendant la guerre, et notamment pour sa passivité devant l'antisémitisme. Pourtant, d'après André Kaspi ou Michèle Cointet, l'Église est la seule institution à avoir rompu le silence : plus de la moitié des évêques français (49 sur 85) ont exprimé une protestation officielle contre les persécutions dont les Juifs étaient victimes[3].

Le 22 juillet 1942, au nom de l'assemblée des cardinaux et archevêques, le cardinal Suhard porte le message suivant au maréchal Pétain : « Profondément émus par ce qu'on nous rapporte des arrestations massives d'israélites opérées la semaine dernière et des durs traitements qui

1. Asher Cohen, *Juifs et Français sous l'Occupation et sous Vichy*, Le Cerf, 1993.

2. *Le Nouvel Observateur*, 18-24 juillet 2002.

3. André Kaspi, *Les Juifs pendant l'Occupation*, Seuil, 1991 ; Michèle Cointet, *L'Église sous Vichy*, Perrin, 1998.

leur ont été infligés, notamment au Vélodrome d'Hiver, nous ne pouvons étouffer le cri de notre conscience. » Le 20 août 1942, Mgr Saliège, archevêque de Toulouse, rédige une lettre pastorale qui, lue à la messe du dimanche dans tout son diocèse, sera connue dans toute la France et même à Londres. « Les Juifs sont des hommes, les Juives sont des femmes, proclame Mgr Saliège. Tout n'est pas permis contre eux. Ils font partie du genre humain ; ils sont nos frères comme tant d'autres. » Le 28 août, c'est Mgr Théas, évêque de Montauban, qui s'adresse à ses fidèles : « Je fais entendre la protestation indignée de la conscience chrétienne et je proclame que tous les hommes, Aryens ou non-Aryens, sont frères, parce que créés par le même Dieu. Ces mesures antisémites actuelles sont un mépris de la dignité humaine, une violation des droits les plus sacrés de la personne et de la famille. » Le 6 septembre, c'est au tour de Mgr Delay, archevêque de Marseille, et du cardinal Gerlier, archevêque de Lyon.

En juin 1944, Mgr Piguet, évêque de Clermont-Ferrand, sera arrêté et déporté à Dachau pour avoir protégé les Juifs de son diocèse. En 2001, Élie Barnavi, ambassadeur d'Israël en France, lui a décerné à titre posthume la médaille des Justes. Mgr Piguet, cependant, n'avait jamais cessé d'affirmer sa fidélité à Pétain : un évêque maréchaliste défendant les Juifs, voilà qui en dit long sur la complexité de l'époque. Il en est de même, à ce point de vue, de ce qui concerne le pasteur Marc Boegner. Avec raison, on cite toujours son message de protestation contre les rafles qui a été lu, le 22 septembre 1942, dans tous les temples de l'Église réformée. Il est moins rappelé que Boegner siégeait au Conseil national de Vichy et que, lors du procès Pétain, il a témoigné en faveur de l'accusé.

De Gaulle : de la révolte à la victoire

La France libre ? « C'est l'histoire d'un bluff qui a réussi. » Le mot n'est pas d'un antigaulliste : il est du Général lui-même [1]. Sous-secrétaire d'État à la Guerre, le général de Gaulle s'envole pour Londres, le 17 juin 1940, lorsque son protecteur, le président du Conseil Paul Reynaud, refusant d'endosser l'armistice, démissionne pour céder sa place au maréchal Pétain. Au micro de la BBC, le 18 juin, alors que la cessation des hostilités a été annoncée mais pas signée, il lance son célèbre appel à continuer la lutte. Ce faisant, il rompt avec la notion d'obéissance, qui est sacrée pour tout militaire. Cette rupture lui est dictée par une double conscience. Conscience politique, d'abord, car cet homme d'une intelligence aiguë a toujours tout pensé en termes politiques ; conscience de sa valeur, ensuite, car, depuis l'adolescence, il a vécu avec la conviction d'être appelé à un destin exceptionnel. Chez Charles de Gaulle, la haute idée qu'il se fait de la France se confond avec la haute idée qu'il a de lui-même. C'est pourquoi ce personnage déclenchera tant de passions : vénéré ou détesté, il ne laissera personne indifférent.

De Gaulle ne doute pas d'incarner la légitimité française. Mais comme il ne peut y avoir deux sources de

1. Éric Roussel, *Charles de Gaulle*, *op. cit.*

l'autorité, dès le 26 juin 1940, alors que Pétain, légalement et constitutionnellement, est président du Conseil de la IIIe République (l'État français date du 11 juillet), il lui déclare la guerre. Éric Roussel a montré que de Gaulle, pour démolir l'image du Maréchal, exagère à dessein. Mais sa stratégie de rupture l'exige. En 1940, que pèse de Gaulle à côté du vainqueur de Verdun ? Rien. Et pourtant, l'histoire va inverser leur destin. Le prestigieux maréchal dispose d'atouts qu'il va perdre au fur et à mesure et, mérité ou immérité, l'opprobre reste attaché à son nom. Le général inconnu, parti seul, parviendra à son but et fera de son nom un mythe national.

La force du général de Gaulle, c'est son audace prophétique. Dès le mois de juin 1940, prévoyant la coalition qui se nouera contre Hitler, il parie sur la défaite de l'Allemagne. Une seconde intuition l'anime : si la France veut avoir voix au chapitre après la victoire, il faut qu'elle soit présente aux côtés des puissances en guerre contre le Reich. De Gaulle va donc se battre pour s'imposer aux Britanniques qui l'hébergent tout en cherchant à l'utiliser dans le sens de leurs intérêts. Ses relations avec Churchill resteront chaotiques, mais l'Angleterre aura tout de suite reconnu la France libre.

Il n'en sera pas de même avec les États-Unis. Roosevelt lui prêtant des visées dictatoriales, le Général devra attendre très longtemps le soutien américain, qui lui sera chichement accordé. De Gaulle ne sera informé ni du débarquement de 1942 en Afrique du Nord (« J'espère que les gens de Vichy vont les foutre à la mer », s'exclamera-t-il dans un mouvement de fureur) ni du débarquement de 1944 en Normandie. À Téhéran, en novembre 1943, Churchill, Roosevelt et Staline se mettront d'accord pour exclure la France des négociations d'après guerre. En 1944, les Américains prévoiront de traiter la France comme un territoire occupé, soumis à une administration militaire, l'AMGOT (*Allied Military Government of the Occupied Territories*) : il faudra l'énergie du Général pour mettre ce plan en échec et instaurer, contre la volonté de Roosevelt, un gouvernement français dès la Libération. De Gaulle ne sera pas non plus convié à Yalta (février 1945) ni à Potsdam (juillet 1945), les deux grandes conférences qui régleront le sort de l'Europe.

Néanmoins, l'essentiel est là. En juin 1940, la France a été militairement écrasée. En mai 1944, le corps expéditionnaire français en Italie, dirigé par le général Juin, mène une admirable campagne dans le Garigliano, puis entre dans Rome un mois plus tard. Le 15 août, la Ire armée française du général de Lattre de Tassigny foule le sol de Provence. Le 25 août, la 2e DB du général Leclerc, débarquée en Normandie, libère Paris. La France a retrouvé l'honneur des armes. Le 8 mai 1945, lors de l'acte de capitulation du Reich, de Lattre est présent à Berlin. « J'ai conduit les Français par les songes », disait de Gaulle. Le songe, c'était d'avoir placé la France vaincue de 1940 dans le camp des vainqueurs de 1945.

Contre les Allemands : des hommes de tous les camps

Opérée dans la foulée des Alliés, la libération du territoire ne doit pas tout à la geste gaulliste. La France libre, devenue la France combattante, a certes écrit d'immortelles pages de gloire : de 1941 à 1944, la chevauchée de Philippe de Hautecloque, le général Leclerc, depuis Koufra, dans le Sahara, jusqu'à Strasbourg ; en juin 1942, la résistance du général Koenig, à Bir-Hakeim, sur le front libyen. Mais dans l'empire, les combats fratricides de 1940-1941 entre gaullistes et pétainistes ont semé des rancunes durables. Quand les Américains débarquent à Alger, en novembre 1942, il n'y a pas cent gaullistes en Afrique du Nord. Après l'invasion de la zone libre, la majorité des officiers qui s'évadent de métropole vont servir non chez de Gaulle, mais chez le général Giraud. Ce dernier, évadé d'Allemagne, est devenu le commandant civil et militaire de l'Afrique du Nord après l'assassinat de Darlan. Pendant l'hiver 1942-1943, les Forces françaises libres, d'obédience gaulliste, représentent moins de 40 000 hommes. D'obédience giraudiste, l'armée d'Afrique réunit près de 300 000 officiers et soldats, dont 230 000 Algériens, Marocains ou Tunisiens. Arrivant à Alger en mai 1943, de Gaulle est fraîchement accueilli par une armée qui a déjà repris le combat aux côtés des Alliés, affrontant Rommel en Tunisie.

Fondé à Alger, le Comité français de libération nationale est coprésidé par de Gaulle et Giraud. En novembre 1943, ce dernier, un pur militaire, est évincé par son rival. Désormais, le général de Gaulle est le chef politique de tous les Français qui ont repris le combat contre les Allemands. Mais avec l'armée d'Afrique, le courant ne passera jamais : les pieds-noirs restent maréchalistes de cœur. Certains considèrent même qu'ils vont délivrer Pétain, prisonnier des Allemands. Entre les différentes forces françaises, l'union finira par s'opérer. Mais dans les mentalités, il restera quelque chose des anciennes divisions entre gaullistes de la première heure, comme Leclerc, et ceux qui, tels Juin et de Lattre, étaient passés par l'armée d'Afrique forgée par Weygand.

Il est une autre catégorie d'hommes qui ont travaillé à la libération du pays, pour certains jusqu'au sacrifice de leur vie, mais qui, eux, sont des oubliés de la mémoire nationale. C'est qu'ils ne cadrent pas avec les schémas préconçus : fidèles à la personne du maréchal Pétain, non gaullistes et souvent antigaullistes, ils étaient néanmoins passionnément hostiles aux Allemands et à la collaboration. L'historien Jean-Pierre Azéma les appelle les « vichysto-résistants ». D'aucuns étaient fonctionnaires, et utilisaient leurs postes dans l'administration de Vichy pour mener une action de résistance aux Allemands, comme ceux du Commissariat à la lutte contre le chômage (CLC), qui devint une officine de faux papiers, ou ceux du Service social des étrangers (SSE), qui s'efforça de camoufler des Juifs. « Croit-on vraiment, remarque François-Georges Dreyfus, que cela s'est fait sans la bénédiction des autorités ? Ou alors Vichy est un curieux régime autoritaire, où les hauts fonctionnaires font ce qu'ils veulent [1]. » À la Libération, 96 membres du gouvernement ou grands commis de l'État ont été jugés : la Haute Cour de justice a prononcé 42 non-lieux, la plupart pour « faits de résistance ».

---

1. François-Georges Dreyfus, *Histoire de la Résistance*, Fallois, 1996.

Mais la résistance vichyste est aussi d'origine militaire. En 1940, l'armistice a laissé à la France une petite armée : 75 000 hommes recrutés par engagement volontaire, encadrés par 4 200 officiers. Cette armée est maréchaliste, mais vit dans l'espoir et l'attente de la revanche. Organisant systématiquement le camouflage d'armes et de munitions qui échapperont aux commissions allemandes, elle établit un plan de mobilisation clandestin. Ses services secrets se livrent à la chasse aux espions du Reich. Dès le mois de juillet 1940, le service secret de l'armée de l'air est en contact avec son homologue britannique, lui transmettant des renseignements importants. En 1942, les échanges sont les mêmes avec les Américains entrés en guerre. En janvier 1943, l'Abwehr arrête quarante officiers français de renseignement, tous anciens de l'armée d'armistice. Dissoute après l'invasion de la zone libre, celle-ci a fourni 1 500 officiers aux troupes d'Afrique, rejointes en passant par l'Espagne.

Issus de cette armée d'armistice ou démobilisés depuis 1940, 4 000 autres officiers reprennent le combat sur le territoire national, encadrant notamment les maquis. S'ils sont restés prêts, c'est qu'ils ont appartenu à des réseaux de résistance constitués par des militaires. Début 1941, le colonel Heurteaux a créé l'Organisation civile et militaire (OCM) : il y a été encouragé par Pétain lui-même. Sur ses fonds secrets, le Maréchal finançait un autre réseau, celui de Paul Dungler, fondateur, à l'été 1940, de la 7e colonne d'Alsace. Arrêté par les Allemands, Dungler sera déporté. Cependant, le principal réseau monté par des officiers est l'Organisation militaire armée (OMA), rebaptisée Organisation de résistance de l'armée

(ORA) en 1944. Avec 68 000 hommes, l'ORA est la troisième composante militaire de la Résistance, derrière les FTP communistes et l'Armée secrète du général Delestraint, qui est gaulliste. En avril 1942, c'est l'ORA qui a organisé l'évasion du général Giraud. Après son départ pour l'Afrique du Nord, en novembre 1942, l'organisation reste en contact avec lui. Dirigée successivement par le général Frère (arrêté et mort au camp du Struthof), le général Verneau (lui aussi arrêté) et le général Revers, l'ORA travaille avec les services britanniques ou ceux de Giraud, mais évite tout contact avec les mouvements clandestins civils, ainsi qu'avec les gaullistes. En région lyonnaise, l'ORA a organisé un maquis où, en 1943, on chante encore *Maréchal nous voilà !*

En 1944, l'ORA est intégrée — non sans difficulté — dans les Forces françaises de l'intérieur, puis, après le débarquement de Provence, dans les unités régulières de la Ire armée. Sans quitter le cadre militaire, ces hommes seront ainsi passés de Vichy à la reprise de la guerre contre l'Allemagne.

En zone Sud et en Afrique du Nord, les Chantiers de jeunesse — créés pour encadrer les 100 000 conscrits de juin 1940 — servent de substitut au service militaire. À cette fin, ils emploient 100 officiers et 500 sous-officiers, placés hors cadre de l'armée d'armistice. Travaux forestiers, discipline militaire, éthique scoute : de 1940 à 1944, par période de six mois, les Chantiers encadrent 400 000 jeunes. Leur esprit est clairement antiallemand. Maintenus après l'invasion de la zone libre, ils subissent les pressions de l'occupant pour fournir du recrutement au Service du travail obligatoire. Mais à cette demande, leur commissaire général, le général de La Porte du Theil, oppose la résistance maximale. Certains Chantiers abritent des Juifs ou des réfractaires au STO. Bientôt, de nombreux chefs rejoignent les maquis, ou passent en Espagne afin de s'engager dans les troupes d'Afrique. En mai 1945, 200 000 anciens des Chantiers seront sous les drapeaux au sein de la Ire armée française. En janvier 1944, à la demande des Allemands, La Porte du Theil a été relevé de ses fonctions par Laval. Arrêté par la Gestapo, il a été déporté. À la Libération, traduit en Haute Cour, « ce soldat au cœur pur » (Robert Paxton *dixit* !) bénéficiera d'un non-lieu. Et le gouvernement de la République validera la période accomplie dans les Chantiers comme un temps de service militaire actif.

Citons encore les Compagnons de France, dirigés par Henry Dhavernas en 1940, puis par Guillaume de Tournemire à partir de 1941. Vichystes mais antiallemands, les Compagnons forment une sorte de scoutisme militaire où le collaborationnisme est flétri. Jusqu'à leur dissolution, en 1944, ils accueillent des Juifs. En 1943, Tournemire, résistant (réseau Alliance), est entré dans la clandestinité. En 1944, le chef militaire du Vercors, le commandant Huet, est un ancien des Compagnons de France.

Vérités et légendes de la Résistance

Et la Résistance proprement dite ? Ici aussi, les lignes d'engagement ne correspondent pas aux idées trop simples. Tout d'abord, répondons à la question rituelle :

« Pendant la guerre, qu'est-ce que j'aurais fait ? » Si décevant que cela paraisse, l'immense majorité des Français, sous l'Occupation, n'a rien fait d'autre que de continuer à vivre. Les organisations pétainistes regroupaient un million et demi de personnes, les partis ultracollaborateurs un total de 160 000 adhérents, et 255 000 cartes de combattants volontaires de la Résistance seront délivrées après guerre. Ni collaboratrice, ni collaborationniste, ni résistante, la masse est attentiste. Et pour tous, de 1940 à 1944, le premier souci, c'est de se nourrir, de se chauffer, de trouver du savon, du tabac ou une paire de chaussures.

La reconstruction mythologique opérée, après guerre, autour de la figure du général de Gaulle comme autour du « Parti des 75 000 fusillés » (le Parti communiste) tend à faire oublier deux éléments fondamentaux. En premier lieu, la résistance intérieure, initialement, ne se confond pas avec la France libre : de Gaulle devra s'imposer à cette constellation de mouvements nés en dehors de lui. En second lieu, c'est en 1941 seulement que les communistes entrent dans la Résistance, et pour des raisons qui sont loin de toutes relever — du moins en ce qui concerne leurs dirigeants — du patriotisme français.

Au départ, tout est embryonnaire et tout provient d'isolés qui constituent leur propre équipe. En zone occupée, le réseau monté par Honoré d'Estienne d'Orves (qui dépend de la France libre) est démantelé dès janvier 1941, son chef étant exécuté en août. De même pour le réseau du musée de l'Homme (Boris Vildé, Anatole Lewitsky), décapité à l'hiver 1941. D'autres réseaux se fondent néanmoins, comme Libération-Nord, dirigé par Christian Pineau. Mais c'est en zone libre, hors du regard des Allemands, que la Résistance s'organise le mieux. Chaque fois, on trouve l'impulsion de personnalités : Henri Frenay (Combat), François de Menthon et Pierre-Henri Teitgen (Liberté), Philippe Viannay (Défense de la France), Emmanuel d'Astier de La Vigerie (Libération-Sud), Jean-Pierre Lévy (Franc-Tireur).

Ces réseaux sont tous des réseaux de renseignement. Beaucoup travaillent pour ou avec les services spéciaux anglais (ainsi Alliance) ou américains (à partir de 1942), ce qui irrite de Gaulle, et n'est pas sans provoquer des frictions avec les services de renseignement de la France libre, le BCRA du colonel Passy. En décembre 1941, Viannay écrit dans *Défense de la France* : « Qu'il prenne la tête de la résistance, qu'il parte si nécessaire en Afrique du Nord et tous suivront. » C'est du maréchal Pétain qu'il parle...

C'est dire si la Résistance n'est pas forcément gaulliste. Bien après la guerre, Henri Frenay en témoignera : « À Londres, le général de Gaulle et ses services n'ont absolument pas compris le phénomène nouveau qu'était la Résistance française incarnée par les mouvements. Plus on s'éloigne de la guerre et plus l'opinion publique s'imagine que nous nous sommes levés à l'appel du 18 juin. À la lecture des *Mémoires* du Général, on pourrait penser que c'est lui qui a inspiré, organisé et dirigé la Résistance. En réalité, un mur d'incompréhension n'a cessé de nous séparer [1]. »

1. Henri Frenay, *La nuit finira*, Robert Laffont, 1973.

Ce qui creuse un fossé entre la résistance intérieure et de Gaulle, c'est, d'une part, le débat sur l'opportunité d'œuvrer directement avec les Alliés et, d'autre part, la volonté du Général d'intégrer des hommes politiques de la IIIe République au sein de son embryon de gouvernement. Préparant l'après-guerre, de Gaulle veut placer tous les partis sous son autorité. Nombre de résistants, idéalistes, imaginent un autre monde pour le jour où le pays sera libéré. Mais le chef de la France libre parviendra à ses fins, en reprenant les rênes de l'ensemble de la Résistance, tâche assurée par Jean Moulin, arrivé à Londres en octobre 1941. En avril 1943, les trois groupes les plus importants — Combat, Franc-Tireur et Libération — se fédèrent en Mouvements unis de Résistance. Un mois plus tard, Moulin est nommé délégué du général de Gaulle pour toute la France, et placé à la tête du Conseil national de la Résistance. Si le Général l'a choisi, outre ses évidentes qualités personnelles, c'est parce que son passage au cabinet de Pierre Cot, ministre socialiste du Front populaire, permettait d'élargir le champ d'influence du gaullisme. Moulin, cependant, est arrêté dès juin 1943. Sous son successeur, Georges Bidault, le Conseil national de la Résistance ne constitue plus qu'une unité de façade.

À partir de 1943, les communistes exercent un poids prépondérant dans la Résistance. Mais ils y forment un État dans l'État. Virant de bord à 180 degrés, ils se sont lancés après juin 1941, quand le Reich a attaqué l'URSS. Le 1er juillet 1941, Dimitrov, le chef du Komintern, leur a donné une consigne : « Entrer en contact avec de Gaulle, noyauter les colonies ralliées et susciter en France, contre le gouvernement de Pétain et Darlan, un mouvement qui doit déboucher sur la guerre civile[1]. » Dès le 21 août 1941, en assassinant un officier allemand à la station de métro Barbès, Pierre Georges (le futur colonel Fabien) a inauguré la technique communiste fondée sur le cycle provocation-répression : commettre des attentats qui, entraînant des représailles, doivent dresser l'opinion contre les forces d'occupation. Cette tactique atteint son but. À chaque attentat, les Allemands prennent indistinctement des otages. Le gouvernement de Vichy, dans la mesure où il intervient dans le chantage consistant à désigner des victimes plutôt que d'autres, devient ainsi complice de la répression.

Bientôt, ce ne sont pas seulement les occupants qui sont visés : des collaborateurs, ou prétendus tels par les communistes, sont assassinés, et même des trotskistes, le PCF clandestin réglant ses comptes avec ses frères ennemis[2]. La Milice, avec ou sans les Allemands, pourchassant les « terroristes », l'engrenage radicalise la situation : en 1944, dans les régions de maquis, des Français traquant d'autres Français, c'est un climat de guerre civile qui règne.

Le général de Gaulle, lui, réprouve les attentats individuels, tout comme l'activisme insurrectionnel qu'il juge prématuré. En février 1944, la résistance armée est unifiée dans les Forces françaises de l'intérieur. Au sein des

---

1. Cité par Éric Roussel, *Charles de Gaulle*, *op. cit.*
2. Pierre Broué et Raymond Vacheron, *Meurtres au maquis*, Grasset, 1997.

FFI, les communistes conservent cependant leur organisation particulière, les Francs-Tireurs et Partisans. À la Libération, de Gaulle aura le plus grand mal à empêcher que des départements entiers — notamment dans le Sud-Ouest — ne tombent sous leur coupe. Le chef du gouvernement provisoire achètera la paix intérieure en nommant des ministres communistes, en amnistiant Maurice Thorez et en amalgamant les FFI dans la Ire Armée.

29 000 Français en tout ont été fusillés pendant l'Occupation. Le titre dont se parera le PCF (« le parti des 75 000 fusillés ») est donc mensonger. Il reste néanmoins vrai que les communistes ont payé un lourd tribut à la lutte contre l'occupant. Après guerre, ils l'utiliseront pour faire taire ceux qui chercheront à rappeler leur attitude de 1939 et de 1940 (quand ils approuvaient le pacte Hitler-Staline et sollicitaient des Allemands la reparution de *L'Humanité*), et pour peser de tout leur poids sur la vie politique, sociale et culturelle du pays.

Résistants de droite et collaborateurs de gauche

Qui a résisté ? Qui a collaboré ? Ouvrons un livre d'histoire à l'usage des lycéens. « À Vichy, affirme le manuel, les allées du pouvoir sont investies par des hommes issus des rangs de la droite. » Et de poursuivre : « Issus surtout des milieux de l'ultra-droite, les "collaborationnistes" parisiens prônent une collaboration totale. » Les résistants, eux, sont présentés comme venant « de tous milieux », mais la phrase ne fait pas ressortir s'il s'agit de toutes les couches sociales ou de toutes les familles d'idées[1]. Pour être déguisé, le message n'en est pas moins là : sous l'Occupation, la droite était systématiquement pétainiste ou collaborationniste, et la gauche était nécessairement résistante. Encore une idée reçue que l'étude des faits réduit à néant.

Parmi les politiciens d'avant-guerre ralliés à de Gaulle, on trouve par exemple le socialiste Léon Blum, les radicaux Pierre Mendès France ou Henri Queuille, mais aussi Louis Marin. Ce dernier, ancien président de la Fédération républicaine, onze fois député de Lorraine, est un homme de la droite patriotique, marqué par le catholicisme social. De Gaulle lui-même est issu d'un milieu conservateur : ses parents étaient royalistes, et s'il joue la carte républicaine, c'est en faisant violence à ses penchants intimes. Le 11 novembre 1942, le socialiste Félix Gouin, de Londres, adresse à Blum un rapport dans lequel il l'incite à reconnaître le chef de la France libre, tout en faisant état de ses réticences au sujet de l'entourage initial du Général : « La plupart étaient des gens de droite et d'extrême droite, et ils ont transporté dans la maison leurs préjugés, leurs croyances ou leurs haines idéologiques. »

Voici un chapitre qui contredit à angle droit la mythologie antifasciste. La toute première résistance, celle de 1940-1941, comprend des gens de gauche ou des démocrates-chrétiens, mais les hommes de la droite dure des années 1930 y sont plus nombreux. Sur les trois premiers agents de la France libre envoyés en mission, deux,

---

1. *Histoire terminales*, Nathan, 1998.

le lieutenant Maurice Duclos et le capitaine Fourcaud, sont d'anciens cagoulards. Le troisième, Gilbert Renault, alias Rémy, fondateur du réseau Confrérie Notre-Dame, est maurrassien : « Nourri de *L'Action française*, expliquera-t-il, il ne m'était pas possible de reconnaître comme définitive la défaite de la France. » Le lieutenant de vaisseau d'Estienne d'Orves, premier agent de la France libre à être fusillé, est un monarchiste de tradition. En France, Duclos contactera son ami Gabriel Jeantet, attaché au cabinet de Pétain à Vichy, ancien de l'Action française et ex-cagoulard, qui sera arrêté par la police française en 1944 et livré aux Allemands. Jeantet lui présentera le colonel Georges Groussard ; celui-ci, patron du réseau Gilbert, relié aux services anglais, recrutera ses agents au sein des anciens de la Cagoule et des ligues nationalistes. Duclos rencontrera aussi le commandant Georges Loustaunau-Lacau, un ex-cagoulard, qui créera le réseau Alliance et sera déporté à Mauthausen en 1943.

« J'appartenais sans le savoir à cette droite française traditionaliste, pauvre, patriote et paternaliste », raconte Henri Frenay, fondateur de Combat[1]. Faut-il citer d'autres noms ? Animateur des Croix-de-Feu et du PSF, le colonel de La Rocque fonde le réseau Klan ; il sera déporté en 1943. Charles Vallin, qui rejoint Londres avec Pierre Brossolette, ou Pierre Ruhlmann, cofondateur de Ceux de la Libération, ont également milité aux Croix-de-Feu puis au PSF. Grands résistants, Jacques Arthuis, Philippe Lamour ou Jacques Debû-Bridel ont appartenu

1. Henri Frenay, *op. cit.*

au Faisceau de Georges Valois ; Pierre de Bénouville, Jacques Renouvin, Michel de Camaret ou le colonel Romans-Petit sont des royalistes formés par Maurras.

En 1987, François de Grossouvre, ancien résistant et conseiller personnel de François Mitterrand, a fait cet aveu : « C'est la gauche qui a exploité la Résistance, mais c'est la droite qui l'a créée [1]. »

Allons maintenant du côté de l'État français. Parmi les ministres de Vichy, il est des hommes qui viennent de la gauche. René Belin, secrétaire d'État puis ministre du Travail de 1940 à 1942, est un ancien dirigeant de la CGT. Paul Marion, secrétaire général à l'Information en 1941, ouvertement anticlérical, était membre du comité central du Parti communiste en 1926, et tenait la rubrique antimilitariste de *L'Humanité*. Max Bonnafous, ministre de l'Agriculture de 1942 à 1944, a milité à la SFIO jusqu'en 1933, avant de devenir néo-socialiste. François Chasseigne, secrétaire d'État au Ravitaillement en mars 1944, ancien communiste, a été élu sur une liste Front populaire, en 1936, avant d'adhérer à la SFIO.

Bien sûr, la droite classique est majoritairement pétainiste en 1940. Cependant, à partir de 1942, le chef de l'État paraît n'avoir plus de prise sur les événements. La figure du Maréchal demeure respectée, mais l'espoir politique se transfère sur Giraud ou sur de Gaulle.

Symptomatique est l'évolution de François Valentin, un catholique conservateur, élu député, en 1936, sous

---

1. Dominique Venner, *Histoire critique de la Résistance*, Pygmalion-Gérard Watelet, 1995.

l'étiquette Fédération républicaine. Le 10 juillet 1940, il vote les pleins pouvoirs. En 1941, il est directeur général de la Légion française des combattants (à ne pas confondre avec la Légion des volontaires français contre le bolchevisme), organisation qui représente un million d'adhérents en zone Sud, et dont le but est d'entretenir les anciens combattants dans la mystique de la Révolution nationale. Après le retour de Laval, il démissionne de son poste. En 1943, la création de la Milice par Joseph Darnand, ancien chef du service d'ordre de la Légion des combattants, le pousse à la rupture. Le 23 août 1943, Radio-Londres diffuse un message de Valentin : « Notre erreur a été de croire qu'on pouvait relever un pays avant de le libérer. Quand un gouvernement est tenu de s'inspirer de la volonté d'une puissance ennemie et non de rechercher le seul intérêt français, il n'est plus qu'une façade. Non seulement il n'a plus droit à l'obéissance, mais lui désobéir est une obligation chaque fois qu'il s'écarte du bien général de la nation. » Valentin, cependant, sera giraudiste et non gaulliste.

Charles Maurras, lui, restera fidèle à Pétain. Le directeur de *L'Action française*, plus maréchaliste que vichyste (son quotidien, replié à Lyon, refuse toute subvention), est violemment hostile à Laval. Lors de l'invasion de la zone libre, il a décidé de continuer à faire paraître son journal. Mais alors que ses articles contre l'occupant sont censurés, il polémique contre de Gaulle et la Résistance, si bien que son propos est déséquilibré et que la ligne de crête qu'il revendique (« la seule France ») semble aveugle devant l'évolution de la guerre. Néanmoins, plus que jamais germanophobe, Maurras est la cible d'attaques furieuses émanant de la presse collaborationniste, notamment de la part de Déat. En 1941, il a rompu avec Brasillach quand celui-ci, rentré de captivité, a fait reparaître *Je suis partout* dans la capitale : « Je ne reverrai jamais, s'est-il exclamé, les gens qui admettent de faire des tractations avec les Allemands. »

En réalité, dans l'entourage de Pétain, les maurrassiens proprement dits sont très peu nombreux. Mais Simon Epstein montre que la survalorisation du rôle de Maurras et de l'Action française auprès de Vichy, dans l'école historiographique dominante, n'est pas innocente : « Elle réhabilite la gauche et le centre en détournant la faute sur la droite et l'extrême droite [1]. » Ce chercheur s'est posé deux questions jusqu'alors peu explorées. Après l'affaire Dreyfus, que sont devenus les dreyfusards ? Et que faisaient les collaborateurs quand ils étaient jeunes ? Or ce qu'il a découvert, c'est que ces deux groupes se recoupaient ! Fantastique démenti au manichéisme de l'historiquement correct, les travaux d'Epstein montrent que la collaboration parisienne fut avant tout le fait d'hommes venus de la gauche, dreyfusards dans leur jeunesse. Le trait d'union de leur engagement, au début ou à la moitié du siècle, c'est le pacifisme.

Pour comprendre le phénomène, il faut remonter à l'avant-guerre. À l'origine, Otto Abetz — ambassadeur d'Allemagne à Paris de 1940 à 1944 — était social-démocrate. Francophone et francophile, il effectuait de

1. Simon Epstein, *Les Dreyfusards sous l'Occupation*, Albin Michel, 2001.

nombreux séjours dans la capitale, et organisait à Sohlberg, dans la Forêt-Noire, des rencontres franco-allemandes pour la jeunesse. En 1937, il adhère au parti nazi. En 1939, il regagne le Reich. Dès 1940, il est nommé à Paris, avec mission d'orienter l'opinion vers la collaboration. À cette fin, il joue sur trois registres : le pacifisme, l'européisme et l'anticapitalisme. « Ses interlocuteurs naturels, commente Jean-Paul Cointet, se trouvaient être ceux des milieux qu'il avait le plus travaillés avant la guerre : sociaux-démocrates, pacifistes, briandistes [1]. »

Parmi les amis et fréquentations d'Abetz avant l'Occupation, on trouve Jean Luchaire, Fernand de Brinon et Marcel Déat : ils seront des hérauts de la collaboration. En novembre 1940, Jean Luchaire fonde *Les Nouveaux Temps*, un quotidien collaborationniste ; sous la IIIe République, radical, pacifiste et briandiste, il avait soutenu le Front populaire. Chargé de représenter le gouvernement de Vichy auprès des autorités d'occupation, Fernand de Brinon prend systématiquement parti pour les Allemands ; en 1933, briandiste, il avait été le premier journaliste français à interviewer Hitler et avait fondé un comité France-Allemagne. Marcel Déat, dont nous avons parlé plus haut, avait été, avant guerre, député SFIO, fondateur du Parti socialiste de France, adhérent du Comité de vigilance des intellectuels antifascistes et brièvement ministre dans un cabinet radical-socialiste.

De 1941 à 1943, Jacques Doriot passe quinze mois

1. Jean-Paul Cointet, *Dictionnaire historique de la France sous l'Occupation*, Tallandier, 2000.

sur le front de l'Est, sous l'uniforme allemand de la LVF ; au lendemain du 6 février 1934, député communiste de Saint-Denis et défendant une ligne d'union de la gauche qui n'était pas encore prônée par Moscou, il avait été exclu du Parti mais avait fondé, en 1936, le Parti populaire français, relancé, en 1941, avec une majorité de cadres issus du Parti communiste.

Doit-on poursuivre ? En 1940, le romancier Alphonse de Châteaubriant (prix Goncourt 1911 pour *Monsieur des Lourdines*) fonde *La Gerbe*, hebdomadaire collaborationniste. Dès 1935, séduit par le nazisme, il écrivait : « Hitler est immensément bon, Hitler n'est pas un conquérant, il est un édificateur d'esprits, un constructeur de volontés. » Châteaubriant, actif dreyfusard, avait été un ami de Romain Rolland, chantre du pacifisme. Camille Fégy, le rédacteur en chef de *La Gerbe*, est un ancien journaliste de *L'Humanité*. *Aujourd'hui*, quotidien collaborationniste fondé à Paris en septembre 1940, a pour rédacteur en chef Henri Jeanson, un ancien libertaire, qui est bientôt remplacé par Georges Suarez, un disciple d'Aristide Briand. En 1941, René Chateau prend la direction de *La France socialiste*, un quotidien collaborationniste ; en 1936, dirigeant du Grand Orient et de la Ligue des droits de l'homme, il était député radical-socialiste. Jean Fontenoy, ami d'Abetz, crée en 1940 *La France au travail*, quotidien collaborationniste de gauche subventionné par les Allemands ; Fontenoy est un ancien communiste. Charles Spinasse fonde en 1941 l'hebdomadaire *Le Rouge et le Bleu*, favorable à la collaboration dans le cadre socialiste ; de 1924 à 1940, député SFIO, il était pacifiste et partisan d'une entente avec l'Allemagne.

Et quel est l'extrémiste qui confie les lignes suivantes à son journal intime, en juillet 1940 ? « J'espère que l'Allemand vaincra ; car il ne faut pas que le général de Gaulle l'emporte chez nous. Il est remarquable que la guerre revient à une guerre juive, c'est-à-dire à une guerre qui aura des milliards et aussi des Judas Macchabées. » C'est le philosophe Alain, radical et pacifiste, grande conscience de la IIIe République...

François Mitterrand, interrogé par des journalistes au sujet de son amitié avec René Bousquet, l'ordonnateur de la rafle du Vél' d'Hiv, avait répondu : « Vous autres, vous voulez que tout soit blanc et noir. La vie n'est pas ainsi faite. Rien n'est blanc et noir, tout est gris. Gris, sale. » L'idée n'est pas fausse, mais est-elle satisfaisante ?

Le général de Gaulle, en 1969, s'était opposé à la diffusion du film de Marcel Ophuls, *Le Chagrin et la Pitié*. Au président de l'ORTF qui lui expliquait que l'œuvre contenait « des vérités », de Gaulle avait répliqué : « On fait l'Histoire avec une ambition, pas avec des vérités. De toute manière, je veux donner aux Français des rêves qui les élèvent, plutôt que des vérités qui les abaissent. » L'idée est belle, mais est-elle également satisfaisante ?

Ni légende noire, ni légende grise, ni légende dorée, l'histoire restitue toutes les facettes de cette période. En France même, une infime minorité se réjouit de l'occupation allemande. Une grosse majorité louvoie en attendant la fin de la guerre. Une autre minorité, plus importante, s'engage pour la libération du pays. Les anciennes familles d'idées se redistribuent entre ces trois options de base, elles-mêmes subdivisées en nuances multiples, et qui évoluent au fil du temps : 1940 n'est pas 1941, 1941 n'est pas 1942, 1942 n'est pas 1943, 1943 n'est pas 1944.

Pour ce qui est de la mémoire, on aimerait que toutes les voix soient convoquées devant la postérité. Toutes les victimes : les Juifs, les déportés politiques, les prisonniers des stalags et des oflags, les morts anonymes des bombardements. Tous ceux qui, serviteurs de l'État, ont défendu ce qui pouvait l'être, au prix d'une humble résistance quotidienne. Tous ceux qui ont été des héros, d'Estienne d'Orves, Henri Frenay ou Pierre Brossolette, mais aussi le général de La Porte du Theil. Tous ceux qui, au printemps 1940, ont sauvé l'honneur. Tous ceux qui, en 1944 et en 1945, ont libéré le pays par les armes. Face à l'Allemagne nazie, ils ont tous dit non.

16

L'affaire Pie XII

> « Il y a quelque chose de plus alarmant
> que les silences de Pie XII,
> ce sont les silences sur Pie XII. »
>
> Alexis CURVERS.

Février 2002. De Paris à Berlin, les salles de cinéma projettent *Amen*, le nouveau film de Constantin Costa-Gavras, adapté de la pièce de Rolf Hochhuth, *Le Vicaire*. Le budget de promotion n'a pas été négligé : la publicité est omniprésente. Signée Oliviero Toscani, qui a forgé sa réputation en concevant les campagnes provocatrices de Benetton, l'affiche du film montre une croix entremêlant la croix du Christ et la croix gammée. Pour les chrétiens, le scandale est immense. L'épiscopat français juge le graphisme « inacceptable ». Une demande d'interdiction, déposée par une association catholique traditionaliste, est refusée par le tribunal de grande instance de Paris. Mais une pétition recueille également les protestations d'Henri Hajdenberg, ancien vice-président du Conseil représentatif des institutions juives de France, de Samuel-René Sirat, ancien grand rabbin de France, d'Emmanuel

Weintraub, président de la section française du Congrès juif mondial. Ces débats amènent un surcroît de publicité pour le film, mais n'est-ce pas le but recherché ?

Au Festival de Berlin, Costa-Gavras était accompagné par Rolf Hochhuth. C'est à Berlin que *Le Vicaire* avait été joué pour la première fois, en 1963, y déclenchant des polémiques mémorables ; à Paris, la même année, des incidents avaient troublé les représentations. L'action se déroule pendant la Seconde Guerre mondiale. Le héros, personnage imaginaire, est un jeune jésuite, le père Ricardo Fontana. Il est amené à rencontrer un personnage qui, lui, a réellement existé : Kurt Gerstein. En 1941, ce protestant fervent s'est engagé dans la Waffen SS, afin de « jeter un coup d'œil dans les coulisses du foyer du mal », comme il l'écrira après guerre dans un rapport qu'il rédigera en prison avant de se suicider. Ayant assisté aux expériences de gaz zyklon B à Treblinka, Gerstein tente d'alerter les Alliés. À son tour, le père Fontana transmet l'effroyable nouvelle au Vatican. Il parvient jusqu'au pape, mais Pie XII reste inflexible : il ne prendra pas la parole pour dénoncer l'extermination des Juifs. Alors le religieux décide de partager le sort des persécutés. Portant l'étoile jaune, il se fait déporter volontairement. Il meurt, mais en sauvant l'honneur de l'Église.

« Le genre de la fiction historique impose beaucoup de simplifications, voire de simplismes », regrettait l'historien Jacques Nobécourt, commentant le film[1]. « Les spectateurs qui verront *Amen*, déplorait Henri Amou-

1. *Le Monde*, 27 février 2002.

roux, croiront, ou seront tentés de croire que le pape et, avec lui, l'Église ont dit “amen” à l'Holocauste [1]. »

Pie XII silencieux face au martyre juif ? Pie XII complice tacite du régime nazi ? Depuis la pièce de Hochhuth, écrite quatre ans après la mort de ce pape, l'accusation ressurgit périodiquement. En 1999, un journaliste anglais, John Cornwell, publiait un livre traduit dans une demi-douzaine de langues et sorti le même jour, à grand tapage, à travers le monde occidental. Le seul titre de l'ouvrage annonçait la couleur : *Hitlers' Pope*, « Le pape de Hitler ». Pie XII, accusait l'auteur, « était le pape idéal pour les desseins indicibles de Hitler. Il était un pion dans le jeu de Hitler [2] ».

À force d'être martelé, ce slogan a fini par s'imprimer dans les esprits, et sans doute même chez les catholiques. « Le procès fait à Pie XII, souligne Jean-Yves Riou, est un fantastique exemple de retournement de l'opinion publique. À la fin de la guerre, Pie XII passait pour le pape de la paix. Aujourd'hui, il passe pour le pape de Hitler [3]. »

Ce procès posthume, cependant, ne repose sur aucune preuve inédite, sur aucun témoignage nouveau à mettre à charge de Pie XII. Tout au contraire, ses avocats détiennent un dossier solide.

Dès 1963, face aux attaques dont le défunt pape était l'objet, Paul VI a fait ouvrir les archives du Vatican.

---

1. *Le Figaro Magazine*, 23 février 2002.
2. John Cornwell, *Le Pape de Hitler*, Albin Michel, 1999.
3. « Pie XII, pape de Hitler ? », *Histoire du christianisme, Magazine*, mai 2001.

Confié à une commission de quatre historiens ecclésiastiques, le travail a duré seize ans. Publiés par la Librairie vaticane entre 1965 et 1982, les *Actes et Documents du Saint-Siège relatifs à la Seconde Guerre mondiale* représentent douze volumes de 800 pages chacun. En 1997, le seul survivant de la commission, le père Pierre Blet, un jésuite français, a rédigé une synthèse de cette masse de documents[1]. Ils font justice des accusations lancées contre Pie XII.

Le cardinal Eugenio Pacelli, un prélat antinazi

Issu d'une famille patricienne, né à Rome, Eugenio Pacelli est ordonné prêtre en 1899. Dès 1901, âgé de vingt-cinq ans seulement, le futur Pie XII entre à la secrétairerie d'État du Vatican. D'une intelligence supérieure, il en gravit rapidement les échelons. Archevêque titulaire en 1917, il est nonce apostolique à Munich de 1917 à 1920, puis à Berlin de 1920 à 1929. En 1929, il est rappelé à Rome. Nommé cardinal, il devient secrétaire d'État de Pie XI. En 1934 et en 1938, il effectue de grands voyages à travers l'Europe et l'Amérique.

Ayant vécu douze ans en Allemagne, familier de la langue et de la culture classique de ce pays, Mgr Pacelli assiste non sans inquiétude à la montée du nazisme. Nonce, il avait observé les prodromes du mouvement national-socialiste ; secrétaire d'État, il suit de près la

1. Pierre Blet, *Pie XII et la Seconde Guerre mondiale d'après les archives du Vatican*, Perrin, 1997.

situation de l'Église en Allemagne. Là-bas, la hiérarchie ecclésiastique se montre vigilante. Le 1er janvier 1931, le cardinal Adolf Bertram, archevêque de Breslau et président de la conférence épiscopale allemande, met en garde les fidèles contre le « christianisme positif » prôné par les nazis : une religion de la race et de l'État, « purifiée de ses souillures juives ». Le 10 février 1931, une déclaration épiscopale interdit aux catholiques l'adhésion au NSDAP (Parti ouvrier national-socialiste allemand), sous peine d'être écartés des sacrements, voire privés de sépulture religieuse.

Les élections du 31 juillet 1932 constituent un triomphe pour Hitler : son parti devance les autres formations. Mais ce sont les régions catholiques qui opposent la résistance la plus nette aux nationaux-socialistes. En Rhénanie ou en Bavière, là où les catholiques sont majoritaires, le score nazi est inférieur à 30 % des voix. En revanche, les nazis l'emportent ailleurs. C'est donc l'Allemagne protestante, représentant les deux tiers de la population, qui aura porté Hitler au pouvoir, et ce sont les Églises protestantes qui, en dépit de quelques belles figures résistantes, se montreront en définitive les plus dociles au régime.

Le 30 janvier 1933, quand Hitler accède à la chancellerie, les évêques allemands se trouvent embarrassés. D'une part, parce que la doctrine catholique prêche le respect des autorités établies (à moins que l'État ne viole la loi naturelle ou ne persécute l'Église, mais en 1933, on n'en est pas là), d'autre part, parce que les prélats craignent qu'une opposition trop systématique ne renforce les préjugés anticatholiques de nombreux Allemands. Le 30 mars 1933, sans pour autant revenir sur la condamnation des erreurs doctrinales du parti, l'épiscopat lève l'interdiction d'adhérer au NSDAP.

Hitler n'a pas encore affermi son pouvoir. Afin de séduire les conservateurs, il multiplie les promesses de paix civile et religieuse. Dans cette perspective, il se montre favorable à la signature d'un concordat avec l'Église. Pie XI, de son côté, est partisan d'une politique concordataire. Dans les années 1920, se déclarant prêt « à traiter même avec le diable pour sauver des âmes », il a étudié la possibilité de conclure un concordat avec l'Union soviétique ; par les accords du Latran, en 1929, il en a signé un avec l'Italie fasciste. Le cardinal Pacelli, qui a négocié un concordat avec la Bavière en 1924 et un autre avec la Prusse en 1929, travaille depuis longtemps à un tel accord avec l'Allemagne. Signé le 20 juillet 1933, le concordat avec le Reich ne constitue donc pas le signe d'une collusion avec le national-socialisme : le protocole correspond à celui qui a été préparé avec la république de Weimar. Néanmoins, Mgr Pacelli ne se fait pas d'illusions : avec les nazis, il s'attend au pire. Mais il compte se servir du concordat comme d'une convention à partir de laquelle, quand ses clauses seront violées, il pourra protester.

Toutefois, ce concordat étant généreux, Hitler a ouvert une brèche dans l'Église d'Allemagne. Président de la conférence épiscopale, le cardinal Bertram incline désormais vers le compromis avec le régime. En revanche, les évêques qui sont les partisans d'une résistance active, comme Mgr von Preysing, archevêque de Berlin, ou son cousin, Mgr von Galen, évêque de Münster, sont tous des proches du cardinal Pacelli, qu'ils ont connu quand il était nonce. Or le secrétaire d'État informe Pie XI de l'évolution de la situation. Très vite, celle-ci se détériore. Moins d'un an après la signature du concordat, le masque tombe. Le 30 juin 1934, lors de la Nuit des longs couteaux, lorsque Hitler élimine ses opposants, de nombreux responsables catholiques sont assassinés, dont Erich Klausener, le chef de l'Action catholique.

De 1934 à 1937, le gouvernement national-socialiste déclenche la persécution contre l'Église. Mouvements de jeunesse ou associations ouvrières, les organisations catholiques sont dissoutes. La presse catholique est muselée. De nombreuses écoles religieuses sont fermées. Les congrégations sont la cible des journaux nazis, provoquant l'arrestation de centaines de religieux, inculpés de crimes imaginaires allant du trafic de devises aux affaires de mœurs. Au cours de cette période, plus du tiers du clergé allemand est interrogé dans les bureaux de la Gestapo.

Mais l'épiscopat, inhibé, réagit mollement. Si certains prélats, à travers homélies, lettres pastorales ou conférences, dénoncent les pratiques et la doctrine des nazis, c'est en ordre dispersé. Alors, c'est de Rome que vient la riposte, et c'est le cardinal Pacelli qui l'organise. En février 1937, le secrétaire d'État de Pie XI convoque au Vatican le cardinal Bertram, président de la conférence épiscopale allemande, Mgr Schulte, cardinal-archevêque de Cologne, et les trois prélats les plus offensifs : Mgr von Preysing (Berlin), Mgr von Galen (Münster) et Mgr Faulhaber, cardinal-archevêque de Munich, celui que les nationaux-socialistes maudiront comme le *Judenkardinal*, tant il développera une inlassable activité en faveur des Juifs persécutés. Dressant le bilan des violations du concordat et de la persécution religieuse, tous conviennent de la nécessité de faire élever une protestation par la plus haute autorité de l'Église. Mgr Faulhaber rédige un premier texte, que le cardinal Pacelli complète de sa main avec l'aide de son secrétaire, un jésuite allemand, le père Leiber, antinazi notoire. Puis le pape revoit le manuscrit.

Signée par Pie XI le 14 mars 1937, transmise secrètement afin de déjouer la surveillance de la Gestapo, l'encyclique *Mit brennender Sorge* est lue le dimanche 21 mars dans les quinze mille églises d'Allemagne. Non seulement elle dénonce le non-respect du concordat, mais elle stigmatise la philosophie hitlérienne : « Il s'agit d'une véritable apostasie. Cette doctrine est contraire à la foi chrétienne. » Pie XI n'en reste pas là. Le 19 mars, il publie par ailleurs l'encyclique *Divini Redemptoris*, portant condamnation du communisme. Contre la dérive totalitaire du XXe siècle, l'Église lance un double tir de barrage.

Au sein du Reich, l'encyclique *Mit brennender Sorge* est ressentie par les nazis comme une déclaration de guerre. Selon leur méthode habituelle, ils y répondent par la violence. Les Jeunesses hitlériennes mettent à sac les évêchés de Rottenburg, Freiburg et Munich. Des dizaines de prêtres sont molestés. Mgr von Galen s'attend à tout instant à être arrêté. Mgr Sproll, évêque de Rottenburg, banni de son diocèse par le gouvernement, s'exile en Suisse en 1938. Mais cela ne fait pas taire les plus courageux : en octobre 1939, devant la mise en œuvre d'un programme d'euthanasie par l'État national-socialiste, Mgr von Galen élève une protestation publique contre le décret prévoyant la mise à mort de tous les incurables.

Le 2 mars 1939, le cardinal Pacelli succède à Pie XI sous le nom de Pie XII. Il accède au pontificat à l'heure où la guerre est inéluctable. De mai à août, le pape cherche en vain à réunir une conférence internationale sur la paix. Mais le pacte germano-soviétique, le 23 août, enclenche le mécanisme qui conduit à l'ouverture des hostilités. Le 1er septembre, la Pologne est envahie par les Allemands, provoquant l'entrée en guerre du Royaume-Uni et de la France le 3. Le 17 septembre, les Soviétiques attaquent la Pologne dans le dos. Pour ce malheureux pays, le martyre commence : jusqu'à la fin du conflit, sur 35 millions de Polonais, 6 millions seront tués par les Allemands — moitié de chrétiens, moitié de juifs — soit 15 % de la population. Mais les Russes ne sont pas en reste. Pour liquider l'élite du pays, ils massacrent les officiers (notamment à Katyn), et se livrent à une tuerie sur la population : de 1939 à 1945, 1,7 million de Polonais seront victimes des Soviétiques.

La Wehrmacht s'avère d'une terrifiante cruauté, n'épargnant ni les civils ni le clergé. Lors de son message de Noël 1939, Pie XII dresse un acte d'accusation contre l'agresseur de la Pologne : « Nous avons dû, hélas ! assister à une série d'actes inconciliables aussi bien avec les prescriptions du droit international qu'avec les principes du droit naturel et même les sentiments les plus élémentaires d'humanité. Ces actes exécutés au mépris de la dignité, de la liberté, de la vie humaine crient vengeance devant Dieu. » Comme le pape prépare d'autres interventions du même ordre, l'épiscopat polonais le prie d'adoucir le ton, afin d'éviter que les Allemands n'exercent des mesures de rétorsion.

Le 11 janvier 1940, pendant la « drôle de guerre », Pie XII convoque sir Francis Osborne, l'ambassadeur britannique auprès du Vatican. Il lui raconte avoir été approché par un groupe de généraux allemands, qui caressent le projet de se débarrasser de Hitler. À leur tête, le général Beck, un de ses amis. Avant d'agir, les conjurés veulent connaître les conditions de paix que leur offrirait la Grande-Bretagne. L'affaire n'aboutira pas. Mais en acceptant de jouer les intermédiaires, le pape a montré de quel côté incline son cœur. Dans le même esprit, au début du mois de mai 1940, Pie XII transmet secrètement à Londres et à Paris la date et le lieu de la prochaine offensive allemande, mais on ne l'écoute pas. Jusqu'au 10 juin, il réussit à retarder le plus possible l'entrée en guerre de l'Italie.

Le pape traversera les cinq années du conflit mondial enfermé dans la minuscule enclave du Vatican, au sein d'une Italie alliée au Reich. À partir du moment où les Allemands occuperont Rome, en septembre 1943, il vivra sous la menace permanente d'être enlevé et déporté en Allemagne : les nazis avaient mis le plan au point, et Pie XII le savait.

Pour être non sanglant, le combat qu'il mènera contre Hitler n'en sera pas moins réel. Ce sera également un combat spirituel. Récemment, le père Peter Gumpel, un jésuite allemand, postulateur du procès de béatification de Pie XII, a révélé que le souverain pontife avait procédé à plusieurs reprises à un exorcisme à distance envers le Führer : il le considérait, au sens propre, comme un possédé. Cela peut faire sourire les incrédules. Cela devrait au moins les empêcher de traiter Pie XII de « pape de Hitler ».

Pour Pie XII, Hitler est plus dangereux que Staline

Lors de la sortie d'*Amen*, on a tout vu, tout entendu, tout lu. En présentation d'un article titré « Quand la croix était gammée », un hebdomadaire de gauche osait affirmer que « parce que "Hitler protégeait la chrétienté du communisme", l'Église catholique a refusé de condamner pendant la dernière guerre le régime qui exterminait les Juifs [1] ».

Voici le second chef d'accusation lancé contre Pie XII. À partir de 1941, obsédé par l'anticommunisme, le pape aurait soutenu l'Allemagne contre l'Union soviétique, bénissant le régime national-socialiste. Or non seulement il n'existe aucun texte, aucun message ou aucun discours prouvant que le pape ait soutenu le Reich contre l'URSS, mais les archives démontrent le contraire.

Quai d'Orsay, au ministère des Affaires étrangères, l'historien Yves-Marie Hilaire a étudié les procès-verbaux adressés à Paris par les deux hommes qui, de 1940 à 1944, ont occupé la fonction d'ambassadeur de France auprès du Saint-Siège : Wladimir d'Ormesson, nommé

1. *Le Nouvel Observateur*, 21-27 février 2002.

par la IIIe République, en poste jusqu'en octobre 1940, et Léon Bérard, désigné par le maréchal Pétain, installé au Vatican jusqu'en août 1944. Les papiers de ces diplomates nous renseignent sur l'état d'esprit du Vatican pendant la durée de la guerre. « On y apprend, conclut Yves-Marie Hilaire, qu'Hitler est considéré comme l'ennemi de la civilisation chrétienne et que le pape place tous ses espoirs dans la résistance britannique et l'aide américaine. Et surtout que l'attaque de l'URSS n'est en rien considérée comme une "croisade" [1]. »

Le 28 octobre 1940, rappelé en France, Wladimir d'Ormesson livre son rapport d'ensemble sur sa mission. Concernant l'attitude du Saint-Siège, il écrit : « Elle est très favorable à la Grande-Bretagne et aux États-Unis, nettement hostile à l'Allemagne, encore plus à l'URSS, affectueuse et désolée envers l'Italie. (...) Le Saint-Siège redoute avant tout le triomphe total de l'Allemagne. Pour l'Europe, pour l'Italie, enfin pour l'Église. (...) Le Saint-Siège a cru que l'Angleterre avait des atouts pour une négociation après la défaite française. Quand il a vu la résistance britannique s'affirmer, se prolonger, il a pensé que la Grande-Bretagne pourrait peut-être sauver bien davantage encore, le Vatican a placé tous ses espoirs dans cette résistance et dans l'aide des États-Unis. (...) Pas la moindre trace de naziphilie au Vatican : Hitler est vraiment considéré comme l'ennemi de la civilisation chrétienne. »

Le 22 février 1941, Léon Bérard rédige une note destinée à l'amiral Darlan (alors chef du gouvernement), inti-

1. *Le Figaro*, 26 février 2002.

tulée *Le Saint-Siège et la guerre, rétrospective*. « Le Saint-Siège, y lit-on, aperçoit une opposition foncière, théoriquement irréductible, entre la doctrine de l'Église et celle dont s'inspire le national-socialisme. » Conclusion de l'ambassadeur : « Le Saint-Siège estime que le nazisme tel qu'il s'est manifesté au monde implique une confusion totale du temporel et du spirituel. Et là-dessus, l'Église ne saurait transiger qu'au prix de ce qui serait à ses yeux une abdication. »

Le 22 juin 1941, l'Allemagne attaque l'URSS. Le Vatican va-t-il soutenir la « croisade antibolchevique » vantée par la propagande hitlérienne, piège dans lequel tombent tous les collaborateurs ? Aucune parole d'encouragement ne sort du Vatican. Le 21 août 1941, deux mois après l'offensive allemande en Russie, Léon Bérard rapporte à l'amiral Darlan cette confidence de Pie XII : « Je redoute Hitler encore plus que Staline. »

Les États-Unis ne feront partie des pays belligérants qu'à la fin de cette même année. Mais au sein de la société américaine, entre les isolationnistes et ceux qui jugent le conflit inévitable, le débat est vif. Les catholiques, cependant, se posent une question. S'ils doivent se battre contre l'Allemagne, ont-ils moralement le droit de le faire aux côtés de l'URSS, puissance athée ? Les évêques américains interrogent à ce sujet le cardinal Maglione, le secrétaire d'État de Pie XII. Sa réponse, évidemment, exprime le point de vue du pape. Or qu'explique Maglione ? Que dans l'encyclique *Divini Redemptoris* (dans laquelle Pie XI a défini le communisme comme « intrinsèquement pervers »), « il n'y a rien contre le peuple russe » : l'Église a condamné le communisme, elle n'a pas condamné la Russie. Ainsi donc, levant leurs scrupules, Pie XII indique aux catholiques américains qu'ils peuvent être les alliés de l'URSS.

Où et quand le pape aurait-il pensé que Hitler protégeait la chrétienté du communisme ?

Des dizaines de milliers de Juifs sauvés par Pie XII

« *Amen* dénonce l'attitude du Vatican qui, trahissant ses idéaux et sa mission, ne leva pas le petit doigt pour sauver les Juifs exterminés dans les camps nazis. » C'est toujours le même hebdomadaire de gauche, analysant le film de Costa-Gavras, qui porte ce jugement péremptoire [1]. Mais où sont les preuves ?

Le 25 septembre 1928, Pie XI étant pape, un décret du Saint-Office a désavoué l'antisémitisme : « De même que le Siège apostolique réprouve tous sentiments d'envie et de jalousie parmi les peuples, de même il condamne tout particulièrement la haine contre le peuple jadis élu de Dieu et notamment cette haine que l'on a l'habitude de désigner par le mot antisémitisme. » En 1937, l'encyclique *Mit brennender Sorge* a fustigé le racisme : « Ne croit pas en Dieu celui qui prend la race, ou le peuple, ou l'État, ou les dépositaires du pouvoir, ou toute autre valeur fondamentale de la communauté humaine et les divinise par un culte idolâtrique. » En avril 1938, les instituts catholiques du monde entier ont reçu une lettre des Congrégations romaines des sémi-

1. *Le Nouvel Observateur*, 21-27 février 2002.

naires et universités manifestant la même réprobation du racisme. En juin de cette année 1938, un jésuite américain, le père LaFarge, a travaillé, à la demande de Pie XI, sur un texte réaffirmant l'unité du genre humain, texte qui aurait pu servir d'ébauche à une encyclique contre le racisme. Toujours en 1938, le 29 juillet, lors d'une allocution devant les élèves du Collège de la propagation de la foi, Pie XI a réitéré l'enseignement de l'Église : « Le genre humain n'est qu'une seule et universelle race. » Le 6 septembre 1938, devant un groupe de pèlerins belges, le pape a tenu ce discours : « Par le Christ et dans le Christ, nous sommes de la descendance spirituelle d'Abraham. Non, il n'est pas possible de participer à l'antisémitisme. L'antisémitisme est inadmissible. Nous sommes spirituellement des sémites. »

Le cardinal Pacelli a été pendant près de dix ans le plus proche collaborateur de Pie XI, lequel l'avait préparé à lui succéder. Par quel mystère Pie XII aurait-il eu, au sujet du racisme, une pensée différente de celle de Pie XI ? Le 6 mars 1939, à peine élu, il fait diffuser par le Saint-Office un avertissement dénonçant la politique antisémite de Mussolini. Le 20 octobre 1939, il publie sa première encyclique, *Summi Pontificatus*, écrite au moment où la Pologne subit le martyre. À cette occasion, Pie XII défend une doctrine antitotalitaire et antiraciste, récusant la divinisation de l'État et proclamant l'égalité de tous les hommes et de toutes les races devant Dieu. La Gestapo fait interdire l'impression de cette encyclique en Allemagne : elle comprend où est son adversaire. Le 9 novembre 1939, un journal juif de Cincinatti, *American Israelite*, ne se trompe pas non plus : « En condamnant le totalitarisme, Pie XII a confirmé l'égalité fondamentale des hommes. Cette encyclique souligne l'inviolabilité de la personne humaine et son caractère sacré. »

Avant la guerre, il existe encore quelques possibilités pour les Juifs de quitter l'Allemagne. L'édition des *Actes et Documents du Saint-Siège* montre comment le pape, en collaboration avec l'Association catholique allemande Saint-Gabriel, s'efforce d'obtenir des visas d'immigration dans les pays neutres d'Europe, en Amérique du Nord ou en Amérique latine. Son initiative concerne les catholiques d'origine juive, mais ceux-ci, considérés comme juifs par la législation nazie, sont tout aussi menacés que les autres. À peu près partout, la diplomatie vaticane se heurte à des refus, arrachant péniblement trois mille visas au Brésil.

Après l'adoption du second statut des Juifs par l'État français (2 juin 1941), le maréchal Pétain charge son représentant au Vatican de s'enquérir de l'opinion du Saint-Siège sur cette législation. Le 2 septembre 1941, Léon Bérard rend son rapport. Convenant que, sur un point, la loi se réfère expressément à la notion de « race », dans la mesure où un Juif converti sera considéré comme juif s'il est issu « d'au moins trois grands-parents de race juive », l'ambassadeur est contraint de faire une concession : « Là, il faut le reconnaître, il y a contradiction entre la loi française et la doctrine de l'Église. » Mais c'est pour conclure par cette impression générale : « Comme quelqu'un d'autorisé me l'a dit au Vatican, il ne nous sera intenté nulle querelle pour le statut des Juifs. »

En réalité, pour effectuer son enquête, Bérard n'a eu

de contact ni avec Pie XII ni avec le cardinal Maglione, mais avec Mgr Montini (le futur Paul VI) et Mgr Tardini, tous deux substituts à la secrétairerie d'État. Or le père de Lubac a démontré que leur jugement ne correspondait pas à ce qu'en a dit l'ambassadeur, qui a interprété les propos de ses interlocuteurs [1]. Les *Actes et Documents du Saint-Siège* confirment l'opposition de Rome à la législation antisémite française, opposition exprimée à maintes reprises par le nonce, Mgr Valerio Valeri.

Au cours d'une réception donnée à Vichy, au milieu du mois de septembre 1941, Pétain, s'adressant au nonce, lui dit avoir reçu la lettre de Bérard relative à la législation raciale. Le Vatican, affirme le Maréchal, « tout en trouvant quelques dispositions dures et un peu inhumaines, n'avait pas, dans l'ensemble, d'observations à faire ». Ce que répondit Mgr Valeri, nous le savons par la lettre qu'il a ensuite envoyée au cardinal Maglione : « Je réagis assez vivement, déclarant que le Saint-Siège avait déjà manifesté ses idées sur le racisme, qui est à la base de toutes les dispositions prises vis-à-vis des Juifs. Je relevai les graves inconvénients que fait surgir du point de vue religieux la législation actuellement en vigueur. » Le 31 octobre 1941, le secrétaire d'État de Pie XII approuve Valeri, exprimant l'espoir que les interventions conjuguées du cardinal Gerlier de Lyon et du nonce conduiraient à adoucir l'application de la « malencontreuse loi [2] ».

---

1. Henri de Lubac, *Résistance chrétienne à l'antisémitisme*, Fayard, 1988.

2. Pierre Blet, *op. cit.*

Nous possédons un autre témoignage, celui de l'ambassadeur du Portugal à Vichy, Caerio da Nata, reçu en audience par le maréchal Pétain, le 16 septembre 1941, en même temps que Mgr Valeri. Ce jour-là, au nom de Pie XII, le nonce réprouve vivement la législation antisémite : « Le pape est absolument opposé aux mesures iniques qui ont été prises. Et je demande la permission au héros de Verdun de poser la question de savoir si beaucoup de soldats qui sont morts glorieusement pour la France n'étaient pas juifs, et s'il est sûr que le soldat inconnu qui repose sous l'Arc de triomphe n'était pas juif[1]. »

Toujours selon les archives du Vatican, quand les Juifs commencent à être raflés en France, en 1942, le nonce juge la lettre de protestation envoyée par le cardinal-archevêque Suhard « assez platonique ». À partir de cette phase aiguë de la persécution, les interventions de Mgr Valeri — qui suit les directives de Pie XII — sont nombreuses. Le Saint-Siège exerce notamment une action décisive en vue de sauver des enfants juifs de la déportation. Le 11 octobre 1942, le délégué apostolique dans l'État d'Orange, en Afrique du Sud, informe le Vatican que « cinquante-neuf députés réunis de la communauté juive avaient pris acte avec estime de la vigoureuse résistance opposée par le Saint-Siège à l'extradition des Juifs réfugiés en France ». Le père Blet en tire cette évidente conclusion : « Le nonce en France menait une action sur laquelle il a préféré observer la plus grande discrétion[2]. »

1. Cité par Raymond Tournoux, *Pétain et la France*, Plon, 1980.
2. Pierre Blet, *op. cit.*

Quelle est la destination des déportés ? Selon Laval, la Pologne où les Allemands pensent créer « une espèce de maison mère »... Coupable incuriosité. Mais on retrouve ici l'interrogation abordée au chapitre précédent. Que sait-on, pendant la guerre, de la réalité de la déportation ? Et que sait Pie XII ?

Au printemps 1942, via les nonciatures de Suisse et de Slovaquie, les premières informations parviennent au Vatican, faisant état de massacres systématiques des Juifs d'Europe de l'Est. Cependant, ce ne sont que des rumeurs sans preuves, si énormes qu'elles sont difficilement crédibles. En août 1942, Mgr Cheptytskyi, métropolite grec-catholique d'Ukraine, livre à son tour des renseignements sur les violences commises contre les Juifs. À l'été 1941, comme nombre de ses compatriotes, il avait perçu l'arrivée de la Wehrmacht comme une délivrance du communisme. « Saluons l'armée allemande victorieuse qui nous a libérés de l'ennemi », écrivait-il à Pie XII le 1er juillet 1941. Un an plus tard, le prélat a déchanté. Le 29 août 1942, il s'adresse au pape : « Aujourd'hui, tout le pays est d'accord pour penser que le régime allemand est mauvais à un degré peut-être plus élevé que le régime bolchevique. Il est presque diabolique [1]. »

À la même époque, via la Suisse, Roosevelt a également reçu des informations. Par le canal de son ambassadeur au Vatican, le président américain les communique au pape. Néanmoins, restant parcellaires, ces éléments

1. « La Galicie, terre de Shoah », *Histoire du christianisme, Magazine*, juillet 2002.

ne trahissent pas l'existence d'un génocide organisé. En juillet 1943, un capucin français, le père Marie Benoît, arrive à Rome, porteur d'un mémoire sur le camp d'Auschwitz, rédigé à partir d'indices recueillis dans les milieux juifs. Le centre de déportation y est présenté comme un camp de travail : « Le moral parmi les déportés est généralement bon, ils ont confiance dans l'avenir. » Le 27 octobre 1943, après la rafle des Juifs de Rome, l'adjoint du grand rabbin écrit à Pie XII en le priant d'intervenir afin que des vêtements chauds soient envoyés aux déportés ! Si le nonce en Slovaquie, Mgr Burzio, recueille, en mai 1944, le témoignage de deux détenus qui se sont échappés d'Auschwitz, ce n'est qu'en octobre 1944 que son rapport parvient à Rome. C'est donc très tard, comme les Alliés, que le pape découvrira l'abominable vérité du système concentrationnaire nazi.

Cependant, informé progressivement et informé partiellement, Pie XII, contrairement au portrait brossé de lui dans *Amen*, ne reste pas inerte. Mais il réagit en fonction de deux paramètres. En premier lieu, on l'oublie trop, quelles que soient ses préférences personnelles, il incarne une autorité spirituelle dont la vocation n'est pas de départager les belligérants : même au plus fort du conflit, pasteur universel, il est aussi le pape des catholiques allemands ou des pays alliés au Reich. En second lieu, Pie XII a effectué toute sa carrière ecclésiastique dans la diplomatie vaticane. Diplomate de formation, diplomate de tempérament, il privilégie les voies de l'action discrète, voire secrète.

La discrétion, toutefois, n'oblige pas toujours au silence. En dépit de la légende noire fabriquée par certains, le pape a parlé. Lors de son message de Noël 1942, Pie XII dénonce toutes les cruautés du conflit en cours, évoquant « les centaines de milliers de personnes qui, sans aucune faute propre, parfois uniquement en raison de leur nationalité ou de leur race, sont destinées à la mort ou au dépérissement ». Le terme « race » est bien là, et il veut dire ce qu'il veut dire. Si le pape n'a pas employé le mot « juif », c'est exprès, s'étant concerté avec Myron Taylor, le représentant de Roosevelt. Mais les services secrets du Reich ne sont pas dupes. Dans un rapport adressé à Hitler, Heydrich, le chef de la Gestapo, estime que la déclaration papale est « dirigée contre le nouvel ordre européen représenté par le national-socialisme. Pie XII accuse virtuellement le peuple allemand d'injustice envers les Juifs. Il s'est fait l'allié et l'ami des Juifs. Il défend donc notre pire ennemi politique, les gens qui veulent détruire le peuple allemand ». Ribbentrop, le ministre des Affaires étrangères du Reich, ordonne d'ailleurs à son ambassadeur au Vatican de protester contre cette rupture de « la traditionnelle attitude de neutralité », lui demandant de faire savoir que l'Allemagne ne manque pas « de moyens physiques de représailles ».

Dans le film de Costa-Gavras, non seulement le message de Noël 1942 est tronqué (le passage cité plus haut n'y figure pas, alors qu'il est essentiel), mais l'affaire est présentée comme si tous les catholiques d'Europe avaient été à l'écoute de la radio, le 24 décembre au soir, suggérant notamment qu'un coup d'éclat aurait réveillé les consciences allemandes. C'est un pur anachronisme.

Pendant la guerre, Radio-Vatican est un émetteur de faible puissance, facile à brouiller. Il dépend du courant électrique que lui livre l'État italien, qui le lui a d'ailleurs coupé pour des incidents mineurs. Dans le Reich, il est interdit de l'écouter, comme toutes les radios étrangères, sous peine de sanctions allant jusqu'à la peine capitale. Le message de Noël, au demeurant, a été lu en italien, et ce ne sont pas les quotidiens du lendemain qui l'auraient traduit.

Ceux qui dénoncent les silences de Pie XII raisonnent comme si l'Europe de 1942 avait vécu avec un système d'information libre et ouvert comme aujourd'hui, où l'on peut entendre le pape au journal télévisé de 20 heures. Ce n'était vraiment pas le cas. Dans un continent quadrillé dans sa quasi-totalité par les troupes allemandes, la censure sévissait à tous les niveaux — journaux, radio, courrier —, les moyens de communication, du fait des restrictions et de l'état de guerre, demeurant qui plus est réduits. « Le champ d'action du pape était limité, concède John Cornwell. On interceptait les télégrammes et messages adressés aux nonces du monde entier. On pouvait empêcher son journal [*L'Osservatore Romano*] de sortir du Vatican, brouiller sa radio, détruire ou falsifier une encyclique destinée à l'Allemagne [1]. »

« Représailles. » La menace brandie par Ribbentrop fournit la clé du comportement de Pie XII. Le pape a en tête l'exemple de la Hollande. Aux Pays-Bas, occupés depuis mai 1940 par la Wehrmacht, la déportation systé-

1. John Cornwell, *op. cit.*

matique des Juifs a débuté, comme dans toute l'Europe de l'Ouest, au printemps 1942. Le 26 juillet 1942, avec le synode de l'Église réformée, l'épiscopat catholique a publié une véhémente protestation, texte lu dans toutes les églises et les temples du pays. Dès le 2 août, les Allemands ont répliqué en raflant dans les couvents tous les religieux et religieuses d'origine juive (c'est ainsi que la carmélite Édith Stein, canonisée par Jean-Paul II, sera déportée à Auschwitz). Puis ils ont accéléré le rythme des déportations.

« Il n'est pas dans mon pouvoir de freiner les actes criminels insensés des nazis », écrit Pie XII dans son journal intime. Sa correspondance avec les évêques allemands, dont certains sont des amis personnels, montre ses déchirements intérieurs. Que faire ? Ne pas parler, mais paraître indifférent ? Parler, mais en prenant le risque d'aggraver le sort des victimes ? « Nous laissons aux pasteurs en fonction sur place, écrit Pie XII à Mgr von Preysing, le 30 avril 1943, le soin d'apprécier si, et en quelle mesure, le danger de représailles et de pressions, ainsi que peut-être d'autres circonstances dues à la longueur et à la psychologie de la guerre, conseillent la réserve — malgré les raisons qu'il y aurait d'intervenir — afin d'éviter des maux plus grands. C'est l'un des motifs pour lesquels nous-même nous nous imposons des limites dans nos déclarations. » Devant le consistoire, le 2 juin 1943, le pape dénonce les « contraintes exterminatrices » qui planent sur l'Europe, mais précise : « Toute parole de notre part, adressée à ce propos aux autorités compétentes, toute allusion publique doivent être considérées et pesées avec un sérieux profond, dans l'intérêt de ceux mêmes qui souffrent, de façon à ne rendre leur position encore plus difficile et plus intolérable qu'auparavant, même par inadvertance et sans le vouloir. »

Recevant don Piero Scavezzi, un aumônier militaire italien, Pie XII lui livre cet aveu : « Après bien des alarmes et des prières, j'ai jugé qu'une protestation de ma part, non seulement n'aurait bénéficié à personne, mais aurait provoqué les réactions les plus féroces contre les Juifs et multiplié les actes de cruauté. Peut-être une protestation solennelle m'aurait apporté les louanges du monde civilisé, mais elle aurait valu aux malheureux Juifs une persécution encore plus implacable que celle dont ils souffrent. J'aime les Hébreux, c'est justement parmi eux, le Peuple élu, qu'est venu naître le Rédempteur [1]. »

Durant le conflit, les trois quarts du clergé polonais ont été soit internés, soit mis à mort. En 1939, au nom de la même prudence appliquée ensuite aux Juifs, Pie XII n'a pas plus élevé la voix à leur sujet. « Si le pape, souligne Marc-Antoine Charguéraud, s'est dans une large mesure abstenu d'intervenir pour les Juifs polonais, ce n'est pas par antisémitisme : il n'a fait que suivre la politique qu'il s'était fixée pour ses propres fidèles. Son silence envers les catholiques polonais martyrisés explique son silence à l'égard des Juifs polonais exterminés [2]. » Après la guerre, l'Américain Robert Kempner, chef du parquet au tribunal de Nuremberg, affirmera que « tout essai de propagande de l'Église catholique contre

1. Cité par Robert Serrou, *Pie XII*, Perrin, 1992.

2. Marc-Antoine Charguéraud, *Les Papes, Hitler et la Shoah*, Labor et Fides, 2002.

le Reich de Hitler n'aurait pas été seulement un suicide provoqué, mais aurait hâté l'exécution d'encore plus de Juifs et de prêtres[1] ».

Pie XII a peu parlé. Mais il a beaucoup agi. Dans les pays occupés par les Allemands, il a donné instruction aux nonces de tout entreprendre pour sauver les Juifs, mais silencieusement. Cela ressort nettement des *Actes et Documents du Saint-Siège* : en 1943 et en 1944, l'action de la diplomatie vaticane a contribué à protéger des centaines de milliers de Juifs en Slovaquie, en Croatie, en Roumanie et en Hongrie. Le 16 octobre 1943, lors de la rafle des Juifs de Rome, c'est la menace d'une protestation pontificale qui a fait reculer les Allemands ; 4 000 Juifs ont été épargnés, et se sont réfugiés au Vatican ou dans des couvents romains. En France, le pape a multiplié les démarches, en mai 1944, afin de préserver des Juifs regroupés à Vittel et d'éviter leur transfert à Drancy, antichambre de la déportation.

La campagne contre Pie XII : une querelle posthume

En juin 1944, au lendemain de la libération de Rome, l'aumônier juif de la cinquième armée américaine témoigne que « sans l'assistance apportée aux Juifs par le Vatican et les autorités ecclésiastiques de Rome, des centaines de réfugiés et des milliers de réfugiés juifs

1. Cité par Alexis Curvers, *Pie XII, le pape outragé*, Robert Laffont, 1964.

auraient péri ». Après la guerre, le Congrès juif mondial, « au nom de toute la communauté juive, exprime une fois de plus sa profonde gratitude pour la main protectrice tendue par Sa Sainteté aux Juifs persécutés pendant ces temps terriblement éprouvants » ; et l'organisation offre au Vatican une somme de 20 000 dollars « en reconnaissance de l'œuvre du Saint-Siège sauvant les Juifs de la persécution fasciste et nazie ». Le grand rabbin de Rome, Israël Zolli, et sa femme se convertissent au catholicisme, au terme d'un cheminement théologique entamé dès les années 1930 ; ils choisissent pour prénoms de baptême Eugenio et Eugenia, en hommage à l'action de Pie XII en faveur de leurs coreligionnaires. En 1946, Pie XII reçoit soixante-dix-huit Juifs rescapés de la déportation, venus le remercier. Moshes Sharett, futur Premier ministre d'Israël, rencontre le pape. « Je lui dis, racontera-t-il, que mon premier devoir était de le remercier et, en lui, l'Église catholique, au nom de la communauté juive, pour tout ce qu'elle avait fait en différentes contrées pour secourir les Juifs. » Le sénateur Levi, en témoignage de gratitude pour l'action de Pie XII en faveur des Juifs, fait don au Vatican d'un palais qui abrite aujourd'hui la nonciature apostolique à Rome. En 1955, l'Union des communautés juives d'Italie proclame le 17 avril jour de gratitude pour l'assistance du pape pendant la guerre. Le 26 mai de cette même année, quatre-vingt-quatorze musiciens juifs, originaires de quatorze pays, exécutent la *Neuvième Symphonie* de Beethoven, à Rome, sous la direction de Paul Kletzki, « en reconnaissance de l'œuvre humanitaire grandiose accomplie par Sa Sainteté pour sauver un grand nombre de Juifs pendant la Seconde Guerre mondiale ».

À la mort de Pie XII, le 9 octobre 1958, la mémoire du pape est unanimement saluée. Devant l'ONU, Golda Meir, alors ministre des Affaires étrangères d'Israël, fait cette déclaration : « Pendant les dix années de la terreur nazie, quand notre peuple a souffert un martyre effroyable, la voix du pape s'est élevée pour condamner les bourreaux et pour exprimer sa compassion envers les victimes. » Le rabbin Elio Toaff (qui accueillera Jean-Paul II à la synagogue de Rome en 1986) proclame que « les Juifs se souviendront toujours de ce que l'Église a fait pour eux, sur l'ordre du pape, au moment des persécutions raciales ».

En 1963, *Le Vicaire*, la pièce de Hochhuth, lance la campagne contre Pie XII. Mais un député britannique, Maurice Edelman, président de l'Association anglo-juive, rappelle que « l'intervention du pape Pie XII a permis de sauver des dizaines de milliers de Juifs pendant la guerre ». Établi à Jérusalem, l'écrivain juif Pinchas Lapide, consul d'Israël à Milan du vivant de Pie XII, est interrogé par le correspondant du *Monde*. « Au lendemain de la libération de Rome, se souvient-il, j'ai appartenu à une délégation de soldats de la brigade juive de Palestine qui a été reçue par le pape et qui lui a transmis la gratitude de l'Agence juive, qui était l'organisme dirigeant du mouvement sioniste mondial, pour ce qu'il avait fait en faveur des Juifs. (...) Le pape personnellement, le Saint-Siège, les nonces et toute l'Église catholique ont sauvé de 150 000 à 400 000 Juifs d'une mort certaine. Lorsque j'ai été reçu à Venise par Mgr Roncalli, qui allait devenir Jean XXIII, et que je lui exprimai la reconnaissance de mon pays pour son action en faveur des Juifs, il m'interrompit à plusieurs reprises pour me rappeler qu'il avait chaque fois agi sur ordre précis de Pie XII [1]. »

Quelques années plus tard, Lapide rédige un livre — traduit en plusieurs langues — sur les rapports entre le judaïsme et l'Église. Après une longue enquête, il révise ses chiffres à la hausse : « L'Église catholique, sous le pontificat de Pie XII, fut l'instrument qui sauva au moins 700 000 mais probablement jusqu'à 860 000 Juifs d'une mort certaine de la part des nazis [2]. »

En février 2001, dans un magazine américain, un rabbin new-yorkais, David Dalin, publie un long article où il revient sur la multitude des témoignages juifs en faveur du pape, pendant et après la guerre. « Toute la génération des survivants de l'Holocauste, constate-t-il, témoigne que Pie XII a été authentiquement et profondément un Juste. » Dalin demande que Pie XII soit reconnu par Israël comme « Juste des nations », car « le pape Pacelli a été le plus grand soutien des Juifs [3] ».

L'ensemble de ces témoignages rend étranges les allégations selon lesquelles les archives du Vatican recèleraient des secrets honteux. En 1999, une commission internationale de trois historiens catholiques et de trois historiens juifs s'est réunie à Rome. Fin 2000, elle a

1. *Le Monde*, 13 décembre 1963.

2. Pinchas Lapide, *Rome et les Juifs*, Seuil, 1967.

3. David G. Dalin, « Pius XII and the Jews », *The Weekly Standard Magazine*, février 2001.

remis son rapport au cardinal Cassidy, président du Conseil pontifical pour le dialogue avec le judaïsme. La commission a posé quarante-sept questions, à son avis non résolues, les parties juives demandant un réexamen des archives du Vatican, travail pourtant effectué de manière approfondie par les jésuites qui ont édité les *Actes et Documents du Saint-Siège relatifs à la Seconde Guerre mondiale*. Un refus leur a été opposé, non par principe mais pour des raisons purement techniques : les archives du Saint-Siège, en effet, ne sont pas centralisées, chaque dicastère gérant son propre fonds. Afin de désamorcer la polémique qui s'est ensuivie (et qui engage d'autres enjeux, cette revendication ayant été intégrée par le gouvernement israélien dans son contentieux avec le Saint-Siège), Jean-Paul II a décidé d'accélérer les échéances : en février 2003, 640 dossiers concernant les relations entre le Vatican et l'Allemagne sous Pie XI ont été rendus disponibles, et il en ira bientôt de même pour le pontificat de Pie XII. Mais selon le père Blet, il n'y a rien à découvrir dans les archives du Vatican qui contredise ce qu'on sait déjà.

Pendant la guerre, ni Roosevelt, ni Churchill, ni le général de Gaulle n'ont publiquement accusé l'Allemagne nazie d'exterminer les Juifs. Dans la mesure de ce qu'il savait, Pie XII a parlé. Dans la mesure de ce qu'il pouvait, il a pris des initiatives. Il l'a fait selon les contraintes de l'époque, et selon sa nature. « Il a agi en diplomate, non en croisé, au risque évident de décevoir et d'être plus tard accusé », remarque très justement Robert Serrou [1].

1. Robert Serrou, *op. cit.*

Pourquoi, soixante ans après, s'en prendre à lui ? L'explication est peut-être à chercher ailleurs. Le livre de John Cornwell, *Le Pape de Hitler*, s'achève sur un violent réquisitoire contre Jean-Paul II, « pape autoritaire ». Jean-Claude Grumberg, coscénariste d'*Amen*, affirme que « c'est un film qui dit qu'hier c'est aujourd'hui, et qu'aucune autorité n'a autorité sur notre conscience [1] ». Ce qui est visé, à travers le pape, c'est donc la notion d'autorité transmise par le catholicisme. La querelle, alors, est philosophique : elle n'est pas historique. Et si Pie XII n'était qu'un prétexte ?

1. *Lire*, février 2002.

17

La décolonisation

« Quand l'ONU inscrira-t-elle l'antioccidentalisme au rang des crimes contre l'Humanité ? »

Pascal BRUCKNER.

Janvier 2003. À l'étal des libraires, au rayon des nouveautés, un pavé de 800 pages au titre choc : *le Livre noir du colonialisme*. Le volume paraît sous une couverture identique au *Livre noir du communisme*, publié en 1997 chez le même éditeur. Le rapprochement n'est pas fortuit. Maître d'œuvre de l'ouvrage, Marc Ferro le justifie ainsi : « Que *Le Livre noir du colonialisme* forme couple avec *Le Livre noir du communisme* relève d'une évidente nécessité. Ceux qui travaillent sur les régimes totalitaires n'ont lu Hannah Arendt que d'un seul œil. Ils ont ainsi omis de s'apercevoir qu'au nazisme et au communisme, elle avait associé l'impérialisme colonial [1]. »

La référence savante à Hannah Arendt ne masque pas ce que l'analogie a de trompeur. Le communisme, à son

1. *Le Livre noir du colonialisme*, sous la direction de Marc Ferro, Robert Laffont, 2003.

apogée, est répandu sur toute la planète, mais le marxisme-léninisme et la filiation revendiquée avec la révolution bolchevique confèrent leur unité à tous les régimes communistes. Le nazisme est un phénomène concentré dans le temps (les années 1930 et 1940), ancré dans un lieu (l'Allemagne), et qui doit son unité et sa doctrine à la personne de son fondateur, Adolf Hitler. Le communisme et le nazisme, systèmes totalitaires, sont intrinsèquement criminels parce que leurs projets respectifs — l'un au nom de la lutte des classes, l'autre au nom de la lutte des races — postulent l'élimination de groupes humains entiers : représentants de l'ordre capitaliste d'un côté (propriétaires, bourgeois et officiers), indésirables ethniques de l'autre (Juifs, Tsiganes et Slaves). La colonisation ne forme pas une idéologie, mais un mode de domination économique, politique et culturelle : si le communisme et le nazisme détruisent la société où ils prennent le pouvoir, la colonisation provoque la sujétion du colonisé, non sa destruction. Au demeurant, de quelle colonisation parle-t-on ? *Le Livre noir du colonialisme* amalgame des phénomènes qui s'étalent du XVe au XXe siècle, et qui se sont produits en Amérique, en Afrique, en Asie et en Australie, dans des contextes différents, au sein d'univers hétérogènes. Sur le plan méthodologique, un tel dessein suscite des interrogations.

Mais le contenu de l'ouvrage pose encore plus de questions. De la disparition des Indiens d'Amérique à la traite des Noirs, de la colonisation européenne en Asie à la conquête de l'Afrique par les Blancs, de l'implantation russe au Caucase à la guerre d'Algérie, ce sont toujours des nations occidentales ou de culture chrétienne qui se trouvent clouées au pilori. Dans l'histoire du monde, n'y a-t-il que les Occidentaux qui ont colonisé ? L'invasion de l'Espagne par les musulmans n'était-elle pas l'expression d'une volonté de puissance ? *Le Livre noir du colonialisme* n'en souffle mot. Sur vingt-sept sujets traités, l'un concerne quand même la colonisation arabe à Zanzibar, et un autre la colonisation japonaise. Mais c'est pour y apprendre quoi ? Que les esclavagistes musulmans de Zanzibar achetaient des armes aux Européens. Conclusion : « L'Occident aurait tort de s'indigner vertueusement du régime esclavagiste zanzibarite : il en fut indirectement mais sûrement sinon l'instigateur, du moins le promoteur. » Quant à la colonisation japonaise, elle résultait d'un réflexe d'autodéfense : « Le colonialisme japonais apportait une réponse à la menace occidentale en Asie. » Voilà une loi historique simple : dans tous les cas, les Occidentaux sont coupables.

Marxisme, tiers-mondisme, haine du capitalisme et de la civilisation occidentale. Tel est l'état d'esprit d'un ouvrage qui se veut scientifique, mais qui reflète plutôt les préjugés d'une génération de chercheurs formés dans les universités d'après Mai 68. Historien de gauche, Marc Ferro a été professeur à Oran de 1948 à 1956. Pendant la guerre d'Algérie, il a fait partie des réseaux de soutien au FLN. Néanmoins, c'est bien lui qui, un jour, a dressé ce constat : « À l'époque coloniale, les instituteurs, les professeurs, les médecins ont accompli une œuvre dont ils n'ont pas à rougir. Ils entretenaient de bonnes relations avec la population [1]. » Mais cela — ne serait-ce que

1. « Le temps des colonies », *Les Collections de L'Histoire*, avril 2001.

cela — ne devrait-il pas être mis à l'actif de la colonisation ?

La colonisation, une idée républicaine

Quel est l'ardent colonialiste qui a tenu ce discours ? « Il faut dire ouvertement que les races supérieures ont un droit vis-à-vis des races inférieures. Je répète qu'il y a pour les races supérieures un droit, parce qu'il y a un devoir pour elles. Elles ont le devoir de civiliser les races inférieures. » C'est Jules Ferry, devant la Chambre des députés, le 28 juillet 1885. Et cet autre ? « Nous admettons le droit et même le devoir des races supérieures d'attirer à elles celles qui ne sont pas parvenues au même degré de culture, et de les appeler aux progrès réalisés grâce aux efforts de la science et de l'industrie. » C'est Léon Blum, également à la Chambre, le 9 juillet 1925.

Encore une amnésie. La gauche française, aujourd'hui, a totalement oublié cette page de sa propre histoire. Au XIXe siècle, si les missionnaires catholiques participent largement à l'aventure coloniale, et y jouent, comme nous l'avons vu, un rôle décisif dans la lutte contre l'esclavage, la grande expansion outre-mer constitue une entreprise laïque et républicaine. Au nom des Lumières et de la mission civilisatrice du pays des droits de l'homme, plusieurs générations de Français croiront profondément à la légitimité de la colonisation. « Dieu offre l'Afrique à l'Europe, déclare Victor Hugo, le 18 mai 1879, lors d'un banquet commémoratif de l'abolition de l'esclavage. Prenez-la non pour le canon, mais pour la charrue ; non pour le sabre, mais pour le commerce ; non pour la bataille, mais pour l'industrie ; non pour la conquête, mais pour la fraternité. Versez votre trop-plein dans cette Afrique, et du même coup résolvez vos questions sociales, changez vos prolétaires en propriétaires. Allez, faites ! faites des routes, faites des ports, faites des villes ; croissez, cultivez, colonisez, multipliez. »

Dans les années 1880, quand Jules Ferry lance des expéditions en Tunisie et au Tonkin, si le radical Clemenceau dénonce l'affairisme colonial et parfois le coût excessif de la colonisation, même le socialiste Jaurès approuve le projet. La droite, obnubilée par la revanche sur l'Allemagne, est la plus réservée. Ce sont donc les socialistes et les républicains modérés qui sont persuadés du bon droit de la France d'aller civiliser les « races inférieures » — le mot race, à l'époque, désignant un peuple dans la continuité de ses générations.

À la chute de Ferry, en 1885, le patrimoine colonial français est représenté par les Antilles, l'Algérie, la Tunisie, le Sénégal, Madagascar, l'Indochine et la Nouvelle-Calédonie. Suivront, jusqu'à la Première Guerre mondiale, le Gabon, la Guinée, le Congo, l'Oubangui-Chari (la Centrafrique), le Dahomey, la Côte d'Ivoire, la Somalie, le Tchad, le Soudan, la Mauritanie et le Maroc (devenu un protectorat en 1912). Après 1918, la France héritera encore de la Haute-Volta, du Niger, du Cameroun et du Togo. Au sein de cet ensemble, quatre pôles se distinguent : l'Afrique du Nord (les trois pays du Maghreb étant dotés de statuts différents), l'Afrique occidentale française (capitale Dakar) et l'Afrique équatoriale française (capitale Brazzaville), dont l'organisation est presque identique, et la lointaine Indochine.

En 1889 est fondée une École coloniale, en 1894 un ministère des Colonies. Le mot ne fait pas peur : c'est seulement dans les années 1930 que sera relevé le terme d'empire. Avec bonne conscience, la IIIe République radicale rayonne aux quatre coins du globe. Spahis et médecins coloniaux font la une des suppléments illustrés de la presse populaire. Dans leurs atlas, les écoliers admirent l'étendue des taches roses qui figurent la souveraineté française. Leurs instituteurs leur racontent la geste des grands explorateurs, Savorgnan de Brazza ou Gallieni. L'Exposition coloniale de 1931 rencontre un succès considérable : huit millions de visiteurs se pressent pour découvrir les Antilles, l'Afrique du Nord, l'Afrique noire, Madagascar, les îles de l'océan Indien, les territoires du Pacifique et l'Indochine, qui se sont donné rendez-vous au bois de Vincennes. Le maréchal Lyautey, commissaire général de l'exposition, est fêté comme un héros. Longtemps résident général au Maroc, ce militaire symbolise la personnalité coloniale respectueuse de l'indigène et de ses coutumes. En 1938, l'empire est peuplé de 60 millions d'habitants, dont 1 300 000 Français. Avec la métropole, l'ensemble représente 100 millions d'habitants.

Vient la Seconde Guerre mondiale. Les bouleversements qu'elle entraîne anéantissent la suprématie des vieilles nations européennes. Devenus puissance mondiale, les États-Unis sont hostiles à la colonisation, au nom de leur propre histoire et de leur morale du droit des peuples. La Charte des Nations unies — adoptée à la conférence de San Francisco, en 1945 — incite les puissances coloniales à donner leur indépendance aux pays qui l'exigent.

Mais en France, l'Afrique du Nord et l'Afrique noire ont été associées, à travers leurs soldats, à la reconquête du territoire. Et l'implantation outre-mer fait encore l'objet d'un consensus. « Les colonies, écrit *L'Humanité* en 1945, sont absolument incapables d'exister économiquement, et par conséquent politiquement, comme nations indépendantes. » « Il n'est pas question pour la France, renchérit *Le Monde* en 1946, de renoncer à son influence culturelle, morale, scientifique, économique, d'abandonner ce qui est son œuvre, de renier sa mission civilisatrice. »

En janvier 1944, la conférence de Brazzaville a posé les fondements de l'Union française. Dans le cadre de la Constitution de 1946, l'Assemblée lui confère son existence juridique : « La France forme avec les peuples d'outre-mer une union fondée sur l'égalité des droits et des devoirs, sans distinction de race ni de religion. » Les vieilles colonies (Antilles, Guyane, Réunion) sont transformées en départements d'outre-mer. Les autres deviennent des territoires d'outre-mer. Les pays sous mandat (Togo, Cameroun) et les anciens protectorats (Vietnam, Laos, Cambodge, Tunisie, Maroc) constituent des États associés.

En 1947, un protège-cahier comme l'école publique en distribuait à l'époque reproduit l'immuable atlas aux taches roses : « L'Union française couvre une superficie de 12 millions et demi de kilomètres carrés avec une population de 100 millions d'habitants, ce qui la place ainsi parmi les premières puissances du monde. » Quelques années plus tard, les professeurs fustigeront cette idée comme un archaïsme intolérable.

Dès 1946, le sultan du Maroc manifeste sa volonté d'indépendance, et l'Indochine entre en guerre. Madagascar se révolte en 1947 : la répression menée par le chef du gouvernement, le socialiste Paul Ramadier, fait au moins 90 000 morts. Si le Parti communiste français, obéissant aux consignes soviétiques, milite désormais pour l'émancipation des peuples d'outre-mer, la SFIO restera favorable à l'idée coloniale jusqu'à la fin de la IVe République, croyant toujours possible, comme la droite, de faire vivre ensemble des communautés différentes, et jugeant préférable que les territoires d'outre-mer soient dominés par la France plutôt que par les Soviétiques ou les Américains. Par anticommunisme, l'extrême droite enfourche le cheval de bataille de la défense des possessions d'outre-mer.

Marxistes ou chrétiens, les intellectuels de gauche s'engagent à fond pour la décolonisation ; exception à droite, une figure libérale comme Raymond Aron défend la même position [1]. À l'extérieur, l'ONU, les États-Unis et l'URSS, chacun à leur manière, poussent la France à abandonner ses territoires d'outre-mer. Un mouvement de fond emporte les empires coloniaux : à l'échelle de l'histoire longue, c'est une phase ouverte au XIXe siècle qui se clôt. La France n'y résiste pas. Le Cambodge, le

1. Sur les intellectuels, la décolonisation et le tiers-monde, je renvoie à mon essai : *Le Terrorisme intellectuel de 1945 à nos jours*, Perrin, 2000.

Laos et le Vietnam deviennent indépendants en 1954 (au terme de la guerre d'Indochine), la Tunisie et le Maroc en 1956. Dès lors, l'Union française ne regroupe plus que l'Afrique noire et Madagascar. En 1958, la nouvelle Constitution leur permet d'accéder à l'indépendance au sein de la Communauté française. En 1960, la Communauté est *de facto* caduque, tous les États la constituant étant indépendants.

Le pillage des colonies par la France : un mythe

Le 15 septembre 1960, à Brazzaville, lors de la fête de l'accession du Congo à l'indépendance, un parachutiste français entreprend d'abaisser le drapeau tricolore. Manifestant à haute voix son désaccord, le président Youlou exige que le drapeau congolais soit monté avec celui de la France : « Il n'est pas question, dit-il, de séparer l'enfant de sa mère[1]. »

Aux États africains et à Madagascar, la France lègue un personnel administratif qu'elle a formé, et des infrastructures considérables : 2 000 dispensaires, 600 maternités et 40 hôpitaux ; 18 000 kilomètres de voies ferrées, 215 000 de pistes principales, 50 000 kilomètres de routes bitumées, 63 ports, 196 aérodromes ; 16 000 écoles primaires et 350 collèges ou lycées.

Sous de Gaulle, Pompidou, Giscard d'Estaing, Mitterrand et Chirac, les affaires africaines relèvent du domaine

1. Cité par Jean de la Guérivière, *Les Fous d'Afrique. Histoire d'une passion française*, Seuil, 2001.

réservé du chef de l'État. D'importants accords de coopération lient l'ancienne métropole et les États francophones. L'armée française caserne toujours sur le continent noir. « La France, estimait Jean-Paul Gourévitch en 1997, dépense actuellement pour l'Afrique une somme annuelle de 700 francs par habitant[1]. » Néocolonialisme ?

Aujourd'hui, 150 millions d'Africains vivent de l'aide internationale. Quarante ans après l'indépendance, l'Afrique est confrontée à de redoutables défis : insécurité chronique, guerres intestines (Congo, Tchad, Rwanda, Mauritanie, Côte d'Ivoire), difficultés économiques, crise alimentaire, dépeuplement de la brousse, gigantisme des villes, ravages du sida. Est-ce que l'Afrique souffre d'avoir été colonisée ? Est-elle victime d'une décolonisation incomplète ? Est-elle au contraire pénalisée par son émancipation prématurée ? Ce débat divise les experts d'un continent dont la complexité (historique, géographique, ethnique et culturelle) rend illusoire toute comparaison avec une autre aire de la planète.

« À la veille d'être colonisée, assure Bernard Lugan, l'Afrique était déjà en danger de mort ; la colonisation l'a provisoirement sauvée en prenant en charge son destin[2]. » Maître de conférences à Lyon-III, cet africaniste déclenche la polémique parce que, isolé dans sa spécialité, il est marqué à droite. Mais quand il affirme que « la

1. Jean-Paul Gourévitch, *L'Afrique, le Fric, la France*, Le Pré aux clercs, 1997.

2. Bernard Lugan, *Afrique, l'histoire à l'endroit*, Perrin, 1989.

colonisation fut une erreur économique et une ruine pour les nations coloniales », il se retrouve sur la même ligne qu'un universitaire aujourd'hui considéré comme une référence, Jacques Marseille, et venu, lui, de l'autre bord.

Professeur à la Sorbonne, Marseille était, dans les années 1970, un étudiant d'extrême gauche. Il avait salué la décolonisation et projetait son espérance révolutionnaire dans le tiers-monde. C'est dans cet état d'esprit qu'il avait entamé une thèse de doctorat d'État, aspirant à prouver que le capitalisme et le colonialisme avaient exploité les peuples de couleur. Au terme de dix années de travail, à sa grande surprise, il a été conduit aux conclusions inverses : l'empire colonial n'a pas enrichi la France, il l'a appauvrie [1].

Dans les colonies, Jules Ferry voyait une source de débouchés pour les entreprises françaises. Afin de faciliter leur implantation, entreprendre des travaux d'infrastructure lourde (ports, routes, voies ferrées) était cependant nécessaire. C'est l'État qui dut en assurer le coût. Dès avant 1914, il s'avérait que l'investissement colonial n'était pas rentable, à l'exception de secteurs marginaux, ce que les conservateurs reprochaient déjà aux républicains lors de la campagne électorale de 1885. Les capitalistes s'en détournèrent, laissant le budget français assumer les besoins des colonies. À partir des années 1930, l'empire entrave la croissance de la métropole plus qu'il ne la stimule. Jacques Marseille appuie sa démons-

1. Jacques Marseille, *Empire colonial et capitalisme français*, Albin Michel, 1984.

tration sur l'étude micro-économique des relations entre la France et l'outre-mer. Certains secteurs de production dépendent des colonies, d'autres non ; par exemple, l'industrie cotonnière exporte à 80 % dans l'empire, la chimie et la sidérurgie à peu près pas. Ce qui aboutit à faire exercer par les colonies un rôle artificiellement protectionniste pour les secteurs en voie de déclin, dont la chute est ralentie. Les matières premières, outre-mer, sont souvent négociées 20 à 25 % plus cher que sur le marché international ; quant aux denrées vendues par la métropole, elles sont plus onéreuses, pour l'empire, que leur équivalent sur d'autres marchés. Globalement, le système forme donc une économie fermée entre métropole et colonies, détournant la France de l'esprit de compétition.

Au lendemain de la Seconde Guerre, cette mécanique continue à tourner. Année après année, la France continue de procéder à des investissements gigantesques en Algérie et en Afrique noire. Or, économiquement, à la veille des indépendances, ces possessions ne comptent pas davantage qu'avant la Première Guerre : en 1958, Algérie comprise, l'Afrique ne totalise que 5 % des ventes de la production industrielle française. Dès lors, le patronat et les financiers considèrent le marché colonial comme inutile, car il obère l'économie française, lui faisant accumuler du retard par rapport à ses concurrents et partenaires européens. L'abandon de l'empire, vers 1960, correspond d'ailleurs à la construction de l'Europe et à l'essor de la consommation en France. L'investissement public, libéré de la charge africaine, se tourne vers les grands travaux d'équipement (autoroutes, nucléaire, etc.). Deux ans après les indépendances, la métropole a oublié l'empire. Dans les ex-colonies, c'est l'inverse : les difficultés commencent. « C'est l'histoire d'un divorce, commente Jacques Marseille. Le divorcé joyeux, c'est la métropole ; le divorcé malheureux, ce sont les colonies. »

Cette rigoureuse démonstration ruine l'argument selon lequel la France a pillé ses colonies. Ce n'est pas par intérêt financier que l'empire a été si longtemps maintenu à bout de bras : c'est pour des motifs plus élevés, d'ordre humanitaire, parce que l'Afrique a été, selon Jean de la Guérivière, « une passion française [1] ».

Est-ce à dire que la colonisation a été sans tache ? À des degrés divers selon les pays et les périodes, l'entreprise a pu s'accompagner d'injustices sociales et de réflexes racistes. Néanmoins, il est impossible de généraliser. Pour certains fonctionnaires corrompus, combien d'administrateurs exemplaires ? Pour certains colons indignes, combien d'entrepreneurs modèles ? Pour certains techniciens médiocres, combien d'ingénieurs remarquables ? Il en est de même avec le personnel médical ou enseignant. Il faudrait évoquer aussi l'aventure des ordres missionnaires : sous l'habit religieux, représentant l'institution la moins raciste qui soit, des dizaines de milliers de Français, hommes ou femmes, auront tout donné à l'Afrique.

Qui peut nier que le sort des Africains de 1960 était plus enviable que celui de leurs ancêtres de 1860 ? En raisonnant *a contrario*, il suffit d'imaginer ce qu'aurait été

1. Jean de la Guérivière, *op. cit.*

le continent noir, au XXe siècle, si la colonisation n'avait pas eu lieu. L'Afrique possédait-elle en elle-même les forces nécessaires pour accéder au progrès politique, technique, sanitaire et scolaire ?

La roue a tourné. Depuis l'indépendance, aidés ou non, en conflit ou non avec leurs anciens colonisateurs, les Africains écrivent eux-mêmes leur propre histoire. Mais quelles qu'aient été les imperfections de la colonisation, les Européens d'aujourd'hui n'en sont pas collectivement coupables. En 1983, un intellectuel de gauche dénonçait la mauvaise conscience que ses anciens camarades de Mai 68 cherchaient à répandre : « *A priori*, déplorait Pascal Bruckner, pèse sur tout Occidental une présomption de crime. Nous autres Européens avons été élevés dans la haine de nous-mêmes, dans la certitude qu'au sein de notre culture un mal essentiel exigeait pénitence. Ce mal tient en deux mots : colonialisme et impérialisme [1]. »

Vingt ans plus tard, le constat de Bruckner reste valable. En janvier 2003, on a définitivement fermé, à Paris, l'ancien musée des Colonies, construit à la lisière du bois de Vincennes pour l'Exposition coloniale de 1931 et rebaptisé depuis musée des Arts d'Afrique et d'Océanie. Non parce qu'il n'était pas rentable, mais parce qu'il était, selon son dernier directeur, « un musée trop marqué, reflétant une idéologie totalement dépassée [2] ». Même dans un musée, on ne peut plus faire mémoire de l'œuvre coloniale française. Mais quand en finira-t-on avec « le sanglot de l'homme blanc » ?

1. Pascal Bruckner, *Le Sanglot de l'homme blanc*, Seuil, 1983.
2. *Le Point*, 31 janvier 2003.

18

La guerre d'Algérie

« La tragédie n'est pas une solution. »

Albert CAMUS.

14 juin 2000. En visite d'État à Paris, le président algérien, Abdelaziz Bouteflika, est l'invité de l'Assemblée nationale. Prenant la parole depuis la tribune de l'hémicycle, il prononce un discours d'une heure au cours duquel il semonce la France, l'invitant à reconnaître « la lourde dette morale des anciennes métropoles envers leurs administrés de jadis ». Cinq semaines plus tard commence une campagne d'opinion qui, un an durant, mettra en accusation l'action menée par l'armée française pendant la guerre d'Algérie. « La France face à ses crimes en Algérie », titrera *Le Monde* du 20 mai 2001.

Une « dette morale » ? Les « crimes de la France » ? La France est-elle fautive d'avoir été présente en Algérie pendant cent trente ans ? Les Français d'aujourd'hui sont-ils collectivement coupables pour la façon dont ce pays, en 1962, a accédé à l'indépendance ?

Le 5 octobre 1999, le Parlement français a reconnu

officiellement l'existence d'un « état de guerre » en Algérie de 1954 à 1962. Sage mesure, qui a pris en compte la réalité : le conflit algérien, tous camps confondus, a provoqué 300 000 morts. Cependant, au fur et à mesure que le drame s'éloigne dans le temps, ses tenants et ses aboutissants se brouillent dans la mémoire nationale. La vérité est d'autant plus difficile à regarder en face que la gauche française comme la droite française, en l'occurrence, ont quelque chose à cacher.

En mars 2002, selon un sondage CSA, sept Français sur dix jugeaient que les gouvernements de l'époque n'auraient pas dû mener la guerre d'Algérie, « parce que l'indépendance était inéluctable ». Inéluctable, l'indépendance ? Probablement. Il reste à savoir si était également inéluctable le tour tragique qu'elle a pris. Et encore faut-il, avant de décréter que cette guerre n'aurait pas dû être faite, considérer les motivations, les buts et les méthodes de *tous* les belligérants — Français et Algériens. Sauf à sciemment vouloir mettre la France en procès.

L'Algérie, création française

« Nous sommes fils d'un monde nouveau, né de l'esprit et de l'effort français. » La formule est de Ferhat Abbas, qui fut pourtant l'un des premiers indépendantistes. S'il existe aujourd'hui une République d'Algérie, c'est parce que, au XIXe siècle, une entité a été créée, dotée de frontières et d'institutions, qui a pris pour nom l'Algérie. Or cette entité est l'œuvre de la France : l'Algérie préfrançaise n'a jamais existé ni comme État ni comme nation.

Jusqu'au XVIe siècle, le pays est morcelé en multiples principautés et communautés tribales. La régence d'Alger, fondée par des corsaires turcs en 1587, constitue pendant trois siècles un État autonome au sein de l'Empire ottoman. Sa souveraineté, cependant, ne s'exerce pas au-delà d'une mince bande côtière. Les rapports des puissances européennes avec la régence alternent phases d'hostilité ou périodes de paix, au rythme des attaques effectuées par les navires corsaires partis d'Alger. La ville, en effet, vit de la course, c'est-à-dire de la saisie de marchandises et d'hommes : en 1816, une escadre anglo-hollandaise délivre 3 000 captifs chrétiens destinés à être négociés comme esclaves.

En 1830, Charles X fait occuper Alger. En 1847, le général Bugeaud écrase la résistance d'Abd el-Kader. La conquête française se poursuivra jusqu'en 1870, avec l'occupation de la Kabylie et des confins sahariens. En 1849, la IIe République transforme l'Algérie en trois départements français. La IIIe République reprend la formule, qui se heurte à un problème fondamental : les différents statuts des habitants du pays. Jamais résolu, ce problème sera à l'origine du nationalisme algérien.

La France a fait de l'Algérie une colonie de peuplement. Aux colons venus de métropole s'ajoute bientôt une population d'origine espagnole, italienne ou maltaise. Acquérant la nationalité française, celle-ci s'assimile aux premiers arrivants. Les Juifs d'Algérie (implantés sur cette terre depuis plusieurs centaines d'années) sont citoyens français depuis le décret Crémieux de 1870.

Tous ceux-là — on les appelle les Européens, on les appellera un jour les pieds-noirs — constituent peu à peu une communauté originale, à la culture spécifique, ni tout à fait française ni tout à fait algérienne.

Quelle est la situation des musulmans ? En 1865, Napoléon III leur a donné la nationalité française. Ils restent néanmoins régis, en matière de statut personnel, par la loi coranique ou par les coutumes berbères. En droit, ils peuvent y renoncer pour acquérir la pleine citoyenneté française. Mais très peu procèdent à cette démarche, car leurs autorités religieuses considèrent que ce serait apostasier l'islam. En 1919, une loi permet aux musulmans d'élire des représentants dans les assemblées locales d'Algérie, mais pas au Parlement français. En 1936, le projet Blum-Viollette, qui prétend accorder les droits électoraux complets à une minorité de musulmans s'étant distingués dans leurs fonctions publiques, échoue devant l'opposition des élus européens. Pendant la Seconde Guerre, à partir de 1943, tous les Européens d'Algérie, de 18 à 43 ans, sont mobilisés. Également appelés sous les armes, et même en plus grand nombre, les musulmans restent toutefois moins considérés, et moins bien traités. En mars 1944, une ordonnance du Comité français de libération nationale confère la citoyenneté à la totalité des musulmans, qui conservent toutefois leur statut personnel coranique. En 1947, un nouveau statut de l'Algérie crée deux collèges électoraux : le premier réunit la totalité des Européens et une élite musulmane, le second la quasi-totalité de l'électorat musulman. Ces deux collèges sont appelés à élire un nombre égal de députés à l'Assemblée nationale et à l'Assemblée algérienne. Mais alors que les Européens représentent 10 % de la population, leurs voix comptent dix fois plus que celles des musulmans.

Rien ne doit être simplifié. Dix mille exemples pourraient être avancés qui démentiraient le cliché du colon qui fait « suer le burnous ». Il reste néanmoins vrai que, vers 1950, deux types de population coexistent en Algérie. Un fossé les sépare. D'un côté 900 000 Européens, citadins en majorité, jouissant de tous les droits de la nationalité et de la citoyenneté. De l'autre huit millions de musulmans (à la démographie galopante), majoritairement ruraux, et souffrant de la pauvreté et du sous-équipement : routes, écoles et hôpitaux, tout manque dès qu'on s'éloigne des trois grandes villes, Alger, Oran et Constantine. L'incurie de la IIIe République, l'égoïsme des élites européennes, mais aussi la barrière culturelle constituée par l'islam ont engendré une société à deux niveaux. Le 8 mai 1945, à Sétif, une manifestation musulmane réclamant l'égalité des droits dégénère en émeute : des Européens sont tués. La répression est impitoyable. Le général Duval, qui a rétabli l'ordre, met en garde les pouvoirs publics : « Je vous ai donné la paix pour dix ans. Mais il ne faut pas se leurrer, tout doit changer en Algérie. » L'avertissement ne sera pas entendu.

Alors que l'Afrique noire accède à l'indépendance selon un processus pacifique, l'émancipation algérienne résultera d'une épreuve de force. En 1954, quand éclate l'insurrection, il est trop tard pour les réformes. Par manque de hauteur de vue, par défaut de vision politique, les conditions ont été réunies pour que l'identité algérienne se dresse violemment contre la France. Symbolique à cet égard est le parcours de Ferhat Abbas. Dans les années 1930, ce pharmacien de Sétif milite pour l'assimilation, réfutant l'existence d'une nation algérienne. Après l'échec du projet Blum-Viollette, il glisse vers l'autonomisme, réclamant la formation d'un État algérien sur lequel la France aurait un droit de regard. Député à la Constituante de 1946, il fonde un parti nationaliste modéré. En 1956, il rejoint le Front de libération nationale (FLN) et prend la tête, en 1958, du Gouvernement provisoire de la République algérienne (GPRA). Il en est destitué en 1961, en raison de sa ligne modérée. Faute d'avoir été écouté, celui qui aurait pu être, pour la France, un interlocuteur raisonnable aura été jeté dans les bras des radicaux, qui l'élimineront.

Néanmoins, les erreurs et les fautes commises justifient-elles de gommer tout le positif de cent trente années d'Algérie française ? De même que Jacques Marseille a prouvé que la métropole ne s'était pas enrichie dans ses colonies, mais au contraire y avait investi à perte, un historien comme Daniel Lefeuvre a démontré que la France n'a pas exploité l'Algérie : elle l'a secourue. Des années 1930 aux années 1960, les trois départements algériens ne pouvaient subvenir à leurs besoins : ce sont eux qui comptaient sur la métropole, non l'inverse [1].

Quarante ans après l'indépendance, l'essentiel des

1. Daniel Lefeuvre, *Chère Algérie*, Société française d'outre-mer, 1997.

infrastructures sur lesquelles vit le pays lui ont été laissées par la France. Là aussi, on peut conjecturer : que serait l'Algérie, aujourd'hui, sans l'œuvre des administrateurs, des entrepreneurs, des ingénieurs, des professeurs et des médecins français qui l'ont jadis mise en valeur, et sans l'apport des élites musulmanes formées par la France ?

Une guerre gagnée en Algérie

L'insurrection éclate le 1er novembre 1954, jour de la « Toussaint rouge », quand une vague d'attentats a lieu sur tout le territoire algérien. Organisation jusqu'alors inconnue, le Front de libération nationale réclame l'ouverture de négociations, sans quoi ce sera la guerre.

Ce sera la guerre. « On ne transige pas, répond le président du Conseil, le radical Pierre Mendès France, lorsqu'il s'agit de défendre la paix intérieure de la nation, l'unité, l'intégrité de la République : les départements d'Algérie constituent une partie de la République française. » « L'Algérie, c'est la France », affirme le ministre de l'Intérieur, François Mitterrand. À leurs débuts, le FLN et sa branche militaire, l'Armée de libération nationale (ALN), représentent quelques centaines d'hommes, sans prise sur la population. En 1956, l'extension de la rébellion conduit le chef de gouvernement, Guy Mollet (leader de la SFIO), à faire appel au contingent.

La doctrine de la IVe République obéit à deux principes : intégration et pacification. D'emblée, la dimension civile et la dimension militaire de ces deux objectifs sont intimement liées, ce qui signifie que l'armée se trouve chargée — le plus légalement du monde, par le gouvernement de la République — de tâches qui, en métropole, appartiennent à l'autorité civile. Pour les militaires, la guerre d'Algérie (on ne la nomme pas ainsi, ce ne sont que des « opérations de maintien de l'ordre ») enchaîne directement sur la guerre d'Indochine. Sur le plan psychologique, ce facteur est capital. D'une part, les officiers ne veulent pas subir une nouvelle défaite. D'autre part, ils vont appliquer en Algérie des recettes apprises au Vietnam, en tentant de mettre la population autochtone de leur côté. Dans le djebel, pendant que les unités d'élite, légionnaires et parachutistes, traquent les maquisards, la troupe quadrille le pays, et les Sections administratives spéciales (SAS) mènent une action qui s'avère efficace : organisant l'autodéfense des musulmans, elles fournissent des services sanitaires, sociaux et éducatifs à la population rurale.

En octobre 1956, un détournement d'avion (couvert par le gouvernement du socialiste Guy Mollet) permet l'arrestation des chefs extérieurs du FLN. L'organisation terroriste est anéantie, en 1957, lors de la bataille d'Alger — Guy Mollet étant toujours chef du gouvernement. À partir de 1957, la construction d'une ligne fortifiée le long de la frontière algéro-tunisienne isole de leurs bases les bandes de l'ALN. Privées d'armes et de renforts, elles sont mises hors de combat. En 1959, de Gaulle étant président de la République, un nouveau dispositif militaire, le plan Challe, s'emploie à pacifier définitivement le pays. 400 000 hommes, contingent compris, et 210 000 supplétifs musulmans servent sous le drapeau français.

Au printemps 1960, l'armée a gagné sur l'ensemble du terrain : sur 46 000 fellaghas, l'ALN a perdu 26 000 tués et 10 000 prisonniers.

Le 20 juin 2000, *Le Monde* publie le témoignage de Louisette Ighilahriz. En 1957, pendant la bataille d'Alger, cette militante française du FLN a été arrêtée. Plus de quarante ans après les événements, elle affirme avoir été torturée par Marcel Bigeard en personne, qui commandait un régiment parachutiste. Interrogé par *Le Monde*, le général Bigeard dénonce « un tissu de mensonges ». Au moment des faits, il est en effet prouvé qu'il se trouvait en Oranie. Mais, dans la même page du *Monde*, le général Jacques Massu — à l'époque patron de la 10e division parachutiste, chargée de rétablir l'ordre à Alger — semble pris de remords : « En Algérie, on aurait pu faire les choses différemment. » Quelques jours plus tard, dans *Le Journal du dimanche*, le général Paul Aussaresses, ancien chef de bataillon chargé du renseignement auprès de Massu, s'explique : « Torture, tout le monde savait. »

Ainsi démarre une campagne de presse dont il ressort que l'armée française, en Algérie, était composée de tortionnaires. Le 6 juillet, *L'Humanité* reproduit le texte de *La Question*, paru en 1957, dans lequel Henri Alleg, directeur du quotidien communiste *Alger républicain*, avait raconté les sévices dont il aurait fait l'objet de la part des parachutistes. Le 31 octobre, dans *L'Humanité*, Alleg et onze autres signataires (tous engagés, à l'époque, dans les réseaux français de soutien au FLN, les « porteurs de valises ») exigent du gouvernement la condamnation officielle de la torture en Algérie. Le 23 novembre, dans *Le Monde*, Aussaresses et Massu confirment le recours à la torture, ce dernier nuançant toutefois son propos : « J'ai du mal à comprendre pourquoi on soulève à nouveau cette question. On oublie aussi de rappeler ce que les types du FLN ont fait sur leurs propres compatriotes et le fait qu'ils se sont comportés comme des sauvages. » « Si c'était à refaire, proclame de son côté Aussaresses, je referais la même chose, car je ne crois pas qu'on puisse faire autrement. »

Le 25 novembre 2000, les députés communistes réclament une commission d'enquête sur « les tortures et les crimes contre l'humanité » perpétrés par la France en Algérie. Demande à laquelle les autorités de l'État ne cèdent pas. « Il y a eu des deux côtés, souligne le président de la République, Jacques Chirac, des atrocités qu'on ne peut que condamner sans réserve. Mais il y a eu des milliers, des centaines de milliers de jeunes Français qui se sont battus avec courage, et dont la France peut être fière. » « Le conflit colonial, affirme le Premier ministre, Lionel Jospin, ne relève pas d'un acte de repentance collective, ni de procédures judiciaires. »

Six mois plus tard, en mai 2001, la parution des Mémoires du général Aussaresses relance l'affaire, l'ancien officier prétendant avoir lui-même exécuté des prisonniers et ordonné la mort sans jugement de dizaines de suspects — notamment le leader du FLN algérois, Larbi ben M'Hidi [1]. Des officiers ayant servi en Algérie, s'étonnant qu'il apporte de l'eau au moulin de leurs

1. Général Aussaresses, *Services spéciaux. Algérie, 1955-1957*, Perrin, 2001.

détracteurs, contestent et le personnage d'Aussaresses et le rôle qu'il s'attribue après coup, certains spécialistes discernant des approximations dans ses propos. Mais ses affirmations enclenchent un double effet. En premier lieu, la campagne de dénigrement rétrospectif de l'armée redouble d'intensité : la veuve de Maurice Audin, militant communiste pro-FLN disparu à Alger, porte plainte pour « séquestration et crime contre l'humanité » ; les sœurs de Larbi ben M'Hidi, elles aussi, déposent une plainte à Paris. En second lieu, les faits proprement dits étant amnistiés, le général Aussaresses et ses éditeurs devront subir un procès pour « apologie de crimes de guerre », ce qui laisse songeur quant à la liberté de la recherche historique. « Le vrai scandale, commentera Alain-Gérard Slama, est que des magistrats aient été invités, une fois de plus, à trancher d'un point d'histoire, non en juristes, ni même en historiens, mais en arbitres de la mémoire [1]. »

À la rentrée 2001, Raphaëlle Branche, une jeune historienne, publie sa thèse (mention très bien à l'IEP de Paris) qui va désormais servir de caution universitaire à la campagne contre l'armée. Son livre conclut à l'emploi systématique de la torture en Algérie [2]. Une autre historienne, Louise Müller, s'est pourtant livrée à une lecture critique de cette thèse, l'accusant de « reposer sur un tri sélectif des sources, sur de faux témoignages et sur l'utilisation d'un vocabulaire et d'une grille de lecture

---

1. *Le Figaro Magazine*, 1er décembre 2001.

2. Raphaëlle Branche, *L'Armée et la torture dans la guerre d'Algérie*, Gallimard, 2001.

orientés[1] ». Sur 450 pages de l'ouvrage de Raphaëlle Branche, trois paragraphes seulement sont consacrés aux exactions et aux crimes de guerre commis par les combattants de l'ALN. Les émasculations pratiquées par ces derniers sont qualifiées par l'auteur de « violences démonstratives » par lesquelles les victimes de la colonisation n'auraient cherché qu'à « recouvrer leur virilité » !

Quel est le but de cette vague de repentance ? Fait-on de l'histoire ou fait-on de la politique ? Si la guerre d'Algérie est un objet de recherche, il convient, avant d'émettre un jugement, d'examiner toutes les pièces du dossier.

La terreur, stratégie du FLN

Dès son manifeste du 31 octobre 1954, le FLN annonce son intention de parvenir à l'indépendance « par tous les moyens ». Le 20 août 1955, la tuerie d'El-Halia, dans le nord du Constantinois, inaugure cette stratégie : 71 civils européens — hommes, femmes et enfants — sont massacrés : il s'agit de creuser le fossé entre les communautés. De 1955 à 1957, on passe de 5 Européens tués à 50 chaque mois.

Mais, très vite, les rebelles se heurtent à l'attentisme ou à la résistance de la population. Inférieurs en nombre, ne pouvant battre leur adversaire selon les méthodes de la guerre classique, ils décident alors d'exercer également

---

1. Louise Müller, « Une thèse à la question », *Le Livre blanc de l'armée française en Algérie*, Contretemps, 2001.

la terreur sur leurs frères musulmans. Sont visés en priorité ceux dont la personnalité fait obstacle à la propagande du FLN : notables locaux, caïds, anciens combattants, gardes champêtres. Sur simple soupçon de sentiments pro-français, des milliers d'hommes — et souvent leur famille — sont victimes d'attentats où ils subissent d'abominables sévices : mutilation du visage par l'ablation du nez, des lèvres ou des oreilles, castration, égorgement. De 1955 à 1956, on passe de 4 à 16 musulmans égorgés chaque jour, des centaines de mutilations faciales étant commises.

En 1957, la revue *Algérie médicale*, organe de la Société médicale des hôpitaux d'Alger et de la Fédération des sciences médicales de l'Afrique du Nord, publie un numéro spécial consacré aux mutilations criminelles en Algérie, comprenant un article de trente pages sur les réparations chirurgicales des mutilations de la face. La revue est illustrée par d'insoutenables photos de malheureux pour qui la médecine ne pourra plus jamais rien : « M. X. : multiples traces de couteaux [54] dont une décollation postérieure subtotale et ablation des parties génitales, placées dans la bouche » ; « Mme Z. : éventration en trois endroits, section de la joue droite, plaie de défense de la main droite » ; « M. Y. : traces de brûlures par métal porté au rouge au niveau du thorax et de l'abdomen, traces de brûlure par liquide bouillant au niveau de l'abdomen et des membres, égorgement médian et latéral droit, mutilations des lèvres. »

Leader de l'ALN, Krim Belkacem revendique cette stratégie en 1959 : « L'armée a besoin d'hommes qui aient fait leurs preuves. Une nouvelle recrue, avant d'être qualifiée pour servir dans l'armée, doit assassiner au moins un colonialiste et un traître reconnu. Un assassinat marque la fin de la période d'essai pour chaque candidat à l'Armée de libération nationale [1]. »

Faut-il préciser que l'ALN n'a jamais signé la moindre convention de Genève ? Le sort des prisonniers tombés entre ses mains a toujours été effroyable. Le 18 mai 1956, une patrouille de 19 soldats français — des rappelés — tombe dans une embuscade, à Palestro, en Kabylie. On ne retrouvera d'eux que 19 corps dépecés.

En ville, le FLN pratique le terrorisme aveugle : dans les cafés, les stades, les autobus ou les cinémas, il pose des bombes. Le 30 septembre 1956, à Alger, on relève 60 blessés ; le 13 novembre 1956, 36 blessés ; le 26 janvier 1957, 5 morts et 60 blessés ; le 10 février 1957, 9 morts et 45 blessés ; le 3 juin 1957, 8 morts et 90 blessés ; le 9 juin 1957, 9 morts et 80 blessés. Chaque fois, traumatisés, mutilés ou déchiquetés, des innocents sont frappés. Au début du mois de janvier 1957, le gouvernement du socialiste Guy Mollet confie les « pleins pouvoirs civils et militaires » au général Massu. Ce n'est pas en milieu urbain que la 10e division parachutiste a l'habitude de se battre, mais elle va y mettre l'efficacité qui est la sienne. Afin de mettre les terroristes hors d'état de nuire, les parachutistes remontent les filières, arrêtent les poseurs de bombes et leurs soutiens musulmans ou européens. Les uns après les autres, les chefs sont capturés : Larbi ben M'Hidi en février 1957, Yacef Saadi (le

---

1. Cité par Philippe Tripier, *Autopsie de la guerre d'Algérie*, France Empire, 1972.

chef des terroristes de la casbah) en septembre, son adjoint, Ali la Pointe, étant tué en octobre.

En décembre 1956, 122 attentats avaient été commis à Alger ; 6 l'ont été en août 1957, aucun en novembre 1957. Les parachutistes ont gagné la bataille d'Alger.

Pour y parvenir, quelles méthodes ont-ils utilisées ? À la guerre, la fin justifie-t-elle les moyens ? À cette terrible interrogation, aucun officier n'a jamais trouvé une réponse simple. Mais la guerre révolutionnaire bouscule les codes habituels de la morale et de l'honneur, puisque le terrorisme ignore lui-même la morale et l'honneur. Chronologiquement, c'est le FLN qui a revendiqué le premier, en 1954, le droit d'employer « tous les moyens ». Mais l'armée française a également recouru à des techniques qui ne sont pas enseignées à Saint-Cyr. Démanteler un réseau de poseurs de bombes, c'était sauver des vies humaines. Alors, quand un suspect ne livrait pas spontanément ce qu'il savait, le renseignement était arraché.

Hélie de Saint Marc évoque la bataille d'Alger « qui, dans la suite d'épreuves que ma génération de soldats a eu à affronter, reste sûrement la plus amère. Au paroxysme du terrorisme, la France a répondu par le paroxysme de la répression [1] ». Des dizaines d'officiers ont dû faire un travail de police qui ne correspondait ni à leur vocation ni à leur métier. Ils savaient qu'étaient mises en œuvre des méthodes contraires à leurs convictions intimes, mais auxquelles ils ne voyaient pas de

1. Hélie de Saint Marc, *Les Champs de braises*, Perrin, 1995.

substitut : nul n'est en droit de prétendre que leur conscience n'en a jamais été troublée. Pendant quarante ans, ils ont vécu avec ce lourd secret, jusqu'à ce qu'un des leurs trahisse le silence.

Cependant, en décembre 2001, 490 généraux ayant servi en Algérie ont publié un manifeste pour rétablir la vérité à propos de la torture : « S'il y eut des dérives, elles furent marginales et en contradiction même avec les méthodes voulues et les objectifs poursuivis par la France et son armée ; alors que c'est au nom de leurs principes de guerre que les terroristes et même les combattants du FLN mutilaient et massacraient, par l'attentat et l'assassinat, femmes, enfants et population civile, tant algérienne qu'européenne [1]. » Déodat Puy-Montbrun, qui a lui aussi fait la guerre d'Algérie et refuse le principe de la torture, remarque à propos des interrogatoires « serrés, sélectifs » : « Mais le but n'était pas de faire souffrir gratuitement. Le FLN, lui, torturait par plaisir sadique [2]. »

Dans la chaîne des responsabilités, il ne faut pas oublier non plus que c'est le gouvernement de la République qui, le 3 avril 1955, a institué l'état d'urgence en Algérie, et qui a fait approuver par l'Assemblée, le 12 mars 1956, les pouvoirs spéciaux attribués à l'armée : cet accord, demandé par le socialiste Guy Mollet, a été obtenu grâce au soutien des députés communistes, et sans que le garde des Sceaux de l'époque, François Mitterrand, ne s'en émeuve. Celui qui donne un ordre n'est pas moins responsable que celui qui l'exécute.

---

1. *Le Livre blanc de l'armée française en Algérie*, *op. cit.*
2. Déodat Puy-Montbrun, *L'Honneur de la guerre. Les vérités d'un officier d'Algérie*, Albin Michel, 2002.

« Les nationalistes, affirme *Le Livre noir du colonialisme*, constituaient l'immense majorité de l'Algérie. Ils ont dû recourir à la violence, après une période de cent trente ans où les colonisateurs ne les avaient décidément pas convaincus de la supériorité de leur civilisation. (...) C'est la violence coloniale qui est originelle et qui ne cesse d'engendrer la violence. » Sur quelle base prétendre que les nationalistes étaient majoritaires, alors que les musulmans engagés aux côtés de l'armée française ont toujours été plus nombreux que les combattants de l'ALN ? Dans son manifeste de 1954, le FLN annonçait que le peuple algérien serait consulté pour donner son approbation à la lutte pour l'indépendance : cette consultation n'a pas eu lieu. C'est un raisonnement étrange que d'accuser la France d'avoir violé la convention de Genève, la Déclaration des droits de l'homme et les principes de la démocratie, et de légitimer dans le même temps la violence d'une organisation qui n'a reconnu aucune de ces règles.

La violence du FLN, au demeurant, ne s'exerçait pas seulement contre la France. Ce chapitre est l'un des plus occultés de la guerre d'Algérie, car, depuis l'indépendance, il fait partie des tabous internes à la société algérienne.

Quand éclate la Toussaint rouge de 1954, on l'a dit, le FLN est inconnu. Il existe d'autres organisations autonomistes ou indépendantistes plus ou moins modérées : le Mouvement pour le triomphe des libertés démocratiques (MTLD) ou l'Union démocratique du Manifeste algérien (UDMA) de Ferhat Abbas. Or, d'emblée, le FLN se présente comme un instrument révolutionnaire qui a pour vocation de devenir un parti unique, après que ses buts auront été atteints. À cette fin, il absorbe les autres formations indépendantistes. Cependant, le Mouvement national algérien de Messali Hadj refuse cette logique. Le FLN va alors mener contre lui une bataille impitoyable, visant à l'éliminer *physiquement*. La guerre d'Algérie, c'est aussi une guerre menée par des Algériens contre d'autres Algériens. Avec une pudeur désarmante, *Le Livre noir du colonialisme* convient que ce conflit-là « a pu parfois déconcerter des anticolonialistes français ». Car le FLN applique à ses concurrents et adversaires la même méthode que celle qu'il utilise contre les Européens ou les musulmans loyalistes. En 1957, 315 musulmans du village de Melouza, réputé fidèle à Messali Hadj, sont massacrés par les fellaghas de l'ALN. Au total, entre novembre 1954 et mars 1962, 16 000 musulmans seront tués par le FLN.

En métropole, parmi les travailleurs algériens, les partisans de Messali Hadj sont initialement plus nombreux que ceux du FLN : le conflit algéro-algérien se solde par un bilan de 4 000 tués et 7 800 blessés de 1956 à 1961. Mais le FLN fait régner la terreur à l'encontre de tous les Algériens installés en France. Il contraint à l'adhésion 140 000 d'entre eux, et à lui verser une cotisation mensuelle. Les consommateurs d'alcool, les époux de métropolitaines, ceux qui font appel à un tribunal français ou les réfractaires au paiement de l'impôt révolutionnaire subissent des représailles.

Toujours en métropole, ce terrorisme s'exerce également contre les agents de l'État. Au cours de ces années, 500 militaires ou policiers seront tués ou blessés au cours d'attentats fomentés par le FLN. C'est dans cette perspective que doivent être compris les événements qui se sont déroulés dans la capitale, le 17 octobre 1961. Quarante ans plus tard, le 17 octobre 2001, le maire de Paris, Bertrand Delanoë, a dévoilé une plaque « à la mémoire des nombreux Algériens tués lors de la sanglante répression de la manifestation pacifique du 17 octobre 1961 ». À cette occasion a eu lieu, contre la police française, une campagne analogue à celle menée contre l'armée à propos de la torture. Campagne aggravée, au mépris de toute rigueur historique, du fait que le préfet de police, en 1961, s'appelait Maurice Papon.

Que s'est-il passé le 17 octobre 1961 ? Ce jour-là, la fédération de France du FLN appelle les musulmans de la région parisienne à manifester contre le couvre-feu qui leur est imposé. Cette démonstration au cœur de la capitale apparaît comme une provocation : en août et en septembre 1961, 9 policiers ont été tués lors d'attentats commis par le FLN ; début octobre, le rythme s'est accéléré, faisant un ou deux tués ou blessés par semaine. Alors, le 17 octobre, les forces de l'ordre interviennent sans ménagement. D'autant que, prévenues le matin seulement de l'existence de cette manifestation, elles sont débordées : pour 30 000 manifestants, 1 658 policiers ont été mobilisés. Des victimes ? Oui, la répression provoque des victimes. Beaucoup moins, cependant, que ne le prétend Jean-Luc Einaudi, historien de gauche censé faire autorité sur la question, qui parle de centaines de cadavres flottant sur la Seine[1]. Jean-Paul Brunet, qui a

1. Jean-Luc Einaudi, *La Bataille de Paris : 17 octobre 1961*, Seuil, 1991.

mené une contre-enquête, aboutit au chiffre de 13 victimes sûres et de 17 possibles. Précisant que nombre des corps identifiés après le 17 octobre ont en réalité été tués avant cette date, victimes du FLN qui a mis ces meurtres au compte de la police. Brunet rappelle aussi que, si le couvre-feu gênait tant le FLN, c'est parce que ses racketteurs passaient la nuit, et qu'il commençait à manquer d'argent[1].

Une guerre perdue à Paris

En Algérie, l'insurrection est à bout de souffle au printemps 1960. En métropole, le terrorisme est combattu. Si l'indépendance algérienne survient en 1962, ce n'est pas pour des raisons militaires : c'est pour des raisons politiques.

Rappelons le contexte évoqué plus haut. En 1956, le Maroc et la Tunisie sont libérés de la tutelle française. En 1958, la Constitution a transformé les pays d'Afrique noire en États membres de la Communauté française. En 1960, ces États accèdent à la pleine indépendance. L'Algérie représente bien sûr trois départements français. Mais un mouvement venu de loin pousse la France hors d'Afrique. À l'ONU, Paris est sans cesse mis en accusation pour son action en Algérie. Moscou protège l'Égypte de Nasser, qui héberge le Gouvernement provisoire de la République algérienne : l'URSS attend que la France

1. Jean-Paul Brunet, *Police contre FLN. Le drame d'octobre 1961*, Flammarion, 1999.

quitte Alger. Les États-Unis également, lorgnant sur le pétrole et le gaz du Sahara.

En Algérie, la IVe République finissante a imposé des changements importants : en 1956, une réforme agraire ; en février 1958, une loi-cadre instituant le collège électoral unique. Mais il est trop tard. D'ailleurs, si le régime s'écroule au printemps 1958, c'est parce qu'il n'a pas su résoudre la crise algérienne qui empoisonne la vie politique. En vue de ramener le général de Gaulle au pouvoir, ses partisans exploitent le sentiment Algérie française. Le 13 mai 1958, dans une étonnante ambiance de fraternité franco-musulmane, un comité de salut public constitué à Alger engage un bras de fer avec Paris, appelant le général de Gaulle au gouvernement. Le 29 mai, le chef de l'État, René Coty, nomme de Gaulle président du Conseil. Le 28 septembre, la nouvelle Constitution est adoptée par référendum (79 % de oui). Aux législatives du mois de novembre, les gaullistes deviennent le premier parti de l'Assemblée. Le 21 décembre, les grands électeurs élisent de Gaulle à la présidence de la République.

Le 4 juin 1958, à Alger, devant une foule en délire, de Gaulle a lâché sa célèbre phrase : « Je vous ai compris. » Extérieurement, tout semble démontrer qu'il entend poursuivre la politique algérienne de la IVe République. En octobre 1958, le plan de Constantine prévoit un programme d'investissements économiques sur cinq ans. Et le Général soutient l'armée dans sa lutte contre la rébellion : « Moi vivant, jamais le drapeau FLN ne flottera sur l'Algérie », affirme-t-il en août 1959. Dès lors, les pieds-noirs, les militaires et les musulmans loyalistes sont convaincus que la France restera en Algérie. Cruel malentendu, qui va exacerber la violence finale du drame.

Jusqu'en 1958, même à gauche, ceux qui songent à l'indépendance sont une poignée. À partir de quel moment de Gaulle a-t-il envisagé cette solution ? Pour Éric Roussel, le dernier en date de ses biographes, la réponse ne fait aucun doute : le Général est arrivé au pouvoir en sachant qu'il allait donner l'indépendance à l'Algérie. De Gaulle ne croit pas à l'intégration des musulmans. « C'est très bien, déclare-t-il en mars 1959 à Alain Peyrefitte, qu'il y ait des Français jaunes, des Français noirs, des Français bruns. Ils montrent que la France est ouverte à toutes les races. Mais à la condition qu'ils restent une petite minorité. Nous sommes quand même avant tout un peuple européen de race blanche, de culture grecque et latine et de religion chrétienne. (...) Essayez d'intégrer de l'huile et du vinaigre. Agitez la bouteille. Au bout d'un moment, ils se sépareront de nouveau. Les Arabes sont des Arabes, les Français des Français [1]. » Et le chef de l'État nourrit une grande ambition : faire de la France une puissance industrielle, diplomatique et stratégique, l'engager dans la construction européenne en scellant la réconciliation avec l'Allemagne, et prendre la tête des pays non alignés pour faire pièce aux États-Unis comme à l'URSS. « L'unité, le progrès, le prestige du peuple français sont en cause, proclame de Gaulle, et son avenir est bouché tant que le problème algérien ne sera pas résolu [2]. »

---

1. Alain Peyrefitte, *C'était de Gaulle*, Gallimard, « Quarto », 2002.
2. Éric Roussel, *Charles de Gaulle*, Gallimard, 2002.

Avec le recul du temps, comment penser une Algérie intégrée à la France, au regard de l'explosion démographique que ce pays a connue ? 10 millions d'habitants en 1962, 16 millions en 1975, 30 millions en 2000... Et comment croire que ce seul territoire aurait pu échapper au grand vent de l'indépendance qui a soufflé sur l'Afrique ? Il n'empêche que l'accumulation des hésitations de la IVe République et du mensonge d'État de la Ve République naissante va se payer d'un coût humain exorbitant. L'Algérie française va mourir très vite, mais dans les larmes et le sang.

Dès le 16 septembre 1959, de Gaulle proclame le droit des Algériens à l'autodétermination. En janvier 1960, lors de la semaine des barricades, l'éviction du général Massu, dernier acteur du 13 Mai encore en place, provoque l'insurrection des pieds-noirs. En mars 1960, le chef de l'État évoque une « Algérie algérienne liée à la France ». Les négociations avec le Gouvernement provisoire de la République algérienne commencent en juin 1960. Elles se heurtent à de multiples obstacles, et d'abord au fait que de Gaulle, s'il veut l'indépendance, aimerait un autre interlocuteur que le FLN. Mais il finit par céder. En janvier 1961, par référendum, les Français approuvent le droit à l'autodétermination. Sa politique ratifiée par le suffrage universel, de Gaulle a les mains libres. En avril 1961, à Alger, le putsch des généraux est un échec. Les négociations avec le GPRA, entrecoupées de multiples péripéties et de l'apparition de l'OAS sur la scène politique, aboutissent, le 18 mars 1962, aux accords d'Évian. Le 19 mars, le cessez-le-feu est proclamé. Le 8 avril, un référendum entérine les accords d'Évian. Le 5 juillet 1962, l'indépendance de l'Algérie est effective.

Pieds-noirs et harkis : les tragédies de l'après-19 mars

Le 19 mars 1962 ne marque pas le dénouement heureux d'un conflit qui durait depuis sept ans. Cette date ne marque pas une victoire, mais le début d'une autre tragédie. Or cette tragédie est longtemps restée enfouie dans la mémoire nationale, comme un secret honteux.

Les accords d'Évian ont été paraphés par le Gouvernement provisoire de la République algérienne. Au sein de la révolution algérienne, cependant, cette instance n'est pas reconnue par tous. Ni Ahmed Ben Bella, pionnier du FLN et prisonnier en France depuis 1956, ni le colonel Houari Boumediene, chef de l'ALN basée en Tunisie et au Maroc, n'ont été associés à la signature de l'accord. Se dressant contre le GPRA, ils vont vider de leur contenu les clauses de sauvegarde prévues à propos de la communauté européenne d'Algérie. Clauses bien rares et bien faibles au demeurant : Maurice Faivre, en étudiant les dossiers des tractations avec le FLN (les archives de la guerre d'Algérie sont ouvertes depuis 1992), a mis au jour les illusions des négociateurs français quant aux garanties offertes par les indépendantistes [1]. Mais à Paris, tout le monde voulait en finir très vite. Les conséquences de cette précipitation n'ont effleuré l'esprit de personne.

---

1. Maurice Faivre, *Les Archives inédites de la politique algérienne*, L'Harmattan, 2000.

Ou alors, hypothèse incroyable, elles laissaient indifférent.

Le 19 mars 1962, pour les pieds-noirs, ce n'est pas la fin de la guerre : c'est la fin du monde. Les Européens d'Algérie sont nés sur cette terre qui est la leur, pour certains, depuis six générations. Leurs biens, leurs racines et leurs tombes sont ici, dans ce pays que leurs ancêtres ont bâti et défriché. Un million d'individus, matériellement spoliés et moralement écartelés, vont rejoindre un pays qui est le leur mais qui ne les attend pas, qu'ils ne connaissent pas et qui ne les connaît pas.

« À lire une certaine presse, il semblerait que l'Algérie soit peuplée d'un million de colons à cravache et à cigare, montés sur Cadillac. » C'est Albert Camus qui a dressé ce constat [1]. Né là-bas, déchiré par ce conflit parce qu'il croit à la légitimité française en Algérie et à celle de la revendication arabe à l'égalité, l'écrivain travaille, au moment de sa mort (1960), à une œuvre bouleversante dans laquelle il raconte l'aventure de sa famille abandonnant la métropole, au début du siècle, pour fuir la misère [2]. Sur près d'un million d'Européens, vers 1960, il existe en réalité 19 000 colons au sens strict, 7 000 de ces propriétaires terriens exploitant moins de dix hectares. Les autres, des citadins, exercent tous les métiers, et beaucoup de petits métiers. Et pourtant, il pèse sur cette communauté quelque chose qui ressemble à un

1. Albert Camus, *L'Express*, 21 octobre 1956 ; repris dans *Chroniques algériennes, 1939-1958*, Gallimard, « Folio Essais », 2002.

2. Albert Camus, *Le Premier Homme*, Gallimard, 1994.

péché originel : « Être Français d'Algérie, souligne Jeannine Verdès-Leroux, fut et est encore ressenti dans l'opinion, de manière plus ou moins avouée, comme une faute[1]. »

L'opprobre jeté sur les pieds-noirs, aujourd'hui encore, est lié à l'image de l'OAS. Un baroud d'honneur entaché de déshonneur : ainsi pourrait-on résumer l'aventure de l'Organisation armée secrète, nébuleuse clandestine qui, en 1961-1962, tente d'empêcher l'indépendance de l'Algérie. Pour la gauche et pour les gaullistes, ces desperados ne forment qu'un ramassis d'extrême droite. Mais ses membres les plus éminents, tels le général Salan, Georges Bidault ou Jacques Soustelle, sont de forte tradition républicaine. En fait, l'OAS est idéologiquement disparate : selon Rémi Kauffer, on y trouve des médaillés de la Résistance et d'ex-pétainistes, d'anciens communistes et des royalistes, des Juifs, des musulmans et des racistes[2]. Le propre de cette organisation, c'est son absence totale d'organisation. L'étiquette recouvre des groupes parallèles, composés d'exécuteurs de basses œuvres comme d'idéalistes rêvant de bâtir une communauté fraternelle en Afrique du Nord. Aujourd'hui, les crimes signés OAS sont avec raison stigmatisés. Encore convient-il de mettre les chiffres en balance : les activistes Algérie française ont fait 1 500 victimes, le FLN

1. Jeannine Verdès-Leroux, *Les Français d'Algérie de 1830 à aujourd'hui*, Fayard, 2001.

2. Rémi Kauffer, *OAS. Histoire d'une guerre franco-française*, Seuil, 2002.

220 000. Raoul Girardet rappelle aussi qu'il y eut des militants OAS torturés par les services spéciaux de la police française[1].

En 1962, il y a presque un million d'Européens d'Algérie, il y a (métropole comprise) un millier de militants OAS. Ces derniers ne bénéficient de la sympathie de la population pied-noire que parce que celle-ci se sent abandonnée de tous. Le 18 mars 1962, les accords d'Évian prévoient que les Européens pourront rester après l'indépendance. Huit jours plus tard, le 26 mars, une manifestation pacifique de pieds-noirs est mitraillée par la troupe française, rue d'Isly, à Alger, dans des circonstances restées mystérieuses. Bilan : 67 morts et près de 200 blessés. Quarante ans après, tout le monde entend encore parler des huit victimes tuées au métro Charonne, le 8 février 1962, à la suite de heurts avec les CRS, lors d'une manifestation anti-OAS organisée par les communistes et interdite par le gouvernement. Mais qui connaît la fusillade de la rue d'Isly ?

À partir du cessez-le-feu, dans les villes ou dans le bled, les rapts d'Européens se multiplient. Du 19 mars au 31 décembre 1962, 3 019 personnes (chiffre officiel) sont enlevées, dont près des deux tiers ne réapparaîtront jamais. « En proportion, note Jean Monneret, il y a eu dix fois plus de disparus en Algérie durant cette période qu'en Argentine dans les années 70 sous la dictature[2]. »

---

1. Cité dans *La Guerre d'Algérie et les intellectuels français*, sous la direction de Jean-François Sirinelli, Complexe, 1991.

2. Jean Monneret, *La Phase finale de la guerre d'Algérie*, L'Harmattan, 2001.

Au ministre Louis Jacquinot qui s'était inquiété de savoir si les Européens seraient protégés par l'armée française après l'indépendance, le général de Gaulle a répondu : « Après l'autodétermination, le maintien de l'ordre public sera l'affaire du gouvernement algérien, ce ne sera plus la nôtre. Les Français n'auront qu'à se débrouiller avec lui. » À Oran, le 5 juillet 1962 — premier jour de la République algérienne —, plusieurs centaines d'Européens sont massacrés, sous l'œil des forces françaises qui restent immobiles.

Selon la formule tristement célèbre, les pieds-noirs ont le choix entre la valise ou le cercueil. Pendant que les villes s'embrasent dans une folle et ultime bataille entre l'OAS et le FLN, ils embarquent par centaines de milliers — 700 000 en quatre mois —, abandonnant tout derrière eux. Ministre d'État chargé des Affaires algériennes et chef de la délégation française à la conférence d'Évian, Louis Joxe fera cet aveu, vingt ans plus tard : « Nous n'avions jamais pensé que les Français d'Algérie puissent partir[1]. »

« Le moment est venu pour nous tous, Français, de porter un regard de vérité sur une histoire méconnue, une histoire déformée, une histoire effacée. » C'est Jacques Chirac, le 25 septembre 2001, qui prononce ces mots lors de la première journée nationale d'hommage aux harkis. Le président de la République ajoute : « La France, en quittant le sol algérien, n'a pas su empêcher ces massacres, elle n'a pas su sauver ses enfants. » Mais la vérité, c'est que la France ne l'a pas voulu.

---

1. *Le Figaro*, 19 mars 1982.

Depuis le XIXe siècle, l'armée française a toujours compté des troupes musulmanes. Des régiments de tirailleurs algériens ont participé à toutes les expéditions de Napoléon III et à la guerre de 1870. Pendant la Grande Guerre, 86 000 musulmans ont combattu sur le front. Au cours de la campagne de 1940, 123 000 musulmans ont été engagés. De 1942 à 1945, les armées de la libération ont enrôlé 233 000 Maghrébins (134 000 Algériens, 73 000 Marocains, 26 000 Tunisiens). En Indochine, 30 bataillons nord-africains ont servi sous les couleurs françaises.

En Algérie, à partir de 1956, 380 000 soldats européens sont mobilisés en permanence. Mais les unités régulières emploient également 60 000 musulmans : 40 000 appelés et 20 000 soldats sous contrat. À ceux-là s'ajoutent 150 000 supplétifs musulmans, qui représentent un effectif quatre fois supérieur à celui de l'ALN à son plus haut niveau : 60 000 harkis proprement dits (qui participent aux opérations militaires), 60 000 volontaires des groupes d'autodéfense (assurant la sécurité des villages isolés), 20 000 moghaznis (chargés de la protection des Sections administratives spécialisées), et 10 000 hommes des groupes mobiles de sécurité ou de police rurale, relevant de l'autorité civile. Ce qui porte le total des forces musulmanes françaises à 210 000 combattants, soit 10 % de la population masculine adulte de souche nord-africaine.

Ces hommes ne sont pas des mercenaires : les premiers harkis sont des bénévoles, qui apportent librement leur concours à l'armée pour lutter contre les terroristes. Plusieurs milliers de fellaghas ont d'ailleurs rejoint l'armée française, retournés par la sauvagerie du FLN. Il faut aussi compter 50 000 fonctionnaires et élus musulmans. « Nous étions élevés au biberon tricolore, raconte le colonel Aziz Méliani. Nous avions conscience des injustices du système colonial, mais nous voulions faire évoluer l'Algérie avec la France [1]. »

Tous, avec leurs familles, ont cru en la parole de la France. Le FLN va le leur faire payer.

En 1961, le général de Gaulle affirme à Michel Debré que le pays n'aidera pas le futur État algérien si celui-ci « ne répond pas à certains critères et, parmi ces critères, ce qui touche à la liberté des Français, à la liberté des musulmans fidèles ». Mais le 18 février 1962, dans les instructions que le chef de l'État confie à ses délégués qui négocient à Évian, pas un mot ne concerne les musulmans loyalistes. En janvier 1960, recevant le député de Batna, Ahmed Laradji, qui évoquait trente de ses proches tués par le FLN, le chef de l'État a répondu : « Eh ! oui, vous souffrirez ! »

En théorie, le texte signé à Évian le 18 mars 1962 garantit la sécurité des personnes et des biens jusqu'à l'indépendance. Présente pour plusieurs mois encore en Algérie, l'armée française dispose des moyens de faire respecter l'accord. Mais elle n'a reçu qu'un ordre : ne pas bouger. Dès le 19 mars, les supplétifs sont désarmés, leurs unités dissoutes. Les centaines d'officiers qui protestent se heurtent à un mur.

Pour le FLN, les harkis sont des traîtres. Alors la traque commence. Le 11 avril, Louis Joxe demande de

1. Abd-El-Aziz Méliani, *Le Drame des harkis*, Perrin, 1995.

recenser les supplétifs menacés. À Paris, un vague plan de rapatriement est esquissé. En mai, il n'a pas reçu de commencement d'exécution, alors que les massacres, eux, ont été déclenchés. Par des filières clandestines, certains officiers font passer leurs hommes en France. Le 12 mai, Joxe ordonne de les renvoyer en Algérie. Le même jour, le ministre des Armées, Pierre Messmer, commande une enquête sur les départs clandestins de harkis pour la métropole, réclamant de « sanctionner les officiers qui pourraient en être à l'origine ». Le 26 mai, deux camps spéciaux pour les harkis sont ouverts en France. Le 19 juillet, Messmer demande à Joxe que cesse l'accueil des anciens supplétifs dans les camps militaires français. Les rescapés seront donc parqués dans des camps insalubres, dans des zones reculées : on ne veut pas les voir.

Au mois de septembre, l'Algérie étant indépendante, le Premier ministre, Georges Pompidou, prend des mesures pour rapatrier d'autres anciens supplétifs. Maurice Faivre estime à 50 000 le nombre de musulmans qui gagneront la France par les voies officielles entre 1962 et 1965, et à 40 000 ceux qui y parviendront par les filières clandestines [1].

Et ceux qui sont restés là-bas ? « À partir de juillet 1962, constate Maurice Faivre, débute une vague de massacres organisés dans pratiquement toutes les régions d'Algérie. » Les supplices atteignent un degré d'horreur inimaginable. Systématiquement émasculés, les hommes sont ensuite battus à coups de bâton ; on leur arrache la

1. Maurice Faivre, *op. cit.*

langue, les lèvres, le nez et les oreilles, et on leur crève les yeux ; ils sont ensuite lapidés jusqu'à ce que mort s'ensuive, ou achevés à la hache ou à la scie. Parfois ils sont dépecés vivants à la tenaille, ou encore crucifiés, électrocutés, ébouillantés ou jetés dans un brasier. Les vieillards et les infirmes ? Égorgés. Les femmes ? Violées puis éventrées. Les enfants ? Fracassés contre un mur sous les yeux de leur mère...

Combien ? Le chiffre de 150 000 victimes, brandi dans les anciens milieux Algérie française, est exagéré. Celui qu'on entend à gauche (entre 15 000 et 30 000, selon *Le Nouvel Observateur* du 28 février 2002) est sous-estimé. D'après Maurice Faivre, entre mars 1962 et la fin de l'année 1966, ce sont entre 60 000 et 80 000 Français musulmans qui ont été tués ou ont disparu en Algérie.

La majorité des intellectuels, il n'y a pas si longtemps, estimait que les harkis avaient trahi leur peuple : ces victimes n'étaient pas dignes de considération. Mais en dirigeant la thèse de Mohand Hamoumou [1], Dominique Schnapper, la fille de Raymond Aron, sociologue et directrice d'études à l'École des hautes études, a découvert une tragédie qu'elle ne soupçonnait pas. Selon elle, il s'agit d'une des pages les plus honteuses de l'histoire de France, à l'instar du statut des Juifs ou de la rafle du Vél' d'Hiv. Cette entrée des harkis à l'Université a permis que certains ne se voilent plus la face devant un passé longtemps occulté. Certains, mais pas tous : dans l'annexe du *Livre noir du colonialisme* consacrée au « coût humain

---

1. Mohand Hamoumou, *Et ils sont devenus harkis*, Fayard, 1993. Préface de Dominique Schnapper.

de la guerre d'Algérie », il n'y a pas un mot et pas un chiffre au sujet des musulmans engagés avec l'armée française.

L'Algérie et la France, mémoires croisées

En jugeant très tôt que l'indépendance était inévitable, le général de Gaulle avait peut-être raison avant tout le monde. Mais pourquoi avoir livré l'Algérie à un parti terroriste ? Et pourquoi s'être montré de marbre face au sort des pieds-noirs et des harkis ? Un de ses fidèles, Alain Peyrefitte, avouera que « le Général avait fait preuve parfois dans cette affaire d'une inutile cruauté [1] ».

Et pourquoi avoir menti aux militaires ? La fin de l'Algérie française, c'est aussi un drame de l'armée. Pour que des officiers, en 1961, aient bafoué la règle de soumission au pouvoir civil et basculé dans l'illégalité et la révolte, il fallait chez ces hommes un terrible drame de conscience. Obéissant au gouvernement, ils s'étaient engagés dans un combat victorieux contre le terrorisme, tout cela pour aboutir au triomphe politique de ceux qu'ils avaient battu par les armes. Or ce triomphe ne pouvait que déboucher sur l'abandon des populations musulmanes qui leur avaient fait confiance. De très nombreux officiers non putschistes démissionneront après la fin de la guerre d'Algérie, et il faudra le temps d'une nouvelle génération, au sein de l'institution militaire, pour que les cicatrices s'effacent.

---

1. Cité par Éric Roussel, *op. cit.*

Il convient cependant de rappeler que, dès l'engagement du contingent, en 1956, une majorité de Français de métropole était hostile à la guerre. Le conflit indochinois, déjà, avait laissé l'opinion indifférente. L'accession de l'Afrique noire à l'indépendance paraissait naturelle. Vers 1960, l'idée impériale, qui avait fait rêver les années 1930, est définitivement morte. Ce qui faisait rêver, c'était la société de consommation qui s'annonçait, la voiture, la résidence secondaire, les vacances au soleil. En métropole, se faire tuer pour l'Algérie ou même dépenser de l'argent pour ce bout du monde n'intéressait personne. Le 8 janvier 1961, 79 % des Français ont dit oui à l'autodétermination. Le 8 avril 1962, 90 % des suffrages ont approuvé les accords d'Évian. Ce n'est pas seulement de Gaulle qui a voulu la fin de l'Algérie française : c'est toute une société, et c'est toute une société qui a fermé les yeux sur les drames qui ont suivi.

Depuis ces événements, quarante années se sont écoulées. En Algérie, un autre conflit qui ne dit pas son nom se déroule depuis 1992 : les groupes islamiques armés ont fait plus de 100 000 morts, chiffre à comparer aux 140 000 fellaghas tués lors de la première guerre. Rien de ce qui se passe là-bas n'est indifférent à la France. Liés par l'histoire et la géographie, liés par le phénomène migratoire qui conduit des milliers d'Algériens en France, les deux pays devront bien, un jour, nouer des relations totalement pacifiées. En mars 2003, lors d'une visite d'État du président de la République française en Algérie, Jacques Chirac et Abdelaziz Bouteflika ont signé une déclaration affirmant que « les deux pays sont convenus, sans oublier le passé, de jeter les bases d'une relation globale forte, confiante et résolument tournée vers l'avenir ». On ne peut que s'en féliciter. Mais comment refonder des relations bilatérales sans un travail de mémoire ? Quand le président algérien, Abdelaziz Bouteflika, parle de la « lourde dette morale » de la France, ou quand il traite les harkis de « collabos » (juin 2000), il n'aide guère à la réconciliation.

Au Stade de France, en octobre 2001, quand *La Marseillaise* a été sifflée lors d'un match France-Algérie, on a entendu certains perturbateurs affirmer que la France devait « payer la guerre d'Algérie ». En octobre 2002, lors du procès des auteurs présumés de l'attentat du 25 juillet 1995 (8 morts et 150 blessés à la station de métro Saint-Michel), l'accusé principal déclarait que l'affaire devait être considérée « à la suite d'une guerre en Algérie, qui avait fait des morts qui ne pouvaient pas venir pleurer ici ».

Alors que des milliers de jeunes d'origine algérienne accèdent régulièrement à la citoyenneté française, et alors que leur intégration s'avère souvent difficile, imputer à la seule France les fautes ou les crimes commis pendant la guerre d'Algérie, c'est mettre en péril la cohésion nationale.

Conclusion

« C'est une grave erreur de croire
qu'on honore sa patrie
en calomniant ceux qui l'ont fondée. »

Ernest RENAN.

Au long de notre parcours, nous avons vu que la légende dorée de la gauche française se fonde sur des moments paradigmatiques (la Révolution française, la Commune, l'affaire Dreyfus, le Front populaire, la Résistance) dont la reconstitution est tronquée, afin d'écarter ce qui gêne. Sa légende noire est bâtie de même. Pourquoi stigmatiser la Saint-Barthélemy sans dénoncer l'intolérance des huguenots ? Comment critiquer l'arbitraire royal en omettant que la Révolution n'a jamais reconnu le droit au désaccord politique ? Comment réprouver l'antisémitisme des années 1900 sans désavouer la violence anticléricale qui éclatait à la même époque ? Pourquoi taire que tous les résistants n'étaient pas de gauche et que tous les collaborateurs n'étaient pas de droite ? Comment condamner l'action de l'armée française en Algérie sans pointer le terrorisme du FLN ?

Les droites françaises, toutefois, devraient également revoir leur mythologie. Comment expliquer le déclenchement de la Révolution en ignorant les erreurs commises par la royauté ? Comment oublier que la Restauration et la monarchie de Juillet se sont condamnées en refusant le suffrage universel ? Comment méconnaître l'indifférence du libéralisme, au XIXe siècle, envers la condition ouvrière ? Comment nier que l'attentisme, sous l'Occupation, a mené certains là où ils ne pensaient pas aller ? Comment occulter la responsabilité du général de Gaulle dans le drame des pieds-noirs et des harkis ?

Dès qu'on fouille le passé, le mal n'est pas toujours où l'on dit, le bien n'est pas toujours où l'on croit. Le rôle de l'historien est de remettre les faits en perspective, sans se laisser arrêter par des lignes de partage tracées au préalable.

C'est la différence entre histoire et mémoire. L'histoire raisonne, explique, analyse. La mémoire repose sur les réminiscences et les sentiments, avec ce que cela peut avoir de subjectif : ses omissions, volontaires ou involontaires, ne restituent pas la réalité dans toutes ses facettes. La piété filiale est néanmoins légitime. Toutes les mémoires ont droit à la parole, celle des Vendéens persécutés pendant la Révolution comme celle des Juifs persécutés pendant la guerre. Chacune à leur place, histoire et mémoire ont leur valeur. Mais il ne faut pas les confondre : « La mémoire divise, l'histoire unit », remarque Pierre Nora.

Devoir d'histoire ? Devoir de mémoire ? Il faut savoir, et c'est le rôle de l'histoire. Il faut se souvenir, et c'est le rôle de la mémoire. Il est cependant des moments où s'impose un autre devoir : le devoir d'oubli. Dans un pays aussi ancien que la France, aux fractures jamais réduites (blancs contre rouges, laïcs contre cléricaux, droite contre gauche), la mémoire risque de s'ériger en tribunal perpétuel. Or la culpabilité n'est ni collective ni héréditaire, pas plus que le statut de victime, qui est un état personnel et viager. On songe alors à la sagesse d'Henri IV proclamant l'édit de Nantes : « Que la mémoire de toutes choses passées demeurera éteinte et assoupie comme de chose non advenue. Et ne sera loisible ni permis à nos procureurs généraux ni autres personnes quelconques, publiques ni privées, en quelque temps ni pour quelque occasion que ce soit, en faire mention, procès ou poursuite en aucune cour ou juridiction que ce soit... »

Cultivant le dénigrement du passé, l'historiquement correct constitue un symptôme d'une maladie trop répandue : la haine de soi. Un travers aggravé depuis Mai 68, mouvement qui, réactivant l'idéologie de la table rase, a légué un réflexe de refus à l'encontre de tout héritage. L'historiquement correct est un révélateur : il reflète la perte de valeurs communes au sein de notre société. Une société d'origine chrétienne où le catholicisme se trouve, selon René Rémond, « en accusation[1] ». Une société dont la cohésion culturelle est bousculée par l'introduction brusque de l'islam. Une société républicaine où l'idéal révolutionnaire et la laïcité ne tiennent plus lieu de foi. Une société où les idéologies politiques ne rassemblent plus. Une société nationale dont les fondements sont remis en cause, en amont, par la mondiali-

1. René Rémond, *Le Christianisme en accusation*, Desclée de Brouwer, 2001.

sation et par la construction européenne, et, en aval, par les identités régionales et par l'individualisme contemporain.

Si l'on ne croit plus en la France, alors que nos générations sont philosophiquement divisées, comment leur donner la conscience d'une destinée commune ?

Dans un pays qui ne s'aime plus, l'unité nationale s'efface devant ce que Joseph Macé-Scaron a nommé la « tentation communautaire [1] ». Max Gallo, homme de gauche en rupture de ban avec sa famille d'idées, laïc fasciné par les racines chrétiennes de la France, a bien vu le lien entre cette désintégration et la réécriture du passé : « Le communautarisme se déploie dans le vide creusé par la crise de la nation. Qui ose parmi les élites de ce pays se dire "patriote" ? Il surgit aussi de la faillite des idéologies universelles. Et sa logique le conduit, comme le totalitarisme, à recomposer le passé en fonction de ses présupposés. L'histoire est relue à la lumière des intérêts du groupe. Elle devient une juxtaposition d'histoires qui doivent conduire à justifier les postures et les choix d'aujourd'hui [2]. »

Dans les écoles de jadis, l'histoire se donnait pour but de fabriquer des petits Français. Cela passait par des mensonges, comme de faire réciter « Nos ancêtres les Gaulois » par tous les enfants. Cela valait toutefois mieux que notre école actuelle, qui s'adresse à des esprits revenus de tout sans être allés nulle part. « Ma famille, explique le professeur Lucien Israël, n'est pas d'origine "gauloise", mais, petit, je pleurais en apprenant ce qui

1. Joseph Macé-Scaron, *La Tentation communautaire*, Plon, 2001.
2. *Le Figaro*, 10 novembre 2001.

avait été fait à Vercingétorix. Un projet commun peut pallier une absence de passé commun[1]. »

En Alsace, près de Kaysersberg, le cimetière militaire de Sigolsheim abrite les victimes des combats de l'hiver 1944-1945. Sur la colline, 1 684 soldats de la Ire armée sont enterrés au milieu des vignes. Dans ce paysage apaisant, les tombes chrétiennes, juives et musulmanes se côtoient fraternellement. D'origines diverses, les hommes qui reposent là sont tous tombés pour la France. Sont-ils morts pour rien ?

De l'histoire à la mémoire, de la mémoire à l'histoire, c'est la question du lien social qui est posée. Une nation, c'est aussi une communauté de rêves. Demain, par-delà leurs différences, comment et par qui faire rêver les Français ensemble ?

1. Lucien Israël, *Les Dangers de l'euthanasie*, Éditions des Syrtes, 2002.

REMERCIEMENTS

Que Xavier de Bartillat, directeur des éditions Perrin, reçoive ici l'expression de ma gratitude. Son appui amical et celui de ses collaborateurs ne m'ont jamais fait défaut.

François-Xavier de Vivie, ancien directeur de la maison Perrin, a été associé à ce projet dès l'origine ; je lui sais gré d'avoir été mon premier éditeur.

François Huguenin, Bernard Pascaud et Frédéric Rouvillois ont éclairé quelques-unes de mes pistes de recherche.

Jean-Christophe Buisson et Éric Picard, lecteurs attentifs, m'ont apporté un concours précieux.

Élaboré pendant la longue maladie d'un ami, rédigé lors de la courte maladie de mon père et achevé au terme de la longue maladie d'un autre ami, ce livre est dédié à leur mémoire. Mais il n'aurait pas vu le jour sans le soutien, la patience et les deux années d'abnégation de ma femme, Diane. Les mots traduisent mal la reconnaissance que je lui dois.

La joie de vivre et l'enthousiasme de nos enfants, Hélène, Benoît, Nicolas, Jérôme, Yves-Marie et Étienne, constituent un puissant stimulant à l'écriture. Ces pages leur sont d'abord destinées.

J. S.

Index

Table

Photocomposition Nord Compo
Villeneuve-d'Ascq, Nord

Achevé d'imprimer par Rodesa en octobre 2003
N° d'édition : 39423
Dépôt légal : Novembre 2003
Imprimé en Espagne